LEARN IT

프로그래밍 입문을 위한

파이썬의 정석

조용주, 임좌상 지음

길벗캠퍼스

조용주 교수

미국 일리노이대학(어배너-섐페인) 컴퓨터과학과 학사, 일리노이대학(시카고)에서 전기, 전자 및 컴퓨터과학과 석사 및 컴퓨터과학과 박사 학위를 취득하였다. 2004년부터 상명대학교 융합공과대학 SW융합학부 컴퓨터과학전공에 재직 중이며, 다양한 프로그래밍 교과목(파이썬, C, C++, 자바 등), 프로그래밍 언어론, 디자인 패턴 등을 가르치고 있다. 주요 연구 분야는 가상현실, 3차원 디스플레이, 소프트웨어 교육 등이다.

임좌상 교수

호주 뉴사우스웨일즈 대학 정보시스템학과에서 박사학위를 취득하고, 1997년부터 상명대학교에서 파이썬, 자바, 빅데이터, 소프트웨어 설계, 블록체인 등을 가르치고 있다. 1991년부터 3년간 호주 뉴사우스웨일즈대학에서 Associate Lecturer로 정보시스템과 COBOL을 가르쳤고, 1994년부터 3년간 삼성 SDS에서 컨설팅 및 금융개발팀에서 근무했다. 이후에 금융감독원, 대법원 호적정보, LG카드 승인시스템, 코오롱 종합상사, 신용보증기금, 서울보증재단, 대우 자동차판매, 한국외환은행, 삼성화재, 삼성할부, 삼성생명, 효성물산 등의 기업정보 시스템을 Java, C++로 개발하는 프로젝트에 참여했다.

이 책을 미리 따라한 베타테스터의 한마디

초보자도 쉽게 이해할 수 있도록 파이썬의 전체 내용을 체계적으로 설명해서 프로그래밍에 문외한인 입문자가 연습하고 공부하기에도 딱 좋은 교재라고 생각합니다. 실무 활용도가 높은 파이썬 프로그래밍을 이 책으로 시작할 수 있어서 매우 만족하고 있습니다.

– 김우석

왜 이러한 문법이 필요하고 어떨 때 사용하는지 예시 코드를 보여주며 차근차근 설명하니, 파이썬에 대해 충분히 이해할 수 있었습니다. 또한 매 단원마다 연습문제가 있어 직접 풀어보며 이해가 부족했던 부분을 보완하고 기초를 튼튼히 할 수 있어서 좋았습니다.

– 최가나

프로그래밍 입문을 위한

파이썬의 정석

초판 1쇄 발행 • 2023년 1월 10일 | **지은이** • 조용주, 임좌상 | **발행인** • 이종원 | **발행처** • (주)도서출판 길벗 | **브랜드** • 길벗 캠퍼스
출판사 등록일 • 1990년 12월 24일 | **주소** • 서울시 마포구 월드컵로 10길 56(서교동) | **대표 전화** • 02)332-0931 | **팩스** • 02)323-0586
홈페이지 • www.gilbut.co.kr | **이메일** • gilbut@gilbut.co.kr | **책임편집** • 신유진(backdoosan@gilbut.co.kr) | **디자인** • 강은경
제작 • 이준호, 손일순 | **영업마케팅 및 교재 문의** • 박성용(psy1010@gilbut.co.kr) | **영업관리** • 김명자 | **독자지원** • 윤정아, 최희창
교정교열 • 김미현 | **전산편집** • 도설아 | **기술교정** • 김우석, 최가나 | **CTP 출력 및 인쇄** • 금강인쇄 | **제본** • 금강제본

길벗 캠퍼스는 (주)도서출판 길벗의 IT대학교재 출판 브랜드입니다.

ISBN 979-11-407-0267-1(길벗 도서번호 060080)
정가 29,800원

컴퓨터 관련 전공을 위한 파이썬

파이썬은 널리 쓰이고 있으면서, 쉽게 배울 수 있는 언어이다. 그러나 쉽기만 한 컴퓨터 언어가 어디 있겠는가?

파이썬은 시작은 가볍게 하지만, 이른바 학습 곡선이 가파른 언어이기도 하다. 이 책은 기초를 튼튼히 놓아 학습 곡선 커브를 잘 넘어갈 수 있도록 컴퓨터 전공자의 관점에서 집필하게 되었다.

교양 파이썬과 전공으로서의 파이썬은 다를 수밖에 없다.

교양 파이썬은 이 언어를 처음으로 배우고, 마지막 언어가 될 가능성이 높은 편이다. 학교에서는 파이썬을 교양 필수로 개설하는 추세이고, 그런 과목이 아니라면 파이썬 프로그래밍을 선택하지 않았을지도 모른다. 따라서 이들에게는 쉽게 프로그래밍을 접할 수 있는 내용으로 편성하여 전달하는 것이 바람직할 것이다.

하지만 컴퓨터 또는 IT를 전공하여 취업하거나 활용하려는 경우에는 파이썬 언어도 배우고 더욱 발전하려고 할 것이다. 다른 언어들을 배워서 적용해야 하고, 실무에서 사용하는 프로그래밍 언어들 역시 파이썬을 포함해 다양한 언어가 될 가능성도 높다. 이 책에서는 프로그래밍 언어에 대한 전반적인 내용을 설명하면서, 그런 관점에서 파이썬 언어를 학습할 수 있도록 하였다.

프로그래밍 학습

이 책을 보는 대부분의 독자는 프로그래밍이 처음인 사람들이다. 프로그래밍을 처음 시작하면 대부분은 문제가 주어졌을 때 뭘 해야 할지 막막해 한다. 이는 언어의 문법을 몰라서가 아니라 주어진 문제를 어떻게 풀어야 할지 모르기 때문이다.

이 책에서는 실습 문제에서 문제를 설명한 뒤, 그 문제를 해결해나가는 과정을 설명한다. 단순히 최종 코드를 보이고 그 코드를 설명하는 것이 아니라, 직접 주어진 문제를 해결하는 과정을 단계별로 설명하고 있다.

이러한 문제 풀이 과정은 파이썬 쉘에서 코드를 실행해서 확인하며 진행한다. 그래서 최종 실행 결과만을 보는 것이 아니라, 프로그램을 개발하는 과정마다 어떤 결과가 나오는지 확인할 수 있도록 구성하고 있다.

마지막에는 최종 코드와 실행한 결과를 출력한다. 이런 방식으로 문제 풀이 과정에서 작성했던 코드들을 모두 묶어서 한 개의 결과물로 확인할 수 있도록 하고, 그 코드를 실행했을 때 최종 결과가 어떻게 나오는지 확인할 수 있다.

프로그래밍 언어 학습

파이썬은 컴퓨터 또는 IT를 주 업무로 하려는 사람들에게 첫 프로그래밍 언어일 수 있지만, 마지막은 아닐 가능성이 높다.

책의 일부 내용은 분명히 파이썬에서만 사용할 수 있는 명령들이고 파이썬 문법에 대한 설명이다. 책의 일부 내용은 좀 더 파이썬답게 사용할 수 있도록 해주는 부분도 있다. 하지만 이 책은 파이썬 언어 문법에만 중점을 두지 않고 있다.

이 책에서 설명하는 많은 내용은 파이썬과 밀접하게 연관되어 있지만 또 한편으로는 다른 프로그래밍 언어를 배우거나 이해하는 데 필요한 내용이기도 하다.

책에서 설명하는 개념들은 전반적인 프로그래밍 언어에 해당되는 내용에서부터 시작하여 파이썬에 해당되는 내용으로 전달하고 있다. 그리고 다른 언어로 넘어가는 학생들을 염두에 두고 많은 부분들을 설명하고 있다.

책의 많은 내용은 다른 프로그래밍 언어를 학습할 때도 접할 내용으로 채워져 있고, 다른 언어를 배울 때도 분명 도움이 될 것으로 확신한다.

누가 읽으면 좋을까?

이 책은 첫 프로그래밍 언어로서의 파이썬을 고려해서 집필하였다. 지난 수 년간 컴퓨터과학 전공 학생들을 위해 파이썬 강의를 준비하고 진행하면서 다듬은 내용이 이 책에 담겨 있다.

하지만 꼭 전공생이 아니어도 된다. 프로그래밍에 관심을 갖고 있으며, 파이썬으로 프로그래밍을 시작해보고 싶다면 좋은 시작점이 될 것으로 확신한다.

다른 입문 서적에 비해서 양이 많다고 느껴질 수 있고 내용이 단번에 이해되지 않을 수 있다. 이해가 안 되는 부분은 건너뛰면서 읽고, 전체 내용을 본 뒤에 다시 한 번 읽는 것을 권한다.

파이썬을 가볍게 다루고, C언어나 자바 언어를 학습하고 싶은 사람들에게도 이 책은 도움이 될 수 있다. 객체 지향 프로그래밍을 설명하는 12장과 온라인으로 제공하는 프로젝트 부분을 제외하면, 이 책은 함수 위주로 프로그램을 작성하고 있다. 여기서 다루는 프로그래밍 관련 설명은 C언어를 학습할 때 도움이 될 수 있다.

객체 지향 프로그래밍 관련 설명은 많은 부분이 어떤 언어를 사용하던 적용될 수 있는 내용이다.

책의 특징

본문 설명 | 본문에서 컴퓨터 관련 전공 학생들에게 필요하다고 생각되는 내용은 비교적 심도 있게 설명하였다. 쉬운 내용만을 다루려고 하기보다는 좀 어렵다고 느껴지더라도 프로그래머가 되는 데 필요하거나 앞으로 다른 컴퓨터 관련 전공들을 들을 때 필요할 것 같은 내용이라면 포함하였고, 최대한 쉽게 설명하고자 하였다.

실습문제 | 실습문제는 이 책의 가장 큰 특징이다. 단순히 전체 코드를 설명하는 형태가 아니라, 실습 문제를 해결하는 단계별 과정을 보여준다. 과정을 따라가면, 최종 코드와 출력 결과를 확인할 수 있다. 배워나가면서 동시에 문제를 해결해나가는 능력을 컴퓨터 활용 관점에서 배워나갈 수 있다.

연습문제 | 간단한 O, X 선택 문제, 단답형으로 답할 수 있는 문제, 프로그래밍 문제까지 포괄적으로 제공하고 있다. 이를 통해 자신의 학습 성과를 확인할 수 있을 것이다.

온라인 사이트에서 추가 내용 제공 | 책에 포함하지 못한 14장 프로젝트와 실습과제 코드, 오류 수정 파일 등을 제공하는 온라인 사이트(https://github.com/CSPython)를 운영한다.

프로젝트 | 지면이 한정되어, 프로젝트 챕터는 분리하여 온라인으로 제공한다. 오픈 소스로 제공되는 Pillow 이미지 라이브러리를 이용해서 디렉토리에 있는 이미지 파일들에 여러 가지 이미지 처리를 하는 작업을 해본다.

특히 버전별로 업데이트해 가면서 책에서 학습했던 많은 내용들을 적용하며 프로그램을 개선해 나가는 과정을 설명하고 있다. 또한 함수 위주로 프로그램을 작성하는 절차적 프로그래밍 방식과 클래스 등을 활용하는 객체 지향 프로그래밍 방식으로 설계하고 구현하는 과정을 비교해 볼 수 있어 흥미를 더한다.

마지막으로 프로젝트에서 사용한 Pillow 이미지 라이브러리의 사용 방법에 대해서 설명하는 부분을 부록으로 제공한다.

프로젝트를 통해서 책에서 학습했던 내용들을 이용해서 좀 더 규모가 큰 프로그램을 만들어보는 것을 볼 수 있을 것이다.

조용주, 임좌상

11장 | 자료구조 II (딕셔너리, 집합)

12장 | 객체 지향 프로그래밍

13장 | 모듈

14장 | 프로젝트

길벗 홈페이지 자료실에서 따로 제공합니다.

책 내용을 따라할 수 있는 실습 파일과 14장 프로젝트 내용은 길벗 홈페이지를 통해 제공됩니다.

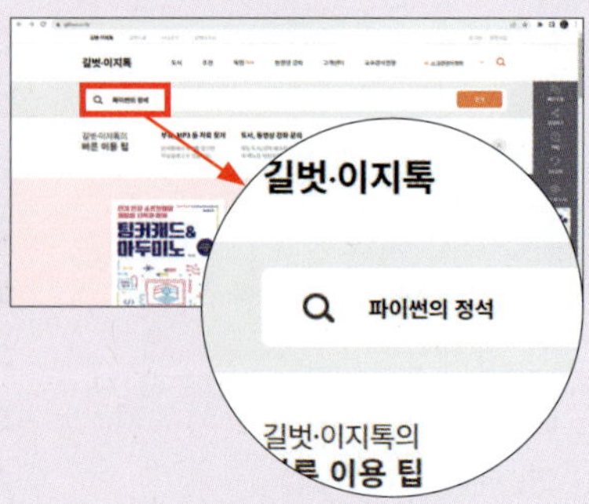

학생들이 프로그래밍 경험이 거의 없는 경우에 제안하는 강의계획서 1안이다.

프로그래밍 경험이 없이 시작하는 경우에는 책의 모든 내용을 전달하는 것보다는 천천히 진도를 나가면서 이해도를 높이는 것이 중요하다. 따라서 조건문, 반복문, 함수 등에서 좀 더 시간을 투자해서 실습 문제와 연습 문제 등을 통해 학습하는 것이 바람직하다.

12장 객체 지향 프로그래밍은 초보자에게는 어려울 수 있어서 건너뛸 수 있다. 14장의 객체 지향 프로그래밍 방식으로 작성하는 부분 역시 생략할 수 있다.

자료구조는 두 개의 장으로 나뉘어 있다. 8장은 리스트와 튜플이 비슷하게 중복되는 내용이 많아 1주일 정도에 다룰 수 있을 것이다. 11장 자료구조 II는 시간이 부족하다면 딕셔너리만 다루는 것도 가능하다.

강의 계획서 1안

주차별	챕터	주제
1주	1장	강의 소개, 파이썬 설치, IDLE 사용법 익히기, 파이썬 쉘 사용하기
2주	2장	자료형, 표현식, 서식에 맞춰 문자열 만들고 화면에 출력
3주	3장	변수 및 입력
4주	4장	조건문, 비교 연산자, 논리 연산자
5주	5장	문자열
6주	6장	함수
7주	4~6장	연습문제 풀이
8주	중간고사	
9주	7장	반복문
10주	8장	자료구조I(리스트, 튜플)
11주	9장, 10장	파일, 예외 처리
12주	11장	자료구조II(딕셔너리)
13주	13장	모듈
14주	14장	프로젝트(객체지향 부분 제외)
15주	기말고사	

강의계획서 2안은 파이썬이 아니더라도 약간의 프로그래밍 경험이 있는 경우(기본적인 변수나 조건문 등은 아는 경우)에 적용할 수 있다.
조건문 또는 반복문 등에서 1주일 정도씩 배정하고, 온라인으로 제공하는 프로젝트까지 진행해보는 것이 좋겠다.
특히 12장 객체 지향 프로그래밍을 배우고, 14장에 있는 프로젝트에서 객체 지향 프로그래밍 방식으로 적용하는 부분도 학습하는 것이 바람직하다.

강의 계획서 2안

주차별	챕터	주제
1주	1장	강의 소개, 파이썬 설치, IDLE 사용법 익히기, 파이썬 쉘 사용하기
2주	2장	자료형, 표현식, 서식에 맞춰 문자열 만들고 화면에 출력
3주	3장	변수 및 입력
4주	4장	조건문, 비교 연산자, 논리 연산자
5주	5장	문자열
6주	6장	함수
7주	7장	반복문
8주	중간고사	
9주	8장	자료구조 I(리스트, 튜플)
10주	9장, 10장	파일, 예외 처리
11주	11장	자료구조 II(딕셔너리, 집합)
12주	12장	객체 지향 프로그래밍
13주	13장	모듈
14주	14장	프로젝트
15주	기말고사	

1 장

프로그래밍, 파이썬, 주석문

학습목표

- 프로그래밍의 기본 개념을 이해한다.
- 파이썬 언어의 장점을 살펴본다.
- 파이썬을 설치하고 개발 환경(파이썬 쉘과 IDLE)을 익힌다.
- 간단한 파이썬 코드를 작성해 본다.
- 파이썬 코드에 설명을 붙이는 방법과 오류에 대해서 살펴본다.
- 파이썬에서 화면에 출력하는 용도의 print( ) 함수에 대해서 알아본다.

1.1 프로그래밍이란?

프로그래밍은 문제를 해결하기 위해 작업의 순서를 정하고 실행하는 것

프로그래밍이란 무엇일까? 웹스터 사전에서 뜻을 찾아보자.

- the planning, scheduling, or performing a program

즉, 프로그래밍이란 프로그램을 계획하거나(planning), 작업의 순서를 정하거나(scheduling), 또는 실행하는 것이라고 이해할 수 있다. 한 걸음 더 들어가 보면 프로그래밍이란 '주어진 문제를 해결하기 위해' 작업의 순서를 계획하고 수행하는 것이다.

일상의 문제를 해결하기 위해 이미 알고리즘을 적용

우리는 이미 일상생활을 통해서 프로그래밍이라는 것을 해오고 있다.

- 오늘 점심에 무엇을 먹을까?
- 집에서 학교까지 어떻게 갈까?
- 내가 있는 곳에서 강의가 있는 건물로 이동하기
- 라면 끓여 먹기

우리가 일상에서 마주하고 해결하고 있는 문제들이다. 자! 이제 이런 문제를 좀 더 구체화시켜 보자.

점심 메뉴를 보자. (1) 맛을 중요하게 생각하거나, 혹은 (2) 가성비를 따지는가에 따라 그 해결 방법이 당연히 달라지게 된다.

집에서 학교를 가는 것도 마찬가지이다. (1) 교통비를 최소로 줄이거나, 또는 (2) 지각하지 않고 가장 빨리 도착할 수 있는 방법을 찾을 수 있다.

핵심은 요구사항이다. 문제에 대한 정확한 요구사항이 결정되어야 우리는 문제를 해결하는 방법을 명확하게 찾을 수 있다.

그리고 나서 문제를 해결하는 방법, 즉 알고리즘이라는 것을 찾아내야 한다. 알고리즘이란 어떤 문제를 해결하기 위한 절차, 방법, 명령어들의 집합으로 주어진 문제를 논리적으로 해결하기 위해 필요하다.

맛있는 음식을 먹겠다고 하면, '맛있다'에 대해 구체적이고 정량적인 평가 방법을 정해 메뉴를 선택해야 한다. 가성비가 높다는 것도 '가격'과 '맛'이라는 것을 평가해서 비교할 수 있도록 만들어야 메뉴 선택이 가능해진다.

집에서 학교로 이동하는 문제를 해결하기 위해 교통비를 최소한으로 줄이는 방법을 찾거나, 혹은 같은 비용을 지불해도 최대한 빨리 갈 수 있는 방법을 찾는 것은 상대적으로 쉽게 해결할 수 있을 것이다.

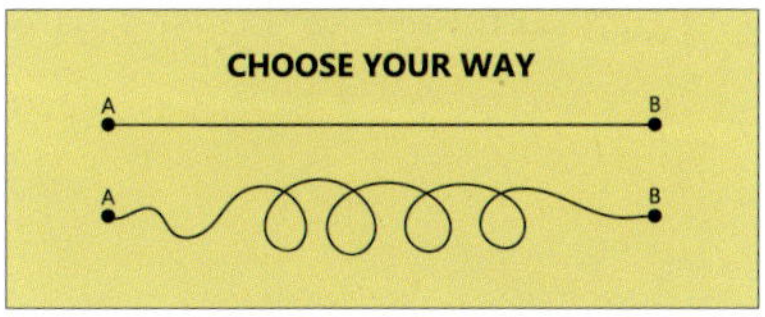

그림 1-1 출발부터 도착까지 다른 이동 방법

이와 같이 문제와 요구사항에 맞춰 해결하는 방법을 찾고, 그 과정을 알고리즘으로 표현할 수 있다.

해결 과정을 설명한다는 점에서 알고리즘은 요리 레시피(recipe)와 비슷하다. 어떤 재료를 어떻게 다듬어서 어떠한 절차를 거쳐 원하는 요리를 얻는 레시피는 요리 알고리즘이다.

문제를 해결할 방법을 찾았으면, 이를 적용해서 제대로 답을 찾았는지 확인해야 한다. 이를 검수 과정이라고 부른다.

그림 1-2 답을 제대로 찾았는지 검수하기

해결 방법에 오류가 있으면, 알고리즘을 수정하고 다시 검수하는 과정을 반복하게 된다.

이와 같은 검수 과정을 거치면서 우리는 점점 더 정확한 문제 해결 방법을 찾고 만들게 된다.

프로그래밍은 문제 분석, 요구사항 구체화, 해결 과정 정리(알고리즘 개발), 검수의 모든 과정이다.

작업수행자가 알아 듣도록 문제풀이 과정을 전달

문제 해결 과정을 자신이 진행하지 않고 다른 사람에게 시키려면 그 사람이 이해할 수 있는 수준으로 해결 과정을 설명해야 한다.

유치원생에게 일을 시키면서 대학생들만이 이해할 수 있는 용어를 사용하면 어린 아이들은 내용을 이해할 수 없고, 그 일은 해결되기 어렵다.

그림 1–3 동네로 오는 방법 안내

학교 축제에 동네 친구를 초대한다면, 동네 어디에서 버스를 타야 하는지 쉽게 설명할 수 있다. 그러나 만약 그 동네에 처음 오는 사람에게 설명한다면 버스 정류장에 어떻게 가야 하는지부터 설명해야 한다.

누구에게 문제 풀이 과정을 설명하느냐에 따라서 그 내용의 깊이나 양이 달라진다. 즉 문제 해결 방법을 다른 사람에게 설명한다면, 그 사람이 이해하고 있는 수준에 맞춰서 설명해야 한다.

2 8 7 5 3 1과 같이 나열된 숫자를 대학생들에게 오름차순으로 재배치하라고 한다면 거의 바로 1 2 3 5 7 8이라고 답을 말할 것이다. 순간적으로 결과를 말하면서 그 결과를 구하는 풀이 과정은 어떻게 했는지 생각하지 않을 수도 있다.

하지만 컴퓨터는 사람이 알려주지 않으면 정렬할 수 없다. 사람이 컴퓨터가 알아듣도록 설명해야 한다.

프로그래밍은 문제 해결 방법을 컴퓨터 명령어로 작성하고 검수하는 과정

컴퓨터 프로그래밍 과정에 대해 좀 더 자세히 알아보자.

- 문제 해석
- 요구사항 분석
- 문제 해결 방법을 컴퓨터가 이해할 수 있는 수준으로 작성
- 처리 과정(명령) 지시(코딩) 및 디버깅

사람이 주어진 문제를 분석한다. 문제의 의미가 무엇인지, 무엇을 하는지 파악한다. 또한 결과를 어떤 형태로 나타낼 것인지 파악한다.

문제 해결에 필요한 요구사항을 분석한다. 집에서 학교로 가는 문제를 보자. 단순한 해결 방법은 걸어가면 된다. 시간이 오래 걸리겠지만, 문제는 해결된다.

그러나 지각하지 않는다는 요구사항이 붙으면 문제가 달라진다. 추가로 금액에 대한 요구사항이 없다면 택시를 탄다. 적정 금액 이하에서 최고로 빠르게 갈 수 있는 방법을 찾는 것이 요구사항이 될 수 있다.

다음은 문제 해결 방법을 컴퓨터가 실행할 수 있는 수준으로 작성한다.

컴퓨터는 정보를 입력받고, 처리하며, 출력하는 기계이다.

그림 1-4 다양한 자료로부터 입력 받기

입력(input)은 키보드나 파일 등에서 자료를 받아 오는 것도 있지만, 카메라로 찍은 사진이나 인터넷에서 받은 정보가 입력이 될 수도 있다.

처리(process)는 입력 정보들을 가공하고 계산하는 것이다. 계산이란 산술 연산만이 아니라 판단하고 선택하며, 반복하는 과정들이 모두 포함된다.

출력(output)이란 결과를 표시하는 것이다. 화면이나 프린터에 글자나 그림으로 출력할 수도 있고, 파일에 저장하거나 인터넷을 통해 다른 곳에 전달되기도 한다. 햅틱 디바이스 같은 것들로 출력될 수도 있다.

그림 1-5 입력된 정보를 처리하기

컴퓨터는 사람의 언어를 이해하지 못한다. 컴퓨터가 이해할 수 있는 수준의 언어로 문제 해결 과정을 설명해야 한다.

어떤 것을 입력받고 어떻게 처리하고, 무엇을 출력할지 정해서 컴퓨터에 전달되어야 한다. 이 단계가 코딩이다.

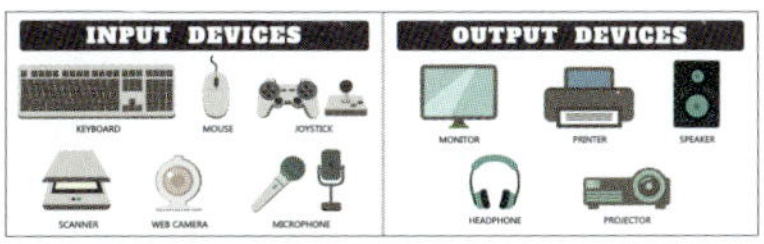

그림 1-6 입력과 출력 장치

이후 작성한 코드를 실행시키고 동작하는지 확인하는 검수 과정을 거친다.

문법이 틀려서 오류가 나는 경우가 있다. 파이썬은 문법 오류에 대해서는 정확하게 어디에서 문제가 발생했는지 알려준다. 오류 내용을 잘 읽어본다.

문제 해결 과정이 틀리는 논리적 오류가 발생할 수도 있다. 논리적 오류를 찾아서 수정하는 것을 디버깅(debugging)한다고 한다.

논리적 오류 해결은 문법 오류에 비해 시간이 걸린다. 코드의 알고리즘을 다시 살펴보고 코드를 수정하며 버그를 잡아야 한다.

그림 1-7 오류는 항상 발생한다.

명심하자. 컴퓨터는 사람이 시키는 것을 빠르고 정확하게 처리할 뿐이다. 오류가 발생한다면 컴퓨터가 잘못하는 것이 아니라 대부분 사람이 잘못한 것이다.

더 알아보기 **단어 디버깅의 기원**

컴퓨터가 처음 만들어졌을 때는 지금 우리가 보는 형태보다 훨씬 큰 기계였다. 방 몇 개에 들어갈 정도로 큰 기계였고, 동작시키는 방법도 현재와는 달랐다. 그런 기계 회로에 나방같은 날벌레들이 달라 붙어 동작 오류가 발생하는 경우가 있었다고 한다. 그래서 이들을 떼어내는 것에서 디버그라는 단어가 사용되었다고 알려진다. 디버깅의 어원이 되는 디버그(debug)에서 "de-"는 떼어 낸다는 뜻을 가진 접두어이다. bug는 벌레라는 의미를 가지고 있으니 실제 벌레를 떼어낸다는 뜻이고, 이는 지금까지도 프로그램에 있는 오류를 잡아낸다는 뜻으로 사용되고 있다.

PYTHON

1.2 프로그래밍 언어

저수준, 고수준 언어로 구분

'저수준이다, 고수준이다'라는 것은 품질의 문제가 아니라 컴퓨터에 가까운지 사람에 가까운지에 따른 구분이다.

프로그래밍 언어는 크게 컴퓨터에 가까운 저수준과 반면, 사람에 가까운 고수준 언어로 분류할 수 있다.

- 저수준(low-level) 프로그래밍 언어
  - 사람보다 컴퓨터가 이해하기 쉬운 언어이고,
  - 하드웨어에 종속적(하드웨어가 바뀌면 새로 배워야 함)이며,
  - 이진수로 구성된 기계어(machine language)에 거의 1:1로 사상(mapping)시킨 약어(mnemonic)들로 구성된 어셈블리 언어이다.
- 고수준(high-level) 또는 고급 프로그래밍 언어
  - 컴퓨터보다 사람이 이해하기 쉽게 만들어진 언어이고,
  - 하드웨어에 비종속적(하드웨어가 바뀌어도 언어는 그대로 사용 가능)이며,
  - 수십 개 정도의 단어들과 간단한 문법으로 구성되고, 파이썬(Python), C, C++, 자바(Java) 언어 등이 이에 해당한다.

고수준 프로그래밍 언어들이 제공하는 요소들은 대부분 다음과 같으며 차츰 배워나가게 된다.

- 입력: 프로그램에서 처리할 데이터를 받는 것
- 출력: 프로그램에서 처리된 후의 결과를 사용자에게 보여주는 것
- 순차: 순서에 따라 처리하는 과정. 일을 순서대로 나누어서 수행하는 것
- 조건: 경우에 따라 다르게 처리하는 것. 조건이 만족되면 어떤 일을 하고, 만족되지 않을 때 다른 일을 하도록 지정하는 것
- 반복: 같은 일을 여러 번 다시 하는 것
- 재사용: 비슷한 코드가 여러 곳에서 사용될 때 코드를 한 개의 묶음으로 만들어서 다시 사용하는 것

PYTHON

1.3 파이썬

현재 많은 관심을 받고 있는 언어

파이썬 언어는 1991년 귀도 반 로섬(Guido van Rossum)이 만들었다. 최신 프로그래밍 트렌드에 맞게 지속적으로 발전하고 있는 고급 프로그래밍 언어 중 하나로, 최근 사람들의 관심을 많이 받고 있는 언어이다.

PYPL(PopularitY of Programming Language)은 언어의 튜토리얼을 검색한 횟수를 이용해서 언어의 인기도를 평가하는데, 파이썬은 2000년대 이후 인기가 꾸준히 상승하여 현재 가장 선호되는 수준에 이르고 있다.

TIOBE 인덱스는 프로그래머의 숫자, 강좌 개수, 유명 검색 엔진과 사이트 등을 이용해서 언어의 인기도를 집계하는데, 유사한 인기 패턴을 보여주고 있다. 특히 2010년대 후반 이후 인기가 급증하여 가장 선호되는 언어로 자리매김하고 있다.

Jan 2022	Jan 2021	Change	Programming Language	Ratings	Change
1	3	^	Python	13.58%	+1.86%
2	1	˅	C	12.44%	-4.94%
3	2	˅	Java	10.66%	-1.30%
4	4		C++	8.29%	+0.73%
5	5		C#	5.68%	+1.73%
6	6		Visual Basic	4.74%	+0.90%
7	7		JavaScript	2.09%	-0.11%

그림 1-8 PYPL 사이트 캡쳐 화면

Worldwide, Jan 2022 compared to a year ago:

Rank	Change	Language	Share	Trend
1		Python	28.74 %	-1.8 %
2		Java	18.01 %	+1.2 %
3		JavaScript	9.07 %	+0.6 %
4	↑	C/C++	7.4 %	+1.1 %
5	↓	C#	7.27 %	+0.7 %
6		PHP	6.06 %	+0.0 %
7		R	4.19 %	+0.3 %
8		Objective-C	2.27 %	-1.4 %
9		Swift	1.91 %	-0.2 %
10		TypeScript	1.74 %	-0.0 %

그림 1-9 TIOBE 사이트 캡쳐 화면

파이썬의 버전

파이썬은 주로 2.x와 3.x라는 두 개의 서로 다른 버전이 사용되었다(x는 마이너 버전 번호를 나타낸다. 예: 파이썬 2.7 또는 파이썬 3.10.1).

2020년 1월부터 파이썬 2.7.18이 릴리즈되면서 파이썬 2.x는 더 이상 지원되지 않는다.

이 책에서는 버전 3을 사용하며, 3.6 이상이면 이 책에 있는 코드를 모두 실행할 수 있다.

왜 파이썬을 선택하는가?

● 배우기 쉽다

파이썬은 배우기 쉬운 범용 프로그래밍 언어이다. 범용 프로그래밍 언어란 일반적인 문제 해결에 사용할 수 있는 언어이다. C, C++, 자바(Java), C# 같은 언어들이 대표적인 범용 언어들이다.

파이썬은 초보자가 배우기 쉽다. 단순한 문법만 익혀도 바로 프로그래밍이 가능하다. 인터프리터 언어이기 때문에 코드를 한 문장씩 실행시키면서 결과를 바로 확인할 수 있다. 바로 실행한 결과를 볼 수 있다는 것은 초보자들이 무엇을 하는지 쉽게 파악하는 것을 돕고, 오류가 발생해도 바로 나타나므로 문제를 쉽게 찾을 수 있도록 도와준다.

● 최신 프로그래밍 기법을 사용할 수 있다

파이썬은 최신 프로그래밍 방법(programming paradigm)을 지원하며 전문적인 프로그래머들의 요구사항을 수용하고 있다.

객체 지향 프로그래밍과 함수형 프로그래밍 언어들의 장점을 제공하고 있어 좀 더 효율적이고 재사용이 가능한 프로그램을 작성할 수 있다.

● 다양한 분야에서 사용된다

파이썬은 초보자에서부터 전문 프로그래머들까지 다양한 분야에 많은 사용자들이 있다. 금융, 생명공학, 자연과학 분야뿐만 아니라 컴퓨터 과학에서도 인공지능, 빅데이터, 웹 분야 등에서 많이 사용되고 있다.

이러한 사용자들이 다양한 전문 분야에서 사용할 수 있는 기능들을 만들어서 제공한다. 동일한 작업을 하는 프로그램을 작성할 때, 남들이 만들어놓은 기능들을 적절하게 찾아서 사용하는 것만으로도 다른 언어에 비해서 빨리 만들 수 있다.

● 파이썬이 만능은 아니다

언어마다 특성이 있고, 장점이 발휘되는 영역이 있다.

파이썬은 빠른 시간 동안 프로그램을 만들어낼 수 있다는 것이 장점이다. 대신 실행 속도가 다른 언어에 비해 느릴 수 있다.

1.4 프로그램은 어떻게 실행되는가?

코드 작성

컴퓨터에게 일을 시키기 위해서는 코드를 작성해야 한다. 코드를 작성하고 실행시키는 방법을 살펴보자.

프로그램을 실행하려면 프로그래밍 언어를 이용해서 만든 명령문인 소스 코드(source code)를 작성해야 한다.

소스 코드를 작성했다면 파일에 저장하는데, 파이썬 확장자로 '.py'를 사용한다.

코드 작성 도구

소스 코드는 윈도우에 포함된 메모장처럼 텍스트 파일을 작성할 수 있는 에디터를 이용해서 작성한다. 하지만 대부분의 프로그래머들은 특정 언어에 특화된 통합 개발 환경(integrated development environment)이나 전문적인 프로그래밍 전용 에디터를 사용한다.

통합 개발 환경이란 코드 작성뿐만 아니라 실행, 디버깅까지 한 개의 프로그램에서 할 수 있는 전문적인 개발 도구이다.

파이썬은 설치할 때 IDLE이라는 간단한 형태의 통합 개발 환경을 제공하는데, 이 책에서는 IDLE 사용법을 설명한다.

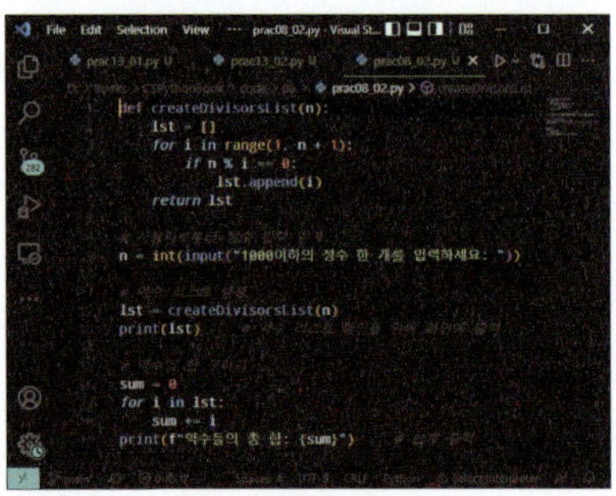

그림 1-10 비주얼 스튜디오 코드 작성 화면

비주얼 스튜디오 코드(Visual Studio Code)는 마이크로소프트사에서 만든 무료 프로그래밍 에디터이다. 프로그래머들이 파이썬뿐만 아니라 다양한 언어 코드 작성에 사용한다. IDLE보다 좀 더 강력한 도구를 원한다면 추천한다.

파이썬 코드는 UTF-8 인코딩(encoding) 방식을 이용해서 저장해야 한다. IDLE을 이용하면 자동으로

UTF-8 방식으로 저장한다. 파이썬에서 UTF-8이나 utf-8은 동일하게 사용된다. 이 책에서는 두 가지를 섞어서 사용한다.

UTF-8 인코딩 방식으로 저장하는 방법은 통합 개발 환경이나 텍스트 에디터마다 다르므로, 각 프로그램의 사용자 설명서나 도움말을 확인하도록 한다.

코드 실행

그림 1-11은 고급 프로그래밍 언어를 이용해서 작성한 프로그램을 실행시키는 방법이다.

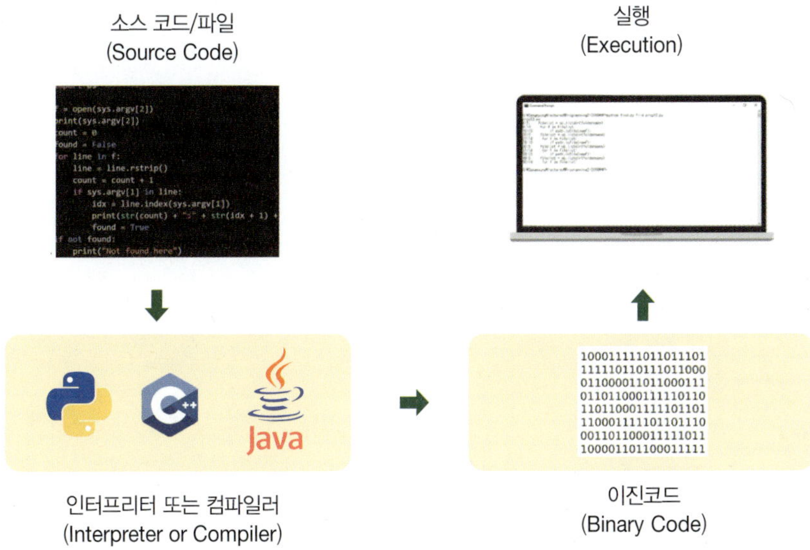

그림 1-11 고급 프로그래밍 언어로 작성한 프로그램을 실행하는 방법

프로그램을 실행시킨다는 것은 궁극적으로 사람 친화적인 고급 프로그래밍 언어를 컴퓨터 친화적인 기계어로 변환해야 한다는 것이다.

프로그래밍 언어를 실행하는 것은 외국어를 통역(번역)하는 것에 비유할 수 있다. 컴퓨터가 실행할 수 있는 언어로 통역(번역)해서 전달되는 것이기 때문이다.

파이썬 프로그램을 실행하는 방법에는 크게 두 가지가 있다.

파이썬 쉘(shell)에서 한 문장 단위로 파이썬 인터프리터(interpreter)가 처리할 수 있다. 다른 방법은 에디터(editor)를 이용해서 파이썬 코드를 파일로 작성하고, 이 파일을 읽어서 파이썬 인터프리터가 순서대로 일괄 처리하는 것이다. 파이썬 같은 인터프리터 언어는 한 문장씩 번역되어 실행되기 때문에 문제(오류)가 생기면 바로 확인할 수 있다는 장점이 있지만, 이로 인해 전체를 번역해놓고 실행시키는 것에 비해 비효율적인 단점이 있다.

C, C++, C#, Java 같은 컴파일 언어는 코드를 작성하고, 이 전체를 컴퓨터가 이해할 수 있는 기계어로 번역한 실행 파일을 만든 후에 실행한다. 컴파일러 언어는 매번 코드를 동시 통역하는 것이 아니라 번역된 내용을 읽는 것이므로, 인터프리터 언어에 비해 효율성이 높을 수밖에 없다.

1.5 파이썬 프로그래밍 환경 설치 및 탐색기 설정 변경

파이썬 프로그래밍 환경 설치

파이썬 프로그래밍을 하려면 파이썬 코드를 작성하고 실행할 수 있는 도구를 설치해야 한다.

인터넷 브라우저를 이용해서 파이썬 공식 사이트에 접속한 뒤 파이썬 설치 파일을 내려 받아 설치한다.

- http://www.python.org

사용자들이 윈도우 사용자라고 가정하지만 맥os나 리눅스 등을 사용한다고 해도 비슷하다.

여기에서 소개하는 도구들은 윈도우뿐만 아니라 맥os나 리눅스에서도 사용할 수 있으니 플랫폼에 맞게 설치한다.

그림 1-12는 파이썬 언어의 웹사이트이다.

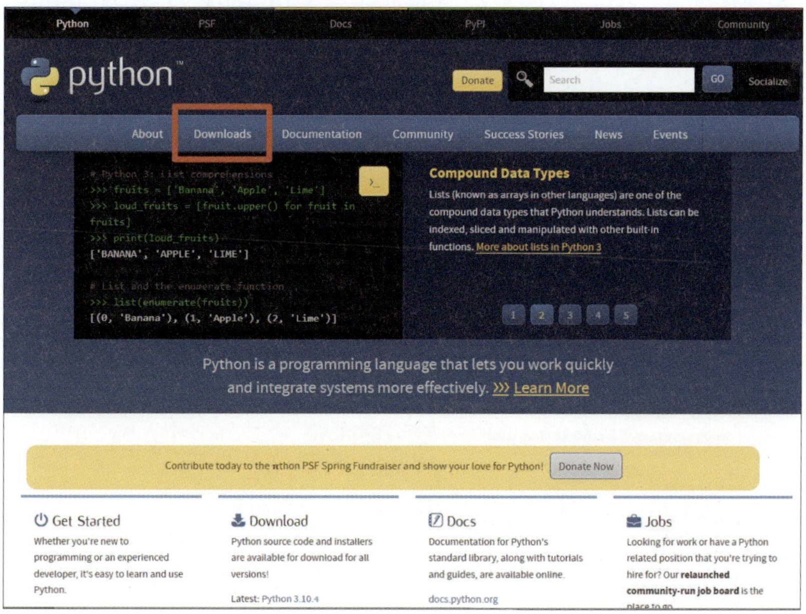

그림 1-12 파이썬 언어 사이트 캡쳐 화면

Downloads를 선택하고 본인 플랫폼에 맞는 설치 파일을 내려받아 실행시킨다.

그림 1-13에서는 3.10.4 버전(version)을 설치하고 있지만, 더 높은 버전(3.10.4에서 3, 10, 4가 모두 버전 번호를 나타낸다)을 설치해도 된다.

버전 숫자에서 3은 파이썬 언어가 크게 바뀔 때 변경되는 것이므로, 당분간 변경되지 않을 것이다. 10과 4는 조금씩 업데이트되면서 변경될 수 있다.

그림 1-13 파이썬 언어 사이트 캡쳐 화면

설치 프로그램을 실행시키면 그림 1-13이 보이는데, 1과 2로 표시한 부분을 주의한다.

파이썬 프로그램을 쉽게 실행시키려면 표시 1처럼 "Add Python 3.10 to PATH"을 선택한다.

파이썬은 기본적으로 사용자 폴더에 설치된다. 그러나 불편할 수 있어, 표시 2처럼 사용자 선택 설치 방법(Customize installation)을 선택한 후 다른 폴더에 설치할 것이다.

고급 선택 사항을 지정할 수 있는 그림 1-14가 나올 때까지 "Next" 버튼을 클릭한다.

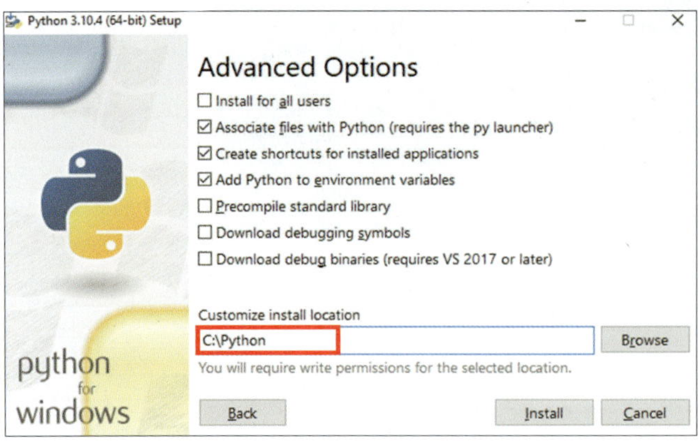

그림 1-14 파이썬 설치 경로 지정 화면

빨간색으로 표시한 부분에 주의한다. 복잡한 사용자 폴더가 아니라 "C:₩ Python"에 설치한다. 경로를 지정한 후, "Install" 버튼을 누르면 약간의 시간이 흐른 후 설치가 완료된다.

파이썬 쉘에서 실행

파이썬 프로그램이 설치된 것을 확인해 본다. 윈도우의 시작 메뉴에서 "IDLE(Python 3.10 64-bit)"(버전 번호는 다를 수 있다)을 찾거나 윈도우 하단의 검색창에서 IDLE을 입력해서 실행시킨다.

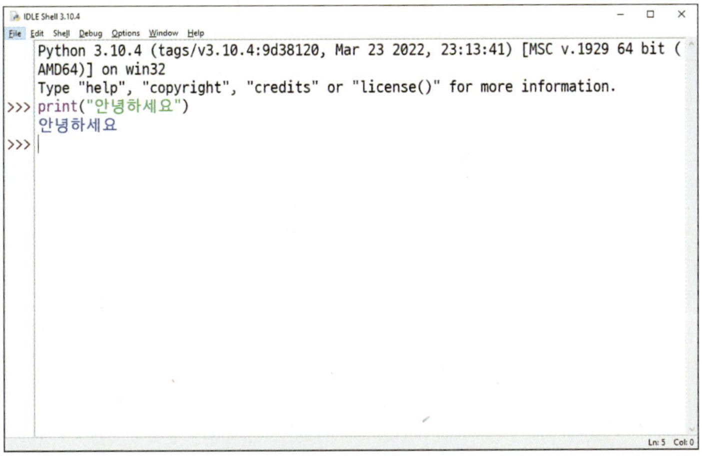

그림 1-15 파이썬 쉘 프로그램 실행 화면

IDLE Shell 프로그램이 그림 1-15처럼 나타나면 설치가 완료된 것이다. IDLE Shell 프로그램은 파이썬 쉘을 윈도우 응용프로그램으로 구현한 것이다. 파이썬 코드를 한 문장씩 입력해서 바로 결과를 확인할 수 있다.

IDLE을 실행시킨 후 ">>>"가 있는 곳에 코드를 입력하고 엔터(Enter) 키를 눌러 실행시킨다. 화면에 "안녕하세요"라는 문자열을 출력하는 코드이다.

```
print("안녕하세요")
```

에디터를 이용해서 코드 작성 후 실행

에디터로 소스 코드 파일을 생성해서 실행시켜 본다. 이 방법은 전체 코드를 작성한 후 한번에 실행시킨다.

IDLE Shell의 File | New File을 선택한다(File 메뉴에서 New File 메뉴 항목을 선택한다).

그림 1-16처럼 입력하고 "hello.py"라는 파일 이름으로 저장한다(디렉토리는 본인이 원하는 곳에 저장하면 된다).

메뉴에서 "Run | Run Module"을 선택하거나 키보드에서 F5 키를 눌러 실행시킨다.

그림 1-17처럼 "안녕하세요"라는 결과가 나오면 된다.

그림 1-16 파이썬 코드 에디터 실행 화면

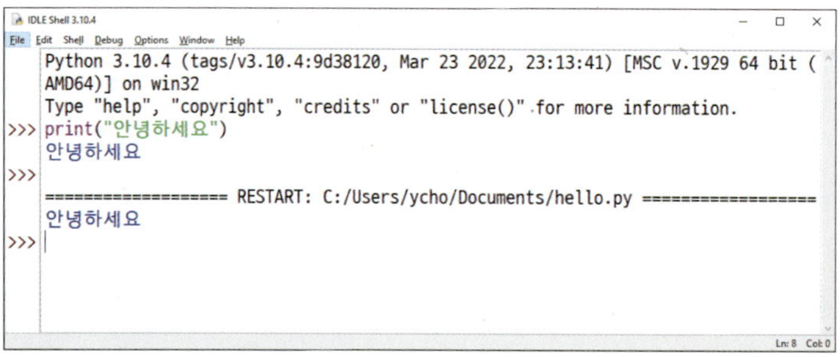

그림 1-17 파이썬 코드 실행 화면

IDLE 에디터는 전체 코드를 입력하여 전체 프로그램을 순차적으로 실행시킬 수 있으며 간단한 디버깅도 가능한 통합 개발 환경이다.

파이썬에 포함된 IDLE은 간단한 형태의 통합 개발 환경이지만, 이 책에서 다루는 프로그램을 작성하는 정도는 충분히 사용할 수 있다.

통합 개발 환경으로 좀 더 기능이 필요하다면 파이참(PyCharm) 같은 프로그램(상용화된 것도 있고 오픈 소스 형태로 개발된 무료 버전도 있다)이나 프로그래밍용 에디터인 비주얼 스튜디오 코드(Visual Studio Code) 등을 찾아보고 설치해서 사용하는 것을 권한다.

윈도우 탐색기 설정 변경

윈도우의 탐색기 프로그램은 파일 이름의 확장자가 보이지 않도록 하는 것이 기본 설정이다.

프로그래밍을 하다 보면 다양한 종류의 파일들을 생성하고 사용하는데, 파일의 확장자를 보지 못하면 파일을 잘못 만드는 경우들이 있다. 따라서 윈도우 탐색기에서 항상 확장자를 보여주도록 설정을 변경한다.

탐색기의 파일|폴더 및 검색 옵션 변경 메뉴를 선택한 후 그림 1-18처럼 "보기" 탭을 선택한다. 그리고 "알려진 파일 형식의 파일 확장명 숨기기" 부분에 선택된 내용을 해제하면 탐색기에서 모든 파일의 확장자가 나타나게 된다.

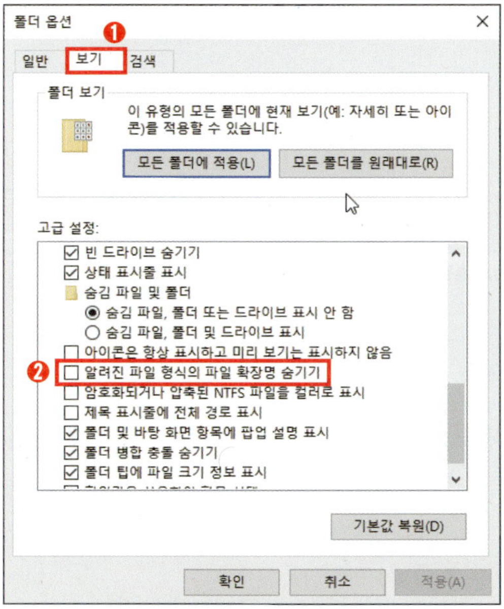

그림 1-18 탐색기 파일 확장자 설정 화면

PYTHON

1.6 첫 번째 파이썬 프로그램 분석

나의 첫 번째 파이썬 코드 분석

1장에서 파이썬이 제대로 설치되었는지 확인하려고 실행했던 파이썬 코드를 분석해 본다. 다음은 쉘에서 코드를 입력하고 실행한 것이다.

```
>>> print("안녕하세요")
안녕하세요
```

print()는 파이썬 언어가 제공하는 명령이다. print()는 괄호 안에 주어진 내용을 화면에 출력한다.

명령에 전달되는 내용 즉, 괄호 안에 주어진 내용을 전달 인자 또는 인자라고 부른다.

파이썬 코드에서 키워드가 아닌 이름에 괄호가 붙었다면 명령으로 취급한다.

더 알아보기 **키워드**

키워드는 파이썬 언어에서 사용하기 위해 특별히 지정된 단어들이다. 특정 목적을 위해서 사용하기 위해 지정한 단어들이다. 표 1-1은 파이썬에서 사용되는 키워드의 일부이다. 키워드 전체는 3장에서 다룬다.

표 1-1 파이썬 키워드

키워드	키워드	키워드	키워드	키워드	키워드
False	None	True	and	as	break
class	continue	def	del	elif	else

print( ) 명령과 문자열

print() 명령에 전달된 "안녕하세요"를 파이썬에서는 문자열이라고 부른다.

문자열은 문자들을 나열한 것이고 큰 따옴표 또는 작은 따옴표를 붙여서 표시한다.

```
>>> print("안녕하세요")
안녕하세요
>>> print('안녕하세요')
안녕하세요
```

문자열을 나타내는 따옴표 2개는 화면에 출력되지 않는다. 코드에서 따옴표는 문자열임을 표기하기 위해서 사용된 것이지, 실제 화면에 출력되는 내용은 아니기 때문이다.

파이썬은 코드에서 대문자와 소문자를 다르게 취급한다. 즉, print()와 Print()는 서로 다른 명령이다.

[코드 1-1]

```
>>> Print('안녕하세요')
Traceback (most recent call last):
  File "<stdin>", line 1, in <module>
NameError: name 'Print' is not defined
```

파이썬에 Print()라는 명령이 없으므로 NameError 오류가 발생한다. 오류가 발생하면 [코드 1-1]에서 보인 것처럼 프로그램이 실행을 멈추고 오류 관련 내용을 출력한다.

print( ) 명령 좀 더 살펴보기

print() 명령은 숫자값을 출력하기 위해 사용할 수 있다.

사실 print() 명령은 주어진 내용이 무엇이든 화면에 출력할 수 있다고 봐도 좋다.

정수와 소수를 출력해 본다.

```
>>> print(2)
2
>>> print(2.3)
2.3
```

print() 명령에 산술 계산식을 전달하면 결과값을 출력한다. 2와 5의 합과 차를 화면에 출력해 본다.

```
>>> print(2 + 5)
7
>>> print(2 - 5)
-3
```

print( ) 명령과 줄바꿈 문자(new line character)

print() 명령은 주어진 내용을 출력한 후 줄바꿈 문자를 출력한다.

print() 명령이 두 번 연속으로 실행되면 첫 번째 내용이 출력된 후 줄이 바뀌고 두 번째 내용이 나타난다.

파이썬 쉘에서 [코드 1-2]를 실행시킨다.

print() 명령 사이의 세미콜론(';')은 명령문들을 분리해서 두 줄에 걸쳐 써야 할 명령들을 한 줄에 표기할 수 있게 해준다.

파이썬에서는 일반적으로 코드를 작성할 때 한 개 명령을 한 줄에 쓰는 것이 일반적이지만, 여기서는 세미콜론을 이용해서 두 개의 명령문을 한 줄의 코드로 작성하였다. 이렇게 하지 않으면 한 줄씩 입력할 때 바로 실행시키기 때문에 줄바꿈 문자가 출력되는 것을 제대로 확인할 수 없다.

[코드 1-2]의 첫 번째 print() 명령이 실행되면서 2가 출력된 후 줄이 바뀌었다. 두 번째 print() 명령문이 실행되면서 3이 화면에 출력되고 줄이 바뀐다.

[코드 1-2]

```
>>> print(2); print(3)
2
3
```


print( ) 명령과 콤마(',')

print() 명령은 한 번에 여러 가지 내용들을 연속으로 출력할 수 있다.

출력을 원하는 내용들을 콤마(',')로 분리해서 인자로 전달하면, 값들을 순서대로 화면에 출력하면서 값들 사이를 공백 문자(' ')로 분리한다.

2와 3을 순서대로 출력하되, 공백 문자로 분리하는 예를 살펴보자. [코드 1-3]은 2를 먼저 출력하고 ','를 봤을 때 공백 문자로 대체해서 출력한다. 그런 후에 두 번째 내용인 3을 화면에 출력한다.

[코드 1-3]

```
>>> print(2, 3)
2 3
```

문자열과 숫자 등을 분리해서 출력할 수도 있다. 다음은 문자열과 유한소수값을 출력하는 것이다.

```
>>> print("원주율값: ", 3.1415)
원주율값: 3.1415
```

1.7 주석

주석의 역할

주석(comments) 또는 주석문은 프로그래밍 언어를 이용해서 코드를 작성하면서 코드의 실행과는 상관없는 설명이다.

간단한 예로, 코드 저작 정보 표시를 주석으로 쓸 수 있다. 저작 정보란 누가 언제 코드를 작성했고 수정했는지 등을 표현한다. 그 밖에 코드에서 사용되는 알고리즘, 명령에 전달될 내용 또는 명령이 동작하는 방법 등을 설명할 때 주석을 사용한다.

파이썬에서 주석은 '#' 문자로 시작된다. # 이후로 그 문장이 끝날 때까지 주석 처리된다.

파이썬 인터프리터는 코드에서 '#' 문자를 보면, 그 줄이 끝날 때까지(줄바꿈이 되기 전까지) 있는 모든 내용을 더 이상 실행시키지 않고 무시한다.

만약 여러 줄로 주석을 붙이고 싶다면 각 줄 앞에 '#' 문자를 붙인다. 또는 큰 따옴표나 작은 따옴표를 세 개씩 붙이고 그 사이에 여러 줄에 걸친 주석을 넣을 수 있다.

```
#print(2.3 + 5.2) ⟶ 이 코드는 실행되지 않는다
print(2.3 + 5.2)  # 앞에 있는 print( ) 명령은 실행, '#' 글자 이후 내용은 무시

# 다음은 여러 줄로 구성된 주석이다.
'''
print(2.3 + 5.2)
print(2.3 - 5.2)
'''

# 큰 따옴표를 사용해도 된다.
"""
print(2.3 + 5.2)
print(2.3 - 5.2)
"""
```

1.8 PYTHON

오류

문법 오류

코드를 실행했는데 제대로 동작하지 않으면 "오류(error)가 발생"한다고 한다.

오류는 크게 문법 오류와 버그의 두 가지로 나눌 수 있다.

문법 오류(syntax error)는 파이썬 문법에 부적합한 코드를 작성해서 발생한다. 문법 오류가 발생하면 파이썬 인터프리터는 실행을 멈추고 코드의 어디에서 오류가 발생했는지 알려준다.

```
>>> print(2 : 5)
  File "<stdin>", line 1
    print(2 : 5)
            ^
SyntaxError: invalid syntax
```

여기서 "2 : 5"는 파이썬 문법에 부적합한 코드이다.

print()를 볼 때는 적합한 명령임을 확인하고, 괄호 안에 있는 내용을 살펴보는데 2까지는 문제가 없다. 하지만 2 다음에 나오는 콜론(':')은 숫자 뒤에 나올 수 없는 문자이므로 여기서 오류가 발생한다. 따라서 실행을 멈추고 오류가 발생했음을 알려준다.

버그

버그는 문법 오류는 아닌데, 실행 중에 결과가 제대로 나오지 않는 것이다. "버그(bug)가 발생했다"고 한다.

버그도 두 가지 오류를 고려할 수 있다.

- 논리 오류(logical error): 코드를 잘못 작성
  - 예를 들어 3을 2로 나눈 후에 몫을 정수로 구해야 하는데 실수 연산을 해서 1 대신 1.5를 결과값으로 만들어내는 경우가 이에 해당한다.
  - 프로그래머가 코드를 잘못 작성한 것이기 때문에 결국 결과값 등을 출력해 보면서 코드를 수정해야 한다.
- 런타임 오류(run-time error) 또는 예외(exception): 시스템적인 문제나 사용자 잘못으로 발생하는 경우가 많음
  - 0으로 나누거나 파일을 읽는데 디스크에서 오류가 발생하는 경우가 여기에 해당한다.
  - 보통은 시스템이나 사용자 잘못으로 인해 발생한다.
  - 코드 작성자가 실행 중에 문제를 해결하거나 회피하고 계속 실행할 수 있도록 만들 수 있다.

오류와 예외에 대해서는 10장 예외 처리에서 더 설명한다.

1.8 PYTHON

실습문제 1

| 문제 |

본인의 이름과 생년월일을 화면에 출력한다.

| 요구사항 |

생년월일은 년도-월-일 형태로 출력한다. 예를 들어 생일이 2000년 1월 1일이라고 가정하면 2000-1-1을 출력한다.

| 문제 해결 |

이 문제는 화면에 문자열을 출력하는 것이 목적이다. `print()` 명령을 이용해서 본인의 이름과 생년월일을 출력한다. 개인 정보 문제가 있으므로, 여기에서는 임의의 이름과 날짜를 출력하는 것으로 한다. 먼저 이름을 출력하는 코드이다.

```
>>> print("홍길동")
홍길동
```

다음으로는 생년월일을 출력한다. 2000년 1월 1일생으로 가정하자.

```
>>> print("2000-1-1")
2000-1-1
```

| 최종 코드 |

[코드 1-4] prac01_01.py

```
print("홍길동")
print("2000-1-1")
```

| 실행 결과 |

```
홍길동
2000-1-1
```

1.9 PYTHON

print( ) 명령의 다른 사용법

end 옵션–줄바꿈 문자 대신 다른 것 출력하기

지금까지는 print() 명령을 이용해서 문자열을 출력하면 마지막에 줄바꿈 문자가 출력되었다. print() 명령을 사용할 때 문자열을 출력한 후 줄바꿈 문자 대신 다른 글자를 출력할 수도 있다. 사용법을 살펴보자.

```
print(출력_내용, end="다른_문자(열)")
```

출력 내용은 기존에 print() 명령에서 출력하기 위해 전달했던 내용이다.

출력 내용 다음에 end 옵션을 지정하면 다른 문자(또는 문자열)로 줄바꿈 문자를 대체한다.

"end"와 "="는 공백 문자를 이용해서 띄어쓰기 해도 상관없다.

줄바꿈 문자 대신 공백 문자로 대체해 본다.

```
>>> print("홍길동", end=" ")
홍길동 >>>
```

"홍길동"을 출력한 후 입력 가능 부호인 ">>>"가 다음 줄에 나타나는 대신, 여기서는 이름 다음에 공백 문자가 한 개 들어간 후 바로 ">>>"가 출력되고 있다.

공백 문자 대신 다른 문자(열)를 사용할 수도 있다. 아래는 공백 문자 대신 " (끝)"을 출력되는 문자열 뒤에 붙이는 코드이다.

```
>>> print("홍길동", end = " (끝)")
홍길동 (끝)>>>
```

출력 내용이 끝났다는 것을 보이기 위해 "(끝)"을 붙이고 있지만, ">>>"가 다음 줄에 나타나지 않으니 깔끔해 보이지는 않는다. 이번에는 end에 "(끝)\n"을 전달해 보자.

```
>>> print("홍길동", end = " (끝)\n")
홍길동 (끝)
>>>
```

이제 깔끔하게 줄바꿈 되었다.

문자열에 포함되는 "\n"은 줄바꿈 문자를 나타낸다.

sep 옵션–공백 문자 대신 다른 문자(열)로 분리하기

print() 명령에서 ','로 분리해서 출력할 때 사용되는 공백 문자를 대체하는 문자(열)를 지정할 수 있다.

sep 옵션을 지정하면 이 문자(열)를 대체한다.

사용법을 살펴보자.

```
print(출력_내용, sep = "다른_문자(열)")
```

"end" 대신 "sep"을 사용하는 것을 제외하면 사용법은 end 옵션과 동일하다. 사용 코드를 보자

[코드 1–6]

```
>>> print("홍", "길동")              # (1)
홍 길동
print("홍", "길동", sep = "\n")      # (2)
홍
길동
```

[코드 1–6]의 (1)에서는 sep 옵션 없이 사용해 성과 이름을 공백 문자로 분리한다.

(2)에서는 sep 옵션에 줄바꿈 문자에 해당되는 코드를 넣어 성과 이름을 각각 새로운 줄에서 출력하고 있다.

다른 문자열로 중간을 대체할 수도 있다.

```
>>> print("성: 홍", "길동", sep = " 이름: ")
성: 홍 이름: 길동
```

이번에는 sep 옵션을 문자열로 지정하였다. 예상했던 것처럼 "홍" 다음에 sep 옵션에서 지정한 문자열을 출력한 후 "길동"을 출력한다.

여러 개 출력 내용이 전달될 때도 마찬가지로 sep 옵션에서 지정된 내용이 사용된다.

이름의 각 글자를 출력한 후 줄바꿈 문자를 넣어 다음 줄로 이동시킨다.

```
>>> print("홍", "길", "동", sep = "\n")
홍
길
동
```

print() 명령에 sep와 end를 같이 넣을 수도 있다.

```
print("원주율 값", "3.1415", sep = ": ", end = "15\n")
원주율 값: 3.141515
```

1.9 PYTHON

실습문제 3

| 문제 |

본인의 이름과 생년 월일을 출력하되, 날짜를 "2000/1/1" 형태로 출력한다.

| 요구사항 |

- 년, 월, 일에 해당되는 2000, 1, 1은 문자열이 아닌 숫자 형태로 출력한다.
- 생년월일은 이름과 같은 줄에 출력한다(단 print() 명령은 분리해서 사용한다).

| 문제 해결 |

이름과 생년월일을 같은 줄에 출력해야 하므로 이름을 출력할 때 줄바꿈 문자를 사용하지 않는다. end 옵션을 이용해서 줄바꿈 문자를 제거한다. 여기서는 공백 문자로 대체한다. 이름을 출력한다.

```
print("홍길동", end = ' ')
홍길동 >>>
```

다음에는 생년월일을 출력해야 하는데 년, 월, 일은 정수로 출력하면 되고, 중간에 '/' 문자를 이용해서 분리한다.

```
>>> print(2000, 1, 1, sep = '/')
2000/1/1
```

| 최종 코드 |

[코드 1-7] prac01_03.py

```
print("홍길동", end = ' ')
print(2000, 1, 1, sep = '/')
```

| 실행 결과 |

```
홍길동 2000/1/1
```

1.10 연습문제

01 프로그래밍은 코딩만 하면 잘 할 수 있다. OX로 답하시오.

02 알고리즘이란 어떤 문제를 해결하기 위한 절차, 방법, 명령어들의 집합이다. OX로 답하시오.

03 2 8 7 5 3 1 순열을 오름차순으로 재배치 하시오. 자신이 재배치하면서 사용했던 방법이나 절차를 순서대로 적으시오.

04 위 문제에서 자신이 적은 절차를 컴퓨터가 실행할 수 있는지 평가해 보시오.

05 프로그램을 구성하는 요소가 아닌 것을 고르시오.

(1) 입력　(2) 로그인　(3) 출력　(4) 순차
(5) 조건　(6) 반복　(7) 재사용

06 파이썬 3은 유니코드를 기본으로 지원한다. OX로 답하시오.

07 파이썬은 인터프리터 언어이다. OX로 답하시오.

08 인터프리터 언어는 한 문장씩 실행하며, 컴파일 언어는 전체를 기계어로 만든 후 실행한다. OX로 답하시오.

09 다음에서 오류가 발생하는 코드를 고르시오. 오류가 없는 코드는 예상 결과를 답하시오.

(1) print(2); print(3)　(2) print(2, 3)　(3) #print(2, 3)
(4) Print(2)　(5) print("원주율값:", 3.1415)

10 다음 코드를 파이썬 쉘에서 한 줄씩 실행시켜 보고 결과를 확인하시오.

```
print("쉘에서 작성하는 첫 번째 프로그램")
print("화면에 지금 입력하고 있는 내용이")
print("출력됩니다")
print("엔터키를 누를 때마다 한 줄씩")
print("따로 출력되는 것을 볼 수 있습니다.")
print("따옴표 없이 글자들만 출력되는")
print("것에 주의하세요")
```

11 print() 명령의 sep 인지 지정 방법을 이용해서 본인의 전화번호를 "010-xxxx-xxxx" 형태와 "010_xxxx_xxxx" 형태로 출력해 보시오.

12 IDLE이 아닌 프로그래밍 전용 에디터를 인터넷에서 검색해서 내려 받아 이 에디터의 사용법을 익히고, @ref(code: practice01_01.py)를 입력한 후에 "exercise03.py"로 저장하시오. 그런 후 명령창(윈도우의 cmd 또는 터미널 프로그램)에서 다음 명령을 실행해 보시오.

```
python exercise03.py
```

2 장

자료형

학습목표

- 프로그래밍 언어에서 자료형의 의미와 필요성을 살펴본다.
- 파이썬 언어의 자료형을 익힌다.
- 표현식에 대해서 이해하고, 산술 연산과 문자열 연산에 대해서 살펴본다.

PYTHON

2.1 자료형(type)의 정의 및 필요성

숫자, 문자 구별은 어떻게 하지?

문자열을 출력하는 print() 명령 코드를 살펴보자.

```
>>> print("안녕하세요. 첫 번째 파이썬 프로그램입니다")  # (1)
안녕하세요 첫번째 파이썬 프로그램입니다
```

덧셈 연산 코드도 살펴보자(파이썬의 숫자를 더하는 연산은 수학의 덧셈 연산과 동일하다).

```
>>> 2 + 5        # (2)
7
>>> 2.3 + 5.2    # (3)
7.5
```

(1) 코드의 print() 명령은 문자열을 출력하고 있다. 반면에 (2), (3) 코드는 숫자라고 인식하고 더하기 연산을 하고 있다.

어떻게 문자와 숫자를 구별할까?

사람들에게는 이런 구별이 쉽다. (1)은 한글과 특수 문자('.')로 만들어졌으니까 당연히 문자열이고, (2)와 (3)은 아라비아 숫자만으로 구성되었으니까 숫자값이라고 생각할 수 있다. 또한 소수점 존재 여부를 가지고 정수와 실수도 구별할 수 있다.

사람들에게는 이런 인식 과정이 자연스러워서 코드를 보면서 바로 결정했다고 볼 수 있다.

우리는 오랜 교육을 통해서 2+5나 2.3+5.2에서 2, 5, 2.3, 5.2가 어떤 종류의 숫자인지 알고, (2)와 (3)의 연산 결과가 각각 정수와 실수값이 된다는 것도 알고 있다.

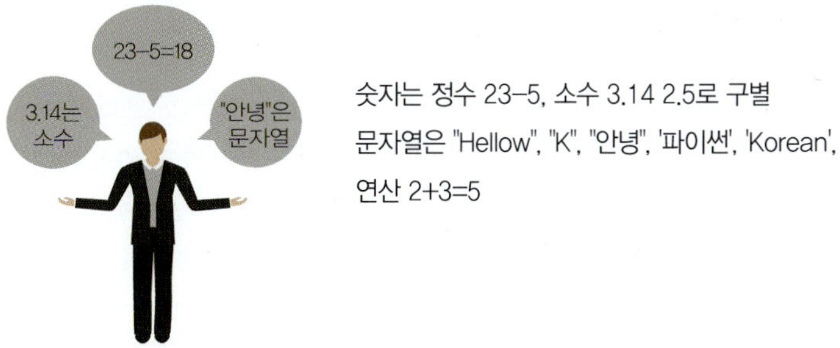

그림 2-1 사람은 정수, 소수, 문자열을 즉시 구별할 수 있다.

하지만 컴퓨터는 어떨까?

컴퓨터는 디지털 기기이므로 0과 1만 이해한다. 컴퓨터의 메모리도 0과 1로 구성된 값만 저장할 수 있다.

(1)~(3)에서 본 문자들 또는 숫자값들도 모두 0과 1의 조합으로 저장되고 인식된다.

이렇게 이진수로 저장되어 있는 값들을 컴퓨터는 어떻게 문자와 숫자로 식별할까?

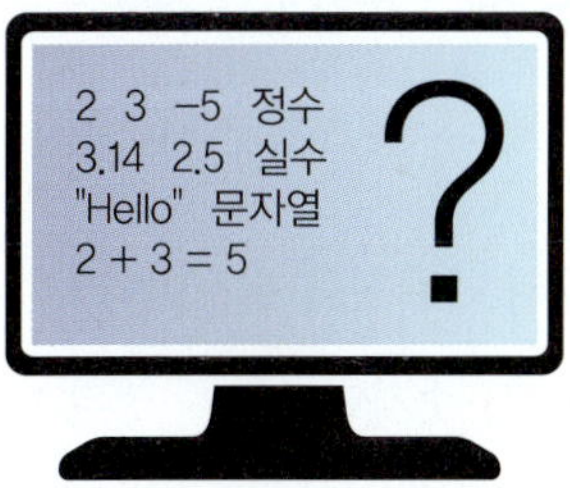

그림 2-2 컴퓨터의 데이터 식별

더 알아보기 **메모리**

메모리는 컴퓨터에서 자료를 기억해야 할 때 저장하는 장치이다. 메모리는 크게 두 가지로 구분한다. 컴퓨터가 꺼지면 기억했던 자료가 사라지는 **휘발성** 메모리와 컴퓨터가 꺼져도 자료가 남는 **비휘발성** 메모리로 나뉜다. 프로그램이 실행되면서 임시로 값을 저장하는 것들은 주로 휘발성 메모리에, 시간을 두고 다시 사용해야 하는 자료들은 비휘발성 메모리에 저장한다. 보통 메모리라고 얘기하면 휘발성 메모리를 말한다. 비휘발성 메모리의 대표적인 예로는 파일들을 저장하는데 사용하는 하드 디스크, USB 메모리 등이 있다. 휘발성 메모리를 주기억장치, 비휘발성 메모리를 보조기억장치라고 부르기도 한다. 이 책에서 메모리라고 부르는 것은 모두 주기억장치를 의미한다.

자료형으로 숫자, 문자를 구분한다

파이썬을 비롯한 많은 프로그래밍 언어들은 값의 종류를 구별하기 위해, 값을 메모리에 어떻게 저장할지, 그리고 연산 결과가 어떤 종류의 값으로 나올 것인지 파악하기 위해 자료형(data type)을 사용한다.

자료형은 프로그래밍 언어에서 다양한 의미와 목적으로 사용된다.

- 언어에서 사용하는 값의 종류를 나타낸다. 즉 문자열, 숫자, 참(True) 또는 거짓(False)을 나타내는 불린값(boolean value) 등을 의미한다.
- 값의 종류가 표현할 수 있는 값의 범위를 나타낸다. 예를 들어 언어에서 표현할 수 있는 문자가 어떤 글자들을 포함하는지, 정수 또는 실수가 표현할 수 있는 값의 범위를 의미한다.
- 값의 종류에 따라 메모리에 저장하는 방법 또는 메모리에 있는 자료들을 어떤 종류로 해석할 것인지 등을 표현한다.
- 특정 자료형에 적용시킬 수 있는 연산의 종류와 사용할 수 있는 연산자를 제한한다.

파이썬은 인터프리터가 코드를 실행시키면서 코드에서 사용된 값들의 자료형을 결정한다.

예를 들어, 파이썬에서는 코드에 따옴표가 있으면 문자열로 구분하고, 숫자만으로 구성된 내용은 정수 또는 실수로 인식한다. 이렇게 문자열, 정수, 실수 등을 파악하면서 자료형이 정해진다.

자료형이 정해지면 앞에서 설명한 것처럼 메모리 저장 방법, 값의 표현 범위, 사용할 수 있는 연산 등 다양한 것들을 결정할 수 있다.

파이썬 인터프리터가 소스 코드를 실행시키기 위해 분석하면서 값들이 어떤 종류인지 파악한다. 인터프리터는 코드를 실행하면서 값을 메모리에 저장하고, 메모리에 저장한 값들을 다시 가져다 사용하기도 한다.

파이썬 인터프리터가 값들을 분석하고, 저장하고, 처리했기 때문에 제대로 자료형을 인식하고 사용할 수 있다.

자료형에 따라 가능한 연산이 결정된다

자료형이 정해지면 적용할 수 있는 작업(연산)이 정해진다.

파이썬도 자료형에 따라 처리할 수 있는 연산과 사용할 수 있는 연산자들이 정해져 있다. 표 2-1은 자료형에 따라 적용시킬 수 있는 연산의 일부이다.

표 2-1 자료형에 적용할 수 있는 연산 또는 연산자의 일부

피연산자1의 자료형	피연산자2의 자료형	적용 가능한 연산 또는 연산자
정수	정수	덧셈, 뺄셈, 곱셈, 정수의 나눗셈, 나머지 연산
정수	실수	덧셈, 뺄셈, 곱셈, 실수의 나눗셈
실수	실수	덧셈, 뺄셈, 곱셈, 실수의 나눗셈
문자열	문자열	덧셈

표 2-1에 있는 내용들은 대부분 수학에서 다룬 내용이다.

파이썬에서는 문자열과 문자열을 더하면 덧셈 본연의 기능인 "계산"이 아니라 "연결(concatenation)"을 한다. 두 문자열을 순서대로 연결한 새로운 문자열이 결과값이 된다.

"Hello" + "World"는 "Hello World"를 생성한다.

만약 문자열에서 문자열을 뺀다면 어떻게 될까?

파이썬은 자료형에서 지원하지 않는 연산을 사용하면 문제가 발생했음을 알려준다("오류가 발생했다"고 한다. 이 경우에는 문법적으로 부적절하기 때문에 문법 오류가 발생한다). 예를 들어 문자열과 문자열을 빼거나, 곱하거나 나누려고 하면 오류가 발생한다.

[코드 2-1]에서 문자열끼리 뺄셈을 하니 오류가 발생한다. 오류 내용은 "TypeError(자료형 오류)"이고 문자열 자료형("str")과 문자열 자료형 사이에는 뺄셈 연산이 지원되지 않음을 보인다.

[코드 2-1]

```
>>> print("가나다" - "가나")
Traceback (most recent call last):
  File "<pyshell#7>", line 1, in <module>
    print(s1 - s2)
TypeError: unsupported operand type(s) for -: 'str' and 'str'
```

2.2 파이썬의 자료형

파이썬의 자료형

파이썬에서 값으로 표현되는 것들은 대응되는 자료형(data type)이 있다.

프로그래머는 값들의 자료형을 인지해야 적절한 코드를 작성할 수 있다.

파이썬은 표 2-2에 보인 자료형들과 불린형을 제공한다.

파이썬은 자료형으로 복소수형(complex)도 제공하는데 이 책에서는 다루지 않는다.

표 2-2 파이썬의 기본 자료형

종류	자료형	메모리 공간 크기	표현 범위
정수	int	제한 없음	제한 없음
실수	float	8바이트(byte)	$4.9 \times 10^{-324} \sim 1.8 \times 10^{308}$
문자열	str	제한 없음	제한 없음

파이썬의 숫자 자료형에는 정수(int)와 실수(float)가 있다.

정수

앞에서 보았던 2나 5, 또는 −3과 같은 수를 표현하는 자료형을 정수형(integer 또는 줄여서 int)이라고 한다. 즉 소수점이 없는 숫자는 정수형이다.

많은 프로그래밍 언어들이 효율성 때문에 정수형으로 표현할 수 있는 값의 범위를 제한하는 것과 다르게, 파이썬의 정수형은 표현할 수 있는 범위의 제한이 없다.

정수의 산술 연산(사칙연산 및 나머지 연산) 등을 통해 나오는 결과값들은 모두 정수형이다.

다음은 정수의 덧셈과 곱셈 계산이다. 덧셈은 수학과 차이가 없지만, 곱셈 연산자는 "*" 기호로 표기한다. 산술 연산에 대해서는 잠시 후 학습하자.

```
>>> 2932839232923939 + 2382929292939393
5315768525863332
>>> 2932839232923939 * 2382929292939393
6988748519616353696655305829027
```

실수

실수형은 부동 소수점 숫자(floating point number)라고 부르기도 한다.

수학에서 유한 소수를 사용하는 것처럼 숫자에 소수점이 포함되면 파이썬에서는 실수형으로 분류된다.

파이썬의 실수형은 정수와는 다르게 표현 가능한 범위가 표 2-2처럼 정해져 있다.

실수의 산술 연산(사칙연산)의 결과값은 실수형이다.

파이썬 코드에서 실수를 표현하는 방법은 수학에서의 표현 방법과 유사하다. 다음은 그 예이다.

```
>>> 0.3
0.3
>>> 7.2354
7.2354
```

다음에서 보면, 0.3에서 정수 부분이 0이라면 생략할 수 있다.

```
>>> 0.3
0.3
>>> .3
0.3
```

소수점 이하 부분이 0인 경우 역시 생략할 수 있다. 단 소수점은 생략할 수 없다(소수점이 생략되면 정수로 처리된다).

```
>>> 3.0
3.0
>>> 3.   # 3.0을 나타냄
3.0
```

10000000000000.0이나 0.00000000001 같이 너무 크거나 작은 소수들은 입력하며 오류를 일으키기도 쉽고, 읽기도 어렵다.

파이썬을 비롯한 대부분의 프로그래밍 언어들은 이렇게 긴 소수를 쉽게 표현할 수 있도록, 과학적 표기법(e 표기법)을 지원한다. 과학적 표기법은 다음과 같이 e 또는 E를 이용해서 승수를 표현하는 것이다.

```
숫자e승수
숫자E승수
```

"숫자e승수" 또는 "숫자E승수"는 "숫자 x $10^{승수}$"를 표현한다.

```
>>> 1.0e3 # 1000.0을 의미함
1000.0
>>> 1.0E-3 # 0.001을 의미함
0.001
>>> 1.2E10
12000000000.0
>>> 1.2e10
12000000000.0
```

0.00000000001을 다시 표현하면 다음과 같다. 소수점 이하 11자리이므로 −11을 적어준다.

```
1e-11  # 또는 1.0e-11
```

[코드 2-2]에서 실수의 덧셈과 곱셈을 하는데 마지막 곱셈을 보면, 소수점 이하 마지막 값인 3 대신 2999로 표현되었다.

파이썬은 소수점 아래 15자리까지만 제대로 지원하기 때문에 반올림하는 경우가 발생할 수 있다.

실수값은 사용할 때 정밀도 문제가 발생할 수 있으므로 주의한다.

[코드 2-2]

```
>>> 0.001 + 0.0001
0.0011
>>> 0.001 + 0.1e-3   # 0.001 + 0.0001
0.0011
>>> 0.001 * 0.00001
1e-08
>>> 0.8323234243343 * 0.00000000001
8.323234243342999e-12
```


문자열

파이썬에서 문자열은 문자나 문자의 묶음을 의미하고, 문자열에 대응되는 자료형은 문자열형(string type 또는 줄여서 str)이라고 표현한다.

파이썬에서는 한 쌍의 작은 따옴표(' ') 또는 큰 따옴표(" ")안에 있는 글자 또는 글자들을 문자열이라고 한다.

일부 프로그래밍 언어에서 작은 따옴표는 문자 한 개를 표시하고 큰 따옴표는 문자열을 나타내는데 사용되기도 한다. 그러나 파이썬은 작은 혹은 큰 따옴표를 가리지 않고 모두 문자열을 나타낸다.

파이썬에서는 문자 한 개를 표현할 수 있는 방법은 없다. 문자 한 개로 구성된 문자열이 존재할 뿐이다.

문자열의 몇 가지 예를 보자.

```
"파이썬 문자열입니다"                    # (1) 문자열
'동일하게 취급되는 파이썬 문자열입니다'     # (2) 문자열
"문자열 아닙니다'                        # (3) 오류 발생할 수 있음 (문자열 아님)
```

문자열은 반드시 같은 종류의 따옴표로 묶여 있어야 한다.

(3)에서 보인 것처럼 서로 다른 따옴표를 사용하면 문자열이 아닌 것으로 인식하고 오류가 발생할 수 있다.

큰 따옴표로 묶인 문자열에는 작은 따옴표가, 반대로 작은 따옴표로 묶인 문자열에는 큰 따옴표가 포함될 수 있다.

```
'다음 문장은 인용된 문구입니다. "영호가 괜찮다고 말했습니다"'
"다음 문장은 인용된 문구입니다. '영호가 괜찮다고 말했습니다'"
```

여러 줄의 문자열을 코드에 넣고 싶다면 ''' 또는 """로 다음에 보인 것처럼 묶으면 된다.

"""

여러 줄에 걸친

문자열을

표현하려면

따옴표 세 개로 묶으면 된다

"""

파이썬 쉘에서 여러 줄에 걸친 문자열을 사용해 보자.

```
>>> str3 = '''test
...  test2
...  test3'''
>>> str4 = """test
...  test2
...  test3"""
>>> print(str3)
test
 test2
 test3
>>> print(str4)
test
 test2
 test3
```

이스케이프 시퀀스

코드를 작성하면서 문자열에 화면에 보이지 않는 문자를 표현하거나 문자열에 중복되는 따옴표 등을 포함시킬 때 이스케이프 시퀀스(escape sequence)를 사용해서 표현한다.

화면에 보이지 않는 대표적인 문자로는 스페이스바 키로 눌러서 입력하는 공백 문자, 엔터키로 입력하는 줄바꿈 문자와 탭(Tab) 키로 입력하는 탭 문자 등이 있다.

이스케이프 시퀀스는 백슬래시('\') 다음에 문자를 붙여 조합해서 표현한다. 한글 윈도우에서는 백슬래시가 돈의 단위를 표현하는 원 글자로 나타나기도 한다.

표 2-3 이스케이프 시퀀스

이스케이프 시퀀스	설명
\n	줄바꿈 문자
\t	탭 문자
\\	백슬래시
\'	작은 따옴표
\"	큰 따옴표

문자열에 백슬래시 글자를 넣으려면 표 2-3처럼 백슬래시 두 개를 붙여서 표현한다.

[코드 2-3]은 백슬래시 문자를 화면에 출력한다. 코드에서는 백슬래시를 두 번 썼지만, 화면에 출력될 때는 백슬래시 한 개만 보인다.

[코드 2-3]

```
>>> print("백슬래시를 표현하려면 \\를 써야 합니다.")
백슬래시를 표현하려면 \를 써야 합니다.
```

문자열에 탭 문자나 줄바꿈 문자 효과를 내려면 마찬가지로 '\t' 또는 '\n'을 사용한다.

[코드 2-4]

```
>>> print("첫\t번째 문장\n새로운 문장")
첫	번째 문장
새로운 문장
```

"첫 번째" 단어 중간에 사용된 '\t' 글자는 탭 키를 누른 것처럼 여러 개의 공백을 출력했다.

"문장" 다음의 '\n' 글자는 엔터키를 입력한 후 "새로운 문장"을 입력한 것처럼 줄을 바꿔 다음 줄에 문자열을 출력한다.

따옴표로 묶인 문자열 안에 같은 따옴표를 다시 사용할 때 이스케이프 시퀀스를 사용한다.

다른 프로그래밍 언어에서 일반적으로 작은 따옴표와 큰 따옴표의 용도가 다르지만, 파이썬은 문자열을 표현할 때 작은 따옴표와 큰 따옴표를 모두 사용할 수 있다.

[코드 2-5]는 파이썬에서 문자열 내에 따옴표를 표현하는 여러 가지 방법을 보여준다.

[코드 2-5]

```
>>> print("문자열 상수에서 큰 따옴표 \" 표현 방법")        # (1)
문자열 상수에서 큰 따옴표 " 표현 방법
>>> print('문자열 상수에서 작은 따옴표 \' 표현 방법')      # (2)
문자열 상수에서 작은 따옴표 ' 표현 방법
>>> print('문자열 상수에서 큰 따옴표 " 표현 방법')         # (3)
문자열 상수에서 큰 따옴표 " 표현 방법
>>> print("문자열 상수에서 작은 따옴표 ' 표현 방법")       # (4)
문자열 상수에서 작은 따옴표 ' 표현 방법
```

(1)과 (2) 코드는 이스케이프 시퀀스를 사용했고, (3)과 (4)에서는 따옴표를 다르게 사용하지만 결과는 동일하다.

파이썬에서는 (3) 또는 (4)를 사용하겠지만, C언어나 자바 언어를 학습할 계획이 있다면, (1) 또는 (2)를 기억해두면 좋다.

인코딩은 문자를 컴퓨터가 이해하는 바이트로 변환하는 것이다

키보드로 자판의 숫자 또는 문자를 입력하면, 컴퓨터가 이해할 수 있는 0과 1의 조합으로 변환해서 전달된다.

어떻게 키보드의 문자들이 이진수 형태로 변환될까?

문자들과 이진수를 1:1로 연결시켜주는 표가 있다고 생각하면 된다.

파이썬도 내부적으로 가지고 있는 표를 이용해서 코드에서 사용한 문자를 컴퓨터가 이해할 수 있는 숫자로 변환하고, 반대로 컴퓨터가 저장한 숫자를 우리가 볼 수 있는 문자 형태로 변환해서 출력한다.

이렇게 문자를 컴퓨터가 이해할 수 있는 값으로 변환하는 것을 인코딩(encoding)이라고 한다.

반대로 숫자를 다시 문자로 변환하는 것은 디코딩(decoding)한다고 한다.

프로그래밍 언어마다 사용하는 인코딩 방법이 달라질 수 있는데, 파이썬은 UTF-8 방법을 사용한다.

파이썬은 영문자, 아라비아 숫자, 특수 기호(마침표, 콤마, 콜론 등), 한글, 일본어, 한자, 또는 세계 대부분의 언어들을 모두 동일하게 취급한다(다른 프로그래밍 언어에서는 다르게 취급하는 경우도 있다).

UTF-8표를 이용한 인코딩 과정을 거치면 한 개의 문자는 1~3바이트의 이진수로 변환되어 저장된다.

1장에서 IDLE이 아닌 다른 에디터를 사용하면, 파이썬 코드를 저장할 때 UTF-8 방식으로 저장해야 한다고 했던 것이 파이썬에서 사용하는 인코딩 방식 때문이다.

인코딩 방식에 대해서는 5장에서 자세하게 설명한다.

불린

불린(boolean) 또는 불(bool)형이라고 불리는 자료형은 참 또는 거짓을 나타내는 True와 False 상수값을 표현한다. True와 False가 대문자로 시작함에 주의한다.

코드를 작성할 때 불린 값을 생성하는 조건식을 사용해서 True일 때 혹은 False일 때 특정 작업을 실행시킬 수 있다.

True와 False가 만들어질 수 있는 예는 두 값을 비교하는 것이다. 2가 3보다 큰지 비교하면, 결과는 False가 된다. 반대로 2가 3보다 작은지 확인하면 결과값은 True이다.

```
>>> 2 > 3     # 2가 3보다 큰가?
False
>>> 2 < 3     # 2가 3보다 작은가?
True
```

None 상수값

파이썬에서 None이라는 상수값은 특이한 존재이다.

None은 NoneClass 자료형을 나타내는 상수값이다. 그런데 NoneClass는 None이라는 값을 제공하기 위해 존재하는 자료형이다. 그 외에는 전혀 사용되지 않는다. 따라서 NonClass 자료형보다는 None 상수에 대해서만 알아본다.

None은 다음 목적으로 사용될 수 있다.

- 값이 존재하지 않음을 표현
- 값을 정확하게 알수 없는 경우에도 사용
- 값이 정의되지 않은 경우

프로그램을 구현하면서 "값이 없음"을 표현할 때가 있다.

예를 들어 휴대전화 연락처에서 특정 이름을 검색해서 반환한다고 할 때, 찾는 이름이 없음을 표현하는 경우가 이에 해당한다.

연락처에서 이름이 없음을 표현할 때 한 가지 해결 방법은 세상에 전혀 존재하지 않을 것 같은 이름을 정하고, 찾는 이름이 없을 때 그 이름을 반환하는 것이다. 하지만 세상에 어떤 이름이 없을지 모르니까, 좋은 방법은 아니다.

파이썬의 None은 이럴 때 사용 가능하다. 즉 검색하는 이름이 없다면, 이상한 이름을 반환하는 것이 아니라 None 값을 반환한다. 주의! 문자열 "None"을 반환하는 것이 아니다.

None은 값을 정확하게 알 수 없음을 표현하기 위해 사용할 수 있다.

예를 들어 동전을 던져서 앞면과 뒷면을 확인하는 프로그램을 작성한다고 가정해보자. 동전을 던졌다면 앞면 또는 뒷면이라는 값이 나오겠지만, 동전을 던지기 전이라면 어떤 면인지 모르는 상태여야 한다.

이럴 때 동전은 나타내는 변수인 coin을 None으로 초기화시킬 수 있다.

```
coin = None
```

이렇게 None을 사용하면 동전의 앞/뒷면 만이 아니라 동전을 던졌는지 던지지 않았는지도 표현할 수 있게 된다.

이와 비슷하게, 값을 정확하게 알 수 없거나 값이 정의되지 않은 경우에도 마찬가지로 None 값을 이용해서 표현할 수 있다.

파일에서 데이터를 읽어서 반환하는 명령을 만드는데, 만약 파일을 읽는 과정에서 오류가 발생하여 데이터를 추출하지 못한다면 어떻게 할까?

원하는 데이터가 없음을 표현하기 위해 None을 반환할 수 있다. 명령을 사용하는 코드에서는 결과값이 None인지 확인해보고, None이 아니라면 결과값을 사용하는 코드를 실행시킬 수 있다.

2

자료형

type( ) 명령

type( ) 명령은 값이 어떤 자료형인지 알려준다. print( ) 명령처럼 괄호 안에 값을 넣으면, 자료형을 출력한다. 파이썬 쉘에서 다음 코드를 실행해 보자.

```
>>> type("안녕하세요")
<class 'str'>
>>> type('안녕하세요')
<class 'str'>
>>> type(2)
<class 'int'>
>>> type(2.3)
<class 'float'>
>>> type(a < 2) # 여기에서는 type( ) 명령에 대한 사용 형식을 보여주는 것이므로 a라는 값은 이미 지정했다고 가정한다.
<class 'bool'>
>>> type(True)
<class 'bool'>
```

"안녕하세요"나 '안녕하세요'는 모두 문자열에 해당되고, 'str'이라는 자료형이다.

자료형 앞에 클래스(class)라고 붙은 것은 클래스 str 자료형이라는 뜻이다. 클래스는 12장에서 학습할 예정이므로, 현재는 그렇게 알고 넘어가자.

class 다음에 나오는 'float' 또는 'int' 등이 자료형을 나타낸다. a < 2의 결과인 False나 True는 'bool'형이라고 표현된다.

리터럴(Literal) 또는 리터럴 상수(Literal Constant)

리터럴(또는 리터럴 상수라고도 부른다)은 코드에서 직접적으로 명시되는 숫자값이나 문자열이다.

```
>>> 5 + 7.4
12.4
>>> print("안녕하세요")
안녕하세요
```

여기에서는 안녕하세요, 5 와 7.4가 리터럴에 해당한다. 즉 코드에서 사용된 숫자나 문자열 등을 리터럴 또는 리터럴 상수라고 부른다.

일부 책에서는 리터럴과 상수를 분리해서 설명하기도 한다. 분리할 때는 리터럴은 코드에서 사용되는 값을 나타내고, 상수는 값을 변경할 수 없는 변수를 나타내기도 한다. 변수는 나중에 다시 학습하겠지만, 값이 있는 메모리 공간을 나타낸다고 생각하면 된다.

하지만 이 책에서는 리터럴들을 숫자 상수 또는 문자열 상수로 부를 것이다.

int( ), float( ), str( ) 명령

파이썬에서 기본으로 제공하는 int(), float(), str() 명령은 주어진 인자값을 각각 정수형, 실수형, 문자열형으로 변환한다.

int() 명령은 실수값 또는 소수점 없는 숫자로만 구성된 문자열을 정수로 변환해서 반환한다.

int() 명령에 실수값이 전달되면 소수점 이하 값들을 버리고 정수를 반환한다.

```
>>> int("123")  # 정수로 구성된 문자열을 정수로 변환
123
>>> int(123.6)  # 소수점 이하 버림 (반올림 안함)
123
```

숫자가 아닌 문자나 소수점이 섞인 숫자로 구성된 문자열이 전달되면 오류가 발생하고, 프로그램 실행이 중단될 수 있다.

```
>>> int("123.0")
Traceback (most recent call last):
  File "<stdin>", line 1, in <module>
ValueError: invalid literal for int() with base 10: '123.0'
```

소수점 이하 숫자가 0임에도 불구하고, "ValueError"가 발생하면서 "십진수 기반 정수에 적합하지 않은 문자가 있다"는 문장이 출력된다.

int() 명령에 숫자가 아닌 문자가 섞인 문자열을 전달해도 동일한 오류가 발생한다.

```
>>> int("123a")
Traceback (most recent call last):
  File "<stdin>", line 1, in <module>
ValueError: invalid literal for int() with base 10: '123a'
>>> int("a123")
Traceback (most recent call last):
  File "<stdin>", line 1, in <module>
ValueError: invalid literal for int() with base 10: 'a123'
```

float() 함수는 정수값 또는 숫자들로 구성된 문자열이 전달되면 실수로 변환해 준다. 사용 예를 살펴보자.

```
>>> float("123.2")  # 실수형 문자열을 실수값으로 변환
123.2
>>> float("123")    # 정수형 문자열도 실수값으로 변환
123.0
>>> float(123)      # 정수를 전달해도 실수값으로 변환
123.0
```

float() 명령에 숫자나 소수점이 아닌 다른 문자가 섞인 문자열이 전달되면 오류를 발생시킨다.

```
>>> float("123.0a")
Traceback (most recent call last):
  File "<stdin>", line 1, in <module>
ValueError: could not convert string to float: '123.0a'
>>> float("a123.0")
Traceback (most recent call last):
  File "<stdin>", line 1, in <module>
ValueError: could not convert string to float: 'a123.0'
```

str() 명령은 주어진 값을 문자열로 변환한다.

```
>>> str(123.4)
'123.4'
>>> str(123)
'123'
```

str() 명령은 불린값을 “True” 또는 “False” 문자열로 변환해주기도 한다.

```
>>> str(True)    # 불린값을 문자열로 변환
'True'
>>> str(3 < 2)
'False'
```

PYTHON

2.3 표현식

표현식이란?

프로그래밍 언어에서 표현식(expression)이란 결과값을 생성하는 코드이다.

주로 리터럴 상수, 연산, 변수, 함수 호출 등이 표현식에 해당한다. 여기에서는 연산에 대해서 살펴보고, 변수와 함수 호출은 3장과 6장에서 살펴보기로 한다.

산술 연산

덧셈, 뺄셈, 곱셈, 나눗셈 같은 산술 연산도 표현식이다. 산술 연산 뿐만 아니라 다른 종류의 연산자를 사용하는 모든 연산식들이 표현식이다. 우선 산술 연산에 대해서만 살펴본다.

파이썬의 산술 연산은 표 2-4에 보인 것처럼 사칙 연산 외에 정수의 나눗셈, 나머지 연산, 거듭 제곱 연산이 있다.

표 2-4 파이썬의 산술 연산자

산술 연산자	설명	사용 예
+	덧셈	2 + 3, 2.1 + 3.2
−	뺄셈	2 − 3, 2.1 − 3.2
*	곱셈	2*3
/	실수 나눗셈	2 / 3, 2.1 / 3.2
//	정수 나눗셈의 몫을 구함. 피연산자에 실수를 입력하지 않음.	2 // 3, 5 // 2
%	정수의 나눗셈을 한 후 나머지를 결과로 생성. 피연산자에 실수를 입력하지 않음.	2 % 3, 5 % 2
**	거듭 제곱	2**3, 2.1**3.2

사칙연산은 정수 또는 실수에 적용 가능하다. 곱셈 표시는 영문자 'x'와 비슷하고, 나눗셈 기호는 키보드로 입력하기 어려워서, 파이썬에서는 곱셈은 '*'로 나눗셈은 '/'를 이용해서 표현한다.

파이썬의 나눗셈에는 두 가지 종류가 있다. '/' 연산자는 결과값이 실수로 나온다. 즉 3 / 2를 하면 1.5가 결과가 된다. '//'는 몫을 정수로 계산하는 정수 나눗셈 연산자이다. 예를 들어 3 // 2의 결과는 1이 된다.

나머지 연산자도 있다. 정수의 나눗셈 이후 나머지를 구하는 연산자이다. 3 % 2의 결과는 1이 된다.

정수의 나눗셈 연산자와 나머지 연산자는 피연산자로 정수만을 사용한다. 실수가 사용되면 어떤 결과값이 나올지 예상할 수 없다.

더 알아보기 **Python2와 Python3의 차이**

Python2에서는 정수와 실수 나눗셈 기호를 똑같은 '/'로 사용했다. 피연산자가 정수이면 정수의 나눗셈, 실수이면 실수 계산을 했다. 반면 Python3에서는 연산자를 다르게 적용한다. 사람의 입장에서는 정수의 나눗셈이 특이해보일 수 있고 소수점이 나와도 int( ) 명령으로 소수점 이하 값들을 잘라내는 것도 가능하니 필요없다고 생각할 수도 있다. 그러나 컴퓨터 입장에서는 방어적일 수밖에 없다. 정수와 정수의 연산은 정수로 출력하는 것이 당연할 수 있다.

산술 연산 예제

다음 산술 연산의 결과를 본인이 먼저 계산해서 결과를 예측해 보고, 파이썬 쉘을 이용해서 확인해 본다. 연산의 결과값은 표 2-5에 보인다.

[코드 2-6]

```
2 + 5
2 - 5
2 * 5
5 / 2
5 // 2
5 % 2
2 / 5
```

```
2 // 5
2 ** 5
2.3 + 5.2
2.3  -  5
2.3 * 5.2
5.2 / 2
5.2 // 2.3 # 사용하지 말 것
6.1 // 2.1 # 사용하지 말 것
5.2 % 2.3  # 사용하지 말 것
2.3 / 5.2
2.3 ** 5.2
```

다음은 [코드 2-6]의 산술 연산 결과와 설명이다.

표 2-5 [코드 2-6]의 연산 결과

산술 연산	결과	결과의 자료형	설명
2 + 5	7	int	2와 5의 합
2 – 5	–3	int	2에서 5를 뺀 차
2 * 5	10	int	2와 10의 곱
5 / 2	2.5	float	5.0를 2.0으로 나누는 실수의 나눗셈
5 // 2	2	int	5를 2로 나눈 몫에 해당되는 정수의 나눗셈 연산
5 % 2	1	int	5를 2로 나눈 나머지
2 / 5	0.4	float	2.0을 5.0으로 나누는 실수의 나눗셈
2 // 5	0	int	2를 5로 나누는 정수의 나눗셈. 몫 0임
2 ** 5	32	int	2^5
2.3 + 5.2	7.5	float	2.3과 5.2의 합
2.3 - 5	–2.7	float	2.3에서 5.0을 뺀 값
2.3 * 5.2	11.959999999999999	float	2.3과 5.2의 곱
5.2 / 2	2.6	float	5.2를 2.0으로 나눈 값
5.2 // 2.3	2.0	float	// 연산자의 피연산자로 float형을 사용하지 말 것
6.1 // 2.1	2.0	float	// 연산자의 피연산자로 float형을 사용하지 말 것

5.2 % 2.3	0.6	float	%연산자의 피연산자로 실수를 사용하지 말 것
2.3 / 5.2	0.44230769230769224	float	2.3을 5.2로 나눈 값
2.3 ** 5.2	76.02995742489944	float	$2.3^{5.2}$

대부분의 계산 결과는 간단한 산술 연산이다.

같은 종류의 자료형을 사용하는 산술 연산은 결과값도 같은 종류로 나온다. 일부에서 정수와 실수 값을 섞어서 사용하는 경우가 있는데, 이 때 결과는 실수로 계산된다.

"//"와 "%" 연산자를 실수와 함께 사용하는 계산들에서는 의외의 결과가 나오는 경우가 있다. "//"와 "%" 연산자를 실수와 함께 사용하지 않도록 한다.

산술 연산 순서(연산자 우선 순위)와 결합 순서

수학에서 사칙 연산자와 괄호의 유무에 따라 우선 순위가 있듯, 파이썬도 비슷한 우선 순위가 있다.

산술 연산자들의 우선 순위는 표 2-6과 같다. 우선 순위가 같은 연산자들이 있는 경우에는 왼쪽에서 오른쪽 방향의 순서대로 계산한다. 수학에서 계산하는 것과 동일하게 괄호가 붙는 경우 제일 먼저 계산된다.

표 2-6 산술 연산자의 우선 순위

산술 연산자 우선 순위	연산자
괄호	( )
거듭제곱	**
곱셈, 나눗셈, 정수 나눗셈, 나머지	*, /, //, %
덧셈, 뺄셈	+, −

괄호

괄호를 산술 연산식에 사용하면 괄호 안 내용을 제일 먼저 계산한다.

```
>>> 2 * 3 + 2        # 2 * 3을 먼저 계산
8
>>> 2 * (3 + 2)      # 3 + 2를 먼저 계산
10
```

수학에서 괄호가 중복되는 경우 중괄호({ })와 대괄호([ ]) 등을 이용해서 표현한다.

파이썬에서는 괄호가 중복되는 경우 ( )를 중첩해서 사용한다.

괄호가 중첩되는 경우, 가장 안쪽에 있는 괄호부터 계산된다.

[코드 2-7]은 다음 수학 산술식을 파이썬 코드로 구현하고 실행한 것을 보여준다.

```
2 * [3 + {4 / (2 + 3)} * 4]  # 수학 산술식
```

[코드 2-7]

```
>>> 2 * (3 + (4 / (2 + 3)) * 4)
12.4
```

가장 안쪽에 있는 괄호부터 계산한다. 즉 `(2 + 3)`, `(4 / (5))`, `(3 + (0.8) * 4)` 순서대로 계산한다.

다음 계산의 결과 값을 예측해보고 파이썬 쉘을 이용해서 확인해 본다.

```
2 + 3 * 4 ** 2
((2 + 3) * 4) ** 2
```

다음은 실행 결과이다.

```
>>> 2 + 3 * 4 ** 2
50
>>> ((2 + 3) * 4) ** 2
400
```

2.3 실습문제 1

PYTHON

| 문제 |

(17.62×30)/(243.12+30)을 계산하는 코드를 작성하고 결과를 화면에 출력한다.

| 문제 해결 |

괄호를 이용해서 분자를 먼저 계산하고, 이를 분모에 해당되는 값으로 나눈다. 값에서 17.62나 243.12가 실수이므로, 실수의 나눗셈 연산으로 처리한다.

분자와 분모를 따로 계산하고 나눗셈을 하는 코드는 다음과 같다.

```
>>> (17.62 * 30)
528.6
>>> (243.12 + 30)
273.12
>>> 528.6 / 273.12
1.935413005272408
```

전체 나눗셈을 한 줄의 표현식으로 표현해 본다.

```
>>> (17.62 * 30) / (243.12 + 30)
1.935413005272408
```

| 최종 코드 |

계산 결과를 print() 명령에 전달해 화면에 출력하는 코드를 작성한다.

[코드 2-8] prac02_01.py

```
print((17.62 * 30) / (243.12 + 30))
```

| 실행 결과 |

```
1.935413005272408
```

문자열과 산술 연산자(덧셈과 곱셈)

문자열을 덧셈과 곱셈 연산자와 사용할 수 있다. 두 개 문자열과 덧셈 연산자를 사용하면 두 문자열을 연결해서 새로운 문자열을 생성한다.

```
>>> "가나다" + "라마바"
'가나다라마바'
```

str() 명령을 이용하면 문자열과 다른 자료형을 연결하는 것도 가능하다.

```
>>> str(2026) + "하계 올림픽 개최지는 세네갈 다카르입니다"
'2026하계 올림픽 개최지는 세네갈 다카르입니다'
```

문자열과 정수를 곱셈 연산자와 함께 사용하면(정수가 두 번째 피연산자로 사용된다) 해당 문자열을 정수 개수만큼 연결해서 새로운 문자열을 생성한다.

```
>>> "a" * 5
'aaaaa'
>>> "하" * 3
'하하하'
>>> "안녕 " * 2
'안녕 안녕 '
```

덧셈과 곱셈 연산자를 함께 사용할 수도 있다. 이때 연산자의 우선 순위와 결합 순서가 일반 사칙연산과 마찬가지로 적용된다. 다음 예에서 뒷쪽에 있는 곱셈 연산이 먼저 실행된 것을 확인할 수 있다.

```
>>> "갈대가 " + "흔들 " * 2
'갈대가 흔들 흔들 '
```

괄호도 사용할 수 있다. 괄호의 우선 순위가 곱셈보다 높으므로, "더운 여름날"이 먼저 생성된 후에 반복된다.

```
>>> ("더운 " + "여름날 ") * 2
'더운 여름날 더운 여름날 '
```

PYTHON

2.3 실습문제 2

| 문제 |

아이돌 가수들의 후크송처럼 반복되는 가사들이 있다고 가정해 보자.

다음은 노래 가사에서 반복되는 부분이라고 가정하자. 이 부분이 세 번 나타나야 한다.

```
디비딥 디비딥 딥디비딥
디비디비딥 딥디비딥
디비딥 디비딥 딥디비딥
```

이렇게 세 줄로 나누어져 있는 문자열을 그대로 화면에 출력할 수 있도록(줄바꿈을 유지하면서 출력) 코드에 문자열 상수로 입력하고, 문자열에 대한 덧셈 또는 곱셈 연산자를 이용해서 세 번 화면에 출력한다.

그림 2-3 게임하는 사람들

| 문제 해결 |

위 3줄짜리 문자열을 코드에서 표현하기 위해서는 두 가지 방법을 생각할 수 있다.

- 방법 1: 한 줄의 문자열로 구성하면서 줄바꿈 문자를 이스케이프 시퀀스로 표현
- 방법 2: """로 감싸서 실제 줄바꿈이 일어난 형태의 문자열로 표현

먼저 첫 번째 방법을 이용해서 화면에 출력해 본다.

```
>>> print("디비딥 디비딥 딥디비딥\n 디비디비딥 딥디비딥\n 디비딥 디비딥 딥디비딥\n" * 3)
디비딥 디비딥 딥디비딥
디비디비딥 딥디비딥
디비딥 디비딥 딥디비딥
```

두 번째 방법으로 화면에 출력해 본다.

```
>>> print("""디비딥 디비딥 딥디비딥
디비디비딥 딥디비딥
디비딥 디비딥 딥디비딥""")
디비딥 디비딥 딥디비딥
디비디비딥 딥디비딥
디비딥 디비딥 딥디비딥
```

두 가지 방법 중 한 가지를 사용해서 출력하되, 세 번 반복해야 하므로 "문자열 * 3" 형태의 표현식을 사용한다.

줄을 깔끔히 분리하기 위해 문자열 마지막에 줄바꿈 문자를 추가하였다.

```
>>> print("디비딥 디비딥 딥디비딥\n 디비디비딥 딥디비딥\n 디비딥 디비딥 딥디비딥\n" * 3)
디비딥 디비딥 딥디비딥
디비디비딥 딥디비딥
디비딥 디비딥 딥디비딥
디비딥 디비딥 딥디비딥
디비디비딥 딥디비딥
디비딥 디비딥 딥디비딥
디비딥 디비딥 딥디비딥
디비디비딥 딥디비딥
디비딥 디비딥 딥디비딥
```

| 최종 코드 |

계산 결과를 print() 명령에 전달해 화면에 출력하는 코드를 작성한다.

[코드 2-9] prac02_02.py

```
print("디비딥 디비딥 딥디비딥\n 디비디비딥 딥디비딥\n 디비딥 디비딥 딥디비딥\n" * 3)
```

| 실행 결과 |

```
디비딥 디비딥 딥디비딥
디비디비딥 딥디비딥
디비딥 디비딥 딥디비딥
디비딥 디비딥 딥디비딥
디비디비딥 딥디비딥
디비딥 디비딥 딥디비딥
디비딥 디비딥 딥디비딥
디비디비딥 딥디비딥
디비딥 디비딥 딥디비딥
```

2.4 연습문제

01 컴퓨터는 숫자이든 문자이든 0과 1로만 이해한다. 왜 그런지 설명하시오.

02 자료형을 구분할 때 문자와 숫자형만 구분하면 충분한지 설명하시오.

03 문자열에서 문자열을 빼면 오류가 발생한다. 어떤 오류인지 설명하시오.

덧셈 연산을 해도 동일한 오류가 발생하는지 설명하시오.

04 파이썬의 정수와 실수에 크기 제한이 있는지 없는지 답하시오.

05 파이썬에서 작은 따옴표(') 또는 큰 따옴표(") 모두 문자열을 나타낼 수 있는지 설명하시오.

06 파이썬 코드로 '그가 안녕하세요라고 말했다'라는 문장을 출력한다고 가정하자. 출력하는 문자열에서 "안녕하세요"는 직접 말한 것으로 따옴표를 붙여야 한다면, 어떻게 코드로 작성할까?

07 6번 문제를 이스케이프 시퀀스를 적용해서 "그가 안녕하세요라고 말했다"를 큰따옴표로만 표현해 보시오. 직접 말한 부분도 큰 따옴표로 표시하시오.

08 윈도우 디렉토리 “C:\Users\toe\near”를 출력해 본다. 이스케이프 시퀀스를 적용하기 전과 후에 어떻게 출력되는지를 확인하고 차이를 설명하시오.

09 우리가 타이핑하면 컴퓨터에는 자판의 문자가 그대로 전달이 되는지 설명하시오.

10 유니코드는 ASCII의 단점을 보완하기 위해 고안되었다. 유니코드를 사용하면 어떤 점이 좋은지 설명하시오.

11 전화번호 111-222-3333은 하이픈이 섞여 있어서 문자열이다. 형변환을 하기 위해 int(111-222-3333)을 실행하면 어떤 결과가 출력되는지 적으시오.

12 파이썬의 연산자에는 수학에 없는 것들이 몇 가지 있다. //, **, % 연산에 대해서 설명하시오.

13 수학에서는 괄호가 중복되는 경우 중괄호({ })와 대괄호([ ]) 등을 이용해서 복잡한 형태의 산술 연산식을 표현한다. 파이썬에서도 이런 괄호를 사용해서 연산이 가능한지 설명하시오.

14 str(2026) + "하계 올림픽 개최지는 세네갈 다카르입니다" 명령의 결과는 무엇인지 설명하시오.

데이터타입의 관점에서 이런 연산이 어떤 의미를 가지는지 설명하시오.

15 "하" * 3 표현식의 결과는 무엇인지 print문으로 출력해 보시오. 문자열에서 곱셈은 무슨 의미인지 설명하시오.

16 2+3은 표현식인지 명령문인지 설명하시오. 2+3의 결과를 출력하는 것은 표현식인지 설명하시오.

17 소수 123.456을 정수로 형변환하는 코드를 작성하고, 결과값을 출력해 보시오.

3 장

변수와 사용자 입력

학 습 목 표

- 변수의 필요성에 대해서 이해한다.
- 파이썬에서 변수의 이름의 의미를 익힌다.
- 복합연산자의 사용법을 익힌다.
- 서식에 맞춰 문자열을 생성하고 화면에 출력한다.
- 사용자로부터 입력을 받는 프로그램을 작성해 본다.

3.1 변수

변수의 필요성 및 정의

파이썬을 이용해서 계산을 하면서 값을 기록했다가 다시 사용할 때가 있다. 간단한 덧셈 연산을 살펴보자.

[코드 3-1]

```
3 + 4 + 10 =
```

수식을 보자마자 답은 17이라고 할 것이다. "이 정도 계산쯤이야"라고 생각하면서 말이다.

반면에 컴퓨터는 단순하게 17이라는 결과값을 생성할 수 없다. 아주 간단한 형태의 컴퓨터에 해당되는 계산기를 이용하는 것을 생각해 보자. 3과 4를 먼저 합산하고, 결과값 7과 10을 더해서 17이 만들어진다.

사람도 마찬가지이다. 암산으로 계산해서 7을 기억한다는 생각을 미처 못할지 모르지만, 3과 4를 더하고, 결과값 7에 10을 더한다.

중간 결과값인 3 + 4의 합 7은 어디에 있었을까? 사람들은 7을 자신의 머릿속에 기억한 후 10과의 합을 구할 때 사용한다. 컴퓨터도 비슷하게 메모리 어딘가에 7을 기록한 후에 10과의 합을 계산할 때 사용한다.

프로그래밍을 하다 보면, 값을 기억시켰다가 다시 사용하는 경우가 많다. 원의 면적을 반복적으로 계산한다면, 원주율(3.1415…)을 매번 입력하는 것보다 보관해두고 사용하는 것이 효율적이다.

휴대폰에 입력되어 있는 주소록에서 이름으로 검색하는 것도 마찬가지다. 사용자가 입력한 이름을 저장하고, 다른 이름들과 비교해서 일치하는지 확인해야 한다.

파이썬 뿐만 아니라 대부분의 프로그래밍 언어들은 값을 기억시키기 위해 컴퓨터 메모리를 사용한다. 컴퓨터 메모리는 기억 공간으로 사용될 수 있는 하드웨어 요소로 프로그램에서 사용할 수 있는 자료들(여기서는 연산에 필요한 숫자들과 합산 결과 등)을 저장하는 곳이다.

덧셈 연산을 파이썬 코드로 작성하면, 3과 4의 합을 임시로 메모리에 기억시켰다가 다시 10과 더할 때 사용할 것이다. 다음 연산을 실행해 보자.

[코드 3-2] 덧셈 연산

```
3 + 4 + 10          # (1)
3 + 4 + 10 + 20     # (2)
```


[코드 3-2]의 (1) 과 (2)가 다른 줄로 분리되어 있기 때문에, 파이썬은 두 줄의 코드를 순차적으로 실행시킨다. 따라서 (1)의 결과값을 임시로 저장했다가 (2)에서 사용하는 것은 어렵다. 프로그래머가 직접 (1)의 결과값을 기억시켜야 한다. 3 + 4 + 10을 두 번 따로 계산할 수 있지만, (1)에서 3 + 4 + 10의 결과를 메모리에 저장하고 (2)에서는 (1)의 결과값 + 20을 계산하는 편이 낫다.

더 알아보기 **컴퓨터 메모리**

메모리는 주기억장치(primary memory)라고 불리기도 하며, 우리가 컴퓨터를 살 때 메모리 또는 램이라고 부르는 부분이다. 메모리에 저장된 데이터는 컴퓨터가 켜져 있는 동안에만 사용할 수 있으며, 꺼지면 사라지므로 휘발성 메모리라고 부른다. 메모리는 일반적으로 바이트(0과 1을 표현할 수 있는 비트 8개가 모인 단위)마다 정수로 된 주소값이 붙어 있고, 그 주소를 이용해서 접근하고 값을 저장하거나 사용한다. 아파트에서 동과 호수 등으로 각 가정집을 구별하는 것처럼 메모리는 정수 주소를 이용해서 구별한다.

메모리는 그림 3-1에서 보인 것처럼 일련의 연속적인 바이트가 나열되어 있는 모습으로 생각할 수 있다.

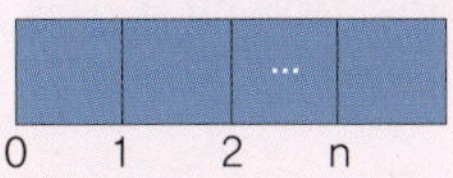

그림 3-1 메모리

변수

파이썬의 변수는 값을 저장하는 메모리 공간 또는 메모리 공간에 저장된 값을 나타낸다. 즉 파이썬에서는 값을 저장하기 위해 또는 저장된 값을 다시 사용하기 위해 변수를 사용한다.

[코드 3-3]은 [코드 3-2]의 (1)에서 계산한 값을 저장시켰다가 (2)에서 다시 사용하는 것을 보인다.

[코드 3-3] [코드 3-2]를 변수를 이용해서 다시 작성한 코드

```
tempSum = 3 + 4 + 10        # (1) tempSum은 3 + 4 + 10의 결과를 저장
print(tempSum + 20)         # (2) tempSum을 이용해서 3 + 4 + 10의 결과를 재사용
```

[코드 3-3]의 (1)에서는 3 + 4 + 10의 결과를 메모리 공간에 저장하고 tempSum이라는 이름을 붙인다. 그리고 (2) 코드에서 tempSum + 20을 실행시킬 때 tempSum이라는 이름이 붙은 메모리 공간에 있는 값인 17을 사용해서 20과의 합을 구한 후, print() 명령에 전달해서 화면에 출력한다.

[코드 3-3]에서 (1)에서 보인 것처럼 tempSum은 값을 저장할 메모리 공간을 나타내기도 하고, (2)에서 보인 것처럼 메모리 공간에 저장되어 있는 값을 나타내기도 한다.

대입 연산자와 대입문

변수는 메모리 공간 또는 메모리 공간의 값으로 사용된다고 했다. 언제 어떤 역할을 하는 것일까?

[코드 3-3]의 (1)에는 tempSum과 3 + 4 + 10 사이에 '=' 기호가 있다. '='는 대입 연산자이다.

파이썬에서 변수는 대입 연산자를 기준으로 왼쪽에 놓이면 메모리 공간을 나타낸다. 반대로 오른쪽에 있으면 메모리 공간에 있는 값으로 사용된다. 이 밖에도 변수는 대부분 메모리 공간에 있는 값으로 사용된다. 따라서 변수가 메모리 공간 자체를 나타내는 것은 대입 연산자의 왼쪽에 놓일 때이고 그 외에는 모두 값으로 사용된다고 기억하자.

대입문은 변수에 값을 저장하는 명령문이다.

명령문(statement)은 파이썬에서 코드를 구성하고 실행하는 단위이다.

[코드 3-3]에서 3 + 4 + 10는 연산식(표현식)이지만, 이 표현식의 결과값을 tempSum이라는 변수에 저장하는 코드는 대입문(대입 명령문)이다.

더 알아보기 **명령문**

명령문(statement)은 프로그래밍 언어를 이용해서 코드를 구성하는 단위이다. 명령문은 간단하게 한 줄짜리 코드인 것도 있고, 여러 줄로 구성된 코드들도 있다. 파이썬은 명령문들에 조건문, 반복문 형태로 ~문이라고 붙이는 경우가 많다. 표현식은 값을 만들어내는 코드 조각이다. 파이썬 쉘에서 실행시킬 때 값을 확인할 수 있지만, 소스 코드 형태로 작성해서 실행시키면 값을 확인할 수 없다. 값을 확인하려면 print( ) 명령 등을 이용해서 값을 화면에 출력해야 한다. "2 + 3"은 표현식이지만 "print(2 + 3)"은 명령문이다.

변수는 메모리에 붙여진 이름표

메모리는 바이트 단위로 된 상자들이 쭉 나열되어 있다고 생각하면 된다. 메모리의 특정 영역에 값을 저장하고 나중에 사용하려면 저장된 위치를 알아야 한다. 일반적으로 메모리 위치는 정수 주소로 표현된다. 프로그래머들이 메모리 주소를 일일이 기억하는 것이 어려우므로 기억하기 쉬운 형태의 명칭을 붙인 것이 변수이다.

파이썬의 변수는 메모리 공간에 저장된 숫자, 문자열, 또는 객체(object)에 붙은 이름표(name tag)이다.

파이썬에서는 숫자와 문자열을 포함해 모든 값으로 표현될 수 있는 것들이 객체로 취급된다. 따라서 파이썬의 변수는 메모리 공간에 있는 객체에 붙는 이름표이기도 하다.

변수가 이름표 역할만 하기 때문에 파이썬에서 변수는 메모리에 어떤 값이 저장되었는지 상관없다. 즉 저장된 값의 종류인 자료형과 관계없이 사용할 수 있다.

그림 3-2는 이름표가 붙은 메모리 공간 즉, 변수들이다. "intVar" 변수 이름은 7이라는 값을 저장하고 있는 메모리 공간에 붙어 있다. 그리고 "strVar"이라는 이름표는 "a string"이라는 문자열을 포함하는 메모리 공간에 연결되어 있다.

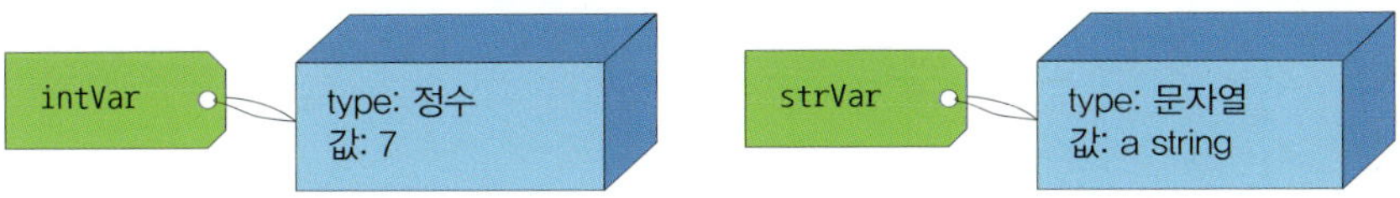

그림 3-2 변수는 메모리 공간에 붙은 이름표

변수는 값을 저장하는 메모리 공간 자체를 나타내거나, 메모리 공간에 저장된 값을 혹은 (2) 메모리 공간에 저장된 값을 나타낸다고 했다. 이렇게 이름표를 붙이는 것을 컴퓨터 용어로는 '변수가 메모리 공간 또는 메모리 공간에 있는 값을 참조(reference)한다'라고 말한다.

자, 정리해보자! 변수는 쉽게 설명하면 이름표이다. 파이썬에서 변수는 메모리 공간 또는 메모리에 있는 값을 나타낸다. 이럴 때 변수는 메모리 공간을 참조한다고 말한다. 이 경우 변수는 메모리 공간을 참조한다고 말한다.

변수 생성 및 사용

변수는 대입연산자의 왼쪽에 처음 나타날 때 생성된다. 자세하게 설명하면 대입 연산자의 오른편 값을 나타내는 객체가 메모리 공간에 생성되고, 변수 이름표가 붙게 된다. 따라서 변수 이름표가 처음 생성되는 것이지만, 변수가 생성되는 것으로 이해하자.

[코드 3-4]와 그림 3-3은 5와 "hello"라는 정수와 문자열 객체를 메모리 공간에 생성하고 각각 a와 b라는 변수 이름표를 붙인 것이다. 코드에서 보면 변수 a와 b가 처음으로 나타나는 것이므로, 여기서 생성된 것이다.

[코드 3-4]

```
a = 5
b = "hello"
```

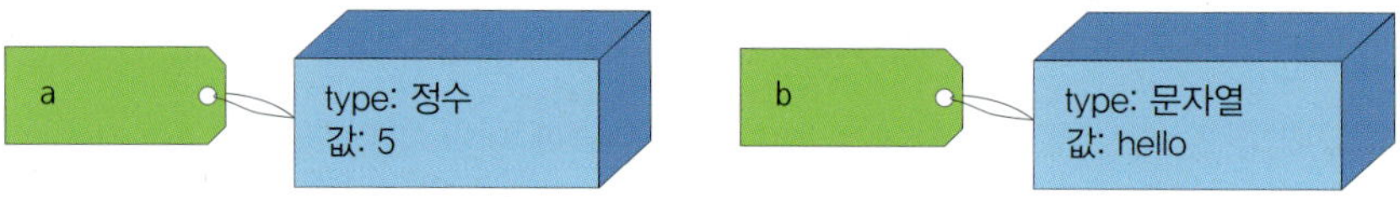

그림 3-3 변수 a와 b를 처음으로 생성

파이썬에서는 '5' 라고 하는 객체를 메모리 공간에 생성한 후 'a'라는 이름표를 붙인다. 비슷하게 "hello" 문자열을 메모리에 저장한 후에 'b'라는 이름표를 붙인다.

생성된 변수는 다른 값을 저장하는 데 사용될 수 있다. 즉 변수 이름표를 떼어서 다른 메모리 공간 또는 객체를 참조시킬 수 있다.

[코드 3-5]와 그림 3-4는 앞에서 만들었던 변수 a와 b가 기존의 5와 "hello" 문자열에 대한 참조를 끊고, 3과 "hello2" 문자열을 참조하도록 대입하고 있다.

[코드 3-5]

```
a = 3           # 기존 a라는 이름표를 다른 공간에 붙임
b = "hello2"  # b라는 이름표를 새로운 곳에 붙임
```

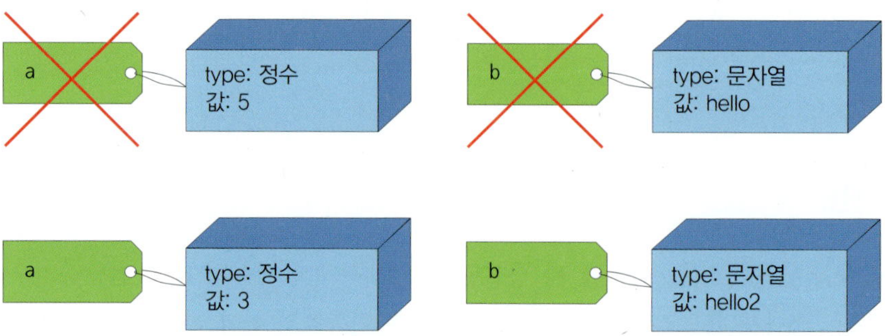

그림 3-4 변수 a와 b를 다른 값을 참조하도록 대입

[코드 3-6]과 그림 3-5는 a 변수를 b가 참조하고 있는 "hello2" 문자열을 참조하도록 대입한 것이다.

[코드 3-6]

```
a = "hello2"        # a를 기존 "hello2" 공간에 붙임
```

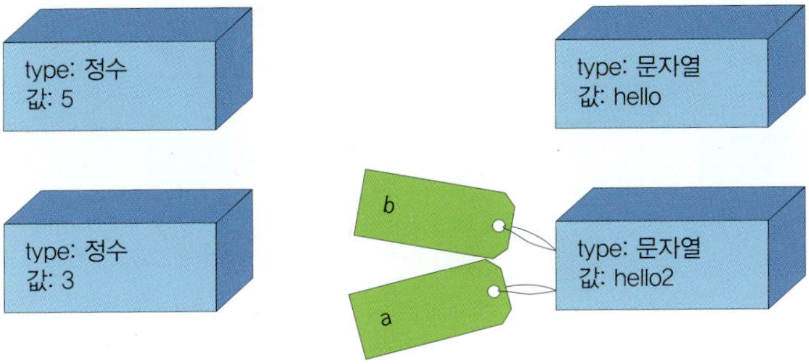

그림 3-5 변수 a를 b와 같은 값을 참조하도록 대입

a와 b는 같은 문자열 "hello2"를 재사용하고 있다. 이와 같이 파이썬에서는 문자열 값이 재사용되는 경우, 새로운 메모리 공간을 할당하지 않고 기존 값(메모리 공간)을 재사용한다.

[코드 3-7]과 그림 3-6은 a변수를 다시 기존에 만들어졌던 숫자값 5를 참조하도록 수정한다.

[코드 3-7]

```
a = 5  # a를 5에 붙임
```

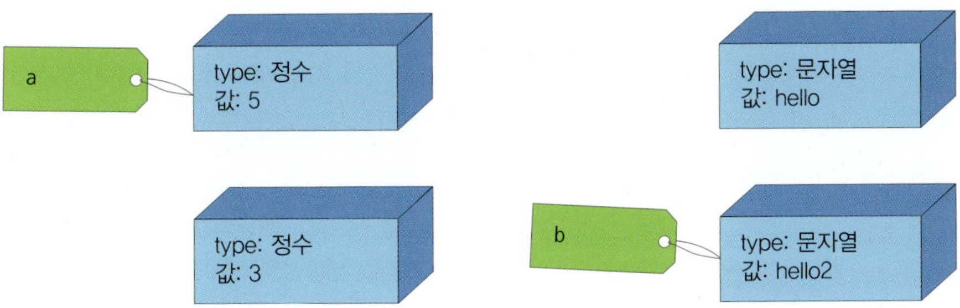

그림 3-6 변수 a를 5 참조하도록 대입

[코드 3-8]과 그림 3-7은 c변수를 새로 생성해서 b변수가 참조하는 문자열을 참조하도록 대

입한다.

[코드 3-8]

```
c = b        # c를 생성하고 b 공간에 붙임
```

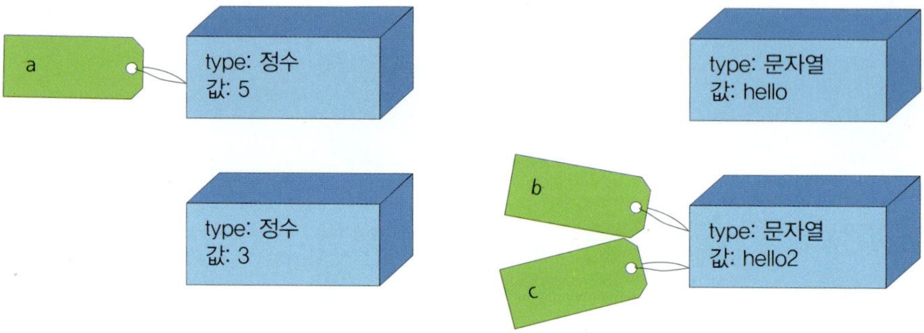

그림 3-7 변수 c를 생성하고 b와 같은 객체를 참조하도록 대입

변수와 자료형

많은 프로그래밍 언어들은 변수를 생성할 때 특정 자료형으로 지정하고, 그 자료형에 해당되는 값만 저장할 수 있도록 제한한다.

하지만 파이썬의 변수는 자료형이 따로 정해지지 않는 특징이 있다. 변수에 값을 대입하면, 대입되는 값의 자료형에 맞추어 변수를 지정하는 셈이다.

변수에 특별한 자료형을 지정하지 않기 때문에 어떤 자료형의 값이라도 변수에 자유롭게 저장할 수 있고 또 다른 자료형 값으로 변경해서 저장할 수 있다.

다음 코드는 x라는 변수에 1을 대입해서 생성한 후에, 변수 x의 자료형을 type(x) 명령어로 확인하면 정수형(int)임을 나타낸다. x에 다시 문자열 \"hello\"를 저장하면 문자열형(str)으로 바뀌는 것을 확인할 수 있다.

```
>>> x = 1            # 1을 넣으면 자료형이 숫자
>>> type(x)
<class 'int'>        # int 타입. 단 class 'int'로 정수 객체 타입이라는 점 주의하자.
>>> x = "hello"      # "hello"을 넣으면 자료형이 문자열로 변경
```

```
>>> type(x)
<class 'str'>
```

파이썬의 변수가 자료형에 관계없이 값을 저장할 수 있다는 특징은 초보자들로 하여금 쉽게 프로그래밍에 익숙해질 수 있게 해준다. 자료형이 너무 많으면 초보자가 그것을 구별해서 사용하는 것도 어렵고 잘못 사용했을 때 문법 오류 등을 만들기 쉽다.

변수 이름 짓기

파이썬에는 변수 이름을 짓는 규칙이 있다. 이 규칙을 따르지 않고 변수 이름을 정하면 오류가 발생하고 프로그램 실행이 멈출 수 있다. 여기서 설명하는 이름 짓기 규칙은 변수뿐만 아니라 파이썬에서 프로그래머가 사용할 수 있는 모든 이름을 짓는 데 적용되는 규칙이다.

코드는 시간이 지난 후 그 코드를 다시 읽을 때 쉽게 이해할 수 있도록 작성하는 것이 좋다. 이런 가독성은 변수를 명명할 때도 중요하다. 변수 이름은 그 의도가 무엇인지 명확하게 보여주고, 쉽게 이해할 수 있도록 해 주어야 한다.

변수의 이름은 그 의미를 쉽게 파악할 수 있도록 지정한다. 변수 이름의 길이에는 제한이 없다. 하지만 이름이 너무 길어지면, 입력하는 것이 힘들고 코드의 양이 늘기 때문에 적절한 길이를 선택한다.

변수 이름 짓는 방법

파이썬에서 이름은 다음 규칙을 이용해서 정한다.

- 이름은 반드시 일반 문자나 밑줄 문자('_')로 시작해야 한다. 일반 문자는 영어, 한글뿐만 아니라 세계 거의 모든 언어를 포함한다. 하지만 변수 이름의 첫 번째 글자는 관례적으로 영문자 알파벳 또는 '_' 문자로 시작한다.
- 두 번째 글자부터는 밑줄 문자, 일반 문자나 숫자 조합을 자유롭게 사용할 수 있다.
- 밑줄 문자를 제외한 특수 기호 문자(콤마, 마침표, 물음표, 느낌표, 따옴표 같은 글자들)나 공백 문자는 변수 이름에 사용할 수 없다.
- 파이썬은 이름을 지을 때 영문 대문자와 소문자를 구별하고 다른 문자로 취급한다.

파이썬에서 이름은 두 개 이상의 단어를 조합해서 만들 수 있다. 이름에는 공백 문자가 포함될 수 없기 때문에, 여러 개 단어들을 공백 없이 모든 글자들이 붙어 있는 문자열로 구성해야 한다.

표 3-1과 표 3-2는 변수 이름을 제대로 사용한 경우와 잘못 사용하는 경우를 보여주고 그 이유에 대해 설명한다.

표 3-1 적절한 변수 이름

변수 이름	설명
a	영문자로 시작했고, 한 글자로만 구성
a2	영문자로 시작했고, 두 번째 글자는 숫자를 사용
_a	밑줄 문자로 시작 가능
__variable	밑줄 문자를 두 개 붙여서 시작하는 것도 가능
MyVariable	대문자와 소문자를 섞어서 사용 가능
myVariable	대문자와 소문자를 섞어서 사용 가능

표 3-2 변수 이름의 잘못된 예

변수 이름	설명
2a	이름은 숫자로 시작 못 함
a$	이름에 특수 기호 사용 못 함
My Variable	이름 중간에 공백 문자 포함 못 함
for	파이썬의 키워드는 이름으로 사용 못 함

더 알아보기 **공백 문자(white space)**

일반적으로 프로그래밍 언어에서 공백 문자는 스페이스 바(Space) 키를 눌렀을 때 나타나는 공백 문자(' '), 탭(Tab) 키를 누를 때 나타나는 탭 문자('\t'), 엔터(Enter) 키를 누를 때 나타나는 줄바꿈 문자('\n')를 통칭해서 부른다.

● 키워드는 변수 이름으로 사용 못 함

표 3-3은 파이썬에서 사용하는 키워드(keyword)를 보여주고 있다. 키워드는 예약어(reserved word)라고 하며, 미리 지정된 단어 또는 문자열이다. 그렇기 때문에 키워드를 변수 이름 등으

로 사용하려 하면 오류가 발생하게 된다.

파이썬의 키워드는 대부분 영문 소문자로 구성되지만, True, False, None은 대문자로 시작한다. True, False, None은 각각 참, 거짓, 값의 부재를 나타내는 상수값들이다. 이들 상수들을 제외한 나머지 키워드는 모두 소문자로만 구성된다.

키워드는 애써 외우지 않아도 된다. 자주 쓰이는 키워드들은 학습하면서 자연스럽게 기억하게 된다.

표 3-3 파이썬의 키워드

키워드	키워드	키워드	키워드
and	as	assert	break
class	continue	def	del
elif	else	except	False
finally	for	from	global
if	import	in	is
lambda	None	nonlocal	not
or	pass	raise	return
True	try	while	with
yield			

3.1

PYTHON

실습문제 1

| 문제 |

커피 원두 100g의 가격이 10000원이다. 커피 원두는 최소 200g부터 구매할 수 있고, 100g 단위로 증량해서 구매할 수 있다. 200g, 300g, 400g을 구매할 때의 가격을 화면에 출력한다.

| 요구사항 |

- 변수에 커피 원두 100g의 가격을 저장한 후, 산술 연산을 통해 200, 300, 400g의 가격을 산출해서 출력한다.
- 화면 출력 내용은 다음 형태로 처리한다.

  커피 원두 200g 가격: 20000원 커피 원두 300g 가격: 30000원 커피 원두 400g 가격: 40000원

| 문제 해결 |

변수를 만들고 100g의 가격인 10000을 저장한다.

```
>>> coffee100 = 10000
```

커피 원두 가격을 계산하기 위해 다음 산술 연산 공식을 정하자.

```
커피_가격 = 커피_원두_무게 / 100 * 100g_커피_원두_단가
```

공식을 이용해서 커피 200g의 가격을 구해서 출력해본다. 100g_커피_원두_단가는 coffee100이라는 변수에 저장했으므로 커피 200g의 가격은 다음 형태로 구할 수 있다.

```
>>> coffeePrice = 200 // 100 * coffee100
>>> print("커피 원두 200g 가격:", coffeePrice)
커피 원두 200g 가격: 20000
```

혹은 바로 print() 함수에 산술 연산식을 넣어도 된다.

```
>>> print("커피 원두 200g 가격:", 200 // 100 * coffee100)
커피 원두 200g 가격: 20000
```

나머지 무게에 대해서도 비슷한 코드를 작성하면 된다.

```
>>> print("커피 원두 300g 가격:", 300 // 100 * coffee100)
커피 원두 300g 가격: 30000
>>> print("커피 원두 400g 가격:", 400 // 100 * coffee100)
커피 원두 400g 가격: 40000
```

| 최종 코드 |

[코드 3-9] prac03_01.py

```
coffee100 = 10000
print("커피 원두 200g 가격:", 200 // 100 * coffee100)
print("커피 원두 300g 가격:", 300 // 100 * coffee100)
print("커피 원두 400g 가격:", 400 // 100 * coffee100)
```

| 실행 결과 |

```
커피 원두 200g 가격: 20000
커피 원두 300g 가격: 30000
커피 원두 400g 가격: 40000
```

3.2 복합 연산자

복합 연산자의 정의와 사용법

복합 연산자는 대입 연산과 산술 연산을 함께 처리하는 방법이다. 사용법은 다음과 같다.

```
변수 복합 연산자 표현식
```

복합 연산자는 자신의 왼편에 있는 변수값과 오른편에 있는 표현식의 결과값을 피연산자로 연산하여 왼편의 변수에 저장한다.

복합 연산자와 사용되는 왼쪽 변수는 변수값이 산술 연산에 사용되기 때문에 이미 생성된 변수여야 한다.

복합 연산자의 예를 살펴보자. 다음 코드는 변수 a의 값에 3을 더해서 합을 다시 a에 저장한다.

```
a += 3
```

복합 연산자를 사용해서 작성한 코드는 다음과 동일한 결과를 보인다. a + 3에서와 같이 피연산자가 전후로 a, 3 두 개가 존재한다. 복합 연산자에서는 피연산자가 하나만 있다.

```
a = a + 3
```

변수 a와 b의 합을 구해서 다시 a에 저장한 후 화면에 출력해보자. 변수도 값을 나타내는 표현식의 한 가지이므로, 복합 연산식에서 사용되는 표현식에는 다음 줄 3의 a += b에서 보듯이 변수를 사용해도 된다.

```
>>> a = 3
>>> b = 4
>>> a += b
>>> print(a)
7
```


복합 연산자는 변수를 두 번 사용하는 코드와 동일한 의미이므로, 꼭 필수적이지 않다. 하지만 복합 연산자는 효율적으로 실행되고 가독성도 높아지므로 사용하는 편이 좋다.

표 3-4는 파이썬에서 제공하는 복합 연산자를 보여준다. 산술 연산자에 대해서는 복합 연산자가 모두 제공된다. 복합 연산자의 오른쪽에 "값"이라고 표현했지만, 변수를 포함해서 값을 생성하는 표현식은 모두 사용할 수 있다. 표 3-4의 마지막 열은 변수 a값이 2라고 가정했을 때 복합 연산의 결과 값을 보여준다.

표 3-4 복합 연산자

복합 연산자	산술 연산	사용 예	a=2로 연산한 결과값
변수 += 값	변수 = 변수 + 값	a += 2	4
변수 -= 값	변수 = 변수 - 값	a -= 2	0
변수 *= 값	변수 = 변수 * 값	a *= 2	4
변수 /= 값	변수 = 변수 / 값	a /= 2	1.0
변수 //= 값	변수 = 변수 // 값	a //= 2	1
변수 %= 값	변수 = 변수 % 값	a %= 2	0
변수 **= 값	변수 = 변수 ** 값	a **= 2	4

PYTHON

3.2 실습문제 2

| 문제 |

커피 원두 100g의 가격이 10000원이다. 커피 원두는 최소 200g부터 구매할 수 있고, 100g 단위로 증량해서 구매할 수 있다. 200g, 300g, 400g을 구매할 때의 가격을 화면에 출력한다.

| 요구사항 |

- 변수에 커피 원두 100g의 가격을 저장한 후, 복합 연산을 통해 100g의 단가를 차례대로 더해서 200, 300, 400g의 가격을 출력한다.

| 문제 해결 |

커피 원두 가격을 저장할 변수를 생성하고(coffeePrice라고 이름붙이기로 한다) 100g의 가격인 10000을 저장한다.

```
>>> coffee100 = 10000            # 100g당 단가
>>> coffeePrice = coffee100      # 100g의 커피 원두 가격
```

200g의 가격을 산출해서 출력해야 하므로, coffeePrice에 100g의 단가인 10000원을 더한 후 화면에 출력한다.

```
>>> coffeePrice += coffee100    # 커피 100g 가격에 100g 단가를 더해 200g의 가격을 계산
>>> print("커피 원두 200g 가격:", coffeePrice)
커피 원두 200g 가격: 20000
```

나머지 무게에 대해서도 비슷한 코드를 작성하면 된다.

```
>>> coffeePrice += coffee100    # 커피 200g 가격에 100g 단가를 더해 300g의 가격을 계산
>>> print("커피 원두 300g 가격:", coffeePrice)
커피 원두 300g 가격: 30000
```

```
>>> coffeePrice += coffee100    # 커피 300g 가격에 100g 단가를 더해 400g의 가격을 계산
>>> print("커피 원두 400g 가격:", coffePrice)
커피 원두 400g 가격: 40000
```

| 최종 코드 |

[코드 3-10] prac03_02.py

```
coffee100 = 10000              # 100g당 단가
coffeePrice = coffee100        # 100g의 커피 원두 가격
coffeePrice += coffee100       # 커피 100g 가격에 100g 단가를 더해 200g의 가격을 계산
print("커피 원두 200g 가격:", coffeePrice)
coffeePrice += coffee100       # 커피 200g 가격에 100g 단가를 더해 300g의 가격을 계산
print("커피 원두 300g 가격:", coffeePrice)
coffeePrice += coffee100       # 커피 300g 가격에 100g 단가를 더해 400g의 가격을 계산
print("커피 원두 400g 가격:", coffeePrice)
```

| 실행 결과 |

```
커피 원두 200g 가격: 20000
커피 원두 300g 가격: 30000
커피 원두 400g 가격: 40000
```

3 변수와 사용자 입력

PYTHON

3.3 문자열 서식

지정된 서식으로 문자열을 생성해서 화면에 출력하기

프로그램을 작성하다 보면, 다양한 자료형의 값들을 지정된 형식에 맞춰 출력하는 경우가 있다. 예를 들어, 프로그램을 실행시킬 때 지역과 현재 온도를 출력하는 프로그램을 작성한다고 가정하자. 지역 온도를 기상청 웹사이트에서 직접 추출할 수 있지만, 여기서는 정해진 지역과 온도를 사용하고, 출력 서식만 학습한다.

```
지역: 종로구 홍지문 2길
온도: 24도
```

사용자가 입력한 주소가 address라는 변수에 그리고 기상청에서 취득한 온도 정보가 temperature라는 변수에 저장되어 있다고 하자. [코드 3-11]에서 address는 문자열로 출력하고, 정수형 값인 temperature는 문자열 형태로 변환해서 출력한다.

[코드 3-11]

```
address = "종로구 홍지문 2길"        # 사용자가 입력한 정보라고 가정
temperature = 24                    # 인터넷에서 취득한 온도라고 가정
print("지역: " + address)
print("온도: " + str(temperature) + "도")
```

[실행결과]

```
지역: 종로구 홍지문 2길
온도: 24도
```

지역과 온도는 고정되지 않고 변경될 수 있다. 변수로 만들고, 그 변수값만 변경해주면 코드의 수정을 최소화할 수 있다. 주소는 문자열이므로 바로 출력하고, 정수인 온도는 `str()` 명령

을 사용해서 문자열로 바꿔서 출력한다.

화면에 출력하기 위해서 print() 명령을 이용하지만, 다음 코드에서 보인 것처럼 서식에 맞춰 문자열을 구성할 수도 있다.

```
strAddress = "지역: " + address
strTemperature = "온도: " + str(temperature) + "도"
```

문자열을 연결하거나 정수, 실수, 또는 불린값을 문자열로 변환해서 서식에 맞추는 작업은 어렵지는 않다. 하지만 서식이 복잡해지면 단어들을 잘라서 이어 붙이는 작업이 많아질 것이므로, 아무래도 불편할 수밖에 없다.

예를 들어 서식이 다음처럼 바뀌었다고 가정해 본다.

```
지역: 종로구 홍지문 2길, 온도: 24도
```

address와 temperature 변수를 이용해서 다시 문자열을 생성하는 코드를 작성하면 다음과 같다.

```
s = "지역: " + address + ", 온도: " + str(temperature) + "도"
```

서식 문자열을 이용해서 문자열 생성하기

서식 문자열을 미리 만들어놓고 값들을 중간에 끼워넣어서 새로운 문자열로 생성할 수 있다. 시험에서 문장의 중간을 괄호로 비워놓고 내용을 채우는 것과 비슷하다.

서식 문자열을 사용하려면 서식에서 값으로 치환해야 하는 부분에 '%' 문자와 자료형을 나타내는 문자를 붙여서 지정한다. 이를 형식 지정자라고 부른다.

신입생 환영회나 새로운 모임에 가서 순서대로 자신의 이름을 얘기하면서 소개하는 경우를 고려해 보자.

```
"안녕하세요. 제 이름은 파이썬입니다"
"안녕하세요. 제 이름은 이서우입니다"
"안녕하세요. 제 이름은 김가온입니다"
```

문자열에서 이름 부분만 달라지므로, 서식 문자열에서 이름 부분만 값을 변경할 수 있도록 지정한다. 문자열을 치환하는 데 사용되는 형식 지정자는 "%s"이다. 다음은 형식 지정자를 이용해서 만들어진 서식 문자열이다.

```
"안녕하세요. 제 이름은 %s입니다"
```

서식 문자열은 문자열과 동일하게 만들되, 값을 치환해야 하는 부분만 형식 지정자로 바꾼다.

서식 문자열에서 형식 지정자를 대체하는 값은 서식 문자열 뒤에 "% 값" 형태로 붙인다. "파이썬"이라는 이름을 서식 문자열을 이용해서 출력하는 코드는 다음과 같다. 서식 문자열과는 별개로 문자열값을 표현할 때도 따옴표를 사용하는 것에 유의한다.

```
>>> print("안녕하세요. 제 이름은 %s입니다" % "파이썬")
안녕하세요. 제 이름은 파이썬입니다
```

그림 3-8에서 보인 것처럼 서식에 있는 "%s" 부분을 "파이썬"이라는 문자열 값으로 치환해서 "안녕하세요. 제 이름은 파이썬입니다"라는 새로운 문자열을 생성한다. 새로 만들어진 문자열은 print() 함수에 전달되고 화면에 출력된다.

"안녕하세요. 제 이름은 %s입니다" % "파이썬"

그림 3-8 서식 문자열의 %s를 문자열값으로 치환

● 형식 지정자

표 3-5는 파이썬에서 자주 사용되는 형식 지정자를 보여준다. 서식에 정수를 넣고 싶으면 "%d"를, 실수를 넣고 싶으면, "%f"를 사용한다.

표 3-5 형식 지정자

형식 지정자	자료형	설명
%s	문자열	문자열을 의미하는 string의 첫 글자
%d	정수	십진수를 의미하는 decimal의 첫 글자
%f	실수	실수를 나타내는 floating point number의 첫 글자

다음은 형식 지정자를 사용하는 코드의 예이다.

```
>>> print("온도: %d도" % 24)
온도: 24도
>>> print("원주율: %f" % 3.1415)
원주율: 3.141500
```


서식 문자열과 변수 사용

서식 문자열에 치환되는 값을 문자열 또는 숫자값으로 직접 사용했지만, 값이 들어갈 위치에 변수를 사용하면 변수가 나타내는 값으로 치환된다.

[코드 3-12]는 [코드 3-11]에서 작성된 코드를 서식 문자열 방식으로 수정하고 있다.

[코드 3-12]

```
address = "종로구 홍지문 2길"      # 사용자가 입력한 정보라고 가정
temperature = 24                 # 인터넷에서 취득한 온도라고 가정
print("지역: %s" % address)
print("온도: %d도" % temperature)
```

서식 문자열에 여러 값을 표현

서식 문자열에는 복수의 서식을 지정하는 것도 가능하다. 값에 대응하는 형식들을 콤마(',')로 분리해서 지정한다. 값들은 반드시 한 개의 괄호로 묶어서 지정한다는 것에 주의하자.

서식 문자열을 이용해서 지역과 온도를 출력해 보자.

```
>>> print("지역: %s, 온도: %d도" % ("종로구 홍지문 2길", 24))
지역: 종로구 홍지문 2길, 온도: 24도
```

그림 3-9에서 보인 것처럼 순서대로 형식 지정자와 값을 치환시킨다. 첫 번째 서식 지정자인 %s에 괄호의 첫 번째 값인 "종로구 홍지문 2길"이 치환되고, 두 번째 지정자인 %d는 두 번째 값 24로 변경된다.

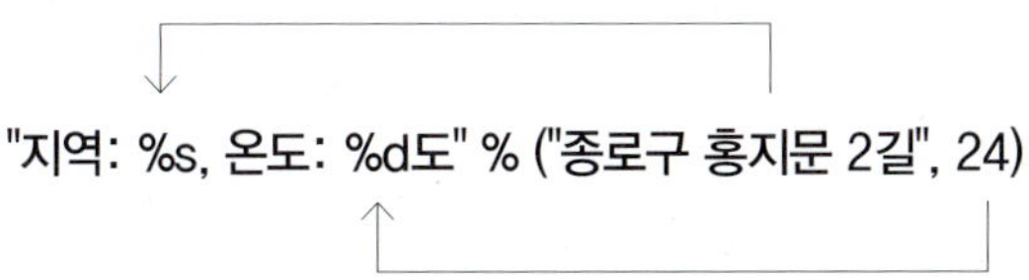

그림 3-9 서식 문자열에 여러 값을 대입해서 문자열 생성

괄호 안에 문자열이나 정수 대신 변수를 사용할 수 있다.

```
>>> print("지역: %s, 온도: %d도" % (address, temperature))
지역: 종로구 홍지문 2길, 온도: 24도
```

다음 코드를 보자. 값들을 괄호로 묶지 않으면 오류가 발생한다. 복수의 변수를 출력할 때는 반드시 괄호로 묶는다는 것을 기억하자.

```
>>> print("지역: %s, 온도: %d도" % address, temperature)
Traceback (most recent call last):
  File "<stdin>", line 1, in <module>
TypeError: not enough arguments for format string
```

형식 지정자의 다양한 활용법

파이썬의 형식 지정자를 잘 사용하면, 상당히 복잡한 서식 형태로 값들을 치환해서 문자열을 생성하는 것이 가능하다. 자세한 사용법을 다루는 것은 너무 복잡하므로, 여기서는 간단하지만 자주 사용될만한 것들만 설명한다.

소수점 이하 자릿수 지정하기

실수값을 '%'와 'f'사이에 마침표와 자릿수를 적으면 소수점 자릿수를 지정할 수 있다. 원주율을 소수점 둘째 자리까지 출력하는 다음 코드를 보자.

```
>>> print("원주율: %.2f" % 3.1415)
원주율: 3.14
```

소수점 이하 자릿수를 지정할 때 기존 값이 잘리면 반올림한다. 3.1415를 소수점 이하 셋째 자리까지 출력할 때 넷째 자리의 5를 반올림해서 3.142가 된다.

```
>>> print("원주율: %.3f" % 3.1415)
원주율: 3.142
```

지정된 자릿수보다 소수점 이하 숫자가 적다면 뒷부분이 0으로 채워진다.

```
>>> print("원주율: %.6f" % 3.1415)
원주율: 3.141500
```


전체 자릿수를 지정하고 오른쪽 또는 왼쪽으로 정렬하기

"%10s"처럼 형식 지정자의 중간에 숫자를 넣으면 서식 문자열에서 값이 치환될 때 전체 자릿수를 지정할 수 있다. 치환되는 값의 길이가 지정된 전체 자릿수보다 작다면 빈칸으로 채워지고 값은 오른쪽으로 정렬된다.

```
>>> print("%10s" % "한글")
        한글
```

전체 자릿수를 10으로 지정했는데 문자열은 두 글자만 있다. 따라서 그림 3-10에서 보인 것처럼 앞에 빈칸 8개를 채우고 마지막 두 자리에 "한글"을 넣는 형태로 문자열을 생성한 후 출력한다.

그림 3-10 형식 지정자를 이용해서 오른쪽으로 정렬

만약 출력하는 문자열이 지정된 전체 자릿수보다 길다면, 자릿수와 관계없이 원본 문자열이 그대로 출력된다.

```
>>> print("%5s" % "한글을 출력합니다")
한글을 출력합니다
```

전체 자릿수를 다섯 글자로 지정했지만, 출력하는 문자열은 아홉 글자이다. 따라서 전체 문자열을 출력한다.

전체 자릿수를 지정하는 방법은 숫자값을 치환할 때도 적용할 수 있다. 다음은 길이가 불규칙한 값들을 오른쪽으로 정렬시켜 보기 좋게 출력한 것이다.

```
>>> print("%8d" % 10)
      10
>>> print("%8d" % 1000)
    1000
>>> print("%8d" % 10000)
   10000
>>> print("%8d" % 100)
     100
```

다음은 실수값을 치환시킬 때 전체 자릿수를 지정해서 출력해본다. 정수와는 다르게 오른쪽으로 정렬하지 않고 숫자값 뒤에 0을 채워서 자릿수를 맞춘다.

```
>>> print("%8f" % 3.1415)
3.141500
>>> print("%8f" % 3.14)
3.140000
```

실수값을 출력할 때 전체 자릿수를 지정하고 빈 자리를 0으로 채우는 대신 공백으로 채우려면, 소수점 이하 자릿수까지 지정해야 한다.

다음 코드는 전체 자릿수를 8글자까지로 맞추고 소수점 이하 둘째 자리와 넷째 자리까지 출력한 것이다.

```
>>> print("%8.2f" % 3.1415)
    3.14
>>> print("%8.4f" % 3.1415)
  3.1415
```

값을 치환하면서 왼쪽으로 정렬하고 싶다면 자릿수를 지정하면서 '–' 부호를 붙이면 된다. 다음은 문자열을 출력하는 것이다.

```
>>> print("문자열 \"%-10s\"을 출력합니다" % "한글")
문자열 "한글        "을 출력합니다
```

정수나 실수값을 출력할 때도 동일하게 적용시킬 수 있다.

```
>>> print("정수 %-8d을 출력합니다" % 10)
정수 10      을 출력합니다
>>> print("정수 %-8d을 출력합니다" % 1000)
정수 1000    을 출력합니다
>>> print("실수 %-8.2f를 출력합니다" % 3.1415)
실수 3.14    를 출력합니다
>>> print("실수 %-8.4f를 출력합니다" % 3.1415)
실수 3.1415  를 출력합니다
```


서식 문자열에서 '%' 출력하기

서식 문자열에 '%' 문자를 넣으려면 "%%"처럼 두 번 붙여 써야 한다. 다음은 "오늘의 습도는 70%입니다"를 서식으로 지정해서 출력하는 코드를 보여준다.

```
>>> print("오늘의 습도는 %d%%입니다" % 70)
오늘의 습도는 70%입니다
```

파이썬의 서식 문자열을 사용하는 방법은 여기서 설명한 것 외에 더 있다. 다른 사용 방법 등에 대해서는 파이썬 매뉴얼을 참조한다.

3.3

PYTHON

실습문제 3

| 문제 |

'2022년 아카데미 영화제 작품상은 "코다"가 받았다'라는 문장에서 연도와 작품 이름을 바꿀 수 있게 서식을 활용해서 출력하는 코드를 작성하고, 표 2-8에 있는 값으로 바꿔 출력하는 코드를 작성한다.

표 3-6 2020년대 아카데미 작품상 수상작

연도	영화 제목
2020	기생충
2021	노매드랜드
2022	코다

| 문제 해결 |

서식을 지정할 때 년도는 정수(%d), 작품 이름은 문자열(%s)로 지정한다.

2022년도 수상작을 서식화해서 출력하는 코드를 작성해 본다.

```
>>> print('%d년 아카데미 영화제 작품상은 "%s"가 받았다' % (2022, "코다"))
2022년 아카데미 영화제 작품상은 "코다"가 받았다
```

| 최종 코드 |

2020~2022년까지의 수상작을 모두 출력한다.

[코드 3-13] prac03_03.py

```
print('%d년 아카데미 영화제 작품상은 "%s"가 받았다' % (2020, "기생충"))
print('%d년 아카데미 영화제 작품상은 "%s"가 받았다' % (2021, "노매드랜드"))
print('%d년 아카데미 영화제 작품상은 "%s"가 받았다' % (2022, "코다"))
```

| 실행 결과 |

```
2020년 아카데미 영화제 작품상은 "기생충"가 받았다
2021년 아카데미 영화제 작품상은 "노매드랜드"가 받았다
2022년 아카데미 영화제 작품상은 "코다"가 받았다
```

PYTHON

3.3 실습문제 4

| 문제 |

실습 문제 1에서 사용한 공식을 이용해서 커피 원두 200g과 300g의 가격을 화면에 출력한다.

| 요구사항 |

- 커피 무게 (200g, 300g)을 weight라는 변수에 저장한 후 산술 연산식과 print( ) 명령문에서 사용한다.
- 커피 무게와 가격을 형식 지정자를 이용해서 치환한다.

| 문제 해결 |

무게 변수 weight를 생성하고 200이라고 저장한다.

```
weight = 200
```

커피 무게와 가격 모두 정수형이므로, 형식 지정자는 "%d"를 사용하면 된다. 무게와 가격이 달라지는 부분 외의 나머지 문자열은 모두 서식에 해당된다. 형식 지정자는 무게와 가격에 지정되므로 서식 문자열은 다음과 같다.

```
"커피 원두 %dg 가격: %d"
```

커피 가격은 실습 문제 1에서 사용한 공식을 이용해서 직접 지정할 수 있다. 따라서 200g의 가격을 출력하는 코드는 다음과 같다.

```
>>> print("커피 원두 %dg 가격: %d" % (weight, weight // 100 * coffee100))
커피 원두 200g 가격: 20000
```

300g에 대해서도 비슷하게 출력하면 된다.

| 최종 코드 |

[코드 3-14] prac03_04.py

```
coffee100 = 10000
weight = 200
print("커피 원두 %dg 가격: %d" % (weight, weight // 100 * coffee100))
weight = 300
print("커피 원두 %dg 가격: %d" % (weight, weight // 100 * coffee100))
```

| 실행 결과 |

```
커피 원두 200g 가격: 20000
커피 원두 300g 가격: 30000
```

f-문자열을 이용해서 문자열 생성하기

서식 문자열을 사용하려면 치환할 값의 자료형을 명시해야만 한다. 이 특징은 파이썬의 변수에는 자료형을 가리지 않고 값이 저장될 수 있다는 점을 감안하면 부자연스럽다.

파이썬 3.6부터는 서식 문자열에서 형식 지정자를 넣는 자리에 직접 변수를 적어서 자료형과 관계없이 문자열을 생성하는 방법을 제공한다.

서식 문자열은 문자열의 시작을 나타내는 따옴표 앞에 'f' 또는 'f' 문자를 붙여야 하고, 서식 문자열의 중간에 들어가는 각 변수들은 '{'와'}'로 감싸야 한다.

address와 temperature 변수를 이용해서 지역과 온도를 출력하는 예를 다시 살펴보자.

```
>>> print(f"지역: {address}, 온도: {temperature}도")
지역: 서울시 종로구 홍지문 2길, 온도: 24도
```

파이썬에서 새로 지원하는 서식 문자열 기능은, 'f' 글자로 서식 문자열이 시작하므로 f-문자열(f-string)이라고 부른다.

서식 문자열에 소문자 'f' 대신 대문자 'F'를 붙여도 된다.

```
>>> print(F"지역: {address}, 온도: {temperature}도")
지역: 서울시 종로구 홍지문 2길, 온도: 24도
```

서식 문자열에 '{' 또는 '}'를 표현해야 한다면 두 개를 붙여서 "{{"와 "}}"를 써야 한다.

다음은 변수 세 개 값을 이용해서 수학에서 표현하는 집합을 출력하는 코드를 보여준다.

```
>>> a = 1
>>> b = 2
>>> c = 3
>>> print(f"집합 A = {{ {a}, {b}, {c} }}")
집합 A = { 1, 2, 3 }
```

전체 자릿수를 지정하려면 "{ }"안의 변수 다음에 콜론(':')을 붙이고 자릿수를 지정한다.

```
>>> h = "한글"
>>> print(f"문자열 \"{h:10}\"을 출력합니다")
문자열 "한글        "을 출력합니다
```

% 형식 지정자를 사용하는 서식 문자열 생성 방식과는 다르게 문자열이 왼쪽으로 정렬되었다. 이번에는 정수로 치환시키면서 자릿수를 지정해 본다.

```
>>> print(f"정수 {a:10}을 출력합니다")
정수          1을 출력합니다
```

문자열과 달리 정수는 오른쪽으로 정렬되었다. 실수값도 출력해 보자.

```
>>> p = 3.1415
>>> print(f"실수 {p:10}을 출력합니다")
실수     3.1415을 출력합니다
```

실수값도 정수와 동일하게 오른쪽으로 정렬되었다.

% 형식 지정자를 사용하던 서식 문자열 기능과는 달리 f-문자열을 사용하는 방법에서는 값을 정렬시키려면 콜론과 전체 자릿수 사이에 다음 글자들을 포함시켜야 한다.

- > 오른쪽 정렬
- < 왼쪽 정렬
- ^ 가운데 정렬

문자열과 숫자들을 각각 오른쪽, 왼쪽, 가운데로 정렬시키는 코드를 살펴보자.

```
>>> print(f"문자열 \"{h:>10}\"을 출력합니다") # 오른쪽 정렬
문자열 "        한글"을 출력합니다
>>> print(f"문자열 \"{h:<10}\"을 출력합니다") # 왼쪽 정렬
문자열 "한글        "을 출력합니다
>>> print(f"문자열 \"{h:^10}\"을 출력합니다") # 가운데 정렬
문자열 "    한글    "을 출력합니다
>>> print(f"정수 {a:>10}을 출력합니다")        # 오른쪽 정렬
```

```
정수          1을 출력합니다
>>> print(f"정수 {a:<10}을 출력합니다") # 왼쪽 정렬
정수 1          을 출력합니다
>>> print(f"정수 {a:^10}을 출력합니다") # 가운데 정렬
정수     1     을 출력합니다
>>> print(f"실수 {p:>10}을 출력합니다") # 오른쪽 정렬
실수     3.1415을 출력합니다
>>> print(f"실수 {p:<10}을 출력합니다") # 왼쪽 정렬
실수 3.1415    을 출력합니다
>>> print(f"실수 {p:^10}을 출력합니다") # 가운데 정렬
실수   3.1415  을 출력합니다
```

소수점 이하 자릿수를 지정하려면 자릿수 표시 뒤에 'f'를 붙여서 실수임을 표현해야 한다. 소수점 이하 자릿수를 지정하는 것이 이미 실수값임을 의미하나, 'f'를 붙이도록 한다.

다음은 소수점 이하 둘째 자리와 셋째 자리까지 원주율을 출력한다. 소수점 이하 값이 잘릴 때 반올림이 발생한다. 소수점 이하 자릿수를 지정하는 것도 정렬 방법은 동일하다.

```
>>> print(f"실수 {p:<10.2f}을 출력합니다") # 왼쪽 정렬, 소수점 이하 둘째 자리까지 표현
실수 3.14      을 출력합니다
>>> print(f"실수 {p:>10.3f}을 출력합니다") # 오른쪽 정렬, 소수점 이하 셋째 자리까지 표현
실수      3.142을 출력합니다
>>> print(f"실수 {p:^10.3f}을 출력합니다") # 가운데 정렬, 소수점 이하 셋째 자리까지 표현
실수   3.142   을 출력합니다
```

f-문자열을 사용할 때 변수 대신 표현식을 사용할 수도 있다. 다음은 원주율의 두 배 값을 화면에 출력하는 것이다.

```
>>> p = 3.1415
>>> print(f"원주율 * 2 = {p * 2:<10.3f}을 출력합니다")
# 왼쪽 정렬, 소수점 이하 셋째 자리까지 표현. 3.1415 * 2= 6.283
원주율 * 2 = 6.283     을 출력합니다
```

3.3 PYTHON

실습문제 5

| 문제 |

실습 문제 3의 변수 weight를 f-문자열을 이용해서 출력한다.

| 문제 해결 |

f-문자열을 이용하면, 커피 원두 가격을 계산하는 공식을 서식 문자열에 포함시켜도 된다. f-문자열로 구성되는 서식 문자열은 다음과 같다.

```
f"커피 원두 {weight}g 가격: {weight // 100 * coffee100}"
```

weight가 200일 때 화면에 출력하는 코드는 다음과 같다.

```
>>> weight = 200
>>> print(f"커피 원두 {weight}g 가격: {weight // 100 * coffee100}")
```

| 최종 코드 |

[코드 3-15] prac03_05.py

```
coffee100 = 10000
weight = 200
print(f"커피 원두 {weight}g 가격: {weight // 100 * coffee100}")
weight = 300
print(f"커피 원두 {weight}g 가격: {weight // 100 * coffee100}")
```

| 실행 결과 |

```
커피 원두 200g 가격: 20000
커피 원두 300g 가격: 30000
```

PYTHON

3.4 input( ) 명령을 이용해서 입력받기

input( ) 명령 사용

프로그램을 만들다 보면 사용자로부터 데이터를 받아서 처리해야 하는 경우가 많다. 사용자로부터 입력을 받는 방법은 다양하다. 키보드로 입력하거나 파일을 이용해서 입력을 받을 수도 있다. 또 네트워크나 다른 프로그램에서 입력을 받는 것도 가능하다.

여기서는 사용자로부터 키보드를 이용한 입력을 받는 프로그램을 작성한다. 화면에 출력할 때 print() 명령을 사용했지만, 키보드를 이용한 입력은 input() 명령을 사용하면 된다.

input() 명령은 사용자가 키보드로 입력한 내용을 문자열로 반환한다. 다음 코드를 파이썬 쉘 또는 IDLE의 쉘에서 실행시킨다.

```
input()
```

그림 3-11은 IDLE 쉘에서 input() 명령을 실행시킨 것을 보여준다.

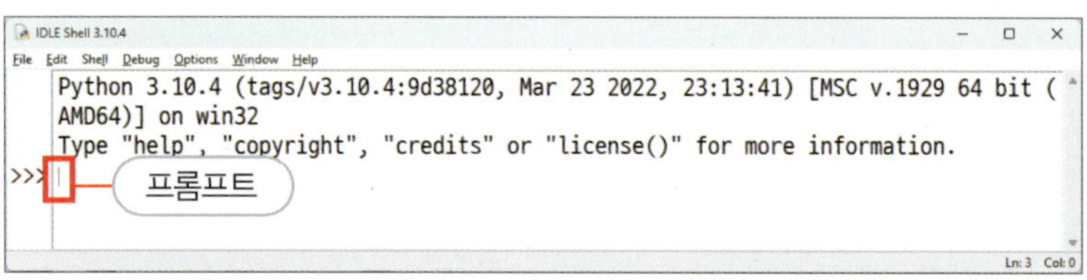

그림 3-11 IDLE 쉘에서 input( ) 명령을 실행시킨 모습

input() 명령이 실행되면 프롬프트(prompt)가 깜박거리며 입력을 기다린다. 프롬프트란 사용자가 입력해야 하는 위치를 알려주는 표시로, 운영체제와 프로그램마다 다를 수 있지만 윈도우에서 실행된 IDLE에서는 긴 막대기 형태로 나타난다.

사용자가 키보드를 이용해서 내용을 입력한 후 엔터키를 누르면 input() 명령은 기다림을 끝내고, 사용자가 입력한 내용을 문자열 형태로 반환한다. 사용자가 숫자를 입력해도 문자열로 반환됨에 주의한다.

사용자로부터 문자열을 입력받고 그 내용을 화면에 출력하는 프로그램을 실행시켜본다. [코드 3-16]은 input() 명령에서 반환되는 문자열을 변수에 저장했다가 print() 명령에 전달해서 출력한다. 그림 3-12는 [코드 3-16]을 IDLE 쉘에서 실행시킨 화면을 보여준다.

[코드 3-16] 사용자로부터 입력받은 문자열을 화면에 출력

```
s = input()
print(s)
```

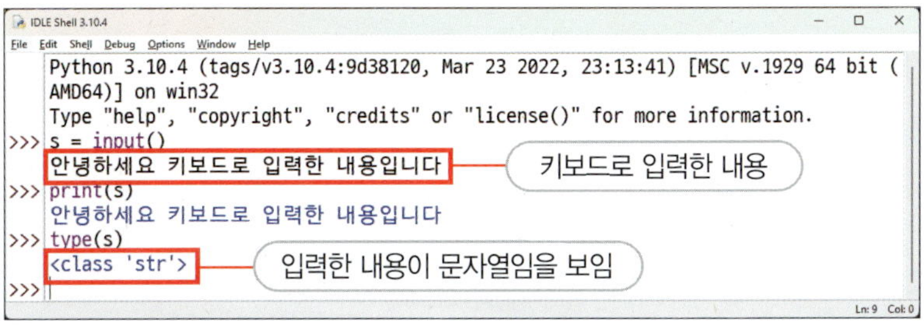

그림 3-12 입력받은 내용을 화면에 출력하는 실행 화면

그림 3-12에서 보인 것처럼 사용자가 입력한 내용을 저장한 변수 s에 type() 명령을 적용시키면 문자열임을 확인할 수 있다.

input( ) 명령을 이용해서 입력할 내용을 출력

input( ) 명령을 실행하면, 커서만 깜빡거리는 것을 보게 된다. 사용자는 무엇을 해야 하는지 모른다. 다행히도 input( ) 명령의 괄호 안에 문자열을 지정하면, 어떤 내용을 입력해야 할지 알려줄 수 있다. 다음 코드를 살펴보자.

```
>>> name = input("이름을 입력하세요: ")
이름을 입력하세요: 파이썬
>>> print(name)
파이썬
```

input() 명령이 실행되면 괄호 안에 전달된 문자열을 화면에 출력한 후 프롬프트를 띄우고 입력을 기다린다. 사용자가 키보드로 입력한 내용은 name 변수에 저장되고, print() 명령에 전달해서 화면에 출력한다.

input() 명령에 전달되는 문자열은 문자열 상수 또는 문자열 변수를 사용한다. 문자열은 줄바꿈 문자나 탭 문자 등을 포함할 수 있고, 여러 줄에 걸쳐서 표현된 것도 사용할 수 있다.

다음은 몇 가지 사용 예를 보여준다. print() 명령을 이용해서 출력하듯이 사용자가 입력한 내용 그대로 화면에 출력됨을 볼 수 있다.

```
>>> input("글자 한 개를\n입력하세요: ") # 줄바꿈 문자 출력
글자 한 개를
입력하세요:
>>> input("1~100 사이의\n정수 한 개를\n입력하세요: ")
1~100 사이의
정수 한 개를
입력하세요:
>>> input('''단어                          # 여러 줄에 표현되는 문자열 출력
한 개를
입력하세요: ''')
단어
한 개를
입력하세요:
>>> mesg = "단어 한 개를 입력하세요: "
>>> input(mesg)
단어 한 개를 입력하세요:
```

숫자 입력받기

input() 명령은 문자열만 반환한다고 했다. 만약 정수나 실수를 입력받고 싶다면, 입력받은 문자열을 int()나 float() 명령으로 변환해야 한다. 다음은 1~100 사이의 정수를 입력받는 코드이다.

[코드 3-17] 정수 입력받기

```
>>> numStr = input("1~100 사이의 정수 한 개를 입력하세요: ")  # (1)
1~100 사이의 정수 한 개를 입력하세요: 100
```

```
>>> type(numStr)                          # (2)
<class 'str'>
>>> num = int(numStr)                     # (3)
>>> type(num)                             # (4)
<class 'int'>
```


[코드 3-17]의 (1)에서 input()을 이용해서 100이라는 정수를 입력받는다. 하지만 (2)에서 type() 명령으로 확인하면 문자열이다. (3)에서 int() 명령을 이용해서 정수형으로 변환한 후 num 변수에 저장한다. (4)에서 num 변수가 정수형(int형)으로 변환되어 있다.

실수값을 입력받아야 하면, 비슷하게 float() 명령을 이용한다. 다음은 실수를 받아서 덧셈 연산 후 출력하는 코드를 보인다.

```
>>> num = float(input("실수 한 개를 입력하세요. 입력한 값에 1을 더한 후 출력합니다: "))  # (1)
실수 한 개를 입력하세요. 입력한 값에 1을 더한 후 출력합니다: 12.4
>>> print(num + 1.0) # (2)
13.4
```

코드의 (1)에서 input( ) 명령으로 입력받은 문자열을 바로 float( ) 명령에 전달했다. float( ) 명령을 실행시켜 변환된 실수값은 num 변수에 저장하였다. (2)에서 저장된 num 변수값과 1.0을 더한 후 화면에 출력하였다.

3.4

PYTHON

실습문제 6

| 문제 |

커피 원두 100g의 단가와 원두 무게를 사용자로부터 입력받고, 커피 원두 가격을 계산해서 화면에 출력한다.

| 요구사항 |

- 커피 원두 100g의 단가는 원 단위의 정수로 입력받고, 무게는 실수로 입력받는다.
- 문자열 출력은 f-문자열을 사용한다.

| 해결 |

coffee100이라는 변수에 사용자로부터 입력받은 커피 원두 100g의 단가를 저장한다.

```
>>> coffee100 = int(input("커피 원두 100g의 단가를 입력하세요: "))
커피 원두 100g의 단가를 입력하세요: 15000
```

구매할 커피 원두의 무게를 입력받는다.

```
>>> weight = float(input("구매할 커피 원두의 무게를 입력하세요: "))
구매할 커피 원두의 무게를 입력하세요: 250
```

커피 가격을 계산한다. 무게가 실수형이므로 실수 나눗셈 연산을 사용한다.

```
>>> coffeePrice = weight / 100 * coffee100
>>> print(coffeePrice)
37500.0
```

f-문자열을 이용해서 화면에 출력하는 코드를 작성한다. coffeePrice 변수를 출력해도 되고, 직접 계산식을 f-문자열에 넣어도 된다.

```
>>> print(f"커피 원두 {weight}g 가격: {coffeePrice}")
커피 원두 250.0g 가격: 37500.0
>>> print(f"커피 원두 {weight}g 가격: {weight / 100 * coffee100}")
커피 원두 250.0g 가격: 37500.0
```

3

변수와 사용자 입력

| 최종 코드 |

[코드 3-18] prac03_06.py

```
coffee100 = int(input("커피 원두 100g의 단가를 입력하세요: "))
weight = float(input("구매할 커피 원두의 무게를 입력하세요: "))
print(f"커피 원두 {weight}g 가격: {weight / 100 * coffee100}")
```

| 실행 결과 |

```
커피 원두 100g의 단가를 입력하세요: 15000
구매할 커피 원두의 무게를 입력하세요: 250
커피 원두 250.0g 가격: 37500.0
```

3.5 연습문제

01 RAM 메모리는 컴퓨터가 켜져 있는 동안에만 사용할 수 있는 (1) 휘발성, (2) 비휘발성 메모리이다. (1)과 (2) 중에 고르시오.

02 변수는 왜 필요한지 설명하시오.

03 반지름 5인 원의 면적을 계산할 때, 5 × 5 × 3.14 로 계산하는 코드는 반지름이 바뀔 때마다 코드를 수정해야 하므로 좋지 않다. 어떻게 프로그래밍하는 것이 효율적일까?

04 변수가 대입연산자 왼쪽에 놓이면 (A)을 의미하고, 오른쪽에 쓰이면 (B)을 의미한다. 괄호를 채우시오.

05 파이썬에서 변수 x = 1이라고 하면 x의 자료형은 무엇일까?

06 파이썬에서 변수 x = 1이라고 하고, 다음에 x = "hello", 즉 문자열을 입력하는 것이 가능할까?

07 파이썬의 변수는 대소문자를 구별하는가? myVar와 myvar는 같은 변수인가, 다른 변수인가?

08 다음 변수 명명이 맞는지 틀린지 구분하시오.

(1) 한 = 1　　(2) 2x　　(3) my var　　(4) __var　　(5) For

09 파이썬의 키워드인지 아닌지 O, X로 표시하시오.

and　or　else　if　false　no　define　in　of　raise　local

10 다음 중 파이썬의 변수로 잘못 작성된 것을 고르고 그 이유를 설명하시오.

$var, var, 1var, variable, true, True, if, if_var, _if, var1, Var, variable number, variable_number

11 복합연산자로 바꿔 써보시오.

(1) x = x + 3　　(2) x = x * 3　　(3) x = x − 3　　(4) x = x / 3

12 x /= 2와 x //= 2의 결과가 서로 같은지 다른지 설명하시오.

13 문자열의 주소, 정수형의 온도를 출력하는 다음 코드를 완성하시오.

```
print("지역: %, 온도: %d도" % address, temperature)
```

14 print("%8f" % 3.14) 결과를 적으시오.

15 print("%10s" % "한글") 결과를 적으시오.

16 "오늘의 습도는 70%입니다." 따옴표 안의 문자열을 출력하는 명령문을 작성하시오.

17 다음 남자/여자 월드컵 우승국을 출력하는 문장들을 서식화해서 출력하는 코드를 작성하고, 최근 대회의 우승국을 출력해 보시오.

```
"2018년 " 남자 월드컵 우승국은 "프랑스"이다"
"2019년 여자 월드컵 우승국은 "미국"이다"
```

18 address = "서울시 종로구 홍지문 2길", temperature = 24라고 하자. f-string을 사용해서 "지역: 서울시 종로구 홍지문 2길, 온도: 24도"를 출력하시오.

19 p = 3.14150이라고 하고, f-string을 사용해서 "원주율 * 2 = 6.28 입니다"라고 출력하시오.

20 x1 = 1.23, x2 = 12.3, x3 = 123.4560이라고 하고, 다음을 f-string을 이용해서 점을 중심으로 정렬해서 출력하시오.

```
  1.23
 12.3
123.456
```

21 input( ) 명령어로 반지름을 입력받고 원의 면적을 계산해서 다음 형태로 출력하시오.

```
반지름: 2, 면적: 6.28
```

22 습도와 온도를 입력받고 이슬점(Dew Point)을 계산해서 출력하는 프로그램을 작성하시오.

이슬점이란 주변 공기가 냉각되면서 수증기가 포화 상태(공기가 수증기를 더 이상 포함할 수 없는 상태)에 이르는 것을 의미한다. 이슬점 이하가 되면 물방울이 생기는 온도이다. 습도(Humid)와 온도(Temp)는 사용자로부터 실수값으로 입력받는다.

- 이슬점을 구하는 공식

$$DewPoint = \frac{243.12 \times ln\frac{Humid}{100} + \frac{17.62 \times Temp}{243.12 + Temp}}{17.62 - ln\frac{Humid}{100} + \frac{17.62 \times Temp}{243.12 + Temp}}$$

• **자연로그(ln) 사용법**

파이썬에서는 math.log( ) 명령이 자연로그 값을 반환한다. 다음 코드는 ln( ) 값을 구하는 것을 보인다.

```
>>> import math         # math.log( ) 명령을 쓰기 위해 꼭 필요함
>>> math.log(100)       # ln(100)
4.605170185988092
>>> math.log(math.e) # ln(e)
1.0
```

23 **뉴튼의 법칙에 의하면 두 물체 간의 만유인력을 구하는 공식은 다음과 같다.**

$$F = G \times \frac{m_1 \times m_2}{r^2}$$

G는 만유인력 상수로

$$6.674 \times 10^{-11}(m^3 \cdot kg^{-1} \cdot s^{-2})$$

괄호 안은 단위를 나타냄

공식을 이용해서 지구와 달 사이의 만유인력을 계산하는 프로그램을 작성하시오.

• 지구 질량:

$$5.972 \times 10^{24}(kg)$$

• 달 질량:

$$7.36 \times 10^{22}(kg)$$

• 지구와 달의 거리: 384400000(m)

4 장

조건문, 비교 연산자, 논리 연산자

학 습 목 표

- 프로그래밍에서 조건문의 필요성을 이해한다.
- 조건문의 중요한 요소인 조건식과 이를 구현하는 비교 연산자 및 논리 연산자를 학습한다.
- 파이썬의 조건문인 if, if-else, if-elif-else문 등을 살펴본다.
- pass문을 살펴본다.

PYTHON

4.1 조건문의 필요성

선택에 따라 다른 것을 실행

프로그램을 작성하다 보면, 현재 상황을 확인하고 여러 가지 선택 중에 한 가지를 결정해서 실행해야 하는 경우가 발생한다.

예를 들어 온도를 맞춰두면 스스로 가동되었다가 멈추기도 하는 에어컨을 프로그래밍 한다고 하자. 실내 온도를 계속 측정하다가, 지정된 온도 이상이 되면 에어컨을 켜고, 지정 온도 미만이 되면 에어컨 가동을 멈춘다. 온도에 따라 어떻게 할 것인지 선택해야 한다.

그림 4-1 온도에 따른 에어컨 가동하기

여러 가지 선택 중 한 개를 실행해야 하는 경우도 있다. 영화, 뮤지컬, 콘서트 티켓 등은 좌석의 위치에 따라 차등해서 금액이 정해진다. 티켓팅 프로그램을 구현한다면, 관람자가 선택한 좌석에 맞춰 다른 가격을 차등적으로 적용해야 한다.

조건문은 선택에 따라 다른 일을 실행할 수 있도록 프로그래밍하는 방법이다. 파이썬에는 다양한 목적으로 사용할 수 있는 조건문들이 있다.

그림 4-2 좌석에 따른 티켓 가격 정하기

PYTHON

4.2 조건식과 비교 연산자

조건식

조건식(conditional expression)은 조건문을 실행시킬 때 선택을 결정하는 중요한 역할을 한다. 조건식 또는 조건 표현식이란 True, False 또는 이에 준하는 값을 생성하는 표현식이다. True 또는 False에 준하는 값이란, 불린 자료형은 아니지만 파이썬에서 True 또는 False로 인식하는 값을 의미한다.

조건식을 구성하는 방법 중 가장 일반적인 것은 비교 연산자(관계 연산자라고 부르기도 한다)를 사용하는 것이다.

실내 온도가 사용자가 지정한 온도 이상이라는 조건에 해당하는 수학적 기호는 "≥"이지만, 프로그램에서는 키보드에서 입력하기 쉽게 ">="를 사용하여 표현한다.

```
실내_온도 >= 사용자_지정_온도
```

이 조건 표현식은 온도의 차이에 따라 True 또는 False 값을 생성한다. 조건식의 결과가 True라면, 에어컨을 켜고 False이면 끄도록 할 수 있다.

표 4-1은 파이썬에서 사용할 수 있는 비교 연산자를 수학의 연산자와 비교한 것이다.

표 4-1 비교(관계) 연산자

수학	파이썬	설명
a = b	a == b	a와 b가 동일하면 True, 아니면 False
a ≠ b	a != b	a와 b가 다르면 True, 아니면 False
a > b	a > b	a가 b보다 크면 True, 아니면 False
a ≥ b	a >= b	a가 b보다 크거나 같으면 True, 아니면 False
a < b	a < b	a가 b보다 작으면 True, 아니면 False
a ≤ b	a <= b	a가 b보다 작거나 같으면 True, 아니면 False

비교 연산자는 두 개의 피연산자 간의 관계를 파악하고 True 또는 False를 연산의 결과값으로 생성한다. 비교 연산자의 피연산자들은 문자열, 정수, 실수, 불린 자료형들이 될 수 있다.

수학에서 동일함을 나타내는 등호('=')는 파이썬에서 대입 연산자로 사용되므로, "=="를 이용해서 같은지 확인한다. '≠', '≥', '≤' 는 키보드에서 입력하기 어려우므로 쉽게 입력할 수 있으면서 비슷하게 생긴 "!=", ">=", "<="로 표현한다.

비교 연산자를 이용해서 문자열, 정수, 불린값들을 비교하며 좀 더 알아보자.

문자열 비교

```
>>> "한글" == "한글"
True
>>> "한글" != "English"
True
>>> "가" < "나"                # 같은 언어 비교시 사전 순
True
>>> "English" == "English"
True
>>> "English" < "Korean"      # 같은 언어 비교시 사전 순
True
>>> "English" > "English1"    # 같은 언어 비교시 사전 순
False
>>> "English" < "한글"         # 영문 < 한글
True
>>> "English" > "english"     # 영문 대문자 < 영문 소문자
False
>>> "1234" < "A"              # 숫자 < 알파벳
True
```

문자열을 비교하는 것은 문자 코드 표를 기준으로 "크다" 또는 "작다" 얘기할 수 있다. 그런데 문자 코드 표를 외우고 있지 않는 한 이를 구체적으로 파악하는 것은 어렵다. 문자열을 비교할 때 다음 사항들에 주의한다.

- 같은 종류의 언어를 비교한다면, 사전에 등재된 순서대로 크고 작음을 판단한다. 사전에서 앞에 나오는 문자열이 뒤에 나오는 문자열보다 작다.

- 영문과 한글을 비교하면 영문 문자열이 한글 문자열보다 작다.
- 영문 대문자와 소문자는 다른 글자로 취급하고, 크기 비교를 할 때 영문 대문자는 소문자보다 작다.
- 특수 기호(콤마, 마침표, 느낌표, 물음표, 따옴표 등)나 아라비아 숫자는 영문 알파벳보다 작다.

숫자 비교

비교 연산자의 피연산자에 정수형과 실수형을 섞어 쓸 수 있다. 예를 들어 파이썬에서 정수 2와 실수 2.0은 동일하다.

```
>>> 2 == 2.0
True
```

크다/작다 등을 비교할 때도 정수형과 실수형을 섞어 쓰는 것이 가능하다.

```
>>> 2 < 2.1
True
>>> 2.1 >= 2.3
False
```

불린 비교

불린 자료형을 같은지 다른지 비교하는 것도 가능하다.

```
>>> True == True
True
>>> True == False
False
```

불린값을 생성하는 비교 연산식들을 비교하는 것도 가능하다.

```
>>> (2 > 3) == (3 > 2)  # False == True이므로 False임
False
>>> (3 > 2) == (2 < 3)  # True == True이므로 True임
True
```

파이썬에서 불린값의 크기를 비교할 경우는 없겠지만, 가능하다.

True는 int()명령으로 변환하면 1이고, False를 int()로 변환하면 0이다. 따라서 크기 비교를 하면 True가 False보다 크다.

```
>>> int(True)
1
>>> int(False)
0
>>> True > False
True
>>> True < False
False
```

비교 연산식의 결과값의 크기 비교도 가능하다.

```
>>> (3 > 2) > (2 < 3)  # True < True이므로 False
False
```

다른 자료형끼리 비교

문자열과 숫자형 또는 문자열과 불린형 값들을 비교하면 어떻게 될까? 파이썬에서는 다른 자료형들이 같은지 확인하면 False로 처리한다. 만약 다른 자료형 값들이 다른지 확인하면 True로 처리한다.

```
>>> "abc" == (3 > 2)      # 문자열과 불린값 비교
False
>>> "abc" == 3.2          # 문자열과 실수값 비교
False
```

```
>>> "3.2" == 3.2        # 문자열과 실수값 비교
False
>>> "abc" != (3 > 2)    # 문자열과 불린값 비교
True
>>> "abc" != 3.2        # 문자열과 실수값 비교
True
>>> "3.2" != 3.2        # 문자열과 실수값 비교
True
```

크기 비교 연산자를 이용해서 다른 자료형을 비교하면 오류가 발생할 수 있다. 문자열과 불린 또는 숫자형은 비교할 수 없다.

```
>>> "abc" > True
Traceback (most recent call last):
  File "<stdin>", line 1, in <module>
TypeError: '>' not supported between instances of 'str' and 'bool'
>>> "123" > 123
Traceback (most recent call last):
  File "<stdin>", line 1, in <module>
TypeError: '>' not supported between instances of 'str' and 'int'
```

파이썬에서 불린형과 숫자형은 크기 비교가 가능하다. True를 1로 False를 0으로 가정하고 크기 비교가 된다.

```
>>> 1.1 > True
True
>>> 123 > True
True
```

다른 자료형 간에 비교 연산자를 사용하는 것은 문법상 오류가 발생하지 않을 수는 있다. 하지만 프로그램에서 논리적 오류를 발생시킬 수 있으므로 절대적으로 피해야 한다.

4.3 if문

단일 조건문

if문은 조건에 따라 실행하는 작업이 전환된다. 조건식의 결과가 True일 때 주어진 코드가 실행된다. if문의 사용법은 다음과 같다.

```
if 〈조건식〉:       # 콜론 주의
    〈코드 블록〉  # 들여쓰기 주의
```

조건문은 "if"라는 키워드로 시작된다. 〈조건식〉에는 불린값(또는 준하는 값)을 생성하는 조건 표현식 코드가 있어야 한다. 조건식 다음에는 콜론(':')이 붙고 들여쓰기된 〈코드 블록〉이 포함된다.

들여쓰기란 [코드 4-1]에서 보인 것처럼 "if 〈조건식〉:" 다음 줄에 "if"보다 안쪽으로 몇 칸 들어가서 〈코드 블록〉 코드를 적는 것이다.

[코드 4-1]

```
if True:
    print("if문 실행")
```

조건식의 값이 True이므로 코드 블록이 실행된다. 코드 블록에는 한 줄의 print() 명령문이 있고 화면에 "if문 실행"이라는 문자열이 출력된다. 다음은 코드를 파이썬 쉘에서 실행한 것이다.

```
>>> if True:
...     print("if문 실행")
...
if문 실행
```

조건식이 True이므로, 코드 블록에 있는 print() 명령이 실행된다.

조건식을 반대로 사용해 보자.

```
>>> if False:
...     print("if문 실행")
...
```

이번에는 조건식이 False이므로 if문이 실행되지 않고 종료된다.

사용자가 입력한 문자열이 "hello"인지 확인하는 코드를 작성해보자.

입력은 input()명령으로 받아서 변수에 저장한다.

```
s = input("단어 한 개를 입력하세요: ")
```

s를 "hello"와 비교해서 어떤 단어를 입력했는지 출력한다.

```
if s == "hello":
    print("사용자가 입력한 단어가 hello입니다")
```

중첩 if문

if문의 코드 블록 영역에는 대입문과 조건문을 포함해서 파이썬에서 사용할 수 있는 어떤 명령문이라도 포함할 수 있다.

if문의 코드 블록 영역에 또 다른 if문이 포함된다면 중첩 if문이라고 한다.

다음은 조건문을 이용해서 온도(변수 temperature)가 25도 이상이고 습도(변수 humidity)가 70 이상인 경우에 에어컨을 켜야 한다는 메시지를 화면에 출력하는 코드이다. 두 가지 조건이 모두 만족되어야 하는데, 여기서는 순차적으로 한 가지씩 조건을 확인한다.

[코드 4-2]

```
if temperature >= 25:              # (1) 25도 이상이면
    if humidity >= 70:             # (2) 온도가 25도 이상이고, 습도가 70 이상이면
        print("에어컨을 켜야 함")  # (3)
print("end")                       # (4)
```

우선 온도를 비교하고, 그 if문의 코드 블록 영역에 잇달아 습도를 비교하는 if문을 포함하고 있다.

만약 온도가 25도 미만이라면, (1)의 if문에서 조건식의 결과가 False가 된다. (2)의 if문과 그에 속한 (3)의 print( ) 명령은 실행되지 않고 (4)의 print( ) 명령이 실행되어, 화면에 "end"를 출력한다.

만약 온도가 25도 이상이라면, 코드 블록 영역이 실행되면서 (2)의 조건을 확인한다. (2)의 조건이 만족되면 (3)의 print 명령을 실행한다. (2)에서 조건이 만족되지 않으면 (4)의 print 명령이 실행된다.

더 알아보기 코드 블록(code block)과 들여쓰기(indentation)

코드 블록(code block)이란 특정 구문에서 사용하기 위해 코드를 묶은 것이다. 파이썬에서는 들여쓰기된 한 줄 또는 두 줄 이상의 명령문들을 코드 블록이라고 부른다.

코드 블록에는 앞에서 보인 print( ) 명령문 뿐만 아니라 대입문, 조건문 등 파이썬에서 작성할 수 있는 모든 명령문을 포함할 수 있다.

파이썬에서는 문장 끝에 콜론(':')이 있으면, 다음줄에는 반드시 들여쓰기된 코드 블록이 있어야 한다.

코드 블록은 한 칸 이상 들여쓰기되어야 하며, 같은 코드 블록에 있는 명령문들은 같은 깊이로 들여쓰기되어야 한다.

```
n = int(input("파이썬 과제 점수를 입력: "))
if n > 80:
    print("80보다 높습니다")
    print("B 이상입니다")
    if n > 90:
        print("90점보다 높습니다")
        print("A 이상입니다")
    ❶   ❷
```

그림 4-3 코드의 들여쓰기

그림 4-3에서 보인 것처럼 "if n 〉80:" 다음 줄부터는 코드 블록이 만들어져 있다. 첫 번째 if문의 코드 블록은 두 줄의 print( ) 명령문과 한 개의 if문으로 구성되었다. 첫 번째 코드 블록은 사용자가 입력한 n값이 80보다 크면 실행된다.

두 번째 if문인 "if n 〉90:" 다음 줄에도 들여쓰기가 되어 있다. 두 개의 print( ) 명령문으로 구성된 이 코드 블록은 두 번째 if문에서 n 변수값이 90보다 크면 실행된다.

그림 4-3의 ❶과 ❷는 들여쓰기 깊이를 보인다. 첫 번째 코드 블록의 print( ) 명령문과 n 〉90 조건을 확인하는 if문은 같은 깊이를 가지고 있으므로, 같은 코드 블록에 속한다. 두 번째 if문의 코드 블록은 ❶보다 더 깊이 들여쓰기되었다. ❶번 코드 블록에 속한 if문의 코드 블록에 해당되기 때문이다.

들여쓰기는 일정한 방법을 사용한다. 일정한 횟수의 공백 문자를 입력하거나 탭 키를 눌러 들여쓰기를 할 수 있다. 만약 본인이 속한 곳에 표준이 있다면, 그것을 따른다. 표준이 없거나 개인적으로 프로그램을 작성한다면, 경험상 어떤 에디터의 도움을 받지 말고, 프로그래머 자신이 직접 4개의 공백 문자를 입력해서 들여쓰기 하는 것을 추천한다. 어떤 방법을 쓰던 일정한 형태로 들여쓰기를 하는 습관을 들여야 가독성이 좋은 코드를 작성할 수 있다.

참고로 IDLE이나 파이썬을 인식하는 프로그래밍 전문 에디터에서는 자동으로 들여쓰기를 해주는 경우가 있다. 이럴 때는 반드시 IDLE이나 에디터의 설정을 확인하고, 탭이 4개의 공백 문자로 구성되도록 지정한다.

그림 4-4는 IDLE의 설정 윈도우에서 들여쓰기를 4칸으로 지정한 것을 보여준다. 다른 에디터들도 비슷한 설정이 존재한다.

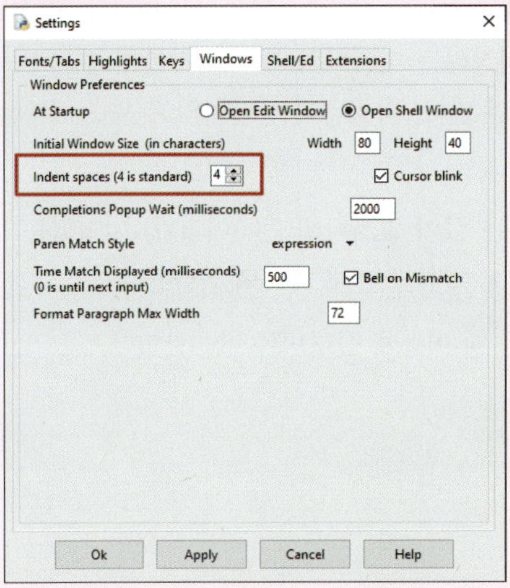

그림 4-4 IDLE 에디터의 들여쓰기 설정 화면

조건식에서 다른 자료형이 사용될 때의 의미

조건표현식에서 불린 자료형 외에 다른 자료형 값이 사용될 때 True 또는 False처럼 인식되는 경우가 있다. 표 4-2는 여러 자료형 값들이 조건 표현식에 사용되었을 때 True 또는 False로 인식되는 경우이다.

표 4-2 불린 자료형이 아닌 다른 자료형 값이 조건식에 사용될 때의 의미

자료형	조건식에 사용될 때 True 또는 False로 취급
숫자	0은 False. 0이 아닌 숫자는 True
문자열	빈 문자열은 False. 문자열에 한 글자라도 있으면 True
리스트	리스트에 요소가 없으면 False, 요소가 한 개라도 있으면 True
튜플	튜플에 요소가 없으면 False. 요소가 한 개라도 있으면 True
딕셔너리	딕셔너리에 요소가 없으면 False, 한 개라도 있으면 True

리스트, 튜플, 딕셔너리들은 여러 값들을 저장하고 관리할 수 있는 자료구조들이다. 리스트는 값들을 자유롭게 추가하거나 삭제할 수 있고, 저장하는 데이터의 개수에 제한이 없는 자료구조이다. 튜플은 수정이 불가능한 리스트라고 보면 된다. 딕셔너리는 단어의 뜻을 보여주는 사전처럼 키와 값을 쌍으로 저장한다.

표 4-2를 보면 알겠지만, 파이썬의 조건식에서는 값이 없거나(또는 0이거나) 비어있는 경우에는 False로 인식한다. 값이 0이 아니거나 혹은 요소가 있을 때 True로 취급한다.

다음 코드는 정수와 문자열을 조건식에 사용했을 때 어떻게 실행되는지를 보인다.

```
>>> n = 0
>>> if n:
...     print("False")
...
>>> s = 'a'
>>> if s:
...     print(s)
...
a
```

첫 번째 if문은 n이 0이므로 False가 되어 코드 블록이 실행되지 않고 종료된다. 두 번째 if문은 s가 빈 문자열이 아니므로 True로 인식되고, s의 내용인 'a'가 출력된다.

PYTHON

4.3 실습문제 1

| 문제 |

사용자로부터 정수 한 개를 입력받고, num 변수에 저장한다. num 값이 5보다 크거나 같을 때와 작을 때 표 4-3에서 보인 것처럼 화면에 출력한다.

표 4-3 실습 문제 1 출력 내용

조건	비교 연산	출력 내용
5 이상	num >= 5	5보다 크거나 같습니다
5 미만	num < 5	5보다 작습니다

| 요구사항 |

사용자가 오류 없이 정수만을 입력할 것이라고 가정한다.

| 문제 해결 |

사용자에게 정수를 입력받고 num 변수에 저장한다. `input()` 함수를 이용해서 입력받고 `int()` 함수로 입력된 문자열을 정수로 변환한다.

```
num = int(input("정수 한 개를 입력하세요: ""))
```

표 4-3에 조건이 두 개 있다. 두 개의 `if`문으로 표현할 수 있다.

if문을 이용해서 num 변수가 5보다 크거나 같을 때 표 4-3에 있는 내용을 출력한다.

```
if num >= 5:
    print("5보다 크거나 같습니다")
```

| 최종 코드 |

[코드 4-3] prac04_01.py

```
num = int(input("정수 한 개를 입력하세요: "))
if num >= 5:
    print("5보다 크거나 같습니다")
if num < 5:
    print("5보다 작습니다")
```

| 실행 결과 |

두 번 실행시켰고, 첫 번째는 5를 입력하고 두 번째는 3을 입력해서 다른 조건문이 제대로 실행되는지 확인했다.

```
정수 한 개를 입력하세요: 5
5보다 크거나 같습니다

정수 한 개를 입력하세요: 3
5보다 작습니다
```

4.4 조건문의 부속품 else문

조건문에 종속적인 else문

else문은 조건문에서 조건이 만족되지 않을 때 실행된다. else문이라고 했지만, 다른 조건문의 부속품처럼 사용된다. else문은 if문으로 대체할 수 있지만, else를 붙이는 것이 더 편리하고 효율적이다.

else문의 사용 방법을 살펴보자.

```
if 〈조건식〉:
    〈코드 블록1〉
else:
    〈코드 블록2〉
```

else문은 반드시 다른 조건문과 함께 사용되어야 한다. else문만 따로 존재할 수 없다. 그래서 if문과 묶어서 if–else문이라고 부르기도 한다.

if–else문에서 주어진 조건식이 만족되면 if에 포함된 〈코드 블록1〉이 실행된다. 조건식이 만족되지 않으면 else 다음에 있는 〈코드 블록2〉가 실행된다.

사용 예를 살펴보자. [코드 4–3]에서 사용자가 입력한 정수가 "5 이상"일 때와 "5 미만"일 때, 다른 내용을 출력했다. "5 이상"일 때와 "5 미만"일 때는 서로 상반되는 조건이다. 한 가지 조건이 만족되면 다른 조건은 만족될 수 없다.

[코드 4–3]을 else문을 사용해서 다시 작성하면 [코드 4–4]와 같다.

[코드 4-4]

```
num = int(input("정수 한 개를 입력하세요: "))
if num >= 5:
    print("5보다 크거나 같습니다")
else:
    print("5보다 작습니다")
```

if문 시작 부분에서 num값이 5 이상인지 확인하고, 적절한 문자열을 출력한다. 조건이 만족되지 않으면(num이 5 미만이라면), else에 있는 코드 블록을 실행한다.

if문을 두 번 사용하는 것보다, if-else문이 효율적이다. [코드 4-3]처럼 if문을 두 개 사용하면, 첫 번째 조건문이 만족되지 않아도 두 번째 조건문의 조건식을 확인해야 한다. 만약 조건을 확인하는 코드가 오랜 시간 실행되어야 하는 것이라면, if-else문에서 조건을 한 번만 확인하는 것이 훨씬 효율적인 실행 방법이다.

사용자가 입력한 문자열이 "hello"인지 아닌지 출력하는 코드를 작성한다. 앞에서 작성했던 if문에 else를 추가해서 "hello"가 아니라고 출력하는 코드를 추가한다.

```
s = input("단어 한 개를 입력하세요: ")
if s == "hello":
    print("사용자가 입력한 단어가 hello입니다")         # (1)
else:
    print("사용자가 입력한 단어가 hello가 아닙니다")  # (2)
```

사용자가 입력한 단어가 "hello"이면 코드 (1)이, 아니면 코드 (2)가 실행된다.

PYTHON

4.4 실습문제 2

| 문제 |

사용자로부터 정수 한 개를 입력받고, 정수값이 10 이상, 5이상 10 미만, 5 미만이라면, 표 4-4에 보이는 것처럼 내용을 화면에 출력한다.

표 4-4 실습 문제 2 출력 내용

번호	조건	파이썬 비교 연산	출력 내용
1	10 이상	num >= 10	10보다 크거나 같습니다
2	5 이상 10 미만	5 <= num < 10	5보다 크거나 같지만 10보다 작습니다
3	5 미만	num < 5	5보다 작습니다

| 요구사항 |

사용자가 오류 없이 정수만을 입력할 것이라고 가정한다.

| 문제 해결 |

문자열을 입력받고 정수로 변환해서 저장한다.

```
num = int(input(정수를 입력하세요: ))
```

표 4-4에 조건이 세 개 있다. 코드로 작성하면 세 개의 if문으로 표현할 수 있다.

num이 10 이상인 경우를 작성한다.

```
if num >= 10:
    print("10보다 크거나 같습니다")
```

num이 5 이상 10 미만인 경우를 작성한다. 파이썬에서는 이렇게 범위가 주어지는 경우 수학에서 표현하듯이 코드를 작성하면 된다.

```
if 5 <= num < 10:
    print("5보다 크거나 같지만 10보다 작습니다")
```

num이 5 미만인 경우도 작성한다.

```
if num < 5:
    print("5보다 작습니다")
```

이렇게 세 개의 if문의 조합으로 문제를 해결할 수 있다. 하지만 실습 문제 1에서와 마찬가지로 프로그램 실행의 효율성은 떨어진다.

이 문제의 조건들은 서로 겹치지 않는 범위를 가지고 있으므로 다음에 보인 것처럼 10 이상일 때(조건 1번)와 10 미만일 때(조건 2, 3)로 구분해서 if–else 형태로 작성할 수도 있다.

```
if num >= 10:       # 조건 1번
    print("10보다 크거나 같습니다")
else:
                    # 10 미만일 때의 처리 코드 추가해야 함 (조건 2, 3번에 대해서 처리)
```

조건 2, 3번은 다시 if–else 형태로 표현할 수 있다. if–else문이 한 개의 명령문이므로, else의 코드 블록에 포함시킬 수 있다. 앞에서 작성했던 조건 2, 3번 처리 코드를 if–else로 묶어 넣으면 다음과 같다.

```
if num >= 10:               # 조건 1번
    print("10보다 크거나 같습니다")
else:
    if 5 <= num < 10:       # (1)
        print("5보다 크거나 같지만 10보다 작습니다")
    else:                   # if num < 5
        print("5보다 작습니다")
```

조건 1번이 만족되지 않을 때(num 변수값이 10 미만일 때) else의 코드 블록이 실행된다. 따라서 (1)번 if문에서 num이 10보다 작은지 확인하는 부분은 필요없다. 코드를 다시 정리하면 다음에 보인 것과 같다.

```
if num >= 10:       # 조건 1번
    print("10보다 크거나 같습니다")
else:
    if 5 <= num:    # (1)
        print("5보다 크거나 같지만 10보다 작습니다")
    else:           # if num < 5
        print("5보다 작습니다")
```

if문을 세 번 쓰는 것보다 이렇게 if-else 형태로 만드는 것이 효율적으로 실행된다.

| 최종 코드 |

[코드 4-5] prac04_02.py

```
num = int(input("정수 한 개를 입력하세요: "))
if num >= 10:
    print("10보다 크거나 같습니다")
else:
    if 5 <= num:   # if num >= 5: 라고 써도 됨
        print("5보다 크거나 같지만 10보다 작습니다")
    else:          # if num < 5
        print("5보다 작습니다")
```

| 실행 결과 |

세 번 실행시키면서, 세 가지 조건에 대해서 제대로 결과를 내는지 확인하였다.

```
정수 한 개를 입력하세요: 15
10보다 크거나 같습니다

정수 한 개를 입력하세요: 8
5보다 크거나 같지만 10보다 작습니다

정수 한 개를 입력하세요: 3
5보다 작습니다
```

PYTHON

4.5

if-elif문 또는 if-elif-else문

다중 선택문

세 개 이상의 조건 중 한 가지를 선택해서 코드를 실행해야 하는 경우에, if–elif 또는 if–elif–else문을 이용해서 효율적인 코드를 작성할 수 있다.

if–elif문을 사용하는 방법은 다음과 같다.

```
if 〈조건표현식1〉:
    〈코드 블록1〉
elif 〈조건표현식2〉:
    〈코드 블록2〉
elif 〈조건표현식3〉:       # 생략 가능
    〈코드 블록3〉          # 생략 가능
elif …                    # 생략 가능
    …                     # 생략 가능
else:                     # 생략 가능
    〈코드 블록n〉          # 생략 가능
```

〈조건표현식1〉의 값이 True이면 〈코드 블록1〉이 실행되고, 나머지 조건식의 값들은 확인할 필요없이 if–elif문 전체 코드는 종료된다. 〈조건표현식1〉의 값이 False이면, 〈조건표현식2〉의 값을 확인한다. True이면 〈코드 블록2〉가 실행되고, False이면 다음 조건식으로 넘어간다. 앞에 있던 모든 조건들이 만족되지 않으면 마지막 else에 있는 코드 블록이 실행된다.

if문에 있는 else문이 부속품처럼 사용되고 생략될 수 있던 것처럼 if–elif–else문의 else도 생략될 수 있다.

실습 문제 2에서 표 4–4의 세 가지 조건 중 한 가지를 선택해서 적절한 코드를 실행시켰다. 이 문제를 if–elif문을 이용해서 다시 작성하면 [코드 4–6]과 같다.

[코드 4-6]

```
num = int(input("정수 한 개를 입력하세요: "))
if num >= 10:
    print("10보다 크거나 같습니다")
elif 5 <= num:
    print("5보다 크거나 같지만 10보다 작습니다")
elif num < 5:
    print("5보다 작습니다")
```

실행 순서는 사용자가 입력한 num값이 10 이상인지 확인한다. 10 이상이면 2번 줄의 코드를 실행한 후 if-elif문을 종료한다. num >= 10이 False이면 두 번째 조건을 확인한다. num이 10 미만이라는 것은 첫 번째 조건이 False가 될 때 이미 확인한 내용이므로, 조건식에서 다시 쓰지 않고 있다. num이 5 이상이면 해당 코드를 실행하고 종료한다. False이면 세 번째 조건을 확인하고 실행 여부를 결정한다.

표 4-4의 조건들은 상호 배제 관계에 있다. 한 가지 조건이 만족되면 다른 조건들은 절대로 True가 될 수 없다. 이런 경우라면, [코드 4-7]처럼 [코드 4-6]의 여섯 번째 줄에 쓰인 elif 대신 else를 사용할 수 있다.

[코드 4-7]

```
num = int(input("정수 한 개를 입력하세요: "))
if num >= 10:
    print("10보다 크거나 같습니다")
elif 5 <= num:
    print("5보다 크거나 같지만 10보다 작습니다")
else:
    print("5보다 작습니다")
```

사용자로부터 정수로 된 점수를 입력받고 A(90 이상), B(80 이상 90 미만), C(70 이상 80 미만), D(70 미만)로 성적을 출력하는 코드를 작성해 보자.

점수를 입력받고 정수로 변환한다.

```
score = int(input("점수를 입력하세요: "))
```

확인해야 하는 조건을 다음에 보이는 것처럼 각각 if문으로 작성해 보자.

```
if score >= 90:              # (1)
    print("A")
if 80 <= score < 90:         # (2)
    print("B")
if 70 <= score < 80:         # (3)
    print("C")
if score < 70:               # (4)
    print("D")
```

실행하면 원하는 결과를 얻을 수는 있지만, 비효율적이다. score가 90 이상이라면, 코드 (2)~(4)는 당연히 False가 나올테고, 불필요한 코드를 실행시킨 것이다. score가 조건문 (1)에서 만족되었다면 (2)~(4)는 아예 실행을 시키지 않는 것이 낫다.

if–elif로 다시 작성해 본다.

```
if score >= 90:              # (1)
    print("A")
elif 80 <= score < 90:       # (2)
    print("B")
elif 70 <= score < 80:       # (3)
    print("C")
elif score < 70:             # (4)
    print("D")
```

코드 (1)에서 조건이 만족되면 코드(2)~(4)는 더 이상 실행되지 않으므로 효율적인 실행이 가능하다. 하지만 좀 더 효율적으로 만들 수 있다.

- 코드 (1)의 조건이 만족되지 않았다면, score는 90 미만이라는 의미이므로, 코드 (2)에서 90보다 작은지 확인할 필요가 없다. 비슷하게 코드 (3)과 코드 (4)에서 각각 80 또는 70보다 작은지 확인할 필요가 없다.
- 코드 (4)에서 70 미만인지 확인할 필요가 없다면 elif문으로 확인할 조건이 없다. 조건 (1)~(3)에서 결과값이 False라면 score는 70미만이므로, "D"를 출력하면 된다. 따라서 elif 대신 else로 변경할 수 있다.

개선한 코드는 다음과 같다.

```
if score >= 90:
    print("A")
elif 80 <= score:
    print("B")
elif 70 <= score:
    print("C")
else:
    print("D")
```

4.5 실습문제 3

| 문제 |

2022년에 공연되는 A 뮤지컬의 티켓 가격은 표 4-5에 보인 것처럼 좌석의 종류에 따라 다르다.

표 4-5 뮤지컬 좌석별 티켓 가격

좌석 종류	가격
VIP	150000
S	110000
A	90000
B	70000

사용자로부터 구매할 좌석의 종류를 입력받고, 그 좌석에 해당되는 가격을 출력하는 프로그램을 작성한다.

| 요구사항 |

사용자가 입력하는 좌석 종류가 "VIP", "S", "A", "B" 중 한 가지가 아니라면, 좌석 종류를 잘못 입력했다고 출력한다.

| 문제 해결 |

좌석 종류를 입력받아서 변수에 저장한다.

```
seatType = input("좌석 종류를 입력하세요: ")
```

선택 사항이 잘못 입력한 것까지 포함해서 다섯 가지이므로, if-elif문을 사용한다. 사용자가 "VIP", "S", "A", "B"를 입력하면 티켓 가격을 출력한다(if-elif로 표현 가능). 네 가지 좌석 종류가 아닌 다른 것을 입력하면, 잘못 입력했다고 출력한다(else로 표현 가능).

```
if seatType == "VIP":
    print("티켓 가격은 150000입니다")
```

```python
elif seatType == "S":
    print("티켓 가격은 110000입니다")
elif seatType == "A":
    print("티켓 가격은 90000입니다")
elif seatType == "B":
    print("티켓 가격은 70000입니다")
else:
    print("좌석 종류를 잘못 입력했습니다")
```


| 최종 코드 |

[코드 4-8] prac04_03.py

```python
seatType = input("좌석 종류를 입력하세요: ")
if seatType == "VIP":
    print("티켓 가격은 150000입니다")
elif seatType == "S":
    print("티켓 가격은 110000입니다")
elif seatType == "A":
    print("티켓 가격은 90000입니다")
elif seatType == "B":
    print("티켓 가격은 70000입니다")
else:
    print("좌석 종류를 잘못 입력했습니다")
```

| 실행 결과 |

세 번 실행시켜 “VIP”, “A”, “R”를 입력한 결과이다.

```
좌석 종류를 입력하세요: VIP
티켓 가격은 150000입니다

좌석 종류를 입력하세요: A
티켓 가격은 90000입니다

좌석 종류를 입력하세요: R
좌석 종류를 잘못 입력했습니다
```

PYTHON

4.6 논리 연산자

논리 연산자는 언제 사용하는가?

지금까지는 조건이 한 가지인 경우를 봤다. 만약 만족시켜야 하는 조건이 두 개 이상이라면 어떻게 할까? 혹은 여러 개 조건 중 한가지만 만족시키면 코드를 실행시키는 경우는 어떻게 할까?

파이썬에서는 조건식의 결과값들을 조합해서 새로운 불린값을 만들어내는 논리 연산자를 제공한다. 논리 연산자는 두 개의 피연산자를 가지며, 왼쪽에서 오른쪽 방향으로 평가된다.

표 4-6은 피연산자 A와 B에 대해 and, or, not 연산의 결과이다.

표 4-6 and, or, not 연산자

피연산자 A	피연산자 B	A and B	A or B	not A
True	True	True	True	False
True	False	False	True	False
False	True	False	True	True
False	False	False	False	True

num 변수가 5 이상 10 미만을 논리 연산자로 표현하면 다음과 같다.

```
5 <= num and num < 10        # 5 <= num < 10
```

중첩 if문을 설명하면서, 온도가 25도 이상이고 습도가 70 이상일 때 에어컨을 켜야 한다고 출력하는 코드를 작성했었다. 다음은 그중 조건문만을 보인 것이다.

```
if temperature >= 25:       # 25도 이상이면
    if humidity >= 70:      # 온도가 25도 이상이고, 습도가 70 이상이면
        print("에어컨을 켜야 함")
```

두 가지 조건이 만족됨을 확인하기 위해 먼저 온도가 25도 이상인지 확인하는 조건문을 쓰고, 코드 블록 안에 다시 습도가 70 이상임을 확인하는 조건문을 추가하고 있다. 두 가지 조건이 모두 만족될 때 에어컨을 켜야 한다는 내용을 출력한다.

논리 연산자를 이용해서 다시 코드를 작성하면 다음과 같다. 두 가지 조건이 모두 만족되어야 하므로 and로 조건식을 연결하자.

```
if temperature >= 25 and humidity >= 70:
    print("에어컨을 켜야 함")
```

중첩 if문을 사용하는 것보다 단순해졌다. 적절하게 and 또는 or 연산을 사용하면 코드를 짧게 작성할 수 있다.

부등호의 방향을 바꾸고 not을 붙여서 조건문을 수정해본다. 온도가 25도 미만이 아니고 습도가 70 미만이 아니면 에어컨을 켜야 한다는 내용을 출력한다.

```
if not temperature < 25 and not humidity < 70:
    print("에어컨을 켜야 함")
```

year라는 변수에 1 이상의 정수를 저장한 후, year값이 윤년을 나타내는지 확인하는 프로그램을 작성해 본다. 연도가 윤년인지 확인하는 것은 다음 조건에 따른다.

1. 연도를 4로 나눌 때 나머지가 0이면 윤년이다. 단 100으로 나눌 때 나머지가 0이면 윤년이 아니다.
2. 예외적으로 연도를 400으로 나눌 때 나머지가 0이라면 윤년이다.

연도가 윤년이 되는 조건을 집합 형태로 표현하면 그림 4-5에서 색이 칠해진 부분이 된다. 연도가 100으로 나눠지는 것들은 연도를 4로 나누어 떨어지는 숫자들의 부분 집합이 된다. 400으로 나눌 때 나머지가 0인 집합은 100으로 나누어 떨어지는 연도들의 부분 집합이다.

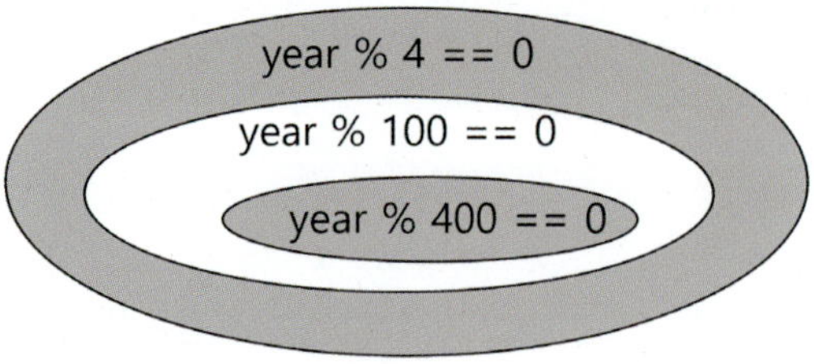

그림 4-5 윤년을 계산하는 조건들을 집합으로 표현한 것

조건 중에서 가장 작은 집합(그림 4-5에서 가장 안쪽에 색칠되어 있는 부분)에 해당되는 것을 떼어서 조건식을 만들면 다음과 같다.

```
year % 400 == 0    # 윤년
```

1번 조건을 만족시키는 연도는 4로 나눌 수 있고, 100으로 나눌 수 없는 것이다. 다음 조건식은 그림 4-5에서 바깥쪽에 색칠되어 있는 부분을 표현한다.

```
year % 4 == 0 and year % 100 != 0 # 윤년
```

윤년은 1과 2번 조건 중에서 한 가지만 충족시키면 되므로, 두 조건식을 or로 연결한다. 다음은 year가 주어졌을 때 윤년인지 확인해서 출력하는 조건문이다.

```
if (year % 400 == 0) or (year % 4 == 0 and year % 100 != 0):
    print(f"{year}는(은) 윤년입니다")
else:
    print(f"{year}는(은) 윤년이 아닙니다")
```

다음은 파이썬 셸에서 코드를 실행시킨 예이다.

```
>>> year = 2000
>>> if (year % 400 == 0) or (year % 4 == 0 and year % 100 != 0): # (1)
...     print(f"{year}는(은) 윤년입니다")
... else:
...     print(f"{year}는(은) 윤년이 아닙니다")
...
```

```
2100는(은) 윤년이 아닙니다
>>> year = 2100
>>> # (1)에 해당되는 if-else문 코드 ...
2000는(은) 윤년이 아닙니다
>>> year = 2024
>>> # (1)에 해당되는 if-else문 코드 ...
2024는(은) 윤년입니다
```

4.6 PYTHON

실습문제 4

| 문제 |

사용자에게 온도와 습도를 정수로 입력받고, 다음 조건에 맞춰 에어컨을 켜는 프로그램을 작성한다.

- 온도가 25도 이상이고 습도가 70 이상이면 에어컨을 냉방 모드로 켠다.
- 온도가 25도 이상이지만, 습도가 70 미만일 때 제습 모드로 작동시킨다.
- 두 조건에 만족되지 않으면 에어컨을 끈다.

| 요구사항 |

- 사용자가 정수만을 입력할 것이라고 가정한다.
- 실제 에어컨을 켜고 끌 수 없으므로, "냉방 모드로 에어컨 작동" 또는 "제습 모드로 에어컨 작동"이라고 출력한다.

| 문제 해결 |

온도와 습도를 입력받는 코드는 input() 명령의 결과값을 int() 명령으로 변환해서 변수에 저장한다.

```
temperature = int(input("온도를 입력하세요: "))
humidity = int(input("습도를 입력하세요: "))
```

두 가지 조건을 살펴보면, 온도는 공통으로 25도 이상이다. 습도만 70 이상일 때와 미만일 때로 구분된다.

여기서는 두 가지 방법으로 문제를 풀어본다.

첫 번째는 온도와 습도를 확인하는 조건식들을 논리 연산자를 이용하여 연결해서 확인한다. 습도가 70 이상일 때와 미만일 때를 분리해서 확인해야 하므로, if-elif문을 사용한다. 조건이 만족되지 않는 경우 에어컨을 끄는 것으로 출력한다.

```
if (temperature >= 25) and (humidity >= 70):      # 온도 25도 이상 습도 70 이상
    print("에어컨을 냉방 모드로 켬")
elif (temperature >= 25) and (humidity < 70):     # 온도 25도 이상 습도 70 미만
    print("에어컨을 제습 모드로 켬")
else:
    print("에어컨을 끔")
```

두 번째는 중첩 if문을 사용한다. 온도를 확인하는 부분이 동일하므로, 첫 번째 if문에서 확인하고, if문의 코드 블록 내에 if-else를 사용해서 습도를 확인한다. 온도가 25도 미만이라면 습도는 확인할 필요 없이 에어컨을 끈다.

```
if temperature >= 25:
    if humidity >= 70:
        print("에어컨을 냉방 모드로 켬")
    else:
        print("에어컨을 제습 모드로 켬")
else:
    print("에어컨을 끔")
```

| 최종 코드 |

[코드 4-9] prac04_04.py

```
temperature = int(input("온도를 입력하세요: "))
humidity = int(input("습도를 입력하세요: "))

if (temperature >= 25) and (humidity >= 70):      # 온도 25도 이상 습도 70 이상
    print("에어컨을 냉방 모드로 켬")
elif (temperature >= 25) and (humidity < 70):     # 온도 25도 이상 습도 70 미만
    print("에어컨을 제습 모드로 켬")
else:
    print("에어컨을 끔")
```

| 실행 결과 |

여러 조건을 확인하기 위해 세 번 실행시켰다.

```
온도를 입력하세요: 25
습도를 입력하세요: 75
에어컨을 냉방 모드로 켬

온도를 입력하세요: 25
습도를 입력하세요: 65
에어컨을 제습 모드로 켬

온도를 입력하세요: 20
습도를 입력하세요: 65
에어컨을 끔
```

단락 평가

단락 평가(short-circuit evaluation)는 논리 연산식에서 빨리 결과를 평가하기 위해 조건의 일부만 검사하는 방법이다. 단락 평가는 논리 연산식이 왼쪽에서 오른쪽 방향으로 값을 평가한다는 점을 이용한다.

and 연산에서 피연산자 중 한 개가 False이면 전체 연산의 결과는 False이다. 만약 왼쪽 피연산자(조건식) 값이 False이면 오른쪽 피연산자는 평가하지 않고 전체 연산의 결과를 False로 평가한다. 반대로 왼쪽 피연산자 값이 True이면 오른쪽 피연산자도 확인한 후 결과를 평가한다.

or 연산에서 피연산자 중 한 개가 True이면 전체 연산의 결과는 True이다. 왼쪽 피연산자 값이 True이면 오른쪽 피연산자는 평가하지 않는다. 왼쪽 피연산자 값이 False이면 오른쪽 피연산자를 평가한 후에 결과를 확인한다.

단락 평가는 두 가지 장점 때문에 대부분의 프로그래밍 언어들이 채택하고 있는 기능이다.

첫 번째로 프로그램 실행의 효율성을 높일 수 있다. and 연산에서는 False일 가능성이 높은 조건식을 왼쪽에, or 연산에서는 True일 가능성이 높은 조건식을 왼쪽에 배치하면 오른쪽 조건식은 평가가 일어나지 않을 가능성이 높아지므로 효율성이 높아진다.

두 번째는 실행 중에 오류가 발생할 수 있는 코드를 오른쪽 조건식에 배치하고 왼쪽에 오류가 발생할 수 있는 조건을 왼쪽 조건식에서 확인한다면, 오류를 예방할 수 있다.

예를 들어 0으로 나누는 것은 프로그램 실행을 중단시키는 오류가 발생한다. 다음 코드에서 보이는 것처럼 단락 평가를 이용하면 실행 중에 오류가 발생하는 것을 막을 수 있다. divisor 변수가 0이면 and의 첫 번째 피연산자가 False가 되고, num / divisior는 실행이 되지 않는다.

```
num = 30
divisor = 0
if divisor != 0 and num / divisor:
    print(f"{num} / {divisor} = { num / divisor }")
```

연산자 우선 순위

표 4-7은 파이썬에서 자주 사용되는 연산자들의 우선 순위이다.

우선 순위를 모두 외울 필요는 없다. 다만 산술 연산자, 비교 연산자, 논리 연산자 순으로 우선 순위가 낮아진다는 정도는 기억한다. 우선 순위가 잘 기억나지 않으면 무조건 괄호를 붙여서 사용한다.

표 4-7 연산자 우선 순위

연산자 우선 순위	연산자
괄호	()
거듭제곱	**
곱셈, 나눗셈, 정수의 나눗셈, 나머지	*, /, //, %
덧셈, 뺄셈	+, −
비교 연산자	<=, <, >, >=, ==, !=
대입 연산자	=, +=, −=, *=, /=, //=, %=, **=
논리 연산자	and, or, not

PYTHON

4.7 pass문

pass문의 쓰임

pass문은 파이썬에서 아무것도 하지 않는 명령문이다. pass문이 실행되면 어떤 현상도 나타나지 않는다.

아무것도 안하는 명령문이 왜 필요할까 싶겠지만, 주로 코드 블록에서 임시로 코드를 작성하거나 코드 블록을 채워야 하는데 달리 할 일이 없는 경우에 쓴다.

예를 들어 변수 a가 5보다 클 때 a값을 화면에 출력하고, a가 5보다 작거나 같을 때 다른 일을 하는 코드를 작성한다고 가정하자. 그런데 a가 5보다 작거나 같을 때 해야 할 코드가 아직 완성되지 않았다면 pass문을 대신 채워놓고, 나중에 코드를 구현할 수 있다.

```
if a > 5:
    print(a)
else:
    pass  # 아무것도 안하지만, else 부분의 코드 블록을 구성하고 있다.
```

pass문은 코드 블록이 위치해야 하는 곳 어디서나 사용할 수 있어 임시로 코드 블록을 채우는 목적으로 사용된다.

4.8 연습문제

01 조건식은 True 또는 False로 평가된다. OX로 답하시오.

02 조건식의 문자열 비교로 맞는 것을 모두 고르시오.

(1) if '한글' = "한글"　　(2) if "한글" = "한글"　　(3) if '한글' == "한글"　　(4) if "한글" == "한글"

03 같은 종류의 언어를 비교한다면, 사전에 등재된 순서대로 크고 작음을 판단한다. 영문과 한글을 비교하면 어느 문자열이 큰가? 그 이유를 설명하시오.

04 다음의 비교 결과를 답하시오.

(1) 2 == 2.0　　(2) 2.0 < 2.1　　(3) 2 < 2.1　　(4) "3.2" == 3.2

05 x=2로 선언하고, 조건문으로 짝수이면 x 변수 값을 출력하고 아니면 아무것도 출력하지 않는 코드를 작성하시오.

06 온도 25도 이상, 습도 70 이상이면 "에어컨을 켠다"는 메시지를 출력하는 코드를 작성하시오. 중첩 if문으로 작성하고, 들여쓰기에 주의하시오.

07 6번 문제를 논리 연산자를 사용하여 중첩 if문을 사용하지 않고 작성하시오.

08 들여쓰기 공백은 탭을 이용하거나 공백을 넣어도 좋다. 코드 병합을 염두에 두지 말고, 자신이 편한 들여쓰기를 한다. OX로 답하시오.

09 다음 코드를 실행하면 화면에 출력되는 결과를 적으시오.

```
s = 'a'
if s:
    print(s)
```

10 다음 코드를 완성하시오.

코드A에서는 사용자에게 정수를 입력받는다. 코드B에서는 입력받은 숫자를 5와 비교하여 그 이상인지 판단한다. 코드C에서는 코드B가 충족하지 않는지 판단한다.

```
num = 〈코드A〉
if 〈코드B〉:
    print("5보다 크거나 같습니다")
〈코드C〉
    print("5보다 작습니다")
```

11 10번 문제의 조건을 3개로 구분하여 작성하시오.

(1) 10 이상 (2) 5 이상 ~ 10 미만 (3) 5 미만

12 성적을 평가하는 조건문이다. 개선할 부분이 있다면 코드를 수정하시오.

```
if score >= 90:
    print("A")
if 80 <= score < 90:
    print("B")
if 70 <= score < 80:
    print("C")
if score < 70:
    print("D")
```

13 단락평가는 산술 연산식에서 빨리 결과를 평가하기 위해 조건의 일부만을 검사하는 방법이다. OX로 답하시오.

14 divisor가 0이면 if문은 평가되는가? 어느 부분까지 평가되는지 설명하시오.

```
num = 30
divisor = 0
if divisor != 0 and num / divisor:
    print(f"{num} / {divisor} = { num / divisor }")
```

15 산술 연산자, 비교 연산자, 논리 연산자의 우선 순위를 정해서 나열하시오.

16 파이썬에서는 문장 끝 콜론이 있으면 반드시 들여쓰기된 코드 블록이 있어야 한다. OX로 답하시오.

17 다음 논리 연산의 결과를 적으시오.

(1) True and True
(2) True and False
(3) True or True
(4) True or False
(5) not False

18 사용자로부터 년/월/일을 정수값으로 입력받고 적절한 날짜인지 확인해서 출력하는 프로그램을 작성하시오. 윤년은 고려하지 않고 2월은 28일까지만 있다고 가정한다.

19 2022년 8월 현재 통상우편물의 규격우편물 요금은 표 4-8에 보이는 것과 같다. 사용자에게 우편물의 무게를 입력받은 후에 요금을 계산해서 화면에 출력하는 프로그램을 작성하시오. 50g을 초과하는 무게에 대해서는 "우체국에 문의하십시오"라는 문구를 출력한다.

표 4-8 통상우편물 요금

내용	중량	우편요금
규격우편물	5g까지	400원
규격우편물	5g 초과 25g까지	430원
규격우편물	25g 초과 50g까지	450원

20 불쾌지수(Discomfort Index)는 건구 온도와 습구 온도를 알면 다음 공식으로 구할 수 있다.

```
DiscomfortIndex = 0.72 x (ta + tw) + 40.6
```

건구 온도는 일반 온도계로 측정하고, 습구 온도는 습구 온도계에서 측정하는 온도이다.
불쾌지수 수치에 따라 사람이 느끼는 쾌적/불쾌감을 표 4-9에 정리하였다.

표 4-9 불쾌지수 수치에 따라 사람이 느끼는 쾌적/불쾌감

불쾌지수 수치	사람이 느끼는 쾌적/불쾌감
68미만	모든 사람이 쾌적함을 느낌
75미만	불쾌감을 나타내기 시작함
80미만	반 정도의 사람이 불쾌감을 느낌
80이상	모든 사람이 불쾌감을 느낌

사용자로부터 건구 온도와 습구 온도를 입력받고 불쾌지수를 계산해서 결과값과, 그 값에 따라 사람이 느끼는 쾌적/불쾌감 내용을 화면에 출력하는 프로그램을 작성하시오.

21 표 4-10은 이차 방정식 $ax^2 + bx + c$에서 $b^2 - 4ac$의 값에 따라 해가 어떤 형태로 존재하는지를 보인다.

표 4-10 $b^2 - 4ac$의 결과값에 따른 해의 종류와 개수

$b^2 - 4ac$의 결과값	해의 종류와 개수
〉0	해는 실수이고 2개의 다른 값이 존재함
== 0	해는 실수이고 1개 값만 존재함
〈 0	해는 복소수이고 2개의 다른 값이 존재함

사용자로부터 이차 방정식의 계수인 a, b, c를 입력받고, 어떤 형태의 해가 몇 개 존재하는지를 출력하는 프로그램을 작성하시오.

22 직선 ax + by + c = 0과 점 P(p1, p2) 사이의 거리를 구하는 공식은 다음과 같다.

$$distance = |\frac{ap_1 + bp_2 + c}{\sqrt{a^2 + b^2}}|$$

사용자로부터 a, b, c, p1, p2 를 입력받고 거리를 계산해서 출력하는 프로그램을 작성하시오.
거리를 계산한 값이 음수이면 -1을 곱해서 양수로 만든다.

23 두 개 직선의 기울기 s1과 s2가 주어졌을 때:

- s1과 s2의 곱이 -1이면 두 직선은 직교하고,
- s1과 s2의 값이 같으면 평행한다.

사용자로부터 s1과 s2 값을 입력받고 평행하는지, 직교하는지, 혹은 평행도 아니고 직교도 아닌 각을 이루는지 출력하는 프로그램을 작성하시오.

5 장

문자열

학 습 목 표

- 문자열과 인덱스를 이해한다.
- 문자열에 포함되어 있는 명령들의 사용법을 익힌다.
- 문자열의 인코딩 방식을 이해한다.

5.1 PYTHON

문자열 처리

문자열 조작의 필요성

2장에서 자료형으로서의 문자열을 살펴보았다. 프로그램을 작성하다 보면 문자열을 자르고, 붙이고, 검색하고, 치환하는 등의 코드를 자주 작성한다.

예를 들어 증권 분석 프로그램에서도 회사명, 종목명 등 문자열이 많이 쓰인다. 학교의 수강 신청 프로그램을 만들어도 과목 이름, 강사 이름, 학생 이름 등의 문자열이 발견된다. 인터넷에서 날씨 정보를 읽고 처리하는 것도 문자열을 사용한다.

파이썬에는 문자열을 쉽게 조작할 수 있도록 풍부한 명령들과 기능들을 제공한다. 파이썬이 컴파일 언어에 비해 우월한 특징이기도 하다.

문자열 길이 확인

문자열의 길이를 확인하려면 파이썬의 내장 명령(built-in function) len()을 이용한다. 문자열의 길이란 문자열에 있는 글자의 개수이다. 영문이나 한글을 따로 구별하지 않고 글자의 개수를 나타낸다.

문자열의 길이를 확인하려면 len() 명령의 괄호 안에 길이를 확인할 문자열을 전달하면 된다.

```
>>> len("hello")
5
>>> s = "문자열의 길이를 확인해요."
>>> len(s)
14
```

코드에서 보인 것처럼 바로 문자열 상수를 전달할 수도 있고, 문자열을 저장하는 변수를 사용할 수도 있다. 2번째 문자열의 길이는 공백 문자 2개, 마침표 1개, 한글 11개를 포함해서 14를 출력한다.

5.2 문자열의 특정 위치 확인하기

문자열과 인덱스

문자열의 위치를 통해 문자에 접근해야 할 때가 있다. 파이썬 명령어 '12 + 24' 자체를 살펴보자. 이 문자열의 첫 글자부터 어떤 종류인지 분석해 나간다. 한 글자씩 다음 글자가 숫자인지, 연산자인지, 마침표인지, 줄바꿈 문자인지 등을 분석해 나간다. 숫자 다음에 연산자가 나왔다면 어떤 연산을 하는지 파악하고 다음 피연산자를 찾아야 한다.

파이썬의 문자열은 순서대로 번호가 붙어 있고, 번호를 이용해서 접근할 수 있다. 사물함에 번호가 붙어 있고, 그 번호를 통해 특정 사물함 박스를 지칭하는 것과 비슷하다.

그림 5-1은 "hello world" 문자열이 메모리 공간에 위치한 것과 각 문자들에 번호가 붙은 것을 보여준다.

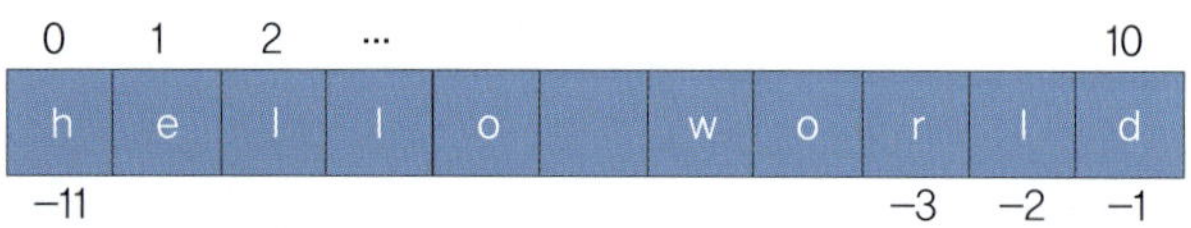

그림 5-1 문자열의 각 문자에 붙은 번호

파이썬의 문자열에 순서대로 붙은 번호들을 인덱스(index)라고 부른다. 인덱스(index)를 이용하면 문자열의 각 글자들에 쉽게 접근하고 사용할 수 있다.

문자열에 있는 첫 번째 글자의 인덱스는 0이다. 두 번째 글자의 인덱스는 1, 다음 글자는 1이 증가된 2가 된다. 이렇게 인덱스 번호는 문자열에서 오른쪽 방향으로 이동하면서 1씩 증가한다.

파이썬의 문자열은 끝에서부터 거꾸로 접근하는 것도 가능하다. 가장 마지막에 있는 문자의 인덱스는 -1이다. 마지막에서 두 번째 글자는 -2, 그 다음 글자는 -1이 줄어든 -3이 된다. 인덱스는 왼쪽 방향으로 이동하면서 1씩 감소한다.

파이썬의 문자열은 한글, 영문, 특수기호(콤마, 콜론, 세미콜론, 물음표, 느낌표, 따옴표 등), 숫자, 공백 문자(빈칸, 탭 문자, 줄바꿈 문자)들을 모두 한 글자씩 취급하고, 따라서 각각 인덱스가 붙게 된다.

그림 5-2는 "hi, everyone." 문자열이 저장된 메모리 공간이다.

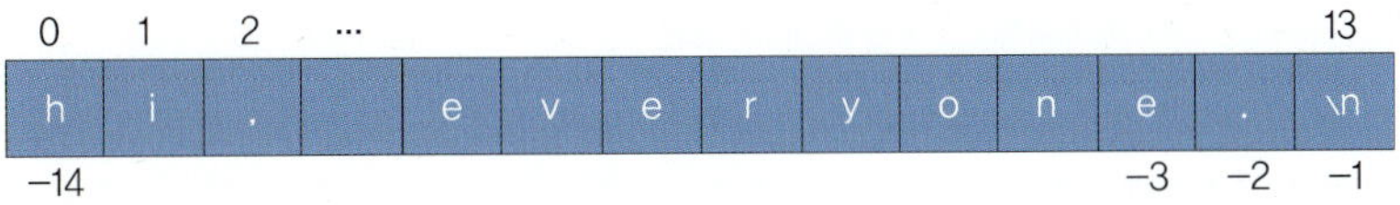

그림 5-2 "hi, everyone.\n" 문자열이 저장된 메모리 공간

문자열에서 문자에 접근하려면 대괄호('['와 ']') 안에 인덱스를 지정한다. 인덱스를 이용해서 문자에 접근하는 것을 인덱싱(indexing)이라고 한다.


```
문자열[인덱스]
```

다음 코드는 문자열을 변수에 저장한 후에 인덱스를 이용해서 일부 문자를 화면에 출력한다.

```
>>> s = "Hi, everyone.\n"
>>> s[0]  # 'H'
'H'
>>> s[-1] # '\n'
'\n'
>>> s[len(s) - 1]
'\n'
>>> print(s[-2]) # '.'
'.'
>>> print(s[10]) # 'n'
'n'
```

문자열의 마지막 문자의 인덱스는 −1이지만, len(문자열) − 1이기도 하다. 즉 문자열의 끝부터 −1, −2 형태로 문자들에 접근하는 것은 앞부분에 len(문자열)이 생략된 것이라고 생각해도 된다.

문자열은 수정 불가

문자열은 인덱스를 이용해서 특정 위치의 문자를 확인하는 것은 가능하지만 수정할 수는 없다. 문자열의 내용을 변경하려 하면 오류가 발생한다.

```
>>> s = "Hi, everyone.\n"
>>> s[0] = 'h'
Traceback (most recent call last):
  File "<stdin>", line 1, in <module>
TypeError: 'str' object does not support item assignment
```

PYTHON

5.3 문자열에 포함되어 있는 명령들

문자열 명령 사용법

문자열은 다양한 명령들을 포함한다. 문자열에 속한 명령들은 다음 형태로 사용한다.

```
문자열.명령()
```

문자열 상수 또는 문자열 변수 다음에 나타나는 '.'은 일종의 이항 연산자로 생각해도 좋다. '.'의 오른쪽에 있는 명령이 왼쪽에 있는 문자열에 종속되어 있다는 뜻으로 사용된다.

문자열에 속한 명령들을 이용해서 문자열과 관련된 다양한 작업을 할 수 있다.

문자열 검색

문자열에서 다른 문자열을 검색하는 것에는 다양한 방법이 제공된다. 문자열 A 안에 문자열 B가 포함되는지, 문자열 A가 문자열 B로 시작되거나 끝나지는 않는지 등을 확인할 수 있다.

● 문자열이 특정 문자열로 시작하는지 확인

A.startswith(B)라는 명령을 사용하면 A 문자열이 B 문자 또는 문자열로 시작하는지 확인할 수 있다. 다음 코드는 "Hello World" 문자열에서 특정 문자로 시작하는지 확인해 본다.

```
>>> s = "Hello World"
>>> s.startswith('H')
True
>>> s.startswith('W')
False
>>> s.startswith('h')
False
```

s 문자열은 대문자 H로 시작하므로, 첫 번째 startswith() 명령은 True가 된다. 'W'로 시작하는지 확인하는 코드의 결과는 당연히 False이다.

s 문자열이 소문자 'h'로 시작하는지 확인해본 것도 False이다. 파이썬의 문자열은 대문자와 소문자를 구별해서 확인한다.

특정 글자로 시작하는 것을 확인했으니, 문자열로 시작하는 것을 확인해 본다.

```
>>> s.startswith("Hello")
True
>>> s.startswith("Hel")
True
>>> s.startswith("HEllo")
False
```

변수 s 문자열은 "Hello"로 시작하므로 startswith() 명령으로 확인했을 때 True가 된다. "Hel" 문자열로 확인해도 마찬가지이다. "HEllo"는 'E'가 대문자로 되어 있다. 대문자와 소문자를 구별하므로, False이다.

변수 s에 문자열을 저장한 후 startswith() 명령을 사용했지만, 문자열 상수에 바로 적용해도 된다. 문자열에 속한 명령들은 문자열 변수 또는 문자열 상수와 붙여서 사용할 수 있다.

```
>>> "Hello World".startswith('H')
True
>>> "Hello World".startswith('h')
False
```

문자열이 특정 문자열로 끝나는지 확인

A.endswith(B)라는 명령을 사용하면 A 문자열이 B 문자 또는 문자열로 끝나는지 확인할 수 있다. A 문자열의 뒷부분이 B인지 확인한다.

문자열이 특정 문자로 끝나는지 확인해 본다.

```
>>> s = "Hello World"
>>> s.endswith('d')
True
>>> s.endswith('D') # 대소문자 구별
False
```

다음 코드는 "BeautifulImage.png" 파일 이름이 png라는 확장자를 가지는지 확인한다.

```
filename = "BeautifulImage.png"
if filename.endswith(".png"):
    print(f"{filename} is a png file")
else:
    print(f"{filename} is not a png file")
```


● 문자열에 특정 문자열이 포함되었는지 확인하기

문자열에 특정 문자 또는 문자열이 포함되어 있는지 확인하는 기능은 세 가지 정도가 있다. 한 가지는 있는지 없는지 확인만 하는 기능이고, 나머지 두 개는 문자열이 시작하는 인덱스 번호까지 알려준다.

in 활용

in은 다음에 보이는 형태로 사용되며, 문자열 1이 문자열 2에 포함되어 있는지 확인하고, True 또는 False를 결과값으로 생성한다.

```
문자열1 in 문자열2  # True 또는 False 반환
```

다음은 "wor" 또는 "Wor"이 "Hello World"에 포함되는지 확인한다.

```
>>> s = "Hello World"
>>> "Wor" in s
True
>>> "wor" in s
False
```

파이썬의 다른 문자열 관련 명령들처럼 in도 대문자와 소문자를 구별한다. "Wor"은 s에 포함된 것으로 확인되지만, "wor"은 아니다.

index( )와 find( ) 명령 활용

in이 단순히 문자열이 포함되었는지만 알려준다면, index()와 find()는 검색할 문자열이 있다면 어떤 인덱스에 위치하는지까지 알려준다. 이 명령들은 검색하는 문자열이 처음 나타나는 인덱스를 반환한다.

index()와 find()의 사용법은 다음에 보이는 것처럼 검색할 문자열을 명령의 괄호 안에 지정해준다.

```
문자열.index(검색할_문자열)
문자열.find(검색할_문자열)
```

index()와 find()는 검색하는 문자열이 포함되어 있다면 시작 위치를 알려주는 것은 동일하다. 검색하는 문자열이 없다면 index()는 오류를 발생시키고, find() 명령은 −1을 반환한다.

index() 명령을 사용해서 "Hello World" 문자열에서 "Wor"이 시작하는 인덱스를 확인한다. 검색하는 문자열의 첫 번째 글자인 "W"의 인덱스가 반환된다.

```
>>> s = "Hello World"
>>> s.index("Wor")  # 인덱스는 0번부터 시작하여 탐색한다
6
```

소문자로 시작하는 문자열을 검색해 본다.

```
>>> s.index("wor")
Traceback (most recent call last):
  File "<stdin>", line 1, in <module>
ValueError: substring not found
```

"wor"은 s에 없는 문자열이므로, index() 명령은 "ValueError"를 발생시키고 "문자열을 찾을 수 없다(substring not found)"는 내용을 출력한다. ValueError는 프로그램 실행을 중단시키는 큰 오류이다. index() 함수를 사용하려면 이러한 오류가 발생하지 않도록 주의한다.

find() 명령은 찾는 문자열이 있으면 시작 위치의 인덱스를 반환하고, 없으면 −1을 반환한다. s에서 "Wor"과 "wor"를 검색하는 코드를 살펴본다.

```
>>> s.find("Wor")
6
>>> s.find("Wor")
-1
```

파이썬은 문자열과 문자를 따로 구별하지 않기 때문에, index()나 find()를 문자 한 개를 찾는 데 사용할 수도 있다. 다음 코드는 문자열에서 "W"를 검색한다.

```
>>> s.index("W")
6
>>> s.find("W")
6
```

검색하는 문자열이 여러 개 있을 때 index()나 find()는 첫 번째 위치를 반환한다. s문자열에는 "o" 문자가 두 개 있다. "o"를 검색하면 첫 번째 "o"의 인덱스를 반환한다.

```
>>> s.index("o")
4
>>> s.find("o")
4
```

index()와 find()는 문자열에서 검색할 구간을 지정할 수 있다. 검색할 문자열과 함께 시작과 끝 인덱스를 지정하면, 시작_인덱스부터 끝_인덱스 – 1까지의 문자열 구간에서 검색한다.

```
문자열.index(검색할_문자열, 시작_인덱스, 끝_인덱스)
문자열.find(검색할_문자열, 시작_인덱스, 끝_인덱스)
```

"Hello World" 문자열에서 구간을 정하고 'o'를 찾는 것을 해본다. 처음에는 문자열의 검색 구간을 인덱스 0부터 3(4 – 1)까지 지정해서 'o'를 찾을 수 없으므로 오류가 발생한다. 두 번째는 0~4까지 구간을 지정하므로, 인덱스 4가 반환된다.

```
>>> s.index('o', 0, 4)
Traceback (most recent call last):
  File "<stdin>", line 1, in <module>
ValueError: substring not found
>>> s.index('o', 0, 5)
4
```

find()를 사용해도 결과는 비슷하다. find()는 검색할 문자열을 찾지 못하면 −1을 반환한다.

```
>>> s.find('o', 0, 4)
-1
>>> s.find('o', 0, 5)
4
```

rindex( )와 rfind( ) 명령 활용

rindex()와 rfind()는 검색하는 문자열이 가장 마지막에 나타나는 위치를 반환한다. 두 명령의 'r'은 오른쪽(right)을 의미하는 것으로, 문자열의 오른쪽 끝부터 왼쪽으로 검색한다는 의미이다.

"Bye Bye"에서 "Bye"를 rindex()와 rfind()를 이용해서 검색해 본다. 오른쪽에서부터 찾아가면서 "Bye"가 가장 마지막으로 나타나는 위치인 4를 반환한다.

```
>>> "Bye Bye".rindex("Bye")
4
>>> "Bye Bye".rfind("Bye")
4
```

검색하는 문자열이 없으면 rindex()는 오류를 발생시키고, rfind()는 −1을 반환한다.

```
>>> "Bye Bye".rindex("Be")
Traceback (most recent call last):
  File "<stdin>", line 1, in <module>
ValueError: substring not found
```

```
>>> "Bye Bye".rfind("Be")
-1
```

rindex()와 rfind()도 문자열 검색 구간을 지정할 수 있다. 시작_인덱스와 끝_인덱스가 지정되면 시작_인덱스부터 끝_인덱스 – 1까지의 문자열 구간의 오른쪽에서부터 검색한다.

```
문자열.rindex(검색할_문자열, 시작_인덱스, 끝_인덱스)
문자열.rfind(검색할_문자열, 시작_인덱스, 끝_인덱스)
```

5

문자열

다음은 "Bye Bye"의 인덱스 0부터 5 이전까지의 영역에서 검색하고 있다.

```
>>> "Bye Bye".rindex("Bye", 0, 5)
0
>>> "Bye Bye".rfind("Bye", 0, 5)
0
```

문자열을 일부 추출

문자열의 슬라이싱(slicing)을 통해 문자열의 일부를 잘라서 새로운 문자열을 생성할 수 있다. 슬라이싱은 다음 형태로 사용한다.

```
문자열[시작_인덱스:마지막_인덱스]
```

슬라이싱은 시작_인덱스부터 마지막_인덱스 – 1까지의 문자들을 새로운 문자열로 생성한다. 마지막_인덱스가 포함되지 않음에 주의한다.

시작_인덱스나 마지막_인덱스는 생략할 수 있다. 시작_인덱스가 생략되면 첫 번째 글자부터 포함되고, 마지막_인덱스가 생략되면 마지막 문자까지 포함하는 문자열이 생성된다.

"Hello World"라는 문자열을 여러 가지 방법으로 잘라서 추출하는 코드를 작성해 본다.

```
>>> s = "Hello World"
>>> s[0:2]          # 첫 번째 글자부터 인덱스 1까지
'He'
```

```
>>> s[1:4]          # 인덱스 1부터 인덱스 3까지
'ell'
>>> s[:-1]          # 처음부터 -2까지. 즉 끝에서 한 문자 빼고 추출
'Hello Worl'
>>> s[:3]           # 처음부터 2까지
'Hel'
>>> s[:]            # 처음부터 끝까지
'Hello World'
```

문자열의 양끝에서 문자가 제거된 새로운 문자열 생성

문자열의 strip() 명령은 문자열의 양쪽 끝에 있는 공백 문자들이 제거된 새로운 문자열을 반환한다.

공백 문자란 보통 스페이스 바(Space) 키를 입력했을 때 나타나는 문자를 일컫지만, 광범위하게 보면 탭문자와 줄바꿈 문자를 포함한다. 여기서는 넓은 의미의 공백 문자를 의미한다.

다음은 "hello"라는 단어의 앞뒤에 다양한 공백 문자들을 추가한 후에 strip() 명령을 사용한 결과이다.

```
>>> " hello   \t\n".strip()
'hello'
```

strip() 명령은 문자열 양끝에 있는 한 개의 공백 문자를 제거한다. 제거된 문자열의 양끝에 공백 문자가 또 있다면 다시 제거한다. 문자열의 양끝에 더 이상 공백 문자가 없을 때까지 이 과정을 반복한다.

strip() 명령을 이용해서 공백 문자가 아닌 다른 문자를 제거할 수도 있다. 제거할 문자를 strip() 명령에 전달하면 된다. "카프카의 변신"에서 "카"를 제거해 본다.

```
>>> s = "카프카의 변신"
>>> s2 = s.strip("카") # 새로운 문자열 생성
'프카의 변신'
>>> print(s)           # 원본 문자열은 보존된다.
카프카의 변신
```

```
>>> print(s2)
프카의 변신
```

strip() 명령에 문자열을 전달하면, 전달된 문자열에 있는 모든 문자들이 제거 대상이 된다. 동작 방법은 공백 문자를 제거하는 것처럼, 양끝 글자를 제거한 후 제거 대상이 되는 문자가 또 끝에 위치한다면 지속적으로 제거한다.

s 변수의 문자열에서 "카신프"를 제거해 본다.

```
>>> s.strip("카신프")
'의 변'
```

"카프카의 변신"에서 앞에 있던 "카"와 "신"을 제거한다. 남은 "프카의 변"에서 제거될 대상인 "프"를 또 제거한다. "카의 변"에도 제거해야 하는 "카"가 앞에 있으므로 제거하고 최종 결과물인 "의 변"을 반환한다.

영문과 한글을 함께 제거하는 것도 가능하다. "가helloh가나"에서 양끝의 "가"와 "나"를 제거한다. 제거되고 남은 "helloh가"에서 "h"와 "가"를 제거한다. "elloh"에서 오른쪽 끝의 "h"를 제거한 후 남은 값을 반환한다.

```
>>> "가helloh가나".strip("가h나")
'ello'
```

strip() 명령이 문자열의 양끝 문자들을 제거했다면, lstrip()과 rstrip() 명령들은 각각 왼쪽과 오른쪽 끝에 있는 문자들을 제거한다. 문자열의 한쪽 끝을 담당한다는 것을 제외하면, strip() 명령과 동일하다.

```
>>> " hello   \t\n".lstrip()
'hello   \t\n'
```

lstrip() 명령에 아무것도 전달되지 않으면 왼쪽 끝에 있는 공백 문자를 제거한다. strip() 처럼 문자열이 전달되면 그 문자열에 있는 모든 글자들을 지속적으로 제거한다.

```
>>> "가helloh가나".lstrip("가h나")
'elloh가나'
```

"가hellohello가나"에서 "가"를 제거한 후에 다시 "h"를 제거하고 반환한다.

같은 문자열에 rstrip() 명령을 사용해 본다. 첫 번째는 오른쪽에 있는 모든 공백 문자들이 제거된다. 두 번째는 "나", "가", "h"가 순차적으로 제거된다.

```
>>> " hello   \t\n".rstrip()
' hello'
>>> "가helloh가나".rstrip("가h나")
'가hello'
```

문자열 일부를 다른 문자열로 치환해서 문자열 생성

replace(oldString, newString) 명령은 문자열에서 oldString을 newString으로 치환해서 새로운 문자열을 생성한다. 다음은 "뜨거운 커피" 문자열에서 "뜨거운"을 "차가운"으로 변경시키는 것을 보여준다.

```
>>> "뜨거운 커피".replace("뜨거운", "차가운")
'차가운 커피'
```

치환해야 하는 문자열이 없으면 아무것도 하지 않는다.

```
>>> "차가운 커피".replace("뜨거운", "차가운")
'차가운 커피'
```

대문자와 소문자로 변환된 문자열 생성

upper() 명령은 문자열에 있는 소문자를 대문자로 변환한 새로운 문자열을 반환한다. 대문자와 대문자/소문자 구별이 없는 한글같은 언어들은 그대로 유지된다. 다음은 한글과 영어가 섞여 있는 문장을 대문자로 변환한 것이다.

```
>>> "내일은 내일이 태양이 뜬다. After all, tomorrow is another day.".upper()
'내일은 내일이 태양이 뜬다. AFTER ALL, TOMORROW IS ANOTHER DAY.'
```

lower() 명령은 문자열의 대문자를 소문자로 변환해서 새로운 문자열을 생성한다.

```
>>> "내일은 내일이 태양이 뜬다. After all, tomorrow is another day.".lower()
'내일은 내일이 태양이 뜬다. after all, tomorrow is another day.'
```

swapcase() 명령은 대문자를 소문자로, 소문자를 대문자로 변환한다.

```
>>> "내일은 내일이 태양이 뜬다. After all, tomorrow is another day.".swapcase()
'내일은 내일이 태양이 뜬다. aFTER ALL, TOMORROW IS ANOTHER DAY.'
```


문자열의 종류 확인

문자열이 문자, 숫자, 대문자, 소문자 등 어떻게 구성되어 있는지 확인하는 명령어들이 있다.

isalpha()는 문자열이 일반 문자로 구성되어 있으면 True를 반환한다. 영문 알파벳, 한글이나 한자, 일본어 같은 외국어 등이 일반 문자에 해당한다. 숫자와 공백 문자들이나 물음표, 따옴표, 콤마 같은 특수 기호가 문자열에 포함되어 있으면 False가 반환된다.

영어와 한글, 한자 등으로 문자열을 만들어서 확인해 본다.

```
>>> "day".isalpha()
True
>>> "한글".isalpha()
True
>>> "趙庸柱".isalpha()
True
```

영어와 한글이 함께 섞여도 일반 문자로 확인된다.

```
>>> "한글hangul".isalpha()
True
```

숫자, 공백 문자 또는 특수기호가 포함되면 일반 문자가 아닌 것으로 본다.

```
>>> "day3".isalpha()
False
>>> "day 3".isalpha()
False
>>> "콤마, 세미콜론;".isalpha()
False
```

isdigit()은 문자열이 숫자로만 구성되어 있으면 True를 반환한다. 만약 다른 문자나 공백 문자가 포함되어 있다면 False가 반환된다. 소수점이 포함되어도 False가 반환된다.

```
>>> "123".isdigit()
True
>>> "day3".isdigit()
False
>>> "123.2".isdigit()
False
```

isdigit()은 문자열이 실제 숫자값을 의미하는 것을 확인하는 것이 아니고, 단순히 숫자로만 구성되어 있는지를 확인한다. "0123"은 값으로 보면 이상해 보이지만, isdigit() 명령은 True를 반환한다.

```
>>> "0123".isdigit()
True
```

isnumeric()과 isdecimal() 명령도 isdigit()과 비슷하게 숫자값을 확인한다. 일반적인 숫자를 비교할 때는 전부 동일하게 동작하는데, 약간의 차이점이 있다. 여기서는 세 함수(isdigit(), isnumeric(), isdecimal()) 모두 숫자를 판별한다 정도로 이해하고, 자세한 차별점은 파이썬의 매뉴얼을 참고한다.

isalnum()은 문자열이 일반 문자와 숫자로 구성되어 있는지 확인하고, True 또는 False를 반환한다. 일반 문자나 숫자로만 구성되어 있어도 True가 반환된다.

```
>>> "day3".isalnum()
True
>>> "day".isalnum()
True
>>> "한글".isalnum()
True
>>> "3 days".isalnum()
False
```


isupper()와 islower() 명령은 각각 문자열이 대문자 또는 소문자로만 구성되어 있는지 확인하고, True 또는 False를 반환한다. 대문자/소문자 개념이 없는 한글 문자열은 False가 반환된다.

```
>>> "DAY".isupper()
True
>>> "DAY".islower()
False
>>> "Day".isupper()
False
>>> "Day".islower()
False
>>> "day".islower()
True
>>> "day".isupper()
False
```

PYTHON

5.3 실습문제 1

| 문제 |

"Beautiful.Image.png" 파일 이름에서 확장자를 제외한 부분을 화면에 출력한다.

| 요구사항 |

- 확장자는 파일 이름의 마지막에 ".확장자" 형태로 주어진다고 가정한다.
- 파일 이름에 "."가 두 개 이상 있을 수 있다(최소 한 개는 존재한다).
- 확장자는 몇 글자인지 정해지지 않았다.

| 문제 해결 |

파일 이름은 변수에 저장한 후에 사용한다.

```
>>> filename = "Beautiful.Image.png"
```

파일 이름에서 확장자를 제거한 후에 출력하려면, 확장자의 시작을 나타내는 '.'의 위치를 찾아야 한다.

파일 이름에 '.'이 두 개 이상 있을 수 있다고 했으므로 문자열의 오른쪽 끝에서부터 '.'의 위치를 찾아야 한다. rindex()나 rfind()를 사용한다.

'.'이 한 개 이상 반드시 존재한다고 했으므로, 두 함수 모두 사용할 수 있다. rindex()를 사용한 코드를 보인다. idx에 '.'의 인덱스를 저장한 후 확인해 본다.

```
>>> idx = filename.rindex('.')
>>> idx
15
```

확장자를 제외한 파일 이름을 출력하려면 0부터 idx − 1까지의 문자열을 추출해야 한다. 슬라이싱을 이용한다.

```
>>> filename[:idx]
'Beautiful.Image'
```

확장자를 제외한 파일 이름을 확인했으므로 출력한다.

```
>>> print(filename[:idx])
Beautiful.Image
```

| 최종 코드 |

[코드 5-1] prac05_01.py

```
filename = "Beautiful.Image.png"
idx = filename.rindex('.')
print(filename[:idx])
```

| 실행 결과 |

```
파일 이름을 입력하세요: Beautiful.Image.png
Beautiful.Image
```

5.3

PYTHON

실습문제 2

| 문제 |

사용자로부터 파일 이름을 입력받고, 확장자를 제외한 부분을 화면에 출력한다.

| 요구사항 |

- 확장자는 파일 이름의 마지막에 ".확장자" 형태로 주어진다고 가정한다.
- 파일 이름에 "."가 없을 수 있다. 확장자가 없다면, 입력된 파일 이름 전체를 출력한다.
- 파일 이름에 "."가 두 개 이상 있을 수 있다.
- 확장자의 글자 수는 정해지지 않았다.

| 문제 해결 |

파일 이름은 입력받은 내용을 변수에 저장한 후 사용한다.

```
>>> filename = input("파일 이름을 입력하세요: ")
파일 이름을 입력하세요: Beautiful.Image.png
```

파일 이름에서 확장자를 제거한 후에 출력하려면, 확장자의 시작을 나타내는 '.'의 위치를 찾아야 한다.

파일 이름에 '.'가 두 개 이상 있을 수 있고, 반대로 아예 없을 수도 있다고 했다. rindex()는 '.'가 없으면 오류가 발생하므로 rfind()를 이용한다.

rfind()를 사용해서 idx에 '.'의 인덱스를 저장한다. 파일 이름에 '.'가 있으면 idx − 1까지 문자열을 추출하면 된다.

```
>>> idx = filename.rfind('.')
```

'.'가 파일 이름에 없다면 rfind( )는 −1을 반환한다. 이를 조건문에서 확인하고 슬라이싱을 어디까지 할지 idx를 지정한다. '.'가 없다면 문자열의 끝까지 출력해야 하므로 len(filename)을 idx로 지정한다. 마지막으로 처음부터 idx − 1까지의 파일 이름을 출력한다.

```
>>> if idx < 0:
...     idx = len(filename)
>>> print(filename[:idx])
Beautiful.Image
```

| 최종 코드 |

[코드 5-2] prac05_02.py

```
filename = input("파일 이름을 입력하세요: ")
idx = filename.rfind('.')
if idx < 0:
    idx = len(filename)
print(filename[:idx])
```

| 실행 결과 |

'.'이 있는 경우와 없는 경우로 두 번 실행시킨다.

```
파일 이름을 입력하세요: Beautiful.Image.png
Beautiful.Image

파일 이름을 입력하세요: BeautifulImage
BeautifulImage
```

5 문자열

5.3 PYTHON

실습문제 3

| 문제 |

사용자로부터 두 개 이상의 단어가 있는 문자열을 입력받고, 첫 번째 단어만 추출해서 출력한다.

| 요구사항 |

- 사용자가 반드시 두 개 이상의 단어를 입력한다고 가정한다.
- 단어는 공백 문자로 분리된다(탭문자나 줄바꿈 문자는 검사하지 않는다).
- 문자열의 양끝에 공백 문자가 있을 수 있다(먼저 제거한 후 단어를 추출한다).

| 문제 해결 |

사용자로부터 문자열을 입력받아 변수에 저장하고, strip()명령을 사용해서 양끝의 공백 문자들을 제거한다.

```
>>> s = input("두 개 단어 이상의 문자열을 입력하세요: ")
두 개 단어 이상의 문자열을 입력하세요:  hello world
>>> s = s.strip()
```

단어는 공백 문자로만 구분된다고 했으므로 첫 번째 공백 문자의 인덱스를 찾고, 그 인덱스 이전까지 문자열을 추출하면 된다. 먼저 첫 번째 공백 문자의 인덱스를 찾아낸다. 두 개 단어 이상은 반드시 존재한다고 했으므로, index()나 find() 둘 다 사용할 수 있다.

```
>>> idx = s.index(' ')
```

공백 문자의 인덱스를 가지고 있으므로, 그 전까지의 문자열을 추출해서 화면에 출력한다.

```
>>> print(s[:idx])
hello
```

| 최종 코드 |

[코드 5-3] prac05_03.py

```
s = input("두 개 단어 이상의 문자열을 입력하세요: ")
s = s.strip()
idx = s.index(' ')
print(s[:idx])
```

| 실행 결과 |

```
두 개 단어 이상의 문자열을 입력하세요: hello world new string
hello
```

5.3

PYTHON

실습문제 4

| 문제 |

사용자로부터 파일 이름을 입력받고, 파일 이름의 확장자가 ".png"로 끝나면 ".jpg"로 교체한 후 화면에 출력한다. 확장자가 ".png"가 아니라면, 파일 이름을 있는 그대로 화면에 출력한다.

| 요구사항 |

- 파일 이름이 ".png"로 끝나는지 확인해야만 한다.
- replace() 함수를 사용하지 않고 다른 명령들을 이용해서 문제를 해결한다.

| 문제 해결 |

파일 이름을 입력받고 변수에 저장한다.

```
>>> filename = input("파일 이름을 입력하세요: ")
파일 이름을 입력하세요: image.png
```

파일 이름이 ".png"로 끝나는지 endswith( )명령으로 확인한다. 결과가 True가 나오면, ".jpg"로 치환한다. 치환하는 방법은 "." 이전까지 슬라이싱하고 새로운 확장자와 연결시킨다.

```
>>> if filename.endswith(".png"):
...     print(filename[:-4] + ".jpg")
... else:
...     print(filename)
...
image.jpg
```

| 최종 코드 |

[코드 5-4] prac05_04.py

```
filename = input("파일 이름을 입력하세요: ")
if filename.endswith(".png"):
    print(filename[:-4] + ".jpg")
else:
    print(filename)
```

| 실행 결과 |

확장자가 ".png"와 ".tiff"로 끝나는 경우 두 가지로 실행시켜 본다.

```
파일 이름을 입력하세요: image.png
image.jpg

파일 이름을 입력하세요: image.tiff
image.tiff
```

5.4 문자 인코딩

인코딩과 디코딩

컴퓨터는 0 또는 1의 조합만 이해할 수 있는 디지털 시스템이다. 그래서 컴퓨터에서는 모든 것을 0과 1의 조합을 통해 표현한다.

영어 알파벳 'A'는 영어를 이해하는 사람이 보면 알파벳 중 한 개지만, 모르는 사람이 볼 때는 글자 또는 기호일 뿐이다.

컴퓨터는 사람이 쓰는 언어를 이해하지 못한다. 컴퓨터에 있어 'A'라는 글자는 처리해야 할 자료 중 한 개일 뿐이지 의미를 알지 못한다. 한글도 마찬가지다.

어떤 사람이 ch라는 변수에 'A' 문자를 저장하는 코드를 작성했다고 가정하자.

[코드 5-5]

```
ch = 'A'
```

그렇다면 메모리에 'A'라는 문자가 저장되어야 한다. 그런데 메모리에는 0과 1의 조합 외에는 저장될 수 없다. 'A'는 보다시피 0과 1이 아니다. 어떻게 저장되어야 할까?

이럴 때 사용되는 것이 문자 변환 표이다. 문자 변환 표는 사람이 인지하는 문자와 컴퓨터가 이해할 수 있는 0과 1의 조합을 연결한 것이다.

예를 들어 영어 'A'~'D'와 한글 '가'~'라'까지 8글자만 사용할 수 있는 프로그램이 있다고 가정하고 표 5-1을 보자.

표 5-1 문자 변환 표

문자	이진 코드	문자	이진 코드	문자	이진 코드	문자	이진 코드
A	000	B	001	C	010	D	011
가	100	나	101	다	110	라	111

표 5-1에서 글자들은 컴퓨터가 이해할 수 있는 0과 1의 조합과 함께 대응되어 있다. 즉 'A'는 000, 'B'는 001로 표현할 수 있다.

반대로 000을 문자로 표현해야 한다면 'A'로, 111은 '라'로 바꿀 수 있다.

[코드 5-5]에서 ch라는 변수에 'A'라는 문자를 저장하고 표 5-1을 문자 변환 표로 사용한다면 메모리에는 000이 저장된다. 메모리에 있는 000을 문자로 화면에 출력한다면 표를 거꾸로 해석해서 'A'라는 글자를 보인다.

파일에 문자를 저장하거나 텍스트 파일을 읽는 것도 동일하게 인코딩/디코딩이 필요하다.

파일에 'A'라는 글자를 저장한다면, 실제 'A'라는 글자가 저장되는 것이 아니라 000이라는 숫자값이 저장되고, 반대로 파일에서 000을 읽었는데 문자로 보여야 한다면 'A'라는 글자로 출력한다. 000을 읽었는데 정수로 보인다면 0을 출력할 것이다.

문자를 컴퓨터가 처리할 수 있는 이진 코드로 변환하는 것을 문자 인코딩(character encoding)이라고 하고, 반대로 컴퓨터에 저장되어 있는 이진 코드를 문자로 변환하는 것은 문자 디코딩(character decoding)이라고 한다.

이후부터는 확실하게 구분해야 하는 경우가 아니면 문자 인코딩과 디코딩을 통칭해서 인코딩으로 말한다.

대표적인 문자 변환 표

대표적인 문자 변환 표로 ASCII(아스키 코드), EUC-KR, cp949(CP949, MS949), Unicode(유니코드) 등이 있다.

ASCII 표는 1960년대 초반 미국에서 표준화된 문자 변환 표이다. 7비트로 구성되어 128개 글자를 표현할 수 있고, 당시 컴퓨터에서 쓰던 제어 문자(탭문자, 줄바꿈, 공백 문자 등을 제외하면 대부분 지금은 사용하지 않음), 알파벳, 숫자, 특수 문자(마침표, 물음표, 느낌표, 콤마 등) 등을 포함한다.

표 5-2 아스키 코드 표의 일부

16진수 코드	문자	16진수 코드	문자	16진수 코드	문자	16진수 코드	문자
58	X	59	Y	5A	Z	5B	[
5C	₩	5D	]	5E	^	5F	_
78	x	79	y	7A	z	7B	{

ASCII는 추후 유럽 문자, 도형 문자 등을 포함하여 256개 글자를 표현할 수 있는 확장 ASCII(Extended ASCII)로 발전한다.

ASCII 코드는 파이썬 2, C, 또는 C++ 프로그래밍 언어 등에서 기본으로 사용한다.

EUC-KR은 한국에서 표준화시킨 한글 문자 변환 표이다. EUC-KR은 ASCII 코드를 포함하고, 한글 등을 2바이트로 표현할 수 있도록 만들어졌다.

표 5-3 EUC-KR 한글 코드 표의 일부

16진수 코드	문자	16진수 코드	문자	16진수 코드	문자	16진수 코드	문자
B0A1	가	B0A2	각	B1A3	간	B1A4	갇
B1A5	갈	B1A6	갉	B1A7	감	B1A8	갑
B2A1	깹	B2A2	깻	B2A3	깼	B2A4	깽

표 5-3에서 볼 수 있듯이, EUC-KR은 한글을 초성, 중성, 종성을 조합하는 형태가 아니라 이미 완성되어 있는 형태로 코드화시켰다. 이는 현대 한글에서 자주 쓰이는 2350글자만 표현할 수 있어 초성, 중성, 종성을 조합해서 만들 수 있는 모든 한글을 표현할 수 없다는 점에서 질타를 많이 받았다.

1990년에 MBC에서 방영하면서 화제를 모았던 "똠방각하"라는 드라마가 있었다. EUC-KR에는 "똠" 글자가 없어서 컴퓨터에서 드라마 제목을 제대로 표현하지 못하는 것 때문에 논란이 일기도 했다.

cp949는 마이크로소프트사의 윈도우에서 사용하기 위해 만든 한글 코드 표이다. 한글을 모두 표현할 수 없는 EUC-KR을 보완하여 초성, 중성, 종성을 이용해서 조합할 수 있는 모든 한글을 표현할 수 있도록 확장해서 만든 것이다. 하지만 EUC-KR과 비슷하게 이미 조합된 한글을 코드화시켰다.

cp949는 프로그래밍 언어에 따라서 MS949라고 부르는 경우도 있다. 한글 윈도우의 기본 콘솔 프로그램(cmd.exe)에서 쓰는 것이 cp949이고, 한글 윈도우에서는 ANSI 인코딩이라고 부르기도 한다. ANSI 인코딩은 국가별 윈도우마다 다른 인코딩 방식으로 되어 있다. 따라서 ANSI 인코딩보다는 cp949라고 기억하는 것이 낫다.

마이크로소프트사에서 예전에 윈도우를 만들던 방식은 사용자가 많은 영문, 유럽 일부 국가의 언어, 일본어 버전의 윈도우를 먼저 출시한 후, 한글처럼 사용자가 적은 언어를 사용하는 언어 버전을 나중에 만들었다. 이러다보니 한글 윈도우는 영문 윈도우보다 1~2년 정도 더 나중에 발매되기도 했다.

운영체제는 상대적으로 개발 기간이 길어서 한두 해 정도 늦어지는 것이 괜찮을 수 있지만, 일반 응용소프트웨어는 주기가 짧기 때문에 이렇게 개발하는 것은 소프트웨어 회사나 사용자 모두에게 손해였다.

그래서 마이크로소프트를 비롯한 다국적 소프트웨어 기업들이 전 세계에서 사용하는 대부분의 언어들을 통합하는 문자 변환표를 만드는 작업을 하게 되고, 이렇게 탄생한 것이 유니코드(unicode)이다.

유니코드는 ASCII나 EUC-KR처럼 코드표가 바로 인코딩 방식이 되는 형태와는 달리 문자표를 이진화시켜 저장하는 방법 즉, 인코딩 방법을 여러 가지 제공한다.

유니코드 인코딩 방법 중 한 가지인 UTF-16은 모든 문자를 2바이트로 이진화시키고, 컴퓨터에서 정수를 메모리에 저장하는 방법에 따라 리틀/빅 엔디안(little/big endian) 형태 두 가지로 또 나뉜다. 예를 들어 '각'을 UTF-16으로 표현하면 16진수로 AC01이다. 리틀 엔디안에서는 '각'을 01 AC 형태로, 빅 엔디안에서는 AC 01 형태로 저장한다.

UTF-16은 자바 프로그래밍 언어에서 사용한다. 윈도우는 내부적으로 UTF-16을 사용하지만, 유니코드를 사용하지 않는 프로그램들과의 호환성을 고려해서 겉으로는 ANSI 인코딩을 사용하는 경우가 많다.

UTF-8은 유니코드 문자를 1~4바이트 길이의 이진화 코드로 변환한다. 7비트 ASCII 코드에 해당되는 영문 알파벳, 숫자, 특수 기호 등은 1바이트로 표현되고, 그 외의 문자들은 2~4바이트로 표현된다. 한글은 주로 3바이트로 표현된다. 예를 들어 '각'을 UTF-8로 표현하면 16진수로 EA B0 81이다.

최근 나온 리눅스나 맥 운영체제 등과 파이썬 3 이후 버전은 UTF-8을 사용한다.

운영체제와는 별개로 응용 프로그램들은 다른 문자 인코딩 방법을 사용하기도 한다.

한글 윈도우의 메모장 프로그램은 cp949를 기본으로 사용하고, 윈도우에서 실행되는 비주얼 스튜디오 코드(visual studio code) 같은 에디터는 utf-8을 기본 인코딩 방법으로 사용한다.

이미 언급한 것처럼 utf-8이나 cp949는 7비트 ASCII 코드와 호환성을 유지한다. 다시 말하면 영문, 숫자, 기본적인 특수 문자 등으로 작성한 텍스트는 인코딩 방법과 관계없이 동일하게 취급된다.

더 알아보기 **리틀/빅 엔디안 또는 바이트 순서(byte order)**

컴퓨터에서 정수를 저장하는 방법은 두 가지를 사용한다. 빅 엔디안은 정수를 순서대로 저장하는 것이다. 예를 들어 16진수 A3B2를 저장할 때 빅 엔디안은 순서대로 A3 B2 형태로 메모리에 저장한다. 리틀 엔디안은 정수를 반대로 저장한다. 즉 A3B2를 저장할 때 B2 A3로 저장한다. 워크스테이션이나 대형 컴퓨터에서 주로 사용하던 CPU들은 빅 엔디안을, 데스크톱에서 많이 쓰였던 인텔 CPU는 리틀 엔디안을 사용한다.

파이썬 코드로 인코딩 다뤄보기

문자열을 바이트열(8비트 단위의 숫자 열)로 변환해본다. 바이트열로 변환한다는 것은 문자를 이진화된 코드로 구성된 문자열로 바꾸는 것이다.

문자열을 바이트열로 바꾸는 것은 문자열에 포함되어 있는 encode( ) 함수를 사용한다.

"test"라는 문자열을 이진화된 형태로 바꿔본다.

```
>>> "test".encode()
b'test'
```

encode( ) 함수에 아무런 인자를 전달하지 않으면 utf-8 방식으로 변환한다.

출력 결과에 'b'가 붙은 것은 뒤에 나타나는 'test'가 이진화된 코드(binary code)임을 나타낸다.

'test'가 숫자가 아닌 영문자로 나타나는 것은 utf-8에서 영문 알파벳이 1바이트로 표현되기 때문이다. 이진 코드인 1바이트 숫자값을 파이썬에서 문자열 형태로 바꾸면서 영문자는 있는 그대로 영문 알파벳으로 보인다.

숫자들로 구성된 문자열을 인코딩해도 마찬가지 결과가 나타난다.

```
>>> "1234".encode()    # 1234가 그대로 보임
b'1234'
```

한글을 인코딩하면 다른 결과가 나온다.

```
>>> "파이썬".encode()
b'\xed\x8c\x8c\xec\x9d\xb4\xec\x8d\xac'
```

utf-8에서 한글은 주로 3바이트로 표현된다. "파이썬"이라는 세 글자의 한글 문자들은 9개의 바이트 값으로 표현된다.

파이썬에 바이트열로 바꿀 때 0과 1로만 구성된 비트로 표현하면 문자열이 너무 길어지므로, 16진수로 바꿔서 보인다. "\xed"에서 "\x"는 뒤에 나오는 "ed"가 16진수임을 나타낸다.

encode() 함수는 인자로 어떤 인코딩 방법을 이용해서 이진화시킬 것인지 지정할 수 있다.

UTF-16으로 바꿔보자. 인자로 원하는 인코딩 방식을 문자열 형태로 전달한다. 대/소문자는 구별하지 않는다.

```
>>> "test".encode("utf-16")
b'\xff\xfet\x00e\x00s\x00t\x00'
>>> "1234".encode("utf-16")
b'\xff\xfe1\x002\x003\x004\x00'
>>> "파이썬".encode("utf-16")
b'\xff\xfe\x0c\xd3t\xc71\xc3'
```

UTF-16은 리틀/빅 엔디안에 따라 메모리에 저장되는 방법이 다르다고 했다. 하지만 리틀 엔디안에서 저장된 내용을 빅 엔디안 시스템에서 읽거나 빅 엔디안에서 저장하고 리틀 엔디안 시스템에서 읽는 경우도 있어, 문자열이 어떤 형태로 저장되었는지 데이터와 함께 기록해야 한다.

BOM(Byte Order Mark)은 리틀/빅 엔디안 중 어느 시스템에서 인코딩되었는지를 표시하기 위해서 사용하며 16진수로 FE, FF로 표현한다. BOM이 함께 저장된 내용을 읽을 때, FE와 FF의 순서를 이용해서 빅 엔디안 또는 리틀 엔디안에서 저장된 것을 확인할 수 있다.

파이썬에서 UTF-16으로 인코딩했을 때 인코딩된 데이터 앞에 붙은 "\xff\xfe"는 리틀 엔디안을 사용하는 인텔 시스템에서 BOM을 뒤집어 메모리에 저장하기 때문에 나타나는 것이다.

cp949방식으로도 변환해 본다.

```
>>> "파이썬".encode("cp949")
b'\xc6\xc4\xc0\xcc\xbd\xe3'
```

문자열의 encode() 함수를 이용하면 원하는 인코딩 방식으로 바이트열을 생성할 수 있다.

바이트열은 이진화된 숫자들을 문자열로 만든 것이다. 실제 메모리나 파일에 저장되는 값은 바이트열이 아니라 그림 5-3에서 보인 것처럼 숫자값들이다. 그림 5-3은 문자열 "파이썬"을 cp949 인코딩 방법을 사용해서 저장한 파일을 바이너리 뷰어 프로그램을 이용해서 보인 것이다.

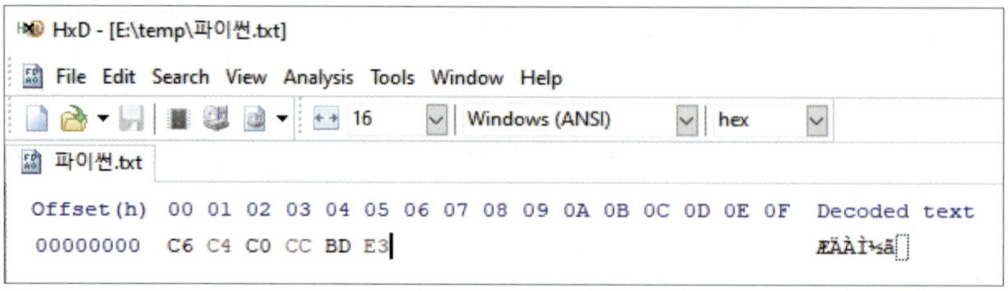

그림 5-3 "파이썬"을 cp949 인코딩으로 저장한 파일의 내용

5.5 연습문제

01 "문자열의 길이를 확인해요…" 문자열의 길이를 출력하는 코드를 작성하시오.

02 "문자열의 길이를 확인해요…" 문자열에서 '마침표'의 길이를 출력하는 코드를 작성하시오.

03 "abc" 문자열의 길이를 출력하는 코드를 작성하시오.

04 s = "Hi, everyone." 문자열에 대해 다음을 답하시오.

(1) s[0]　　(2) s[−1]　　(3) s([len(s) − 1])　　(4) 마침표를 출력하는 인덱스는?

05 04번 문제의 문자열 s에 대해 첫 글자를 'h'로 수정하고 출력해 보시오.

06 s = "Hello World" 문자열에 대해 다음을 답하시오.

(1) s.startswith('H')　　(2) s.endswith('D')

07 "profile.jpg" 파일의 확장자가 "jpg"인지 확인하는 프로그램을 작성하시오.

08 "우리나라"에 '나'라는 글자가 포함되어 있는지 확인하는 프로그램을 작성하시오.

09 "우리나라"에서 '나'의 위치를 출력하는 프로그램을 작성하시오.

10 다음 코드를 실행시켰을 때 결과를 답하시오.

(1) "What a day!".rindex("a")　　(2) "What a day!".rindex("a", 0, 5)

11 s = "Hello World"에 대해 다음을 답하시오.

(1) s[0:2]　　(2) s[:−1]　　(3) s[:]

12 " hello ".strip( )의 결과를 적으시오.

13 "가helloh가나".strip("가h나")의 결과를 적으시오.

14 다음 명령문을 실행하면 출력되는 결과를 적으시오.

(1) "Hello, hello Good day".find("hello")

(2) "Hello, hello Good day".lower().find("hello")

15 다음 결과를 적으시오.

(1) "ㅠㅠ".isalpha()　　(2) "day3".isalpha()　　(3) "010".isdigit()　　(4) "123.4".isdigit()

16 문자를 컴퓨터가 처리할 수 있는 이진 코드로 변환하는 것을 문자 디코딩(character decoding)이라고 한다. OX로 답하시오.

17 컴퓨터는 'A'라는 글자를 저장할 경우, 실제 'A'라는 글자가 저장되는 것이 아니라 이진수가 저장된다. 메모리와 달리 파일은 'A'가 저장된다. OX로 답하시오.

18 파이썬 2 이후 버전은 UTF-8을 사용한다. OX로 답하시오.

19 UTF-8이나 cp949는 7비트 ASCII 코드와 호환성을 유지한다. OX로 답하시오.

20 cp949는 마이크로소프트사의 윈도우에서 사용하기 위해 만든 한글 코드 표이다. OX로 답하시오.

21 "아이스 아메리카노" 문자열에서 "아이스"를 "핫"으로 단어를 교체하는 프로그램을 작성하시오.

22 세 개 이상의 단어로 구성된 문자열을 입력받고 두 번째 단어를 화면에 출력하는 프로그램을 작성하시오.

단어는 공백 문자(' ')로만 분리된다고 가정한다.

23 "Hello World" 문자열에는 문자 'o'가 2개 있다. 두 번째 단어부터 검색해서 'o'의 인덱스를 출력하는 프로그램을 작성하시오.

24 세 개의 16진수로 구성된 문자열을 입력받고, 정수 십진수로 변환해서 화면에 출력하는 프로그램을 작성하시오.

예: 입력 내용이 "A9E"라면 10 * 256 + 9 * 16 + 14의 결과값인 2718을 출력한다.

25 ".jpg"로 끝나는 파일 이름을 사용자로부터 입력받고, ".jpg"를 ".png"로 변환하는 코드를 작성하시오.

replace( ) 함수를 사용하는 경우와 사용하지 않는 코드 두 개를 작성한다.

6 장

함수

학 습 목 표

- 함수가 무엇인지 살펴보고 왜 필요한지 이해한다.
- 파이썬에서 함수를 구현하는 방법을 학습한다.
- 변수의 유효 범위(scope)를 이해한다.
- 재귀 호출 함수에 대해서 이해한다.

6.1 함수의 정의와 사용

함수 사용

파이썬에서 함수를 사용하는 것은 전문가에게 작업을 요청하는 것과 비슷하다. 예를 들어, 부엌의 막힌 하수구가 있다고 하자. 배관작업은 함수와 같은 기능을 한다. 막힌 하수구는 함수의 입력 값이 되고, 배관작업이라는 함수를 실행하여 그 결과로 깨끗해진 배관을 출력 값으로 만들어 낼 것이다.

그림 6-1 막힌 하수구 뚫기

함수는 정해진 일을 처리하기 위해 작성된 코드의 묶음이다. 함수를 사용하는 것을 "함수를 호출"한다고 한다. 전문가에게 일을 의뢰할 때 입력과 출력이 있을 수 있었던 것처럼 함수에도 입력과 출력이 있을 수 있다.

여태까지 우리는 명령이라고 부르면서 함수를 사용했었다. len() 명령을 살펴보자.

```
>>> n = len("Hello World")
>>> print(n)
11
```

len() 함수는 "Hello World" 문자열이 입력으로 전달되는데, 이 글자의 개수를 세어 (기능), 결과값으로 출력한다. 이와 같이 입력 정보를 가지고, 검증되고 전문적으로 필요한 절차를 실행한 후 결과를 만들어 내는 것이다.

입력과 출력을 거듭 강조하고 있는데, 함수에 전달하는 입력값은 전달 인자(actual argument) 또는 줄여서 인자(argument)라고 한다. 함수가 출력으로 되돌려주는 결과값은 반환값(return value)이라고 부른다.

파이썬의 함수는 인자 없이 사용될 수도 있고, 반환값이 없는 경우도 있다. 인자가 없으면 함수 이름과 빈 괄호만 붙여서 호출한다.

사용했던 함수(명령)들

표 6-1은 화면에 출력하거나 사용자로부터 입력을 받으면서 그동안 사용했던 명령(함수)이다.

표 6-1 기존에 사용했던 일부 명령들

명령	기능 설명
print( )	주어진 내용을 화면에 출력
type( )	주어진 값의 자료형을 알려줌
input( )	사용자가 입력한 내용을 결과값으로 돌려줌
int( )	주어진 값을 정수로 변환하고 결과값으로 돌려줌
float( )	주어진 값을 실수로 변환하고 결과값으로 돌려줌
str( )	숫자를 문자열로 변환하고 결과값으로 반환
len( )	주어진 문자열을 구성하는 글자수를 결과값으로 반환

표 6-2는 문자열과 관련한, 정확히 말하면 문자열에 종속되어 있는 함수들이다.

표 6-2 문자열에 종속되어 있는 명령들

명령	기능 설명
starswith( ), endswith( )	주어진 문자열로 문자열이 시작되거나 혹은 끝나는지 확인하고 True 또는 False를 결과값으로 반환
index( ), find( )	주어진 문자열이 포함되어 있다면 시작 위치를 반환. 찾는 문자열이 포함되어 있지 않으면 index( ) 함수는 오류를 발생시키고, find( ) 함수는 -1을 반환
strip( ), lstrip( ), rstrip( )	공백 문자 또는 주어진 문자 조합의 문자들을 문자열 끝에서 제거

표 6-1과 표 6-2의 명령들 대부분은 호출하면서 입력 내용을 전달해야 하는 경우가 많다. 그러나 `input()`처럼 입력이 있을 수도 있고, 없을 수도 있다.

여기서 보인 대부분의 함수들은 결과값이 있고, 중요한 역할을 한다. 하지만 `print()` 명령처럼 결과값이 없는 경우도 있다.

함수의 중요한 특징 중 한 가지는 명령들이 내부적으로 어떻게 구현되었는지 몰라도 사용할 수 있다는 것이다. 배관공이 어떻게 작업하는지 상세히 알지 못해도 일을 의뢰하는 데 지장이 없는 것처럼, 함수도 내부 구현 내용을 몰라도 사용할 수 있다.

그림 6-2 배관공에게 작업을 의뢰

명령을 사용할 때 어떤 값들이 전달되어야 하고, 어떤 결과값들이 반환될 수 있다는 정도만 이해하면 사용하는 데 충분하다.

함수의 사용 이유

함수는 코드의 양을 줄일 수 있고, 반복적으로 사용할 수 있다. 이 밖에도 함수는 코드의 안전성과 가독성을 높인다.

비슷한 코드가 반복된다면 함수를 사용하는 것이 낫다. print() 명령이 50줄 정도의 코드로 구성되었다고 가정해보자. 화면 출력은 빈번히 사용되는 함수이고, 그럴 때마다 print() 명령이 없다면 50줄 정도의 코드를 계속 입력해야 하다니 상상만해도 끔찍한 일이 될 수밖에 없지 않은가!

비슷한 코드가 반복된다면 함수로 구현하는 것이 바람직하다. 표 6-1과 표 6-2에서 보인 명령들은 반복적인 코드 작성을 획기적으로 줄여준다.

함수는 검증된 코드를 사용할 수 있도록 해서 안전한 코드를 작성할 수 있게 해준다. 일반적으로 함수를 구현하면 제대로 동작하는지 확인하는 검수 과정을 거친다. 검수 과정을 통과한 함수들은 전체 프로그램의 안전성을 높인다. print() 명령이 없다면, 화면 출력마다 50줄 정도가 필요할뿐만 아니라 그 기능이 올바르고 안전하게 완성되는지 확인하는 노력도 필요하다.

함수를 사용하면 전체 코드의 흐름도 이해하기 쉽고, 결과적으로 가독성이 높아지게 된다. 화면 출력을 줄여서 print() 명령 한 줄의 코드로 작성하면, 직관적으로 무엇을 하는지 알 수 있기 때문에 가독성이 향상되는 이치이다.

6.2 함수 구현

함수를 구현할 때 고려해야 할 요소들

표 6-3은 함수를 구현하기 전에 생각하고 계획해야 하는 요소들이다.

표 6-3 함수의 구성 요소

함수의 구성 요소	구현할 때 생각해야 하는 내용
이름	함수의 이름을 보고 어떤 일을 하는지 유추할 수 있어야 한다. 함수명은 처리 내용을 설명할 수 있도록 하되 너무 길지 않도록 한다.
입력(매개변수)	함수는 매개변수에 따라 작업을 다르게 처리하거나 다른 결과를 만들어낸다. 입력이 필요한지, 그렇다면 어떤 내용을 함수의 입력으로 받을지 판단해야 한다.
출력(반환값)	함수의 결과값이 필요한지, 그렇다면 어떤 내용을 반환할지 판단해야 한다.

함수 정의 방법

다음은 함수를 정의하는 방법이다.

```
def 함수_이름([매개_변수_목록]):
    코드_블록
```

def는 함수 구현의 시작을 알리는 키워드이다. def 키워드로 시작한 그 줄의 마지막에는 콜론이 있고, 다음 줄부터는 코드 블록이 붙는다.

def 다음에는 함수를 호칭하는 이름을 적는다. 함수 이름을 짓는 것은 변수 이름을 정할 때 사용했던 규칙을 동일하게 사용한다.

매개변수(formal parameter) 목록은 함수에서 사용하는 매개변수들을 정의한 것이다. 매개변수는 함수를 호출하면서 입력으로 전달하는 인자들의 값을 저장하는 변수들이다.

매개변수 목록은 변수 이름을 콤마로 분리해서 나열한 것이다. 그림 6-3에 보인 것처럼 함수를 호출할 때 전달되는 인자값들과 매개변수는 순서대로 연동된다. 즉 첫 번째 인자는 첫 번째 매개변수에, 두 번째 인자는 두 번째 매개변수에 값이 저장된다.

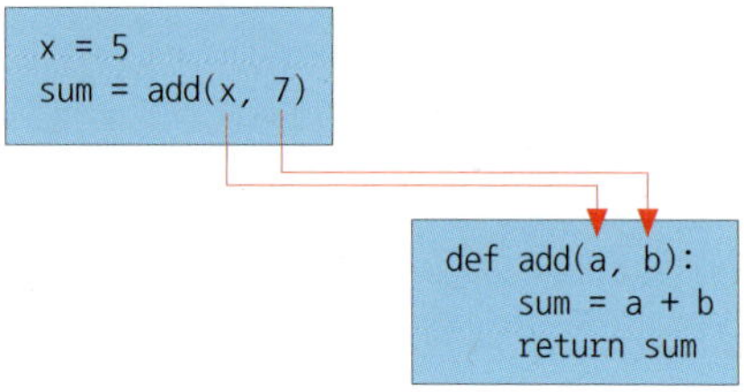

그림 6-3 인자 전달과 매개변수

함수에 전달하는 입력이 없다면, 빈 괄호만 쓴다. 키워드가 아닌 단어 뒤에 괄호가 붙으면, 함수라고 인식한다. 반대로 괄호가 없으면 변수라고 가정한다. 함수에 전달하는 입력값이 필요 없더라도, 빈 괄호는 반드시 붙여야 한다.

코드 블록에는 함수에서 실행시켜야 하는 코드를 작성한다. 다른 함수를 호출하는 것을 포함해서 파이썬 코드는 어떤 것이든 사용할 수 있다.

함수에서 결과값을 반환하려면 다음에 보이는 것처럼 return문을 이용한다.

```
return 표현식
```

"return" 키워드는 함수 코드의 실행을 종료하라는 의미로 사용되며, 반환값이 명시되면 함수 코드의 실행을 종료하면서 표현식의 값을 함수의 결과값으로 되돌려준다.

간단한 함수 구현

입력과 출력으로 분류한 함수의 종류

함수에는 입력과 출력의 존재 여부에 따라 다음의 4가지 종류가 있다.

- 입력과 출력이 모두 없는 함수
- 입력과 출력이 모두 있는 함수
- 입력은 있고 출력은 없는 함수
- 입력은 없고 출력만 있는 함수

종류별로 구현하면서 사용법까지 살펴본다.

입력과 출력이 모두 없는 함수

"Hello World"라는 문자열을 화면에 출력하는 함수를 만들어 본다. 코드를 작성하기 전에, 함수에 필요한 요소들을 정리해 본다.

함수 이름은 기능을 표현하는 "printHelloWorld" 함수로 짓는다. 정해진 문자열을 출력만 할 뿐 다른 기능이 없어, 입력을 받지 않고 결과값을 반환하지 않는다. 표 6-4는 정리한 내용이다.

표 6-4 "Hello World" 문자열을 출력하는 함수를 구현하는 데 필요한 내용

함수 구성 요소	내용
이름	printHelloWorld
입력	없음
출력 또는 반환값	없음
기능	"Hello World" 문자열을 화면에 출력

다음은 표 6-4에서 명시한 내용에 따라 함수를 작성한 후 실행한 것이다.

```
>>> def printHelloWorld():
...     print("Hello World")
...
>>> printHelloWorld()
Hello World
```

함수 코드는 def 키워드로 시작한다. 입력이 없는 함수이므로 매개변수 목록은 없고 빈 괄호만 함수 이름에 붙어 있다. 코드 블록에는 문자열을 출력하는 print() 명령문만 있다.

입력이 없으므로, 함수를 호출할 때 함수 이름과 빈 괄호만 붙인다.

입력과 출력이 모두 있는 함수

이번에는 정수 한 개를 입력받고, 5를 더한 값을 반환하는 함수를 만들어 본다. 함수를 구성하는 요소들을 정리한 것이 표 6-5이다.

표 6-5 함수 구성 요소

함수 구성 요소	내용
이름	add5
입력	정수
출력 또는 반환값	정수
기능	매개변수로 전달된 값에 5를 더한 결과값 반환

다음은 함수를 구현하고 실행한 것이다. 매개변수는 num이라고 이름 붙였다. num에 5를 더한 값을 다시 저장한 후에 "return"문을 사용해서 값을 반환한다.

```
>>> def add5(num):
...     num += 5
...     return num  # num값을 함수의 결과값으로 반환
...
>>> n = add5(3)
>>> print(n)
8
```

add5() 함수는 입력을 받으므로 인자를 명시해야 한다. 여기서는 정수 3을 명시하였지만, 정수값을 생성하는 표현식이면 어떤 것이든 괄호 안에 명시할 수 있다.

다음은 사용자로부터 입력받은 정수값을 add5() 함수의 인자로 전달하고, 그 함수 자신을 인자로 전달하면서 print(add5(n))이라고 적고 있다. 그렇게 하면 add5() 함수의 실행 결과값이 바로 전달되는 작용을 한다.

```
>>> n = int(input("정수를 입력하세요: "))
정수를 입력하세요: 9
>>> print(add5(n))
14
```

add5() 함수에서 num 변수에 5를 더한 후 return했었다. return문에는 표현식을 넣을 수 있으므로, 다음 형태로 코드를 줄일 수 있다.

```
>>> def add5(num):
...     return num + 5 # num + 5를 함수의 결과값으로 반환
...
>>> n = add5(3)
>>> print(n)
8
```

● 입력은 있고 출력은 없는 함수

정수 한 개를 입력받고, 5를 더한 값을 화면에 출력하는 함수를 작성해보자. 입력이 없으면서 출력이 만들어지므로, 어느 것이든 입력되면 사라지는 블랙홀에 비유할 수 있다. add5()와는 다르게 결과값을 반환하지 않고, 화면에 출력한다. 함수 구성 요소들을 표 6-6에 정리했다.

표 6-6 함수 구성 요소

함수 구성 요소	내용
이름	printAfterAdding5
입력	정수
출력 또는 반환값	없음
기능	매개변수로 전달된 값에 5를 더한 값을 화면에 출력

코드는 앞에서 작성한 함수들과 크게 다르지 않다. num 매개변수의 값에 5를 더한 후 화면에 출력한다.

```
>>> def printAfterAdding5(num):
...     print(num + 5) # num + 5를 화면에 출력
...
>>> printAfterAdding5(3)
8
```

● 입력은 없고 출력만 있는 함수

입력은 없지만, 뭔가 출력을 만들어 내므로 미러클이라고 할 수 있으며, 입출력이 정말 없는지 꼼꼼하게 따져보는 편이 좋다. 문자열 "안녕하세요"를 반환하는 함수를 만들어 본다. 문자열을 반환하는 것 외에 아무것도 하지 않는 단순한 함수이다. 함수 구성 요소들을 표 6-7에 정리했다.

표 6-7 함수 구성 요소

함수 구성 요소	내용
이름	returnHello
입력	없음
출력 또는 반환값	문자열
기능	문자열 "안녕하세요"를 반환

정해진 문자열을 반환하는 함수이므로, 반환값을 print() 함수로 바로 전달해서 화면에 출력하였다.

```
>>> def returnHello():
...     return "안녕하세요"
...
>>> print(returnHello())
안녕하세요
```

반환값을 변수에 저장한 뒤에 출력할 수도 있다.

```
>>> s = returnHello()
>>> print(s)
안녕하세요
```

6.2 PYTHON

실습문제 1

| 문제 |

정수 한 개를 함수의 매개변수를 통해 입력받고, 윤년인지 확인해서 True 또는 False를 반환하는 함수를 구현하고, 이를 검수하는 프로그램을 작성한다.

연도가 윤년인지 확인하는 방법은 다음과 같다.

- 연도가 4로 나누어지면 윤년이다.
- 연도가 4로 나누어지면서 100으로 나누어지면 윤년이 아니다.
- 연도가 4, 100, 400으로 나누어지면 윤년이다.

| 요구사항 |

- 함수에 전달되는 정수는 0보다 큰 양수로 가정한다.

| 문제 해결 |

윤년을 확인하는 방법을 잘 살펴보면 중복되는 조건들이 보인다. 예를 들어 400으로 나누어지는 숫자들은 당연히 4와 100으로 나누어진다. 100으로 나누어지는 숫자들은 4로 나눌 수 있다.

방법 1

조건을 다시 정리해보면 다음과 같다. 특히 4번 조건에 주의해야 한다. 앞에 있는 조건에서는 간과하기 쉬운데 4로 나눠지지 않으면 윤년이 아니다.

1. 400으로 나누어지면 윤년이다.
2. 1번 조건에 해당되지 않으면서 100으로 나누어지면 윤년이 아니다.
3. 1번과 2번에 해당되지 않으면서 4로 나누어지면 윤년이다.
4. 1, 2, 3번에 해당되지 않으면 윤년이 아니다.

이것을 바탕으로 코드를 작성해 본다. 연도는 year라는 변수에 저장된다고 가정하자. 나누어지는 것을 확인하는 것은 나머지 연산의 결과값이 0이면 된다.

1번 조건은 다음 코드로 표현된다.

```
if year % 400 == 0:
    return True
```

2, 3, 4번 조건은 1번 조건에 해당되지 않는 부분을 제외하고 생각하면, 다음 형태로 코드를 작성할 수 있다.

```
if year % 100 == 0:
    return False
elif year % 4 == 0:
    return True
else:
    return False
```

2, 3번이 1번에 해당되지 않는다는 것은 if–else로 표현할 수 있다. 따라서 최종 함수 코드는 다음과 같다. 함수 이름은 isLeapYear로 하고, year라는 매개변수를 통해 연도를 입력받고, True 또는 False를 반환한다.

파이썬 쉘에서 코드를 입력하고 검수해 본다.

```
>>> def isLeapYear(year):
...     if year % 400 == 0:
...         return True
...     else:
...         if year % 100 == 0:
...             return False
...         elif year % 4 == 0:
...             return True
...         else:
...             return False
...
>>> print(isLeapYear(1234))  # 4로 나눠지지 않음
False
>>> print(isLeapYear(1900))  # 100으로 나눠짐
False
>>> print(isLeapYear(2000))  # 400으로 나눠짐
```

```
True
>>> print(isLeapYear(2204))  # 4로 나눠지고 100으로 나눠지지 않음
True
```

4장의 4.6절 내용 가운데 논리 연산자를 설명하면서 윤년인지 확인하고 출력했던 코드가 있었는데, 이 코드를 수정해서 간단하게 함수를 구현할 수 있다.

```
>>> if (year % 400 == 0) or (year % 4 == 0 and year % 100 != 0): # (1)
...     print(f"{year}는(은) 윤년입니다")
... else:
...     print(f"{year}는(은) 윤년이 아닙니다")
```

이것을 함수로 만들면 다음과 같다.

```
def isLeapYear(year):
    return (year % 400 == 0) or (year % 4 == 0 and year % 100 != 0)
```

| 최종 코드 |

최종 코드는 방법 1의 2번 조건에 해당하는 코드를 사용하고 검수하는 코드를 추가한다.

[코드 6-1] prac06_01.py

```
def isLeapYear(year):
    return (year % 400 == 0) or (year % 4 == 0 and year % 100 != 0)

isLeapYear(1234)    # 4로 나눠지지 않음
isLeapYear(1900)    # 100으로 나눠짐
isLeapYear(2000)    # 400으로 나눠짐
isLeapYear(2204)    # 4로 나눠지고 100으로 나눠지지 않음
```

| 실행 결과 |

```
False
False
True
True
```

6

함수

6.2

PYTHON

실습문제 2

| 문제 |

두 개 이상의 단어가 있는 문자열을 입력으로 전달받고, 두 번째 단어만 추출해서 반환하는 함수를 구현하여 이를 검수하는 프로그램을 작성한다. 단 지금까지 배운 명령어를 사용해서 풀어보자.

| 요구사항 |

- 함수에 전달되는 문자열은 반드시 두 개 이상의 단어로 구성되어 있다고 가정한다.
- 단어는 공백 문자, 탭 문자, 줄바꿈 문자 중 한 개로 분리된다(중복되지 않음).
- 문자열의 양끝에 공백 문자가 있을 수 있다(제거 후 단어를 추출한다).

| 문제 해결 |

알고리즘을 먼저 생각해 본다.

그림 6-4와 그림 6-5는 함수에 입력으로 전달될 수 있는 두 가지 경우이다.

그림 6-4 세 개 이상의 단어로 구성된 문자열

그림 6-5 두 개 단어로만 구성된 문자열

그림 6-4는 세 개 이상의 단어로 문자열이 구성된 경우이다. 두 번째 단어만 분리해야 하므로, 첫 번째와 두 번째 공백/탭/줄바꿈 문자의 위치를 찾고 그 사이에 있는 문자열을 추출해야 한다.

그림 6-5는 두 개 단어로 문자열이 구성된 것이다. 첫 번째 공백/탭/줄바꿈 문자 위치(인덱스)를 찾고 1을 더해서, 두 번째 단어의 시작부터 문자열 끝까지 추출해야 한다.

알고리즘에 맞춰 코드를 구현한다.

문자열은 "what a beautiful day"이 s변수에 저장되었다고 가정한다. 입력받은 문자열을 strip( ) 명령으로 양쪽 끝에 있는 공백 문자들을 제거한다.

```
>>> s = "what a beautiful day"
>>> s = s.strip()
```

첫 번째 공백/탭/줄바꿈 문자의 위치를 찾아서 변수에 저장한다. 문자열이 두 개 단어 이상으로 되어 있으므로, 세 가지 중 한 개는 반드시 있다. 하지만 세 개 중 한 개만 있으므로, 찾는 문자가 없을 때 오류를 발생시키는 문자열의 index()보다는 find() 함수를 사용한다.

```
>>> pos1 = s.find(' ')
>>> pos2 = s.find('\t')
>>> pos3 = s.find('\n')
```

pos1, pos2, pos3 중에서 두 개는 −1이고, 한 개만 −1이 아니다. −1이 아닌 것을 찾아서 두 번째 단어 시작 위치를 찾는다. −1이 아닌 변수값 + 1이 새로운 단어의 시작 위치이다. 두 번째 단어의 시작 위치는 p1에 저장한다.

```
>>> if pos1 != -1:
...     p1 = pos1 + 1
... elif pos2 != -1:
...     p1 = pos2 + 1
... elif pos3 != -1:
...     p1 = pos3 + 1
...
```

두 번째 공백/탭/줄바꿈 문자 위치를 찾아서 pos1, pos2, pos3에 저장한 후, −1이 아닌 값을 찾아 p2에 저장한다. 단 문자열이 두 개 단어로만 구성될 수도 있으므로 세 개 변수 모두 −1이 될 수도 있다. 그런 경우에는 문자열의 길이를 p2에 저장한다.

파이썬에 내장된 max() 함수를 사용해서 코드를 단순화할 수 있다. max() 함수는 여러 개 인자를 받아서 그중 가장 큰 값을 반환한다. 인자의 개수에는 제한이 없다. pos1, pos2, pos3 중 한 개는 0 이상, 두 개는 −1이므로, 다음과 같이 p1의 위치를 구할 수 있다.

6 함수

```
p1 = max(pos1, pos2, pos3) + 1  # max()는 -1보다 큰 값을 반환함
```

다음에는 두 번째 공백/탭/줄바꿈 문자의 위치를 찾는다. 두 번째 공백은 앞에서 찾은 p1 이후부터 검색해야 한다. 이를 위해 그림 6-6에서 보인 것처럼 문자열 s에서 p1까지의 위치를 잘라낸 후의 문자열인 s2에 대해 공백 문자를 검색한다. `s2.find( )`에서 반환되는 공백 문자의 인덱스는 s2의 첫 번째 글자부터 시작하는 위치 값이다(그림 6-6의 p2 값). p2의 위치를 s의 시작 문자를 기준으로 계산하려면, p1을 더해야 한다.

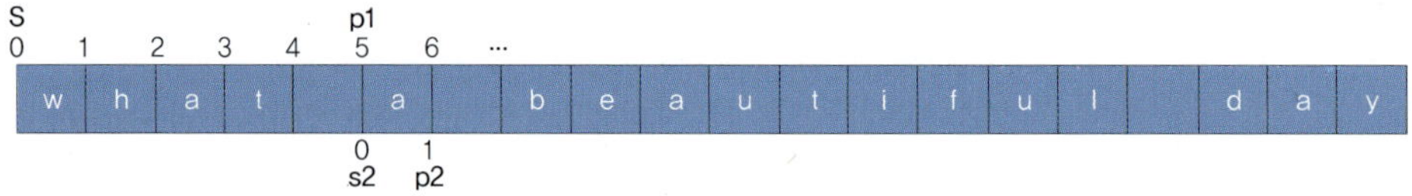

그림 6-6 s2의 find( ) 결과값과 원본 문자열인 s의 시작 위치부터의 상관 관계를 보임

두 개 단어로만 구성될 수도 있으므로, 그 경우까지 처리해야 한다. 조건문을 사용해서 구하는 코드는 다음과 같다. pos1, pos2, pos3가 모두 −1이 나올 수도 있으므로, else 부분에서 처리하는 코드를 넣었다.

```
>>> s2 = s[p1:]
>>> pos1 = s2.find(' ')
>>> pos2 = s2.find('\t')
>>> pos3 = s2.find('\n')
>>> if pos1 != -1:
...     p2 = p1 + pos1 + 1
... elif pos2 != -1:
...     p2 = p1 + pos2 + 1
... elif pos3 != -1:
...     p2 = p1 + pos3 + 1
... else: # pos1, pos2, pos3가 모두 -1이면
...     p2 = len(s)
...
```

`max()`를 사용한다면 다음 형태로 작성할 수 있다. `max(pos1, pos2, pos3)`의 결과가 −1이면, p2를 문자열의 길이로 지정한다. −1이 아니면 p1을 더해서 원본 문자열에서의 인덱스 값으로 변경한다.

```
s2 = s[p1:]
pos1 = s2.find(' ')
pos2 = s2.find('\t')
pos3 = s2.find('\n')
p2 = max(pos1, pos2, pos3)
if p2 == -1:
    p2 = len(s)
else:
    p2 += p1
```

두 번째 단어를 추출하는 것은 문자열 슬라이싱을 이용하면 된다. p1(두 번째 단어 시작 위치)과 p2 사이의 문자열을 추출한다. 여기서는 두 번째 단어를 출력해 본다.

```
print(s[p1:p2])
```

| 최종 코드 |

코드의 양을 줄이기 위해 max()를 사용하는 코드로 작성한다. 화면에 출력하는 대신 두 번째 단어를 반환한다. "what a beautiful day"와 "beautiful day" 문자열을 이용해서 검수하는 코드도 작성한다.

[코드 6–2] prac06_02.py

```
def getSecondWord(s):
    s = s.strip()
    pos1 = s.find(' ')
    pos2 = s.find('\t')
    pos3 = s.find('\n')
    p1 = max(pos1, pos2, pos3) + 1 # –1보다 큰 값을 반환함
    s2 = s[p1:]
    pos1 = s2.find(' ')
    pos2 = s2.find('\t')
    pos3 = s2.find('\n')
    p2 = max(pos1, pos2, pos3)
    if p2 == -1:
        p2 = len(s)
```

```
    else:
        p2 += p1
    return s[p1:p2]

print(getSecondWord("what a beautiful day"))
print(getSecondWord("beautiful day"))
```

| 실행 결과 |

```
a
day
```

return 키워드로 반환값 없이 함수 종료

결과값을 반환하지 않는 함수에서 표현식 없이 "return" 키워드만 사용하여 함수 코드의 실행을 중단하고 종료하는 것도 가능하다.

다음 코드에서는 num 매개변수로 전달되는 인자값이 음수이면 함수 실행을 종료하고 양수이면 5를 더한 값을 화면에 출력한다.

```
>>> def printAfterAdding5IfPositive(num):
...     if num < 0:
...         return          # 함수 실행을 멈추고 종료
...     print(num + 5)
...
>>> printAfterAdding5IfPositive(-1)
>>> printAfterAdding5IfPositive(3)
8
```

값을 반환하는 함수에서 표현식 없이 "return"만 사용하면 None이 반환된다. 다음은 num변수값이 0 이상일 때 5를 더해서 반환하는 함수이다.

```
>>> def add5IfPositive(num):
...     if num < 0:
...         return
...     return num + 5
...
>>> a = add5IfPositive(-3)
>>> print(a)
None
>>> a = add5IfPositive(4)
>>> print(a)
9
```

6

함수

입력 인자 전달과 매개변수

그림 6-3에서 볼 수 있는 것처럼 함수를 호출할 때 인자들은 명시된 순서대로 매개변수에 전달된다. 첫 번째 인자는 첫 번째 매개변수로, 두 번째 인자는 두 번째 매개변수로 전달되는 식이다.

다음 코드는 세 개 인자를 받아 합을 구하는 함수를 사용한다. 인자 2, 3, 5는 순서대로 num1, num2, num3에 전달된다.

```
>>> def add(num1, num2, num3):
...     return num1 + num2 + num3
...
>>> s = add(2, 3, 5)
>>> print(s)
10
```

파이썬에서는 함수를 호출할 때 "매개변수 이름 = 인자" 형태로 지정해서 순서를 바꿀 수 있다. add( ) 함수를 호출하는 예를 살펴보자.

```
>>> s = add(num3 = 5, num2 = 3, num1 = 2)
>>> print(s)
10
```

함수를 호출하면서 num2, num3, num1 변수에 값을 지정하는 형태로 코드를 작성하였고, 이렇게 순서를 바꾸어도 해당하는 인자로 올바르게 전달된다.

일부 인자는 순서대로 지정하고, 일부는 이름을 명시하는 것도 가능하다. 다음 코드에서는 첫 번째 인자는 첫 번째 매개변수에 전달하고, 나머지 두 개만 변수 이름을 이용해서 명시하는 방법을 사용하였다.

```
>>> s = add(2, num3 = 5, num2 = 3)
>>> print(s)
10
```

순서대로 전달되는 인자들은 반드시 매개변수 이름을 명시하는 것들보다 앞에 위치해야 한다. 다음 예에서 보여주는 것처럼 마구잡이로 섞이면 오류가 발생한다.

```
>>> s = add(2, num2 = 3, 5)
  File "<stdin>", line 1
    s = add(2, num2 = 3, 5)
                        ^
SyntaxError: positional argument follows keyword argument
```

매개변수에 기본값 지정

매개변수에 기본값(default value)을 지정할 수 있다. 기본값이 지정된 매개변수에 인자가 전달되지 않으면 기본값을 대신 사용한다. 물론 인자가 전달되면 기본값은 무시되고, 그 전달값을 사용한다.

매개변수에 기본값을 지정하는 것은 함수에 전달되는 인자에 동일한 값이 자주 사용될 때 유용하다.

print() 함수는 end와 sep 매개변수에 기본값을 사용한다. 다음 예에서 보이는 것처럼 print() 명령을 사용할 때 end나 sep 인자를 지정하지 않으면 기본값인 줄바꿈 문자와 공백 문자를 사용한다. 사용자가 줄바꿈 문자나 공백 문자를 다른 문자열로 대체하려면, end나 sep 변수의 인자를 변경했었다.

```
>>> print(2, 3)  # 2와 3사이에 공백 문자를 출력하고, 마지막에 줄바꿈 문자 출력
2 3
>>> print(2, 3, end = "::", sep = ",") # '\n'대신 "::", 공백 대신 콤마로 대체
2,3::>>>
```

또 다른 예를 생각해보자. 정수를 10진수, 16진수, 2진수로 변환하는 함수인 ConvertInt()가 있다고 가정하자. 이 함수는 다음과 같이 변환할 정수를 받을 num과 10, 16, 2 중 한 개를 받을 base라는 매개변수를 가진다.

```
ConvertInt(num, base)
```

ConvertInt 함수를 사용할 때 대부분 base에 10을 전달한다고 가정하면, 매번 함수를 호출하면서 10이라고 입력하는 것도 번거롭다. 차라리 base의 기본값을 10으로 하여 인자를 생략하고, base가 16이거나 2일 때만 인자를 지정하면 좋을 것이다. 이럴 때 매개변수에 기본값을 지

정하는 것이 유용하다.

```
def printNum(n1 = 1, n2 = 10):
    print(f"n1 = {n1}, n2 = {n2}")
```

printNum() 함수에는 두 개의 매개변수가 있다. n1은 1, n2는 10이라는 기본값이 주어졌다. printNum() 함수를 호출하면서 인자를 따로 지정하지 않으면 n1과 n2는 각각 1, 10이라는 값을 전달받은 것으로 가정한다.

함수를 실행시켜서 화면에 출력해 보자.

```
>>> def printNum(n1 = 1, n2 = 10):
...     print(f"n1 = {n1}, n2 = {n2}")
...
>>> printNum()
n1 = 1, n2 = 10
```

printNum()를 호출하면서 인자를 아예 사용하지 않았다. printNum()에서는 n1과 n2에 값이 전달되지 않았으므로, 기본값을 사용해서 1과 10이 출력된다.

다음에 보인 것처럼 printNum()에 인자를 전달하면, 주어진 값을 사용한다.

```
>>> printNum(3, 13)
n1 = 3, n2 = 13
```

일부 매개변수만 인자를 생략할 수 있다. 일반적인 함수 호출 방법에서는 오른쪽 끝에 있는 매개변수부터 순서대로 생략할 수 있고 중간에 건너뛸 수 없다. printNumnc()에서 두 번째 인자만 또는 두 개 인자 모두 생략할 수 있지만, 첫 번째를 생략하고 두 번째만 전달하는 것은 안 된다.

```
>>> printNum(3)    # 두 번째 인자 생략
n1 = 3, n2 = 10
```

만약 첫 번째 변수를 생략하고 두 번째 인자만 전달하고 싶다면, 변수 이름을 이용해서 값을 지정하는 형태로 쓰는 것은 가능하다. 다음 예는 n2 변수에 대한 인자만 13으로 전달하고, n1은 기본값을 사용하는 것이다.

```
>>> printNum(n2 = 13)
n1 = 1, n2 = 13
```

매개변수의 기본값을 지정하는 것도 매개변수 리스트에서 오른쪽에서부터 순서대로 지정할 수 있고, 중간에 건너뛸 수 없다. 다음은 첫 번째는 기본값을 사용하지 않고, 두 번째 인자만 기본값을 지정한 것이다.

```
>>> def printNum2(n1, n2 = 10):
...     print(f"n1 = {n1}, n2 = {n2}")
...
>>> printNum2(3)
n1 = 3, n2 = 10
>>> printNum2(3, 13)
n1 = 3, n2 = 13
```

PYTHON

6.2 실습문제 3

| 문제 |

세 명의 성적을 입력으로 전달받고, 화면에 순서대로 출력하는 함수를 작성하고, 이 함수를 호출하는 코드를 구현한다. 일반적으로 성적은 내림차순(높은 성적부터 낮은 성적 순서대로)으로 출력하지만, 가끔씩 반대로 출력하는 경우도 있으므로 매개변수를 이용해서 내림차순 또는 오름차순을 결정할 수 있게 한다.

| 요구사항 |

- 매개변수의 기본값을 내림차순으로 지정한다.

| 문제 해결 |

3개 성적(score1, score2, score3)을 서로 비교해서 내림차순으로 할지 아니면 오름차순으로 출력할지 결정하는 알고리즘을 작성한다.

세 개 점수를 내림차순으로 비교하는 것은 조건문을 사용한다. 먼저 score1, score2, score3가 가장 높은 경우를 구분하고, 세부적으로 나머지 두 개를 비교하는 형태로 코드를 작성하면 다음과 같다. score1, score2, score3를 90, 80, 85로 지정하고 실행해 본다.

```
>>> score1 = 90
>>> score2 = 80
>>> score3 = 85
>>> if score1 >= score2 and score1 >= score3:          # score1이 제일 큼
...     if score2 >= score3:
...         print(score1, score2, score3)
...     else:
...         print(score1, score3, score2)
... elif score2 >= score1 and score2 >= score3:        # score2가 제일 큼
...     if score1 >= score3:
...         print(score2, score1, score3)
...     else:
...         print(score2, score3, score1)
```

```
... else:       # score3이 제일 큼 (score3 >= score1 and score3 >= score2)
...     if score1 >= score2:
...         print(score3, score1, score2)
...     else:
...         print(score3, score2, score1)
...
90 85 80
```

오름차순은 반대로 작성한다. score1, score2, score3가 가장 작을 때를 먼저 구분하고, 나머지 두 개를 세부적으로 비교하는 코드를 작성한다.

```
>>> if score1 < score2 and score1 < score3:       # score1이 제일 작음
...     if score2 < score3:
...         print(score1, score2, score3)
...     else:
...         print(score1, score3, score2)
... elif score2 < score1 and score2 < score3:    # score2가 제일 작음
...     if score1 < score3:
...         print(score2, score1, score3)
...     else:
...         print(score2, score3, score1)
... else:       # score3가 제일 작음 (score3 < score1 and score3 < score2)
...     if score1 < score2:
...         print(score3, score1, score2)
...     else:
...         print(score3, score2, score1)
...
80 85 90
```

| 최종 코드 |

여태까지 작성했던 코드를 정리해서 함수로 구현한다. 함수 이름은 CompareScores로 정하고, 인자는 점수 3개(score1, score2, score3)와 점수 출력 순서를 결정할 불린 변수(order)를 사용한다. order가 True이면 내림차순으로, False이면 오름차순으로 출력한다.

검수 코드는 85, 80, 90을 이용한다.

[코드 6-3] prac06_03.py

```
def CompareScores(score1, score2, score3, order = True)     # 내림차순이 기본
    if order:
        if score1 >= score2 and score1 >= score3:     # score1이 제일 큼
            if score2 >= score3:
                print(score1, score2, score3)
            else:
                print(score1, score3, score2)
        elif score2 >= score1 and score2 >= score3:  # score2가 제일 큼
            if score1 >= score3:
                print(score2, score1, score3)
            else:
                print(score2, score3, score1)
        else:      # score3이 제일 큼 (score3 >= score1 and score3 >= score2)
            if score1 >= score2:
                print(score3, score1, score2)
            else:
                print(score3, score2, score1)
    else:          # 오름차순
        if score1 < score2 and score1 < score3:      # score1이 제일 작음
            if score2 < score3:
                print(score1, score2, score3)
            else:
                print(score1, score3, score2)
        elif score2 < score1 and score2 < score3:    # score2가 제일 작음
            if score1 < score3:
                print(score2, score1, score3)
            else  :
                print(score2, score3, score1)
        else:      # score3 < score1 and score3 < score2
            if score1 < score2:
                print(score3, score1, score2)
            else:
                print(score3, score2, score1)


print("내림차순")
```

```
CompareScores(85, 80, 90)                # order 변수에 인자를 전달하지 않음에 주의
print("오름차순")
CompareScores(85, 80, 90, False)
```

| 최종 결과 |

```
내림차순
90 85 80
오름차순
80 85 90
```

6

함수

6.3 변수의 유효 범위

변수의 유효 범위

코드에서 변수를 사용할 수 있는 영역을 변수의 유효 범위(scope)라고 한다.

파이썬은 값을 처음 저장할 때 변수를 생성한다. 이미 만들어진 변수에 다른 값을 저장하면, 변수를 다시 사용한다(정확하게는 변수 이름표를 다시 사용한다).

변수에 값을 저장할 때 새로운 변수를 생성하지 않고, 기존에 만들어진 변수를 사용하는 코드 영역을 변수의 유효 범위라고 한다.

기존에 만들어진 변수가 있음에도 불구하고, 새로운 변수가 생성된다면, 유효 범위가 다른 것이다.

전역 변수와 지역 변수

함수 밖에서 만들어진 변수들을 전역 변수(global variable)라고 부른다. 전역 변수는 프로그램 실행이 종료될 때 사라지고, 유효 범위는 프로그램 전체가 된다.

함수 내부에서 만들어진 변수들은 지역 변수(local variable)라고 부르고 변수의 유효 범위는 함수 내부이다. 함수의 코드 블록에서 처음으로 변수에 값을 저장하면 새로 변수가 생성된다.

지역 변수는 함수가 실행될 때 생성되고, 함수가 종료되면 사라진다. 함수의 매개변수도 지역 변수이고 마찬가지로 함수가 종료되면 사라진다.

다음 코드에서는 전역 변수와 지역 변수를 생성하고 값을 출력한다.

```
>>> num1 = 3              # (1)
>>> def printNum():
...     num2 = 4          # (2)
...     print(num1)       # (3)
...     print(num2)       # (4)
```

```
...
>>> print(num1)             # (5)
3
>>> printNum()              # (6)
3
4
```

(1)에서 전역 변수 num1을 생성하고 3을 저장한다. (5)에서 출력하는 num1 변수는 (1)에서 만들어진 것이다. (6)에서 printNum() 함수를 실행시키면 (2)에서 지역 변수 num2를 생성하고 4를 저장한다. (4)는 함수 내에서 사용하는 지역 변수 num2에 저장된 4를 출력한다.

(3)과 (5)에서 출력하는 num1은 모두 (1)에서 생성된 것이다. 전역 변수의 유효 범위가 프로그램 전체이므로, printNum() 함수에서 사용하는 num1 변수도 (1)에서 생성한 것을 사용한다.

전역 변수와 같은 이름의 지역 변수의 유효 범위

함수 내부 코드에서 전역 변수와 같은 이름의 변수에 값을 저장하면, 새로운 지역 변수가 생성된다. 새로 만들어진 지역 변수는 함수 내부 전체에 영향을 미친다.

다음은 함수 내부에서 전역 변수와 동일한 이름을 가진 변수를 사용할 때 새로운 변수가 생성되는 것을 보여준다.

```
>>> num = 3                 # (1)
>>> def printNum2():
...     num = 5             # (2)
...     print(num)          # (3)
...
>>> print(num)              # (4)
3
>>> printNum2()             # (5)
5
>>> print(num)              # (6)
3
```

(1)에서 전역 변수 num을 생성하고 3을 저장했다. (2)에서 num 변수에 5를 저장할 때 함수 내부에서 처음으로 num 변수에 값을 저장하는 것이므로, num변수가 새로 만들어진다. (2)의

num 변수는 함수 내부에서만 사용할 수 있고, 함수가 종료되면 사라진다.

(4)에서 출력되는 num 변수는 전역 변수의 유효 범위에 해당되므로, (1)에서 만들어진 변수이다.

(5)에서 printNum2() 함수를 호출하면, 함수 내부의 코드가 실행되면서 (2)의 num 변수가 생성된다. printNum2() 함수 내부는 지역 변수 num의 유효 범위이므로, (3)에서 출력되는 num 변수는 (2)에서 저장된 5가 출력된다.

(6)에서 사용되는 num 변수는 (1)에서 생성된 것이므로 3이 출력된다. (2)에서 만들어진 변수는 printNum2() 함수가 실행되는 동안에만 사용되고 함수가 종료되면서 사라졌다.

지역 변수의 유효 범위는 함수 전체

파이썬의 지역 변수는 생성 위치와 관계없이 변수가 생성된 함수 전체에 영향을 미친다. 다음 코드를 살펴보자.

```
>>> num = 3                 # (1)
>>> def printNum3():
...     print(num)          # (2)
...     num = 5             # (3)
...     print(num)
...
>>> printNum3()             # (4)
Traceback (most recent call last):
  File "<stdin>", line 1, in <module>
  File "<stdin>", line 2, in printNum3
UnboundLocalError: local variable 'num' referenced before assignment
```

(2)에서 출력되는 num 변수는 아직 (3)에서 num 변수가 생성되기 전이므로, (1)에서 만들어진 num 변수를 사용할 것 같다. 하지만 (4)에서 printNum3()를 실행시켰을 때 지역 변수 num이 값이 저장되기 전에 참조했다고 오류가 발생했다.

파이썬의 지역 변수는 함수 어디에서 만들어지던, 그 함수 전체 영역에 대해 유효 범위를 가진다.

(2)에서 사용된 num 변수는 (3)에서 생성될 변수를 사용하는데, 아직 변수에 값이 저장되지 않았기 때문에 오류가 발생하는 것이다.

단순하게 생각하면, 함수의 지역 변수는 함수 코드가 실행되기 시작할 때 만들어진다고 생각한다. 즉 printNum3() 함수가 실행되기 시작하면서 num이라는 지역 변수가 만들어졌지만, (2)에서 사용할 때 아직 값이 저장된 적이 없기 때문에 오류가 발생하는 것이다.

분명히 이해하자. 다음과 같이 지역 변수를 설정하지 않는 경우에는 문제가 없다.

```
>>> num = 3                  # (1)
>>> def printNum3():
...     print(num)           # (2)

>>> printNum3()              # (4)
3
```


함수에서 전역 변수의 값을 변경

함수에서 전역 변수의 값을 변경하려면 두 가지 방법을 사용해야 한다.

첫 번째는 함수에서 값을 반환하고, 그 값을 함수를 호출하는 곳에서 전역 변수에 저장하는 것이다. 다음 코드가 그 예이다.

```
>>> num = 0
>>> def add5(n):
...     return n + 5
...
>>> num = add5(num)          # (1)
>>> print(num)               # (2)
5
```

(1)에서 add5() 함수를 호출하면서 num 값을 입력으로 전달하고, 다시 함수의 반환값을 num 변수에 저장한다. (2)에서 add5()의 반환값인 5가 출력된다.

두 번째 방법은 함수 내부에서 "global"이라는 키워드를 이용해서 전역 변수의 이름을 명시하는 것이다. "global" 키워드를 이용해서 지정된 변수들은 값이 저장되더라도 새로운 변수를 생성하지 않고 기존의 전역 변수를 사용한다.

```
>>> num = 0                  # (1)
>>> def add5(n):
...     global num           # (2)
```

```
...     num = 5             # (3)
...
>>> add5(num)
>>> print(num)
5
```

add5() 함수의 (2)에서는 num 변수가 전역 변수임을 명시한다. (3)에서 사용하는 num 변수는 새로 생성되는 지역 변수가 아니라, 전역 변수 num이다. 따라서 (1)에서 생성된 변수에 5라는 값을 저장한다.

만약 함수에서 여러 개 전역 변수를 사용해야 하면, 콤마를 이용하여 분리해서 나열한다. 다음 코드는 두 개 전역 변수값을 함수 내부에서 변경하는 것이다.

```
>>> num1 = 0
>>> num2 = 0
>>> def setNum1AndNum2():
...     global num1, num2  # 콤마로 분리해서 나열
...     num1 = 5
...     num2 = 7
...
>>> setNum1AndNum2()
>>> print(num1)            # (1)
5
>>> print(num2)            # (2)
7
```

setNum1AndNum2() 함수에서는 num1과 num2를 전역 변수를 사용할 것을 명시하고 각각 5와 7을 저장했다. (1)과 (2)에서는 함수에서 num1과 num2에 저장한 5와 7이 출력된다.

더 알아보기 **좋은 프로그래밍 방법**

global을 이용하면 함수 밖에서 선언된 변수값을 함수 내부에서 수정할 수 있다. 하지만 이것은 바람직한 프로그래밍 방법이 아니다. 가능하면 함수에서는 결과값으로 반환하고, 함수를 호출하는 쪽에서 변수값을 수정하도록 만드는 것이 가독성 높고 유지 보수가 쉬운 프로그래밍 방법이다.

PYTHON

6.4 재귀 호출

재귀호출이란?

함수의 코드에서 함수 자신을 다시 호출하는 것을 재귀 호출(recursion)이라고 한다. 다음은 재귀 호출 함수의 예이다.

```
def RecursiveFunc():
    ...  # 함수 실행 코드 1
    RecursiveFunc()  # 재귀호출
    ...  # 함수의 실행 코드 2
```

재귀 호출의 탈출 조건

재귀 함수는 자신을 다시 호출하는 것을 말한다. 그러나 무한 반복해서 호출할 수는 없다.

함수는 호출될 때마다 지역 변수와 매개변수들을 저장할 수 있는 메모리 공간이 할당된다. 함수가 호출될 때마다 그 함수에서 사용하는 지역 변수와 매개변수 값을 기록할 수 있도록 메모지가 한 장씩 제공된다고 생각하면 된다.

컴퓨터 프로그램에서는 지역 변수나 매개변수 등을 저장할 수 있는 메모리 공간이 제한되어 있다. 즉, 값을 기록할 수 있는 메모지가 제한되어 있는 것이다. 만약 함수가 지속적으로 호출되면서 제한된 메모리 공간을 모두 사용하면(준비된 메모지를 모두 소진하면) 프로그램 실행을 멈추고 오류를 발생시킨다.

재귀 호출 함수를 구현할 때 주의할 점은 무한 재귀에 빠지지 않고 특정 조건에 맞춰 재귀 호출을 중단하는 것이다. 이를 재귀 호출 탈출 조건이라고 하며, 어떤 조건이 만족되는 시점에 함수 자신을 더 이상 호출하지 않고 종료하는 것이다.

팩토리얼 함수 구현

재귀 호출 함수를 구현하면서 자세히 살펴보기로 하자.

수학에서 배웠던 팩토리얼을 구하는 함수를 구현해 본다. 팩토리얼은 0 또는 양수 n에 대해서 n부터 1까지의 모든 수의 곱을 타나낸다. 다음은 팩토리얼을 계산하는 방법이다.

```
n! = n * (n - 1) * (n - 2) * ... * 1 (n >= 1일 때)
n! = 1 (n = 0일 때)
```

n >= 1일때 n!을 구하는 공식을 달리 작성해 보면 다음과 같다.

```
n! = n * (n - 1)!
```

n 팩토리얼을 구하면서 n과 (n - 1)의 팩토리얼을 곱하는 것을 계산한다. 3!을 계산하는 것은 3 * 2!을 계산하는 것과 같다.

이렇게 한 가지 개념을 정의하면서 그 개념을 다시 이용하는 것을 재귀적 정의(recursive definition)라고 한다.

앞에서 보인 수식을 코드로 구현한다. 다음 코드에서 함수의 인자로 전달되는 n값은 0 이상이라고 가정한다.

```
def factorial(n):
    if n == 0:
        return 1
    return n * factorial(n - 1)
```

n이 0이면 1을 반환한다. n이 1 이상이면, n * factorial(n - 1) 즉 n * (n - 1)!을 반환한다.

factorial() 함수는 n이 1 이상이면 지속적으로 1씩 감소시키면서 함수를 다시 호출한다. 이 재귀 호출은 n이 0일 때 1을 반환하면서 종료된다. 이 조건문은 factorial() 함수가 무한 반복에 빠지지 않도록 재귀 호출 탈출 조건을 처리한 것이다.

factorial() 함수 3이 n에 전달되면, 함수는 표 6-8과 표 6-9에 보인 순서대로 실행된다.

표 6-8은 n이 0이 될 때까지 재귀 호출이 지속적으로 발생하는 과정을 보여준다. 그림 6-7처럼 함수가 호출될 때마다 지역 변수의 값과 반환되는 값을 기록하는 메모지가 두 장씩 생성되

어 얻어진다고 생각하면 된다.

표 6-8 재귀 호출이 일어나는 과정

함수 실행 상태	지역 변수 n	반환값
factorial(3)	n = 3	3 * factorial(3 – 1)
factorial(2)	n = 2	2 * factorial(2 – 1)
factorial(1)	n = 1	1 * factorial(0)
factorial(0)	n = 0	1

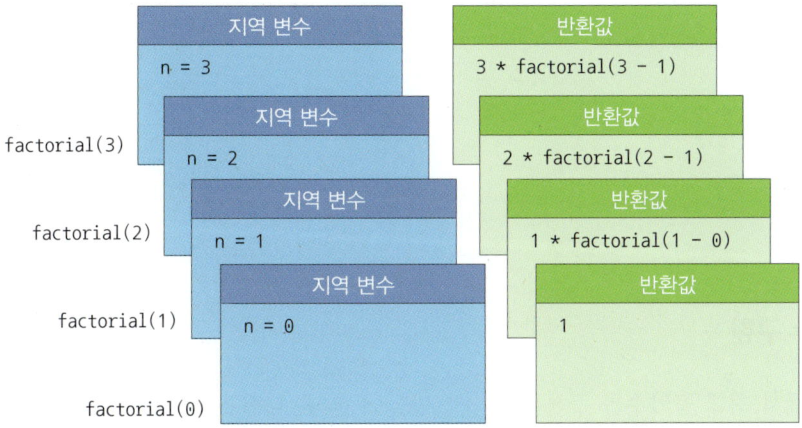

그림 6-7 재귀 호출할 때 지역 변수와 반환값이 기록되는 메모리 공간

표 6-9는 연속해서 발생하던 재귀 호출이 종료되면서 호출했던 곳으로 되돌아가는 과정이다.

표 6-9 재귀 호출에서 빠져나오는 과정

함수 실행 상태	지역 변수 n	실행 코드	반환값
factorial(0)	n = 0	return 1	1
factorial(1)	n = 1	return 1 * 0!	1 * 1 = 1
factorial(2)	n = 2	return 2 * 1!	2 * 1 = 2
factorial(3)	n = 3	return 3 * 2!	3 * 2 = 6

재귀 호출이 종료되면 그림 6-7에서 가장 위에 놓인 메모지부터 지역 변수와 반환값 메모지가 한 장씩 사라진다.

factorial() 함수를 파이썬 쉘에서 실행시켜 보자.

```
>>> def factorial(n):
...     if n == 0:
...         return 1
...     return n * factorial(n - 1)
...
>>> print(factorial(0))
1
>>> print(factorial(2))
2
>>> print(factorial(10))
3628800
```

최대 공약수 함수 구현

재귀 호출을 이용해서 최대 공약수를 구하는 함수를 만들어 본다. 다음은 주어진 정수 m과 n의 최대 공약수를 구하는 알고리즘이다. m − n과 n 또는 n − m과 m의 최대 공약수를 반환하는 부분은 재귀 정의로 되어 있다.

- m = n이면 m 또는 n 반환
- m 〉 n이면 m − n과 n의 최대 공약수 반환
- m 〈 n이면 m과 n − m의 최대 공약수 반환

알고리즘을 그대로 구현하는 코드는 다음과 같다. 함수 이름은 최대 공약수(greatest common divisor)를 나타내는 gcd로 정하고, 인자는 m과 n으로 명시했다.

```
def gcd(m, n):
    if m == n:                    # 재귀 호출 탈출 조건
        return m
    elif m > n:
        return gcd(m - n, n)
    else:                         # m < n
        return gcd(m, n - m)
```

파이썬 쉘에서 실행해 보자.

```
>>> def gcd(m, n):
...     if m == n:                # 재귀 호출 탈출 조건
...         return m
...     elif m > n:
...         return gcd(m - n, n)
...     else:                     # m < n
...         return gcd(m, n - m)
...
>>> gcd(12, 18)
6
>>> gcd(12, 8)
4
```

6.4 PYTHON

실습문제 4

| 문제 |

인자로 정수 한 개(매개변수 이름은 n)를 입력받고, 1부터 n까지의 합을 구해서 반환하는 함수를 재귀 호출을 이용해서 구현한다.

| 요구사항 |

- 인자로 전달되는 n은 1 이상의 정수이다.

| 문제 해결 |

1 + 2 + 3 + … + n을 재귀적으로 정의해야 한다. n + (n − 1) + … + 3 + 2 + 1로 바꿔서 생각해보면, 팩토리얼과 비슷하다. 1부터 n까지 모든 정수의 합을 Sum_n이라고 하면, 1부터 n − 1까지의 모든 정수의 합은 Sum_{n-1}로 표기된다. Sum_n을 재귀적으로 정의하면 다음과 같다.

$$Sum_n = n + Sum_{n-1} \ (n >= 1)$$

n이 1이면 1을 반환하고 종료하는 것이 재귀 호출 종료 조건이다.

팩토리얼 함수와 비슷한 형태로 코드를 작성한다. 종료 조건은 n이 1일 때 1을 반환한다. n이 1이 아니라면, n + Sum_{n-1}을 반환한다. 검수 코드는 1, 3, 100을 인자로 전달해 본다.

```
>>> def Sum(n):
...     if n == 1:
...         return 1
...     return n + Sum(n - 1)
...
>>> print(Sum(1))
1
>>> print(Sum(3))
6
>>> print(Sum(100))
5050
```

재귀 호출되는 횟수가 너무 많아지면 메모리가 부족해지는 문제가 발생할 수 있다. 이 문제에서 Sum( ) 함수에 전달되는 숫자를 1000 또는 10000 정도로 증가하면, 호출 횟수가 제한 범위를 넘어서 오류가 발생할 수 있다.

```
>>> print(Sum(1000))
Traceback (most recent call last):
  File "<stdin>", line 1, in <module>
  File "<stdin>", line 4, in Sum
  File "<stdin>", line 4, in Sum
  File "<stdin>", line 4, in Sum
  [Previous line repeated 995 more times]
  File "<stdin>", line 2, in Sum
RecursionError: maximum recursion depth exceeded in comparison
```

재귀 호출을 사용할 때 재귀 횟수가 너무 많이 발생하지 않도록 주의해야 한다.

| 최종 코드 |

함수와 검수 코드를 코드로 만들고 1, 10, 100까지의 합을 출력한다.

[코드 6-4] prac06_04.py

```
def Sum(n):
    if n == 1:
        return 1
    return n + Sum(n - 1)

print(Sum(1))
print(Sum(10))
print(Sum(100))
```

| 실행 결과 |

```
1
55
5050
```

6 함수

6.5 연습문제

01 함수는 입력과 출력이 반드시 있어야 한다. OX로 답하시오.

02 input( ) 함수는 입력이 반드시 있어야 한다. OX로 답하시오.

03 print( ) 함수는 출력이 반드시 있다. OX로 답하시오.

04 함수를 사용하면 어떤 점에서 좋은지 설명하시오.

05 함수를 정의할 때는 전달인자를 적어야 한다. OX로 답하시오.

06 함수에서 결과값을 반환하려면 return문을 이용한다. 따라서 함수가 끝난 맨 마지막 줄에 적어야 한다. OX로 답하시오.

07 블랙홀 함수는 입력이 없고, 출력만 있다. OX로 답하시오.

08 미러클 함수는 입력이 있고, 출력도 있다. OX로 답하시오.

09 다음의 add 함수를 호출하는 결과를 예측해 보시오.

```
def add(num1, num2, num3):
    return num1 + num2 + num3
```

```
add(2, 3, 5)
add(2, num3 = 5, num2 = 3)
add(2, num3 = "5", num2 = "3")
add(2, num2 = 3, 5)
```

10 print(2, 3, end=" ", sep=" ")는 print(2, 3)으로 줄여 쓸 수 있을까? OX로 답하시오.

11 print(2, 3, sep = ",") 명령문의 출력을 적으시오.

12 다음 함수를 호출하는 잘못된 예를 모두 고르시오.

```
def printNum(n1 = 1, n2 = 10):
    print(f"n1 = {n1}, n2 = {n2}")
```

(1) printNum(11,)　　(2) printNum(11)　　(3) printNum(11, 22)
(4) printNum( )　　(5) printNum(,22)　　(6) printNum(n2=22)

13 다음 코드에서 num1과 num2가 전역인지 지역 변수인지 구분하시오.

```
num1 = 3
def printNum():
    num2 = 4
```

14 다음 코드는 오류가 발생하는지 설명하시오.

```
>>> num = 3
>>> def printNum3():
...     print(num)
...     num = 5
...     print(num)
...
>>> printNum3()
```

15 재귀 함수는 종료 조건을 명시하지 않아도, return 명령어로 결과값을 반환해도 된다. OX로 답하시오.

16 1부터 100까지의 합계를 계산하는 재귀 함수를 작성하시오.

17 연습문제 3-22에서 이슬점을 구하는 함수를 구현하고, 사용자로부터 입력 받은 습도와 온도로 이슬점을 구하는 프로그램을 작성하시오.

이슬점을 구하는 함수는 습도와 온도를 인자로 전달받고 이슬점을 반환한다.

18 날짜를 출력하는 함수를 구현한다. 함수는 다음 형태로 동작한다.

```
>>> PrinteDate(2022, 8, 1)
Year: 2022
Month: August
Day: 1
```

구현된 함수를 이용해서 2022년 9월 20일과 2023년 3월 3일을 출력하는 프로그램을 작성하시오.

19 세 개 단어로 구성된 문자열을 첫 번째 인자로, 1부터 3까지의 정수값을 두 번째 인자로 전달받는 함수를 구현하시오. 함수는 두 번째 인자 위치에 해당되는 단어를 문자열로 반환한다.

```
>>> print(getWord("A beautiful day", 1))
A
>>> print(getWord("A beautiful day", 3))
day
```

20 월(month)에 해당되는 값을 전달받아 월의 마지막 일(day)을 반환하는 함수인 lastDayOfMonth(month)를 구현하시오. 예를 들어 1, 3, 5, 7, 8, 10, 12월의 마지막 날은 31일이다. 윤년은 없다고 가정하고 2월은 28일을 마지막 날로 지정한다.

이 함수를 사용해서 2, 3, 4, 9월의 마지막날을 화면에 출력하는 프로그램을 작성하시오.

21 년, 월, 일을 전달받아 다음날에 해당되는 년, 월, 일을 화면에 출력하는 함수인 nextDay(year, month, day)를 작성하시오.

20번 문제에서 작성한 함수를 사용한다(윤년은 따로 처리하지 않고, 2월은 28일이 마지막날로 가정한다).

년, 월, 일이 월의 마지막 날일 수 있음에 유의해서 작성한다.
표 6-10은 주어진 입력에 대해 함수에서 출력하는 값을 보인다.

표 6-10 nextDay(year, month, day) 함수의 사용 예와 출력 결과

사용 예	출력 결과
nextDay(2022, 12, 31)	2023년 1월 1일
nextDay(2022, 9, 30)	2022년 10월 1일
nextDay(2022, 8, 23)	2022년 8월 24일

7 장

반복문

학 습 목 표

- 프로그래밍에서 반복문의 필요성을 살펴본다.
- 반복문에서 반복을 끝내는 종료 조건을 이해한다.
- 파이썬에서 반복문을 구성하는 while과 for 반복문을 학습한다.
- break와 continue문을 이해한다.

7.1 반복문의 필요성

반복문을 사용하지 않는 입력과 합계

코드를 작성하면서 동일하거나 비슷한 작업들을 반복하는 경우가 있다. 동일한 코드를 여러 번 쓸 수도 있지만, 코드의 중복이 발생한다. 잘 기억하자. 코드의 중복은 최소화하는 편이 좋다. 이런 경우 반복문은 최적의 해결책이다.

정수 세 개를 입력받아서 합을 구하는 프로그램을 작성해 보자. 사용자로부터 세 번 입력을 받고 세 개의 변수에 저장한 후, 합을 구해서 화면에 출력하는 코드를 보자.

```
# 방법 1
n1 = int(input("정수 한 개를 입력하세요: "))
n2 = int(input("정수 한 개를 입력하세요: "))
n3 = int(input("정수 한 개를 입력하세요: "))

sum = n1 + n2 + n3
print(sum)
```

사례를 조금 과장해서, 정수를 1000개 입력받고 합계를 계산해 보자. 반복문이 없다면 입력받고 변수에 저장하는 코드를 1000번 작성해야 하고, 합계를 구하는 것도 n1 + n2 + n3 + … + n50 + … + n1000처럼 해야 한다. 입력받거나 합계를 구하는 과정에서 변수가 누락될 가능성도 높다.

입력을 세 번 받고 합을 구하는 방법 말고, 순차적으로 숫자를 한 개씩 입력받고, 그 값을 바로 합에 더하는 형태의 코드를 작성해 보자.

[코드 7-1]

```
# 방법 2
sum = 0
n1 = int(input("정수 한 개를 입력하세요: "))
sum += n1
n2 = int(input("정수 한 개를 입력하세요: "))
sum += n2
n3 = int(input("정수 한 개를 입력하세요: "))
sum += n3
print(sum)
```

sum 변수값을 0으로 초기화하고, 정수를 한 개씩 입력받을 때마다 sum에 더한다. 1000번을 거듭 입력받더라도 바로 덧셈을 하기 때문에, 값이 누락되는 경우는 줄어든다.

정수를 입력받아 새로운 변수(n1, n2, …)에 저장하지 않고, 변수 한 개만 사용하도록 [코드 7-1]을 수정해 보자.

[코드 7-2]

```
# 방법 3
sum = 0
n = int(input("정수 한 개를 입력하세요: "))      # (1)
sum += n                                        # (2)
n = int(input("정수 한 개를 입력하세요: "))
sum += n
n = int(input("정수 한 개를 입력하세요: "))
sum += n
print(sum)
```

[코드 7-2]에서 sum을 0으로 초기화하고, sum 변수값을 화면에 출력하는 코드를 제외하면 (1)과 (2) 코드가 계속 반복된다.

반복문의 필요성

[코드 7-2]과 같이 비슷한 코드가 중복된다면, 반복문이 해결책이다.

[코드 7-2]에서 n이라는 변수는 새로운 입력값을 저장하고, sum에 더해져서 합을 계산하는

데 사용되고 있다.

100개의 정수를 입력받고 합계의 계산을 복사해서 붙여넣기로 작성한다고 생각하자. 그 반복을 100만 개로 늘리면 복사–붙여넣기가 기하급수적으로 늘어난다.

다음과 같이 함수를 작성하면 코드의 중복이 줄어들 수 있다.

```
# 방법 4
def getSum(s):
    n = int(input("정수 한 개를 입력하세요: "))
    s += n
    return s

sum = 0
sum = getSum(sum)
sum = getSum(sum)
sum = getSum(sum)
print(sum)
```

getSum() 함수는 사용자로부터 정수를 한 개 입력받고 합에 더하는 코드를 한 줄로 간결하게 만들었다. 정수를 100만 번 입력받고 합을 구한다면 줄어드는 코드의 양은 훨씬 늘어난다.

그럼에도 불구하고 함수 호출은 여전히 반복되어야 한다. 간단한 복사/붙여넣기 작업이라고 하더라도, 그 과정에서 오류가 발생할 가능성도 높다. 그래서 파이썬을 비롯한 대부분의 프로그래밍 언어들은 이렇게 동일한 코드 혹은 비슷한 작업을 반복할 때 사용할 수 있도록 반복문을 제공한다.

더 알아보기 **의사 코드(pseudo-code)**

의사 코드란 프로그래밍 언어 문법에 충실한 코드가 아니라, 사람이 이해하기 쉽게 알고리즘을 간결하게 기술하는 방법이다. 의사 코드는 정해진 문법이 없고, 다른 사람에게 설명하듯이 사람들이 일반적으로 사용하는 언어를 이용해서 함축적으로 표기하는 경우가 많다. 단 너무 설명이 길어지지 않도록 코드에서 사용하는 조건문, 반복문, 함수 등을 비슷하게 표현하기도 한다.

7.2 반복문과 종료 조건

종료 조건이 없으면 반복 코드는 불완전

그림 7-1 버스가 정차된 정류장

반복문을 사용하려면, 반복이 종료되는 조건을 잘 이해해야 한다. 종료 조건을 표현할 때 True 또는 False 값이 결과로 나타나는 조건 표현식이 자주 사용된다.

종료 조건의 예를 버스를 타는 것에서 살펴보자. 단순하게 정류장에 7016버스가 있으면 타고, 버스가 없으면 아무 것도 하지 않는 것을 의사 코드로 표현하면 다음과 같다.

```
if "7016버스가 정류장에 있으면":
    버스타기()
```

이 코드는 버스가 있으면 타겠지만, 버스가 없으면 어떻게 할 것인지는 알 수 없다. 버스가 없을 때 기다린다는 내용을 추가해 보자.

```
if "7016버스가 정류장에 있으면":
    버스타기()
if "7016버스가 정류장에 없으면":
    기다리기()
```

버스를 타려면 두 과정을 다음과 같이 반복하도록 코드를 작성해야 한다.

```
if "7016버스가 정류장에 있으면":
    버스타기()
if "7016버스가 정류장에 없으면":
```

```
    기다리기()
if "7016버스가 정류장에 있으면":
    버스타기()
if "7016버스가 정류장에 없으면":
    기다리기()
... # 여기서 생략 표시는 앞에서 보인 두 개의 if문이 반복됨을 보임
```

종료 조건과 반복문

동일한 작업이 반복되어야 하므로, 이 코드는 비효율적이다. 의사 코드에서는 말줄임표(…)라도 사용해서 반복 표현을 했지만, 파이썬에서는 저렇게 작성할 수 없다.

의사 코드에 반복을 추가해 보자. 7016버스가 정류장에 없으면 기다리기( )를 반복하다가, 정류장에 도착하면 기다림을 멈추면 된다. 이때 기다리기( ) 반복의 종료 조건은 "7016버스가 정류장에 도착하면"이다. 다음은 앞에서 보인 코드를 반복을 포함하는 형태의 의사 코드로 수정한 것이다.

단, 여기서는 기다리는 것을 아주 짧은 시간(시간은 몇 초 단위로 프로그래머가 정한 것으로 가정한다) 동안 아무것도 하지 않는 것으로 가정한다.

```
종료_조건("7016버스가 정류장에 도착하면")이_만족되지_않으면_다음을_반복:
    짧은_시간동안_아무것도_하지_않기()
if "7016버스가 정류장에 있으면":
    버스타기()
```

이제 종료 조건이 만족될 때까지 기다리는 반복 의사 코드가 만들어졌다. 버스가 정류장에 도착하지 않으면 계속 기다림을 반복한다. 도착하면 반복이 종료되고, if문으로 실행이 넘어간다.

if문의 조건이 만족되므로, 버스를 탈 수 있게 된다. 여기서 if 조건은 사실 없어도 된다. 종료 조건이 만족되면 버스가 있을 것이므로 아래와 같이 줄여 작성할 수 있다.

```
종료_조건("7016버스가 정류장에 도착하면")이_만족되지_않으면_다음을_반복:
    짧은_시간동안_아무것도_하지_않기()
버스타기()
```

반복문은 종료 조건이 만족되지 않으면 지정한 작업을 반복하는 것을 표현한다.

반복문을 사용할 때 언제 반복을 종료시킬 것인지 판단해야 한다. 종료 조건이 없는 반복문은 영원히 반복 작업이 끝나지 않는 "무한 반복" 상태에 빠진다. 프로그램이 종료되지 않는 것이다.

의도적으로 무한 반복을 수행하는 것이 아니라면, 반복문을 사용할 때 종료 조건을 명시한다.

PYTHON

7.3 while 반복문

if문은 1회 실행

앞서 버스 타기의 예를 다시 생각해 보자. if문은 한 번만 기다리는 것을 표현한 것이다. 계속 기다림, 즉 반복을 표현하기에는 부족하다.

```
if "7016버스가 정류장에 없으면":
    기다리기()
```

if 대신 while을 사용하여 반복

"if"를 "while" 키워드로 바꾸면 반복문이 된다. 다음은 버스가 정류장에 있을 때까지 기다림을 반복하는 의사 코드이다.

```
while "7016버스가 정류장에 없으면":
    짧은_시간동안_아무것도_하지_않기()
```

while문은 조건식이 만족되면 코드 블록을 반복한다. if문은 조건이 만족되면 한 번 코드 블록을 실행하지만, while은 조건이 만족되지 않을 때까지 코드 블록을 반복해서 실행시킨다.

파이썬에서 while문을 작성하는 방법은 다음과 같다.

```
while <조건식>:
    <코드 블록>
```

while문은 조건식이 만족되면 코드 블록이 실행된다. 코드 블록 실행 후에, 조건식이 여전히 만족되면 다시 코드 블록을 실행시킨다. 이런 과정을 조건식이 만족되지 않을 때까지 반복한다.

일반적으로 while문의 코드 블록에서 실행되는 내용에 따라 조건식 결과값이 변경되고, 이를 통해서 반복 여부가 결정된다.

간단한 예를 살펴보자. 변수 n을 1부터 3까지 증가하면서 화면에 출력하는 코드를 작성해 본다.

```
>>> n = 1
>>> while n < 4:
...     print(n)
...     n += 1
...
1
2
3
```

n을 1로 초기화한 후에 while문의 조건식에서 4보다 작은지 확인한다. 조건이 만족되므로, 코드 블록이 실행되면서 n을 화면에 출력한 후 1을 증가시킨다. n이 1씩 증가되면서 4가 되면 조건이 만족되지 않으므로 while문이 종료된다.

while문은 조건의 결과에 따른 반복에 최적화

while문은 조건의 결과에 따라 반복 작업 수행 여부를 결정한다.

[코드 7-2]를 while문을 이용해서 작성해 본다. 코드를 분석하면 세 부분으로 나뉜다.

- 합을 저장할 sum 변수를 초기화
- 사용자로부터 정수를 입력받고, sum에 더하기
- 합의 결과값을 화면에 출력

이 중에서 반복되는 부분은 두 번째이다. 사용자로부터 정수를 입력받고 sum에 더하는 부분을 세 번 반복해서 합계를 계산하고 있다.

횟수를 세기 위해 count 변수를 사용할 수 있다. count = 1로 초기화 후에 한 번씩 정수를 입력받아 합을 구하고 count를 1씩 증가시킨다.

while문을 적용하기 전 먼저 횟수를 세 번 세면서 계산하는 코드를 작성하면 다음과 같다.

[코드 7-3]

```
count = 1
sum = 0
n = int(input("정수 한 개를 입력하세요: "))      # (1)
sum += n                                         # (2)
count += 1                                       # (3)
n = int(input("정수 한 개를 입력하세요: "))
sum += n
count += 1
n = int(input("정수 한 개를 입력하세요: "))
sum += n
count += 1
print(sum)
```

초기화시키는 부분과 결과값을 화면에 출력하는 부분을 제외하면, (1)~(3) 코드가 세 번 중복된다. count 변수를 이용해서 횟수를 센다면, while문에서 종료 조건은 count 변수가 증가되면서 4가 되는 것이다. 다음은 [코드 7-3]을 while문으로 수정한 것이다.

```
count = 1
sum = 0
while count < 4:
    n = int(input("정수 한 개를 입력하세요: "))  # (1)
    sum += n                                     # (2)
    count += 1                                   # (3)
print(sum)
```

[코드 7-3]에서 반복되는 부분 즉 (1)~(3) 코드를 while문의 코드 블록에 위치시켰다. while문은 코드 블록을 반복시키는 조건식을 써야 하므로, 종료 조건(count >= 4)을 반대로 작성했다.

while문으로 1~10까지 합계 구하기

1부터 10까지 모든 정수의 합계를 구하는 코드를 작성한다. 1~10까지의 합계를 수식으로 표현하면 다음과 같다.

```
1 + 2 + 3 + ... + 9 + 10
```

계산기로는 어떻게 할까? 그림 7-2에 보인 것처럼 1과 2를 더해서 3을 얻을 것이다. 결과값 3과 다음 순서의 3을 더해서 6을 구할 것이다. 이런 식으로 한 개씩 더해서 합을 구하는 것을 10까지 반복한다.

그림 7-2 계산기를 이용해서 덧셈하는 과정

이 과정을 코드로 작성해 보자. 합을 저장할 변수인 sum을 생성하고 1로 초기화시킨다. sum 변수값(1)과 2를 더해서 sum에 저장한다. sum 변수값과 3을 더해서 다시 sum에 저장한다. 이렇게 sum 변수값에 4, 5, …, 10을 순차적으로 더하면 된다. 코드로 작성하면 다음과 같다.

[코드 7-4]

```
sum = 1
sum += 2
sum += 3
...
sum += 9
sum += 10
print(sum)
```

[코드 7-4]는 [코드 7-3]과는 달리 동일하게 반복되는 코드가 없어서 반복문으로 바꾸는 것이 어려워 보인다.

[코드 7-4]를 수정해서, sum에 2~10까지의 숫자를 더하는 대신, n을 2부터 10까지 1씩 증가시킬 때마다, sum과 n을 더해서 다시 sum에 저장하는 형태로 만들어 보자.

[코드 7-5]

```
sum = 1
n = 2
sum += n        # sum += 2      (1)
n += 1          #  n = 3        (2)
sum += n        # sum += 3
n += 1          # n = 4
sum += n        # sum += 4
n += 1          # n = 3
...
n += 1          # n = 10
sum += n        # sum += 10
n += 1          #               (3)
print(sum)
```

반복문은 중복된 코드가 사라지는 마술

[코드 7-5]에서는 (1)~(2) 코드가 동일하게 반복되므로 반복문으로 쉽게 수정할 수 있다. sum에 10을 더한 뒤에 n을 1 증가시키는 코드 (3)은 필요없지만 반복되는 코드라는 의미로 추가하였다.

n이 11 이상이 되면 반복을 종료해야 한다.

코드를 while문으로 작성해서 실행시켜 본다.

[코드 7-6]

```
>>> sum = 1          # sum 변수에 이미 1을 더함
>>> n = 2            # n = 2~10까지 변경하며 sum에 더할 예정
>>> while n < 11:    # n이 11이 되면 반복 종료
...     sum += n
...     n += 1
...
>>> print(sum)
55
```

[코드 7-6]에서는 합을 저장하는 sum 변수를 1로 초기화시켰다. sum에 1이 저장되었으므로, n = 1일 때 합에 더한 것으로 가정하고, 2~10까지의 정수들을 sum과 합을 구했다.

[코드 7-7]에서는 sum을 0으로 초기화시킨 후에 n을 1~10까지 더하도록 수정했다. 종료 조건은 n이 11 이상이 되는 것으로 [코드 7-6]과 동일하다.

[코드 7-7]

```
>>> sum = 0
>>> n = 1
>>> while n < 11:
...     sum += n
...     n += 1
...
>>> print(sum)
55
```

sum을 0으로, 그리고 n을 1로 초기화시키는 것 외에는 [코드 7-6]과 동일하다.

while문의 조건식은 True/False에 준하는 정수나 문자열도 사용 가능

조건식에 정수나 문자열을 사용할 수 있다. 정수 0은 False, 0이 아닌 정수는 True를 나타내고 빈 문자열은 False를, 글자가 한 개라도 있는 문자열은 True를 나타낸다.

[코드 7-9]를 수정해서 count를 5로 초기화시키고 한 개씩 빼는 형태로 코드를 작성해본다. count 변수가 0이 되면 종료 조건(count == 0이면 false)이 만족되어 while문을 끝내고 최대값을 출력한다.

[코드 7-9]

```
print("5개 정수를 입력하면 가장 큰 값을 화면에 출력합니다")
maxValue = 0
count = 5
while count:      # 또는 count > 0
    n = int(input("0보다 큰 정수 한 개를 입력하세요: "))
    if n > maxValue:
        maxValue = n
    count -= 1
print("최대값 = ", maxValue)
```

[코드 7-9]의 결과값은 [코드 7-12]와 같다.

사용자로부터 문자열을 입력받아서 출력하는 프로그램을 작성한다. 빈 문자열이 입력되면(입력할 때 아무것도 입력하지 않고 엔터키만 입력), 프로그램이 종료한다.

사용자로부터 문자열을 입력받는다. 빈 문자열이 입력되면 반복 작업의 종료 조건으로, 해당 문자열이 빈 문자열이 아니면 화면에 출력한다. 한 번 입력받고 빈 문자열인지 아닌지 확인하는 반복 작업을 수행한다.

[코드 7-10]

```
s = input("출력할 문자열을 입력하세요. 빈 문자열을 입력하면 종료됩니다: ")
while s:
    print(s)
    s = input("출력할 문자열을 입력하세요. 빈 문자열을 입력하면 종료됩니다: ")
```

[코드 7-10]의 실행 결과이다.

```
출력할 문자열을 입력하세요. 빈 문자열을 입력하면 종료됩니다: hello
hello
출력할 문자열을 입력하세요. 빈 문자열을 입력하면 종료됩니다: hello2
hello2
출력할 문자열을 입력하세요. 빈 문자열을 입력하면 종료됩니다:
```

PYTHON

7.3 실습문제 1

| 문제 |

사용자로부터 숫자 5개를 입력받고, 가장 큰 값을 찾아서 반환하는 함수를 작성하고, 이 함수를 활용해서 가장 큰 입력값을 화면에 출력하는 프로그램을 구현한다.

| 요구사항 |

- 사용자가 입력하는 숫자 5개는 모두 0보다 큰 양수로 가정한다.
- 자료의 정렬 알고리즘이 적용된 함수를 사용하지 않고 풀어본다.

| 문제 해결 |

이 문제를 해결하는 방법은 다양하다.

첫 번째 방법은 변수 다섯 개에(n1, n2, …, n5) 사용자가 입력한 정수값들을 저장한 후 5개 값을 서로 비교할 수 있다.

숫자가 한 개만 있을 때는 자신이 가장 큰 수이므로, 최대값 변수에 첫 번째 값을 저장한다. 기억시킨 큰 값과 두 번째 정수를 비교해서 더 큰 값을 저장한다. 비슷하게 세 번째, 네 번째와 다섯 번째 숫자를 비교해서 가장 큰 값을 찾는다.

다음은 구현 코드이다. 코드는 크게 세 부분으로 나누어진다.

1. 정수 5개를 입력받고 n1, n2, …, n5 변수에 저장
2. n1, n2, …, n5 중에서 가장 큰 값을 비교해서 찾기
3. 가장 큰 값을 화면에 출력

다음은 코드이다. 가장 큰 값을 저장하는 변수는 maxValue로 지정한다.

[코드 7-8]

```
# 1단계
n1 = int(input("0보다 큰 정수 한 개를 입력하세요: "))
n2 = int(input("0보다 큰 정수 한 개를 입력하세요: "))
```

```
n3 = int(input("0보다 큰 정수 한 개를 입력하세요: "))
n4 = int(input("0보다 큰 정수 한 개를 입력하세요: "))
n5 = int(input("0보다 큰 정수 한 개를 입력하세요: "))

# 2단계
maxValue = n1
if n2 > maxValue: # n1이 크면 maxValue에 n1을 아니면 n2를 저장
    maxValue = n2
if n3 > maxValue: # 세 번째 정수와 maxValue를 비교해 최대값 저장
    maxValue = n3
if n4 > maxValue:
    maxValue = n4
if n5 > maxValue:
    maxValue = n5

# 3단계
print(maxValue)
```

[코드 7-8]에는 비슷한 코드들이 반복된다. 예를 들어 정수를 입력받는 코드나 n2~n4 변수들을 maxValue와 비교하는 코드들은 거의 비슷한데, 변수 이름들만 조금씩 달라져서 반복문으로 수정하는 것이 어렵다.

두 번째 방법에서는 첫 번째 알고리즘을 수정한다. 정수를 한 개씩 입력받고 maxValue 변수와 비교해서 큰 값을 저장한다. 사용자가 입력하는 정수는 0보다 큰 정수라고 했으므로, maxValue는 0으로 초기화시킨다.

maxValue를 초기화시킨 후 한 개 정수만 입력받고 비교해서 최대값을 저장하는 코드를 작성한다.

```
>>> maxValue = 0                                          # (1)
>>> n = int(input("0보다 큰 정수 한 개를 입력하세요: "))  # (2)
0보다 큰 정수 한 개를 입력하세요: 5
>>> if n > maxValue:                                      # (3)
...     maxValue = n
...
>>> print(maxValue)                                       # (4)
5
```

정수를 두 개 입력받는다면 (2)와 (3)을 한 번 더 반복해서 실행시키면 된다. 실행 순서는 (1) – (2) – (3) – (2) – (3) – (4)가 된다.

정수 다섯 개를 입력받고 비교한다면, (2)와 (3)을 다섯 번 반복하면 된다. 정수를 한 개씩 입력받고 maxValue와 바로 비교하기 때문에 다섯 개의 다른 변수를 사용할 필요가 없고, 반복 가능한 코드를 만들 수 있다.

반복하기 전에 횟수를 세기 위해 count 변수를 1로 초기화시킨 후(첫 번째 입력을 받는다는 의미) 반복문에서 정수를 입력받고 최대값과 비교한 후, count 변수를 1 증가시킨다(다음 회차가 된다는 의미).

```
maxValue = 0
count = 1                 # 첫 번째
n = int(input("정수 한 개를 입력하세요: "))
if n > maxValue:
    maxValue = n
count += 1                # 두 번째
n = int(input("정수 한 개를 입력하세요: "))
if n > maxValue:
    maxValue = n
count += 1                # 세 번째
...                       # count가 5일때까지 반복
print(maxValue)
```

반복문을 이용해서 코드를 작성하고 실행해 본다. 다섯 번을 입력받기 위해서 횟수를 세어야 하므로, count 변수(1로 초기화)를 사용한다. 반복문의 종료 조건은 count가 5보다 커지는 순간이 된다.

```
>>> maxValue = 0
>>> count = 1
>>> while count < 6:
...     n = int(input("0보다 큰 정수 한 개를 입력하세요: "))
...     if n > maxValue:
...         maxValue = n
...     count += 1
...
0보다 큰 정수 한 개를 입력하세요: 5
```

7

반복문

```
0보다 큰 정수 한 개를 입력하세요: 10
0보다 큰 정수 한 개를 입력하세요: 8
0보다 큰 정수 한 개를 입력하세요: 4
0보다 큰 정수 한 개를 입력하세요: 13
>>> print("최대값 = ", maxValue)
최대값 = 13
```

| 최종 코드 |

입력받기 전에 프로그램이 무엇을 하는지를 설명하고, 출력할 때 "최대값 = " 부분이 추가되었다.

[코드 7-9] prac07_01.py

```
print("5개 정수를 입력하면 가장 큰 값을 화면에 출력합니다")
maxValue = 0
count = 1
while count < 6:
    n = int(input("0보다 큰 정수 한 개를 입력하세요: "))
    if n > maxValue:
        maxValue = n
    count += 1
print("최대값 = ", maxValue)
```

| 실행 결과 |

최대값이 화면에 출력된다.

```
5개 정수를 입력하면 가장 큰 값을 화면에 출력합니다
0보다 큰 정수 한 개를 입력하세요: 10
0보다 큰 정수 한 개를 입력하세요: 30
0보다 큰 정수 한 개를 입력하세요: 20
0보다 큰 정수 한 개를 입력하세요: 15
0보다 큰 정수 한 개를 입력하세요: 9
최대값 = 30
```

7.3 실습문제 2

PYTHON

| 문제 |

사용자로부터 1~100 사이의 정수를 입력받고 화면에 출력하는 프로그램을 작성한다. 1~100 범위 밖의 정수가 입력되면 범위 안의 정수가 입력될 때까지 계속 입력받는다.

| 요구사항 |

- 사용자가 입력하는 숫자는 음수와 양수를 포함하는 정수로 제한한다.
- 1~100 사이의 정수는 1, 2, …, 99, 100을 나타낸다.

| 문제 해결 |

종료 조건부터 찾아보자.

사용자가 1~100 사이의 정수를 입력하면 화면에 값을 출력하고 반복을 종료할 수 있다. 종료 조건은 입력된 정수가 1~100 사이에 있을 때이다.

반복되는 부분을 찾는다. 반복문을 사용하지 않고 코드를 작성해 본 후에 반복되는 부분을 찾아본다.

문제 해결 순서는 다음과 같다.

- 정수 한 개 입력받기
- 1~100 사이의 정수가 아니면 다시 입력받기
- 화면에 입력된 정수를 출력

정수를 입력받고 범위 밖이면 다시 입력받고, 범위 내이면 화면에 출력하는 코드를 작성한다.

```
n = int(input("1~100 사이의 정수를 한 개 입력하세요: "))
if n < 1 or n > 100:                                         # (1)
    n = int(input("1~100 사이의 정수를 한 개 입력하세요: "))  # (2)
print(n)
```

사용자가 계속해서 1~100 사이에 있지 않은 정수를 입력한다면, (1) ~(2)를 반복해야 한다. if를 while로 바꿔 반복하는 코드를 작성한다.

```
n = int(input("1~100 사이의 정수를 한 개 입력하세요: "))
while n < 1 or n > 100:                                    # (1)
    n = int(input("1~100 사이의 정수를 한 개 입력하세요: "))   # (2)
print(n)
```

반복문의 종료 조건을 확인하려면 사용자에게서 입력받은 정수가 있어야 한다. 입력받는 코드를 실행시킨 후에 결과값을 이용해서 반복문의 조건식을 확인한다. 1~100 사이의 정수가 입력될 때까지 반복적으로 정수를 입력받는다.

셸에서 코드를 실행시켜 제대로 동작하는지 확인한다.

```
>>> n = int(input("1~100 사이의 정수를 한 개 입력하세요: "))
1~100 사이의 정수를 한 개 입력하세요: 0
>>> while n < 1 or n > 100:       # (1)
...     n = int(input("1~100 사이의 정수를 한 개 입력하세요: "))   # (2)
...
1~100 사이의 정수를 한 개 입력하세요: 101
1~100 사이의 정수를 한 개 입력하세요: 105
1~100 사이의 정수를 한 개 입력하세요: -5
1~100 사이의 정수를 한 개 입력하세요: 15
```

반복문이 끝나면 입력된 값을 화면에 출력한다.

```
>>> print(n)
15
```

| 최종 코드 |

1~100 사이의 정수를 입력받을 때까지 반복하는 코드이다.

[코드 7-10] prac07_02.py

```
n = int(input("1~100 사이의 정수를 한 개 입력하세요: "))
while n < 1 or n > 100:                                    # (1)
```

```
    n = int(input("1~100 사이의 정수를 한 개 입력하세요: "))    # (2)
print(n)
```

| 실행 결과 |

```
1~100 사이의 정수를 한 개 입력하세요: -1
1~100 사이의 정수를 한 개 입력하세요: 105
1~100 사이의 정수를 한 개 입력하세요: 20
20
```

7.4 for 반복문

반복문의 사용

for 반복문은 정해진 횟수만큼 반복하거나 제한된 개수의 요소들을 순회하면서 처리할 때 주로 사용되는 반복문이다.

for 반복문의 사용법은 다음과 같다.

```
for 변수 in 순서가_있는_객체:
    〈코드 블록〉
```

for 반복문에서는 '순서가_있는_객체'의 각 요소를 변수에 저장한 후 코드 블록을 실행한다. 이어서 객체의 다음 요소를 변수에 저장한 후 코드 블록을 다시 실행한다. 이렇게 '순서가_있는_객체'의 모든 요소들을 변수에 저장한 후 코드 블록을 실행하고 나면 반복문이 종료된다.

for 반복문과 문자열

순서가 있는 대표적인 예는 문자열이다. 문자열을 구성하는 문자들은 인덱스 번호로 접근할 수 있다. 각 글자들은 인덱스 번호에 따라 앞뒤 순서가 정해져 있다.

for 반복문과 문자열을 이용해서 문자열을 구성하는 글자들을 한 줄에 한 개씩 화면에 출력하는 코드를 작성한다.

[코드 7-13]

```
>>> s = "hello"
>>> for ch in s:        # 변수에 저장하지 않고 for ch in "hello": 라고 쓸 수도 있음
...     print(ch)
...
h
```

```
e
l
l
o
```

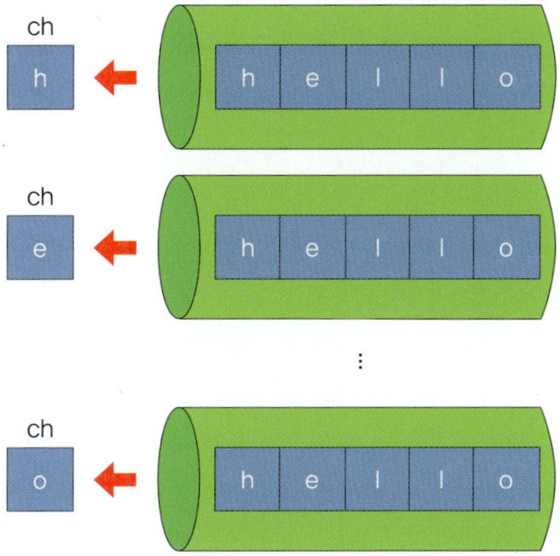

그림 7-3 for문이 동작하는 방법

그림 7-3는 [코드 7-13]이 동작하는 방법을 보여준다. for 반복문이 시작되면 ch에는 "hello" 문자열의 첫 번째 글자인 h가 저장된다. 'h'가 저장된 ch 변수를 사용해서 코드 블록에 있는 print(ch)문이 실행된다.

다음에는 문자열의 두 번째 글자인 'e'가 ch에 저장된 후 코드 블록이 실행된다. 문자열의 각 글자들이 순서대로 ch 변수에 저장된 후 코드 블록이 실행되는 것이 끝나면 반복문이 종료된다.

for 반복문의 종료 조건은 "순서가_있는_객체"의 모든 요소가 변수에 저장되고, 코드 블록이 실행되면 종료된다. for문의 반복 횟수는 "순서가_있는_객체"의 크기 또는 요소의 개수만큼이다.

for 반복문과 range 객체

range 객체는 for 반복문과 자주 사용된다. range 객체는 range() 함수를 이용해서 만들어지는 객체로, 일정한 규칙성을 지닌 정수값들의 모음이다.

range 객체는 그림 7-4처럼 파이프(pipe)같이 생긴 원통에 정수들이 나열되어 있고, 뚫린 방향으로만 정수를 한 개씩 꺼낼 수 있는 구조체로 생각하면 된다.

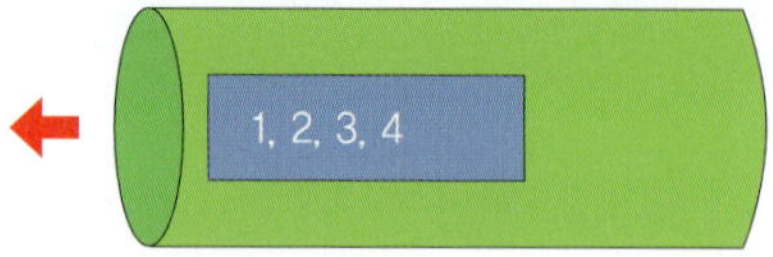

그림 7-4 range 객체

range() 객체의 정수값들은 range() 함수에 전달되는 인자들을 이용해서 생성된다. 표 7-1은 range() 객체 생성 방법을 나타낸 것이다.

표 7-1 range( ) 함수 사용법

range () 사용법	설명	사용 예	생성된 range 객체의 정수값들	주의사항
range(num)	0, 1, 2, ... num−1까지의 정수를 포함하는 range 객체 반환	range(3)	0, 1, 2	num 〉 0이어야 함
range(first, second)	first, first+1, first+2, ... second−1 까지의 정수를 포함하는 range 객체 반환	range(1, 5)	1, 2, 3, 4	second 〉 first이어야 함. first와 second는 음수 가능
range(first, second, step)	first, first+step, first+2*step, ... first+n*step을 포함한 객체 반환	range(1, 7, 2)	1, 3, 5	first 〉 second이고 step 〈 0이면, first+n*step은 second보다 큰 가장 작은 정수. first 〈 second이고 step 〉 0이면, first+n*step은 second보다 작은 가장 큰 정수

표 7-2에서 range() 함수의 사용 예를 몇 개 더 살펴본다.

표 7-2 range( ) 함수 사용 예

사용 예	생성된 range 객체의 정수값들	설명
range(−5, −2)	−5, −4, −3	−5~(−2 − 1)까지의 정수값을 포함
range(−5, 3, 2)	−5, −3, −1, 1	−5 〈 3이고, step 〉 0이므로 −5~1까지의 정수값에서 2씩 간격을 둔 정수값을 포함
range(7, 1, −3)	7, 4	7 〉 1이고 step 〈 0이므로 7~2까지의 정수값에서 −3씩 간격을 둔 정수값을 포함
range(7, −3, −2)	7, 5, 3, 1, −1	7 〉 −3이고 step 〈 0이므로 7~−2까지의 정수값에서 −2씩 간격을 둔 정수값을 포함

range( ) 객체는 정수값들을 포함하고, for 반복문을 이용하면 객체의 정수 각각을 변수에 저장한 후에 반복문의 코드 블록을 실행한다. 코드를 작성해서 표 7-1과 표 7-2의 range 객체를 출력해 본다.

다음 코드에서는 range 객체를 인자로 받아 각 요소들을 화면에 출력하는 printRangeObject( ) 함수와 검수하는 코드를 작성한다.

```
>>> def printRangeObject(r):
...     for n in r:
...         print(n, end = ' ')
...     print("") # 빈 줄을 출력하지만, 줄바꿈 효과가 나타남
...
>>> printRangeObject(range(3))
0 1 2
>>> printRangeObject(range(1, 5))
1 2 3 4
>>> printRangeObject(range(1, 7, 2))
1 3 5
>>> printRangeObject(range(-5, -2))
-5 -4 -3
>>> printRangeObject(range(-5, 3, 2))
-5 -3 -1 1
>>> printRangeObject(range(7, 1, -3))
7 4
>>> printRangeObject(range(7, -3, -2))
7 5 3 1 -1
```

그림 7-5는 for문이 range 객체에 대해서 동작하는 방법을 보여준다. 정수가 포함되어 있는 range 객체에서 정수를 한 개씩 변수 n에 저장한 후에 코드 블록을 실행한다.

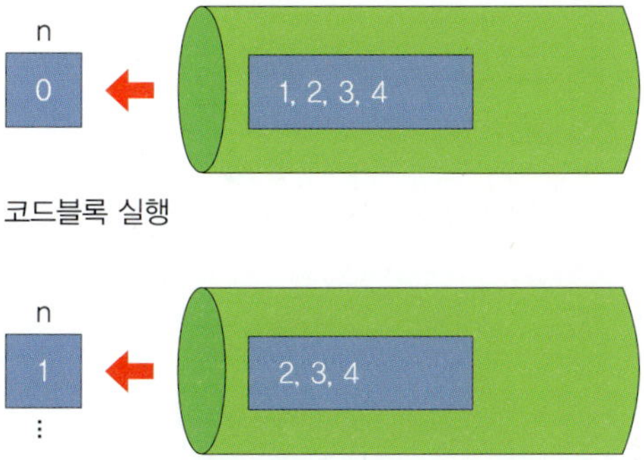

그림 7-5 for 반복문과 range 객체 동작 방법

횟수를 세는 range 객체

for문의 코드 블록에서 range() 객체의 정수들을 활용하지 않고, 단순 횟수를 세는 목적으로 range() 객체를 사용하기도 한다.

다음 코드는 "hello" 문자열을 세 번 출력한다. 여기서 range() 객체의 0, 1, 2 정수값은 세 번 실행시키기 위해 횟수를 세는 목적으로 사용된다.

```
>>> for i in range(3):
...     print("hello")
...
hello
hello
hello
```

for문을 이용해서 1부터 10까지 합 구하기

1부터 10까지의 합을 구하는 코드를 for문으로 작성해 본다.

[코드 7-6]과 [코드 7-7]에서 while문을 이용해서 1~10까지의 합을 구하는 프로그램을 작성했었다. while문을 사용할 때는 n변수를 2~10 또는 1~10까지 직접 1씩 증가시키면서 sum에 더했다.

for문을 사용할 때는 range 객체를 이용해서 1~10까지의 정수를 만들어서 n에 저장하는 형태로 작성한다. range() 함수를 이용해서 1~10까지 만들려면 range(1, 11)로 작성한다.

[코드 7-14]

```
>>> sum = 0
>>> for n in range(1, 11): # n변수값을 1~10까지 변경해서 저장
...     sum += n
...
>>> print(sum)
55
```

더 알아보기 모듈과 모듈의 함수 사용하기

컴퓨터 프로그램을 작성하다 보면, 주사위나 동전을 던지거나 복권의 번호를 뽑는 것처럼 무작위로 추첨하는 숫자들을 만들어야 하는 경우가 있다. 이럴 때 유용하게 사용할 수 있는 기능이 무작위 숫자 생성 기능(random number generation)이다.

파이썬을 포함한 대부분의 프로그래밍 언어들은 방법은 다르지만, 무작위 숫자 생성 기능을 제공한다.

파이썬은 여러 가지 무작위 숫자 생성 기능을 제공하는데, 많이 쓰이는 두 가지만 살펴본다.

파이썬이 제공하는 무작위 숫자 생성 기능을 이용하려면 항상 다음 코드를 먼저 실행시켜야 한다.

```
import random
```

len( )이나 max( )처럼 파이썬에서 기본적으로 제공하는 함수들이 있다. 하지만 모든 함수를 파이썬에 포함시키면 파이썬 인터프리터가 너무 커지고 복잡해진다. 파이썬에 새로운 기능을 추가한다면 매번 파이썬 인터프리터가 변경된다는 문제도 있다. 파이썬은 많은 기능들을 인터프리터 외부에 모듈이라는 이름으로 제공한다. 모듈은 다양한 기능들을 모아놓은 꾸러미이다. "import 모듈_이름"은 파이썬 코드에서 특정 모듈을 사용하겠다는 뜻이다. 모듈은 여러 함수들을 포함할 수 있는데, 모듈의 함수는 모듈_이름.함수_이름( ) 형태로 사용한다.

예를 들어 다음 코드는 random 모듈에 있는 random( ) 함수를 이용하여 무작위 숫자를 한 개 생성해서 화면에 출력한다.

```
>>> import random
>>> print(random.random())
0.6111427313309266
```

모듈에 관해서는 13장에서 더 자세히 알아본다.

더 알아보기 무작위 숫자 생성 기능 사용하기

random 모듈에는 여러 가지 무작위 숫자 생성 함수들이 있다. 무작위 숫자 생성 함수들은 정해진 범위 내에서 숫자들을 만들어내는데, 생성되는 값들은 균일 분포(uniformly distributed)를 따른다. 다시 말하면, 무작위로 생성되는 모든 숫자들은 같은 확률로 생성된다.

여기서는 많이 사용되는 random( )과 randint( ) 함수의 사용법을 살펴본다. random( ) 함수는 0.0 <= 생성값 < 1.0의 실수 한 개를 무작위로 생성한다. 일반적으로 가장 많이 사용되는 무작위 숫자 생성 함수이다.

randint(minNum, maxNum) 함수는 minNum <= 생성값 <= maxNum인 정수를 한 개 생성한다. 특정 범위의 숫자를 생성할 때 유용하게 사용할 수 있다.

[사용 예]

```
>>> import random
>>> print(random.random())
0.30555487167733153
>>> print(random.randint(1, 6)) # 1~6 사이의 정수를 한 개 출력
2
>>> print(random.randint(1, 6)) # 1~6 사이의 정수를 한 개 출력
1
```

더 알아보기 **추상화(abstraction)**

동전을 던지거나 주사위를 던지는 프로그램을 작성한다고 할 때, 실제 동전이나 주사위를 프로그램으로 구현할 수는 없다. 컴퓨터 그래픽 등을 이용해서 동전이나 주사위 모양을 만들고 던져지는 그래픽 장면을 만드는 것은 가능하지만, 이는 눈에 보이는 영상에 불과하다.

동전이나 주사위를 던진다고 했을때 시각적으로 보이는 부분도 중요할 수 있지만, 동전의 앞 또는 뒷면 중 어느 쪽인지 또는 주사위의 면 중 어떤 면이 위에 보이는지가 더 중요하다.

이렇게 실생활에 있는 사물, 실생활에서 볼 수 없는 개념, 동작 등을 컴퓨터 프로그램으로 만들 수 있게 단순화 시키고 핵심적인 부분을 추출해서 코드 형태로 만드는 것을 추상화라고 부른다.

7.4 PYTHON

실습문제 3

| 문제 |

정수의 약수들을 화면에 출력하는 프로그램을 작성한다. 12와 16의 약수들을 출력해 본다.

| 요구사항 |

정수를 한 개 인자로 전달받고, 약수를 화면에 모두 출력하는 함수를 작성한다.

| 문제 해결 |

정수를 나누어 떨어지게 하는 정수를 약수라고 한다. 정수 n이 있다고 할 때 약수를 확인하는 간단한 방법은, n을 1, 2, …, n까지의 정수로 나누어서 나머지가 0이라면 약수이다.

for 반복문을 이용해서 1~n까지의 정수를 포함하는 range 객체를 생성한 후, n으로 나누어서 나머지가 0이면 화면에 출력하는 코드를 작성한다. n 변수값은 12라고 가정한다.

```
>>> n = 12
>>> for i in range(1, n + 1):    # 1~n까지 포함하는 range 객체 생성
...     if n % i == 0:           # n을 i로 나눌 때 나머지가 0이면
...         print(i)             # 약수이므로 화면에 출력
...
1
2
3
4
6
12
```

코드를 함수로 만들어 본다. 함수 이름은 printDivisors, 매개변수는 정수 한 개를 받을 수 있는 n, 반환값은 없다. n이 매개변수로 바뀌는 것 외에는 앞에서 보인 코드와 동일하다.

[코드 7-15]

```
def printDivisors(n):
```

7 반복문

```
    for i in range(1, n + 1):
        if n % i == 0:
            print(i)
```

| 최종 코드 |

[코드 7-15]를 사용해서 12, 16의 약수를 출력하는 코드를 붙여 최종 코드를 만든다.

[코드 7-16] prac07_03.py

```
def printDivisors(n):
    for i in range(1, n + 1):
        if n % i == 0:
            print(i)

print("12의 약수들")
printDivisors(12)
print("\n16의 약수들")
printDivisors(16)
```

| 실행 결과 |

```
12의 약수들
1
2
3
4
6
12

16의 약수들
1
2
4
8
16
```

PYTHON

7.4 실습문제 4

| 문제 |

동전을 던져서 앞/뒷면이 나오는 횟수를 세고, ½ 확률에 수렴하는지 확인하는 프로그램을 작성한다.

- 컴퓨터에서 동전을 던질 수는 없으므로 `random.randint()` 함수를 이용해서 두 개 숫자 중 한 개를 무작위로 생성하여 동전의 앞/뒷면을 대신한다.
- 100, 1000, 10000회 던져서 앞/뒷면이 나오는 횟수를 각각 출력한다.

| 요구사항 |

- 정해진 횟수만큼 동전을 던지고, 앞/뒷면이 나오는 횟수를 출력하는 함수를 구현한다.
- 동전을 던지는 횟수는 함수에 입력으로 전달된다.
- 앞면/뒷면이 나오는 확률을 구해서 각각 출력한다.

| 문제 해결 |

동전을 던지는 함수부터 구현한다.

함수의 이름은 flipCoin이라고 한다. 동전을 몇 번 던질 것인지를 입력으로 받는다. 매개변수 이름은 num으로 한다. 반환값은 없다.

동전을 num번만큼 던지면서 앞면인지 뒷면인지 세야 한다. 정해진 횟수만큼 실행시키는 것이므로 for 반복문을 선택한다.

반복문에서 실행시킬 내용은 `randint()`를 이용해서 0 또는 1을 생성한다. 이 때 0을 앞면으로, 1은 뒷면으로 구분하고 발생할 때마다 개수 변수를 1씩 증가시킨다.

반복문이 종료되면, 앞면과 뒷면의 횟수를 전체 반복 횟수로 나누어서 확률을 구해 화면에 출력한다.

이러한 알고리즘을 함수로 작성해 보자.

```
>>> def flipCoin(num):
...     countFront = 0          # 앞면이 나오는 횟수
...     countBack = 0           # 뒷면이 나오는 횟수
...     for i in range(num):    # num번 반복
...         if random.randint(0, 1) == 0:
...             countFront += 1
...         else:
...             countBack += 1
...     print(num, "번 동전을 던짐")
...     print("앞면이 나올 확률:", countFront / num)
...     print("뒷면이 나올 확률:", countBack / num)
...
```

함수를 사용하는 코드를 작성해 본다.

```
>>> flipCoin(100)
100 번 동전을 던짐
앞면이 나올 확률: 0.49
뒷면이 나올 확률: 0.51
>>> flipCoin(1000)
1000 번 동전을 던짐
앞면이 나올 확률: 0.488
뒷면이 나올 확률: 0.512
>>> flipCoin(10000)
10000 번 동전을 던짐
앞면이 나올 확률: 0.5067
뒷면이 나올 확률: 0.4933
```

| 최종 코드 |

[코드 7-17] prac07_04.py

```
import random
def flipCoin(num):
    countFront = 0          # 앞면이 나오는 횟수
    countBack = 0           # 뒷면이 나오는 횟수
```

```
    for i in range(num):        # num번 반복
        if random.randint(0, 1) == 0:
            countFront += 1
        else:
            countBack += 1
    print(num, "번 동전을 던짐")
    print("앞면이 나올 확률:", countFront / num)
    print("뒷면이 나올 확률:", countBack / num)

flipCoin(100)
flipCoin(1000)
flipCoin(10000)
```


| 실행 결과 |

```
100 번 동전을 던짐
앞면이 나올 확률: 0.54
뒷면이 나올 확률: 0.46
1000 번 동전을 던짐
앞면이 나올 확률: 0.49
뒷면이 나올 확률: 0.51
10000 번 동전을 던짐
앞면이 나올 확률: 0.4988
뒷면이 나올 확률: 0.5012
```

PYTHON

7.5 while문 또는 for문

while문과 for문의 차이

while문을 사용할 때는 조건식의 결과에 따라 반복 작업이 종료되기 때문에 종료 조건을 정하는 것이 중요하다. 종료 조건은 "n의 변수값이 10보다 커지면", "현재 온도가 25도보다 낮으면"처럼 코드로 표현할 수 있는 것이면 무엇이든 가능하다.

while문을 사용할 때 반복 횟수는 중요하지 않다. 반복 횟수도 조건 중 한 가지일 뿐이다. 조건이 언제 만족될지 모르기 때문에 반복문이 시작되면서 몇 회나 실행될지 모른다.

while문은 가장 일반화된 반복문이다. while문은 for문으로 작성할 수 있는 모든 코드를 대체할 수 있다. for문이 좀 더 간단하고 축약된 형태의 코드를 제공하는 경우가 있을 뿐이다.

[코드 7-13]에서 작성했던 문자열의 모든 글자를 한 개씩 출력하는 코드를 다시 살펴보자.

```
s = "hello"
for ch in s:
    print(ch)
```

for문에서 문자열의 각 글자들에 접근하는 것은 간단하다. 종료 조건도 문자열의 문자를 모두 처리하면 반복문이 끝나도록 되어 있는 것이 for문의 문법 체계에 이미 내재되어 있다.

이 코드를 while문으로 작성하면 인덱스를 증가시키면서 문자열의 글자들에 접근해야 하고 종료 조건을 덧붙여야 하기 때문에 복잡해진다.

```
s = "hello"
i = 0;          # 인덱스
while i < len(s):
    print(s[i])
    i += 1
```

for문은 주로 정해진 횟수만큼 반복하거나 정해진 크기 또는 개수의 요소들을 처리할 때 사용된다. 문자열을 구성하는 각 문자들에 대해서 또는 range() 객체의 각 요소에 대해서 반복적으로 작업을 처리한다.

for문의 종료 조건은 반복 횟수와 밀접하게 연관되어 있다. 보통 반복문이 시작되기 전에 몇 번 반복할지 결정되고, 그 횟수만큼 실행한 뒤에 반복을 종료한다.

while문과 for문을 어떻게 선택할 것인가?

크기가 정해진 요소들을 처리한다거나 정해진 횟수만큼 반복한다면 for문이 적합하다. 그 외의 경우 특히 조건의 결과에 따라 반복 여부를 결정할 것이라면 while문을 선택한다.

7.6 중첩 반복문

중첩 반복문의 쓰임

반복문의 코드 블록에는 어떤 종류의 코드도 포함될 수 있다. 반복문의 코드 블록의 일부로 반복문이 있으면 중첩되었다고 하고, 중첩 반복문이라 부른다.

for문 안에 for문 또는 while문 안에 while문처럼 같은 반복문들이 중첩될 수도 있지만, 다른 반복문들이 중첩되기도 한다.

```
for 변수1 in 순서가_있는_객체1:
    for 변수2 in 순서가_있는_객체2:
        코드_블록

while 조건식1:
    while 조건식2:
        코드_블록:

for 변수1 in 순서가_있는_객체1:
    while 조건식1:
        코드_블록

while 조건식1:
    for 변수1 in 순서가_있는_객체1:
        코드_블록
```

반복문과 반복문 사이에 다른 코드가 있어도 중첩 반복문이다.

```
for 변수1 in 순서가_있는_객체1:
    반복문이_아닌_다른_코드
    for 변수2 in 순서가_있는_객체2:
        코드_블록
```

문자열 2개가 s1과 s2에 저장되어 있을 때 s1의 각 문자가 s2에 몇 번이나 나타나는지 "문자:횟수" 형태로 출력하는 프로그램을 작성한다.

예를 들어 s1에 "ab"가 있고, s2에 "abcbc"가 있다면, s1의 a는 s2에 1번 나타나고, b 는 2번 나타난다. 따라서 출력 결과는 다음과 같다.

```
a:1
b:2
```

s1과 s2는 다음 문자열을 사용한다.

```
>>> s1 = "simple"
>>> s2 = "python is a simple language to learn"
```

문제를 해결하는 알고리즘은 다음과 같다. count는 s1의 글자가 s2에 나타난 횟수를 저장한다.

```
s1의 첫 번째 문자를 ch1에 저장
    count를 0으로 초기화
    ch1을 s2의 각 문자와 비교해서 같으면 count를 1 증가
    count 출력
s1의 두 번째 문자를 ch1에 저장
    count를 0으로 초기화
    ch1을 s2의 각 문자와 비교해서 같으면 count를 1 증가
    count 출력
...
s1의 마지막 문자를 ch1에 저장
    count를 0으로 초기화
    ch1을 s2의 각 문자와 비교해서 같으면 count를 1 증가
    count 출력
```

알고리즘에서 들여쓰기된 부분은 s1의 각 글자에 대해서 같은 내용이 반복된다. 들여쓰기된 부분을 먼저 구현해 본다.

ch1이 s1의 첫 번째 글자인 's'라고 가정하고 코드를 작성한다.

```
>>> ch1 = 's'
```

ch1을 s2의 각 문자와 비교하는 것은 for 반복문을 사용한다. for문에서 s2의 각 문자를 ch2에 저장한 후, ch1과 ch2를 비교해서 같으면 count 변수를 1만큼 증가시킨다.

반복문이 끝나면 count 변수는 ch1이 s2에 나타난 횟수를 저장하고 있으므로, 화면에 count를 출력한다.

[코드 7-18]

```
>>> count = 0
>>> for ch2 in s2:
...     if ch1 == ch2:
...         count += 1
...
>>> print(f"{ch1}:{count}")
s:2
```

s1의 각 문자에 대해서 [코드 7-18]을 실행시켜야 한다. s1의 각 문자를 ch1 변수에 저장하는 것도 for 반복문을 사용한다.

```
>>> for ch1 in s1:
...     count = 0
...     for ch2 in s2:
...         if ch1 == ch2:
...             count += 1
...     print(f"{ch1}:{count}")
...
s:2
i:2
m:1
p:2
l:3
e:3
```

7.6 실습문제 5

| 문제 |

표 7–3을 출력하는 프로그램을 작성해 보자.

표 7–3 출력할 표

1 * n	2 * n	3 * n	4 * n	...	8 * n
1	2	3	4	...	8
2	4	6	8	...	16
3	6	9	12	...	24
4	8	12	16	...	32
5	10	15	20	...	40
...	...	...	...	...	...
10	20	30	40	...	80

| 요구사항 |

- 반복문을 사용한다.
- 같은 행에서 셀(cell)은 탭 문자로 분리한다.

| 문제 해결 |

표 7–3의 첫 번째 행(1 * n, 2 * n, …, 8 * n)은 다음처럼 출력할 수 있다.

```
>>> print("1 * n\t2 * n\t3 * n\t4 * n\t5 * n\t6 * n\t7 * n\t8 * n")
1 * n	2 * n	3 * n	4 * n	5 * n	6 * n	7 * n	8 * n
```

만약 열의 개수가 더 늘어날 수 있다면 이렇게 출력하는 것보다는 반복문을 사용하는 것이 낫다.

f-문자열을 이용해서 서식에 맞춰 출력한다. 마지막 셀을 제외한 셀에서는 탭 문자로 띄어야 한다. 그래서 end 인자를 탭 문자로 지정한다. 마지막 셀을 출력한 후에는 줄바꿈 문자를 사용해서 다음 행부터 출력하자.

[코드 7-19]

```
>>> for i in range(1, 9):
...     if i < 8:
...         print(f"{i} * n", end = '\t') # 탭 문자로 구분하기
...     else:
...         print(f"{i} * n")             # 마지막 요소. 줄바꿈 문자 출력해서 행을 바꿈
...
1 * n   2 * n   3 * n   4 * n   5 * n   6 * n   7 * n   8 * n
>>>
```

중간 셀들은 탭 문자로 분리하고 마지막에만 줄바꿈 문자를 출력하는 또 다른 방법은 1 * n ~ 7 * n까지만 반복문을 이용해서 출력하고, 8 * n은 따로 출력하는 것이다.

```
>>> for i in range(1, 8):
...     print(f"{i} * n", end = '\t')
...
1 * n   2 * n   3 * n   4 * n   5 * n   6 * n   7 * n   >>> print("8 * n")
8 * n
>>>
```

7 * n이 출력된 후 탭 문자가 한 개 출력되고, 줄바꿈 문자가 출력되지 않아서 파이썬의 입력 프롬프트(">>>")가 같은 줄에 있다. "8 * n"과 줄바꿈 문자가 출력되어 프롬프트가 다음 줄에 붙게 된다.

두 번째 행을 출력해 본다. n = 1이고, 1 * n, 2 * n, …, 8 * n의 결과값을 출력해야 한다.

표 7-3 의 둘째 행(n = 1)만 출력하는 코드는 [코드 7-19]와 비슷하다. 서식 대신 배수의 결과값을 출력하는 것만 다르다.

[코드 7-20]

```
>>> n = 1
>>> for i in range(1, 9):
...     if i < 8:
...         print(i * n, end = '\t') # 탭 문자로 구분하기
...     else:
...         print(i * n)              # 마지막 요소. 줄바꿈 문자 출력해서 행을 바꿈
...
1       2       3       4       5       6       7       8
```

표 7-3 의 셋째 행(n = 2)을 출력해 본다.

[코드 7-21]

```
>>> n = 2
>>> for i in range(1, 9):
...     if i < 8:
...         print(i * n, end = '\t') # 탭 문자로 구분하기
...     else:
...         print(i * n)              # 마지막 요소. 줄바꿈 문자 출력해서 행을 바꿈
...
2       4       6       8       10      12      14      16
```

[코드 7-20]과 [코드 7-21]은 n이 1과 2로 저장된 것을 제외하면 for 반복문은 동일하다. 표 7-3을 출력하는 알고리즘은 다음과 같다.

1. 표 7-3의 머리글인 첫 번째 행을 출력한다.
2. 표의 머리글 행 부분을 제외한 행들은 그림 7-6에서 보이는 것처럼 n이 1, 2, …, 10까지 1씩 증가될 때마다 [코드 7-20]의 for 반복문을 사용해서 1 * n, 2 * n, …, 8 * n 값들을 계산하면 된다.

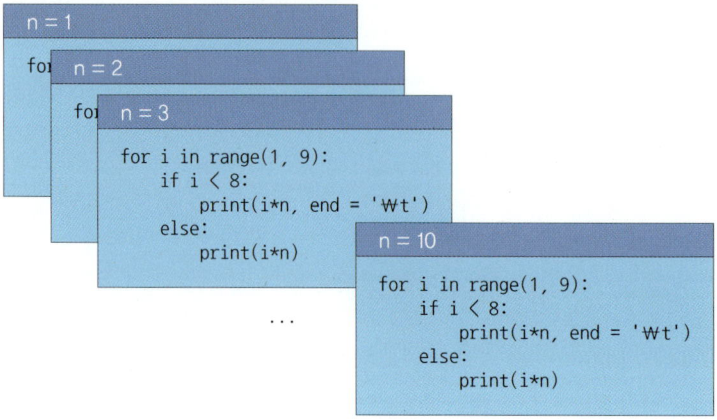

그림 7-6 n을 1~10까지 변경하면서 출력

알고리즘의 2번을 구현하는 방법은 for 반복문을 이용해서 n값을 1부터 10까지 1씩 증가할 때마다 [코드 7-20]의 반복문을 실행하는 것이다.

```
>>> for n in range(1, 11):
...     for i in range(1, 9):
...         if i < 8:
...             print(i * n, end = '\t')  # 탭 문자로 구분하기
...         else:
...             print(i * n)              # 마지막 요소. 줄바꿈 문자 출력해서 행을 바꿈
...
1    2    3    4    5    6    7    8
2    4    6    8    10   12   14   16
3    6    9    12   15   18   21   24
4    8    12   16   20   24   28   32
5    10   15   20   25   30   35   40
6    12   18   24   30   36   42   48
7    14   21   28   35   42   49   56
8    16   24   32   40   48   56   64
9    18   27   36   45   54   63   72
10   20   30   40   50   60   70   80
```

| 최종 코드 |

표 7-3의 머리 부분에 해당되는 문자열을 출력하는 코드까지 합쳐서 최종 코드를 만들어 본다.

[코드 7-22] prac07_05.py

```
for i in range(1, 9):
    if i < 8:
        print(f"{i} * n", end = '\t')        # 탭 문자로 구분하기
    else:
        print(f"{i} * n")                    # 마지막 요소. 줄바꿈 문자 출력해서 행을 바꿈
for n in range(1, 11):
    for i in range(1, 9):
        if i < 8:
            print(i * n, end = '\t')         # 탭 문자로 구분하기
        else:
            print(i * n)                     # 마지막 요소. 줄바꿈 문자 출력해서 행을 바꿈
```

| 실행 결과 |

```
1*n	2*n	3*n	4*n	5*n	6*n	7*n	8*n
1	2	3	4	5	6	7	8
2	4	6	8	10	12	14	16
3	6	9	12	15	18	21	24
4	8	12	16	20	24	28	32
5	10	15	20	25	30	35	40
6	12	18	24	30	36	42	48
7	14	21	28	35	42	49	56
8	16	24	32	40	48	56	64
9	18	27	36	45	54	63	72
10	20	30	40	50	60	70	80
```

7 반복문

PYTHON

7.7 break와 continue

break문

문자열 "what are the 10 best-selling products in this shopping mall?"에서 첫 번째 숫자의 위치(인덱스)를 출력하는 프로그램을 작성한다.

문자열의 시작 문자부터 한 개씩 숫자인지 아닌지 확인하고 숫자일 때 인덱스 번호를 화면에 출력한다.

숫자인지 확인하는 방법은 다음 두 가지 중 하나를 선택한다.

1. 문자가 '0'보다 크거나 같고 '9'보다 작거나 같으면 숫자

```
>>> def isDigit(ch):
...     if ch >= '0' and ch <= '9':
...         print("숫자")
...     else:
...         print("숫자 아님")
...
>>> ch = '8'
>>> ch2 = 'a'
>>> isDigit(ch)
숫자
>>> isDigit(ch2)
숫자 아님
```

2. 문자열의 `isdigit()` 함수를 사용하면 숫자일 때 True를 반환하고, 아니면 False를 반환함

```
>>> ch = '8'
>>> ch2 = 'a'
```

```
>>> ch.isdigit()
True
>>> ch2.isdigit()
False
```

문자열의 개별 문자를 처리하므로 for반복문을 선택하기 쉽지만, for문에서는 인덱스 확인이 어렵다. while문을 사용한다.

[코드 7-23]

```
>>> s = "what are the 10 best-selling products in this shopping mall?"
>>> idx = 0                        # 첫 번째 문자의 인덱스부터 시작
>>> while idx < len(s):
...     if s[idx].isdigit():       # idx위치의 문자가 숫자이면 idx를 출력
...         print(idx)
...     idx += 1
...
13
14
```

인덱스 13과 14에 숫자가 있는 것으로 출력되었다. 첫 번째 숫자의 위치만 출력해야 하는데, [코드 7-23]은 문자열에 있는 모든 숫자의 위치를 출력한다.

문제를 해결하기 위해 알고리즘을 약간 수정한다.

첫 번째 숫자를 발견했는지 확인하는 변수 found를 만들어서 False로 초기화한다. 첫 번째 숫자를 찾으면 found를 True로 변경하고, if문에서 found가 False이고 문자가 숫자일 때 화면에 위치를 출력한다. 인덱스를 출력하면 found를 True로 변경해서 다음 숫자부터는 출력하지 않는다.

[코드 7-24]

```
>>> s = "what are the 10 best-selling products in this shopping mall?"
>>> idx = 0
>>> found = False
>>> while idx < len(s):
...     if found == False and s[idx].isdigit():  # 첫 번째 숫자를 못찾으면
...         print(idx)
```

```
...         found = True      # 첫 번째 숫자를 찾음
...     #print(idx)           # (1)
...     idx += 1
...
13
```

수정된 코드는 첫 번째 숫자의 위치만 출력하지만, 숫자를 찾은 후에도 문자열의 나머지 문자를 숫자인지 아닌지 확인하므로 비효율적이다. (1)의 print() 코드의 주석을 없애면 idx가 문자열 끝가지 진행됨을 볼 수 있다.

문자열이 아주 길어서 전체를 확인하는 데 5분, 반면 첫 번째 숫자는 10초만에 발견된다고 가정하자.

[코드 7-24]는 10초만에 숫자를 발견해도 5분을 실행해야 종료된다. 낭비일 수밖에 없다. 10초만에 숫자를 발견했을 때 반복을 종료시키려면, while문의 조건식을 수정해서 found가 True이면 반복을 종료시킨다. 반복문만 다시 작성한 것이 [코드 7-25]이다.

[코드 7-25]

```
s = "what are the 10 best-selling products in this shopping mall?"
idx = 0
found = False
while found == False and idx < len(s):
    if found == False and s[idx].isdigit():
        print(idx)
        found = True
    #print(idx)      # (1)
    idx += 1
```

while문의 조건식과 if문의 조건식에 found == False를 확인하는 코드가 있다. 중복되는 내용이어서 if문의 found를 확인하는 부분은 생략해도 된다. 최종 코드는 다음과 같다.

[코드 7-26]

```
s = "what are the 10 best-selling products in this shopping mall?"
idx = 0
found = False
while found == False and idx < len(s):
```

```
    if s[idx].isdigit():
        print(idx)
        found = True
    #print(idx)        # (1)
    idx += 1
```

break문은 while 또는 for 반복문의 실행을 바로 중단하고 반복문을 빠져나온다. 그림 7-7에서 보인 것처럼 코드_블록_1 다음에 break가 실행되면, 코드_블록_2는 실행되지 않고 반복문을 종료한다.

```
while 조건식:
    코드_블록_1
┌── break
│   코드_블록_2
└►다음_실행_코드
```

그림 7-7 break문 동작 방법

break는 무조건 반복문을 종료시키기 때문에 일반적으로 조건문과 함께 쓰인다.

[코드 7-27]은 [코드 7-26]을 break문을 이용해서 다시 작성한 것이다.

[코드 7-27]

```
s = "what are the 10 best-selling products in this shopping mall?"
idx = 0
while idx < len(s):
    if s[idx].isdigit():
        print(idx)
        break
    #print(idx)        # (1)
    idx += 1
```

break는 알고리즘을 단순화시키고 코드를 좀 더 읽기 쉽게 만들어준다. break를 사용하면, found같은 변수를 넣기 위해 알고리즘을 수정할 필요없이, 원하는 곳에서 반복을 종료시킬 수 있다.

continue문

continue문은 while이나 for 반복문에서 사용되며 그림 7-8처럼 반복문에서 남은 코드의 실행을 중단하고 반복문의 처음으로 되돌아간다.

```
while 조건식:
    코드_블록_1
    continue
    코드_블록_2
다음_실행_코드
```

그림 7-8 continue문 동작 방법

사용자로부터 10개의 양의 정수를 입력받고 합을 구하는 프로그램을 작성한다.

사용자가 0 또는 음수를 입력하면 양의 정수를 입력할 때까지 다시 입력받는다. 양의 정수가 입력되면, 그때까지 입력된 양의 정수가 몇 개인지 화면에 출력하고, 10개가 입력된 후에는 합을 출력한다.

알고리즘은 단순하다. 개수를 셀 count 변수와 합을 저장할 sum 변수를 0으로 초기화시킨다. count가 10이 될 때까지 사용자로부터 입력을 받는다. 입력한 정수가 양수라면 count값을 화면에 출력하고, sum에 입력된 값을 더한다.

입력한 정수가 0 또는 음수라면, 반복문의 처음으로 돌아간다. 반복문의 종료 조건은 count가 10 이상이 되는 것이다. 다음은 알고리즘을 코드로 작성한 것이다.

[코드 7-28]

```
count = 0
sum = 0
while count < 10:
    n = int(input("양의 정수를 입력하세요: "))
    if n > 0:          # n이 양수이면
        # CODE_BLOCK_1
        sum += n
        count += 1
        print("count =", count)
print("합 =", sum)
```

count값이 10 미만이면, 반복문이 계속 실행된다. 사용자가 입력한 값이 0보다 크다면 합을 계산하고, count를 1만큼 증가시키고, 현재까지 입력된 개수를 출력한다.

양의 정수가 10개 입력되어 반복문이 종료되면 계산된 합을 출력하고 종료한다.

다음은 실행 결과이다.

```
양의 정수를 입력하세요: -5
양의 정수를 입력하세요: 3
count = 1
양의 정수를 입력하세요: 0
양의 정수를 입력하세요: 4
count = 2
양의 정수를 입력하세요: 2
count = 3
양의 정수를 입력하세요: 5
count = 4
양의 정수를 입력하세요: 8
count = 5
양의 정수를 입력하세요: 9
count = 6
양의 정수를 입력하세요: 10
count = 7
양의 정수를 입력하세요: 2
count = 8
양의 정수를 입력하세요: 3
count = 9
양의 정수를 입력하세요: 4
count = 10
합 = 50
```

[코드 7-29]는 [코드 7-28]을 continue문을 이용해서 수정한 것이다.

[코드 7-29]

```
count = 0
sum = 0
while count < 10:
    n = int(input("양의 정수를 입력하세요: "))
    if n <= 0:      # 0 또는 음수이면
        continue    # 반복문의 처음으로 이동
    # CODE_BLOCK_1
    sum += n
    count += 1
    print("count =", count)
print("합 =", sum)
```

[코드 7-29]는 사용자가 입력한 값이 0 이하이면 continue문을 이용해서 반복문의 시작 부분으로 되돌린다. 0보다 큰 수가 입력되면 반복문의 나머지 코드 블록이 실행된다.

continue문은 반복문의 코드 블록이 복잡하고 들여쓰기의 깊이가 깊을 때, 그 폭을 줄이기 위해 주로 사용된다. continue문은 break문과는 달리 자주 사용되지 않는다.

[코드 7-28]과 [코드 7-29]의 CODE_BLOCK_1을 비교하면 들여쓰기의 깊이가 한 단계 줄어든 것을 볼 수 있다.

7.8 연습문제

01 반복문은 코드의 중복을 제거할 수 있다. OX로 답하시오.

02 알고리즘을 사람이 사용하는 언어로 기술한 것을 무엇이라고 하는가?

03 "버스가 정류장에 도착할 때까지 계속 기다린다"를 while문을 사용해 의사코드로 표현하시오.

04 while문의 조건식에서 1은 True이다. 그 외는 0으로 평가한다. OX로 답하시오.

05 while문의 조건식에 문자열을 사용할 수 없다. OX로 답하시오.

06 다음 코드를 실행하면, 화면에 무엇이 출력되는지 설명하시오.

```
n=1
while "":      # 빈 문자열이 조건식에 사용되었을 때
  print(n)
  n+=1
```

07 다음 for 반복은 몇 회 실행되는지 계산하시오.

```
s = "hello\tworld"
for ch in s:
   print(ch)
```

08 다음 range( ) 함수의 결과를 적으시오.

(1) range(−5, −2)　　　　(2) range(7, 1, −3)

09 다음 for 반복은 몇 회 실행되는지 계산하시오.

```
for i in range(3):
    print("hello")
```

7 반복문

10 다음의 경우 for, while 반복문 중 어느 것이 보다 자연스러운 선택인가? for, while 어느 반복을 선택하더라도 모두 가능하지만, 문법 구조를 볼 때 보다 자연스러운 것을 선택하시오.

(1) 정해진 횟수를 반복할 경우　　　　(2) 조건식에 따라 반복할 경우

11 다음과 같은 for, while 반복문을 서로 중첩할 수 있다. OX로 답하시오.

```
for 변수1 in 순서가_있는_객체1:
    while 조건식1:
        코드_블록
```

12 다음 코드의 출력을 적으시오.

```
count=0
while count<10:
    print(count)
    count+=1
    if count==5:
        break
```

13 while문을 적용해서 프로그래밍하시오.

(1) 100 ~ 199까지의 합계를 계산　　　　(2) 100 ~ 199까지 짝수의 합계를 계산

(3) 100 ~ 199까지 3의 약수만 합계를 계산

14 위 문제를 하나의 함수 getSum( )을 작성해서 해결해 보시오. 코드의 중복 없이 하나의 함수를 공통으로 사용하기 위해서 필요한 입력과 출력을 설계하시오.

15 다음 문제를 for 문을 사용해서 프로그래밍하시오.

(1) 100 ~ 199까지의 합계를 계산　　　　(2) 100 ~ 199까지 짝수의 합계를 계산

(3) 100 ~ 199까지 3의 약수만 합계를 계산

16 주사위에서 나올 수 있는 범위인 1~6 사이의 정수 5개를 무작위로 출력하는 코드를 작성하시오. 중복되는 숫자가 있는지 세어 보시오.

17 정수 n1과 n2가 인자로 전달되면 n1, n1 + 1, n1 + 2, …, n2까지 각 정수의 약수들을 화면에 출력하는 함수를 구현한다. 이 함수를 이용해서 10~16까지의 약수들을 출력하시오.

18 randint( ) 함수를 이용해서 1~6까지의 무작위 숫자를 10개 생성하되, 4 이하의 숫자만 화면에 출력하시오. 무작위로 정수를 생성한 후에 4보다 큰 숫자가 나온 경우에는, 다시 무작위로 숫자를 생성하시오.

19 문자열을 매개 변수로 전달받고 마침표, 느낌표, 줄바꿈 기호를 제거하는 함수를 작성하시오. 작성된 함수에 "… What a beautiful day!" 문자열을 전달하고 결과값을 받아 화면에 출력하는 프로그램을 구현하시오.

20 주어진 정수 n의 모든 약수의 합을 구하는 SumOfDivisors(n) 함수를 구현하시오. 이 함수를 사용해서 12, 30을 전달해 약수의 합을 출력하는 프로그램을 작성하시오.

21 a^3 이 100을 넘는 최초 값을 반환하는 함수를 구현하고, 이를 사용하는 프로그램을 작성하시오.

22 1000~9999까지의 정수 중 한 개를 n이라고 가정한다. n의 천 단위 수를 n1, 백 단위 수를 n2, 십 단위 수를 n3, 일 단위 수를 n4라고 부르자.

4825에서 n1은 4, n2는 8, n3는 2, n4는 5가 된다. 1000~9999까지의 정수 중에서 $n = n1^4 + n2^4 + n3^4 + n4^4$ 인 n을 모두 찾아서 출력하는 프로그램을 작성하시오.

예를 들어, 8208 = 84 + 24 + 04 + 84 = 4096 + 16 + 0 + 4096이므로 한 가지 답이 된다.

23 정수 n을 입력받고 n이 소수(prime number)인지 아닌지 확인하는 함수를 구현한다. 사용자로부터 정수 한 개를 입력받고 이 함수를 이용해서 소수인지 아닌지 화면에 출력하는 프로그램을 작성하시오.

24 $n_1n_2 + n_2n_1 = 110$이 되는 n_1과 n_2는 모두 1자리 정수이다. 이 조건을 만족하는 n_1과 n_2를 모두 출력하시오. 다음은 n1과 n2의 한 가지 예이다.

예) $n_1 = 1$, $n_2 = 9$이면 19 + 91 = 110

"n1 : 1, n2 = 9" 형태로 출력한다(따옴표 없이 출력한다).

8 장

자료구조 (리스트, 튜플)

학습목표

- 자료구조의 필요성을 살펴본다.
- 파이썬에서 제공하는 자료구조 중 리스트와 튜플의 사용법을 익힌다.
- 함수에서 여러 개 값을 반환하기 위해 튜플을 사용하는 방법을 이해한다.
- 리스트와 튜플 간에 변환하는 방법을 이해한다.

PYTHON

8.1 자료구조의 필요성

자료구조(data structure)는 동일한 또는 서로 다른 성격의 자료들을 연결하여 효율적인 저장, 관리, 사용이 가능하도록 구성한다.

자료구조는 자료를 어떻게 연결하는가에 따라 다양한 방식이 존재한다. 파이썬에서는 그중 일부이지만 많이 쓰이는 리스트, 튜플, 딕셔너리, 세트를 배워보자.

학생들 40명의 성적을 관리하는 프로그램을 작성한다고 생각해 보자. 시험 점수를 저장하기 위해 아래와 같이 변수 40개를 만들려고 하면 곤란하다.

studentMidterm1 = 80

studentMidterm2 = 90

…

studentMidterm40 = 100

첫째, 변수 이름을 40개나 지어서 입력해야 한다. 변수 이름이 길면 입력 시간도 오래 걸리고 오타를 낼 가능성도 높아진다. 특히 파이썬은 새로운 이름의 변수에 값을 저장하면 변수를 생성하기 때문에 잘못 쓴 변수 이름에 점수가 배정될 수도 있다.

둘째, 비슷한 변수 이름을 가진 코드를 계속 쓰다 보면 변수가 생략될 수도 있고 뜻하지 않은 오류가 발생할 수 있다. 다음 코드처럼 평균 점수를 계산하면서 변수 한두 개가 누락되어도 쉽게 찾지 못할 수 있다.

```
sum = studentMidterm1 + studentMidterm2 + ... + studentMidterm40
avg = sum / 40
```

셋째, 계산 또는 처리 작업이 불편해진다. 앞에서 보인 것처럼 중간고사 평균을 내기 위해 합을 계산할 때 반복문 등을 사용할 수 없고, 변수 이름을 각각 써야 한다. 학생들의 점수를 출력하는 것도 비슷하다.

넷째, 코드의 양이 불필요하게 많아진다. 반복문 등을 이용해서 코드를 줄일 수 없고, 비슷한 코드들이 반복되기 때문에 가독성도 떨어진다. 변수를 생성하고 출력하는 것만 약 80줄 정도의 코드가 필요하다.

파이썬은 다양한 자료구조를 통해 여러 자료들을 한 개 변수 이름으로 저장, 관리 및 사용이 가능하다. 파이썬의 자료구조는 반복문 등과 함께 사용할 수 있어 코드의 양을 줄이고 가독성을 높이는 데도 도움된다.

이 장에서는 리스트와 튜플 자료구조를 살펴보고 사용법을 익힌다.

8.2 리스트

리스트는 순서가 있는 요소들의 모음

리스트(list)는 순서가 있는 요소(element)들의 모음이다.

일상생활에서 목록 또는 리스트라고 쓰는 경우를 생각해 보자. 마트에 가면서 쇼핑 목록을 작성하기도 하고, 할 일들을 적어놓은 목록을 To do 리스트라고 부른다.

그림 8-1 쇼핑 목록과 To do 리스트

리스트에 있는 목록은 의미와 관계없이 순서가 있다. 목록에는 첫 번째, 두 번째 요소들이 있다. 쇼핑 목록의 첫 번째 요소는 "두유"이고, 두 번째 요소는 "아몬드"이다.

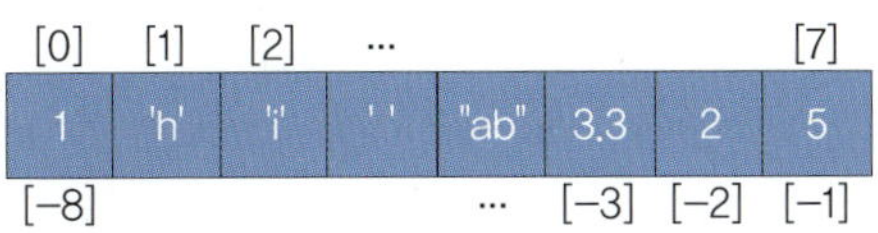

그림 8-2 8개 요소로 구성된 리스트

리스트는 순서가 있는 요소들을 모아놓은 것이므로, 그림 8-2처럼 순서에 해당되는 번호인 인덱스가 요소마다 붙는다.

인덱스 번호는 정방향(리스트의 시작부터 끝 방향)과 역방향(끝부터 시작 방향)으로 번호가 붙는다. 정방향은 n개의 요소를 가진 리스트의 첫 번째 요소는 0, 두 번째는 1, n 번째 요소는 n − 1이 인덱스다.

n개의 요소를 가진 리스트는 마지막 요소부터 첫 번째 요소까지 마이너스 부호를 붙여 −1, −2, …, −n 인덱스를 사용해서 접근할 수 있다.

리스트는 어떤 자료형의 요소도 저장 가능

리스트의 요소는 어떤 자료형이든 저장할 수 있다. 그림 8-2의 리스트도 정수, 실수, 문자열 등을 포함하고 있다.

심지어 리스트를 비롯한 자료구조들도 리스트의 요소가 될 수 있다.

리스트의 특징

다음은 리스트의 특징이다.

- 변경 가능한 자료구조
- 크기를 동적으로 조절 가능
- 인덱스를 이용해서 요소를 참조 가능
- 문자열은 요소들이 문자로만 구성된 특별한 리스트임. 문자열에서 사용할 수 있던 함수나 연산들은 대부분 리스트에서도 사용 가능

리스트는 변경 가능한 자료구조이다. 리스트에 새로운 요소를 추가 또는 기존 요소를 삭제할 수 있다. 기존 요소를 치환해서 다른 요소로 변경할 수도 있다.

리스트는 저장할 수 있는 요소 개수에 제한이 없다. 컴퓨터 메모리가 충분하다면, 사용자가 요소들을 추가하면 필요한 공간을 늘려서 확보하고 요소를 저장한다.

리스트의 요소들은 순서가 부여되기 때문에 인덱스를 이용해서 접근하고 사용하거나 삭제할 수 있다.

문자열은 요소들이 문자로만 구성되어 있는 특별한 구조의 리스트이다. 문자열에서 사용했던 인덱싱, 슬라이싱, 함수 등은 대부분 리스트에서도 사용할 수 있다. 일반 리스트와 달리 문자열은 특수한 형태로 분류되어, 내용 변경을 할 수 없다.

리스트를 코드로 표현

리스트는 파이썬에서 대괄호('[', ']')를 이용해서 표현하고, 요소들은 콤마로 분리된다. 예를 들어 다음은 비어있는 리스트를 보인다.

빈 리스트란 요소가 한 개도 없는 것을 나타낸다. 요소가 없어도 리스트이고, 추후에 요소들

을 추가할 수 있다.

```
[]        # 빈(empty) 리스트
```

다음은 정수 두 개를 포함하는 리스트를 변수 lst에 저장한다(변수 이름은 이름표이기 때문에 저장한다는 표현은 정확하지 않다. [1, 2]라는 리스트를 메모리 공간에 만들고 lst라는 이름표를 붙인다는 것이 더 맞다는 것을 염두에 둔다.).

```
lst = [ 1, 2 ]
```

그림 8-2에서 보였던 리스트를 코드로 작성하면 다음과 같다.

```
[ 1, 'h', 'i', ' ', "ab", 3.3, 2, 5 ]
```

리스트의 요소로 리스트가 포함될 수도 있다.

```
[1, 2, 3, [1, 2]]
```

8

자료구조 I(리스트, 튜플)

리스트 생성

리스트를 만드는 방법에는 여러 가지가 있다.

- 직접 요소들을 명시
- 빈 리스트를 생성한 후 요소들을 추가
- 슬라이싱, 연결, 반복 등 리스트에 사용할 수 있는 연산들을 이용해서 새로운 리스트를 생성

직접 요소들을 명시해서 리스트 생성

리스트를 코드로 작성해서 변수에 저장한다. 다음은 직접 리스트를 생성하는 방법이다.

```
변수_이름 = [ 요소1, 요소2, ..., 요소n ]
```

앞에서 보았던 리스트들을 생성해서 각각 lst, lst1, lst2 변수에 저장하고 화면에 출력해 본다.

```
>>> lst = [1, 2]
>>> print(lst)
[1, 2]
>>> lst2 = [ 1, 'h', 'i', ' ', "ab", 3.3, 2, 5 ]
>>> print(lst2)
[1, 'h', 'i', ' ', 'ab', 3.3, 2, 5]
>>> lst3 = [1, 2, 3, [1, 2]]
>>> print(lst3)
[1, 2, 3, [1, 2]]
```

리스트의 요소를 명시할 때 변수를 지정해도 된다. 이미 생성된 변수라면, 변수값을 이용해서 리스트를 생성한다.

```
>>> num1 = 3
>>> str1 = "abc"
>>> lst = [num1, str1]
>>> print(lst)
[3, 'abc']
```

lst 변수에 저장되는 리스트는 num1의 변수값인 3과 str1의 값인 "abc"를 요소로 만들어진다.

빈 리스트 생성 후 요소 추가

리스트를 생성하는 또 다른 방법은 빈 리스트를 만든 후, 요소를 추가하는 것이다.

변수 이름에 [ ]를 저장하거나 list( ) 명령을 이용해서 빈 리스트를 생성한다. list( )는 리스트를 생성하는 특별한 함수이다.

```
변수_이름 = []          # (1)
변수_이름 = list()      # (2)
```

(1)과 (2)는 동일한 결과물을 만들어낸다.

빈 리스트를 만들어서 출력한다.

```
>>> lst1 = []
>>> print(lst1)
[]
>>> lst2 = list()
>>> print(lst2)
[]
```

리스트에 요소 추가

리스트에는 요소들의 순서가 있다. append( ) 함수는 인자로 전달된 요소를 리스트의 마지막에 추가한다.

다음은 빈 리스트를 생성하고 여러 자료형의 요소들을 추가하는 것이다.

```
>>> lst1 = []
>>> lst1.append(4)
>>> print(lst1)
[4]
>>> lst1.append('5')
>>> print(lst1)
[4, '5']
>>> lst1.append([2, 3])
>>> print(lst1)
[4, '5', [2, 3]]
```

append( ) 함수는 인자로 전달된 요소들을 변형하지 않고 리스트에 추가한다. append( )에 [2, 3] 같은 리스트가 전달되면, 리스트를 요소로 추가한다.

리스트에 리스트 또는 문자열의 요소들을 추가

리스트의 extend( ) 함수는 인자로 전달된 리스트의 요소들을 각각 리스트의 끝에 추가한다.

```
>>> lst1 = [2, 3]
>>> lst2 = [4, 5]
>>> lst1.extends(lst2)
>>> print(lst1)
[2, 3, 4, 5]
```

리스트의 extend() 함수에 문자열이 인자로 전달되면 문자열의 각 문자들을 리스트의 끝에 요소로 추가한다.

```
>>> print(lst1)
[2, 3, 4, 5]
>>> lst1.extend("abc")
>>> print(lst1)
[2, 3, 4, 5, 'a', 'b', 'c']
```

● 슬라이싱을 이용한 새로운 리스트 생성

슬라이싱(slicing)이란 리스트의 일부 요소들을 이용해서 새로운 리스트를 생성하는 것이다. 문자열의 슬라이싱과 같다.

다음은 슬라이싱 방법을 보인다. 리스트에서 시작_인덱스부터 끝_인덱스 – 1까지의 요소들을 이용해서 새로운 리스트를 생성한다.

```
리스트[시작_인덱스:끝_인덱스]
```

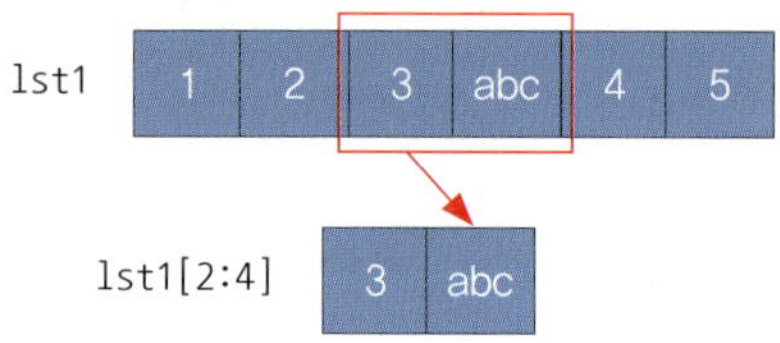

그림 8-3 슬라이싱해서 새로운 리스트 생성

다음 코드는 그림 8-3에서 보인 것처럼 슬라이싱을 이용해서 세 번째와 네 번째 요소를 새로운 리스트로 만드는 것이다.

```
>>> lst1 = [1, 2, 3, "abc", 4, 5]
>>> print(lst1[2:4])) # lst1[2]와 lst1[3]으로 리스트를 구성
[3, 'abc']
```

- 시작_인덱스가 생략되면 인덱스 0부터 시작한다.
- 끝_인덱스가 생략되면 len(리스트)로 가정한다(마지막 요소까지 포함된다).
- 시작_인덱스와 끝_인덱스가 모두 생략되면 리스트의 전체 요소를 나타낸다.

사용 예를 살펴본다.

```
>>> print(lst1[:3])      # lst1[0]~lst1[2]까지의 요소
[1, 2, 3]
>>> print(lst1[2:])      # lst1[2]~lst1[len(lst1) – 1]까지의 요소
[3, 'abc', 4, 5]
>>> print(lst1[:])       # lst1[0]~lst1[len(lst1) – 1]까지의 요소
[1, 2, 3, 'abc', 4, 5]
```

확장 슬라이싱

확장 슬라이싱은 시작_인덱스부터 끝_인덱스 – 1까지 스텝만큼 건너뛰면서 요소를 참조한다. 시작_ 인덱스와 끝_인덱스는 생략 가능하다.

```
리스트[시작_인덱스:끝_인덱스:스텝]
```

사용 예를 살펴본다.

```
>>> print(lst1[2:5:2])      # lst1[2]~lst1[4]까지 2씩 건너뜀: lst1[2], lst1[4]
[3, 4]
>>> print(lst1[2:6:2])      # lst1[2]~lst1[5]까지 2씩 건너뜀: lst1[2], lst1[4]
[3, 4]
>>> print(lst1[:3:2])       # lst1[0]~lst1[2]: lst1[0], lst1[2]
[1, 3]
>>> print(lst1[2::2])       # lst1[2]~lst1[len(lst1)–1]: lst1[2], lst1[4]
[3, 4]
```

● 리스트를 연결해서 새로운 리스트 생성

연결하기

\+ 연산자를 사용하면 리스트를 연결해서 새로운 리스트를 생성한다.

사용법은 리스트 + 리스트이다.

```
>>> lst1 = [1, 2, 3]
>>> lst2 = ["abc", 4, 5]
>>> lst3 = lst1 + lst2      # lst1과 lst2를 연결한 새로운 리스트를 lst3에 저장
>>> print(lst3)
[1, 2, 3, 'abc', 4, 5]
```

반복하기

* 연산자를 사용하면 리스트를 반복해서 새로운 리스트를 생성한다.

사용법은 리스트 * 횟수(정수)이다.

```
>>> lst1 = [1, 2, 3]
>>> lst2 = lst1 * 4      # lst1을 네 번 반복해서 새로운 리스트 생성
>>> print(lst2)
[1, 2, 3, 1, 2, 3, 1, 2, 3, 1, 2, 3]
```

리스트와 대입 연산자

대입 연산자의 피연산자에 리스트를 사용할 수 있다.

왼쪽에 일반 변수, 오른쪽에 리스트가 있으면 리스트를 값으로 저장하는 변수가 생성된다.

```
>>> lst = [1, 2, 3]
>>> print(lst)
[1, 2, 3]
```

대입 연산자의 양쪽 피연산자에 같은 개수의 요소로 구성된 리스트가 지정될 수 있다. 단 이때 왼쪽에 있는 리스트에는 변수들이 요소로 포함되어야 한다. 오른쪽 리스트의 각 요소값들은 왼쪽 리스트의 변수들 순서대로 저장된다.

```
>>> num = 4
>>> [num] = [3]  # (1) num = 3과 같음
>>> print(num)
3
```

두 개 이상의 변수를 리스트의 요소로 포함해도 된다. 그림 8-4에서 보인 것처럼 대입 연산자의 오른쪽에 위치한 리스트의 요소값들이 왼쪽에 위치한 리스트의 요소 변수에 순서대로 저장된다.

```
>>> num1 = 4
>>> num2 = 5
>>> [num1, num2] = [3, 4] # num1 = 3, num2 = 4를 실행시키는 것과 같음
>>> print(f"num1 = {num1}, num2 = {num2}")
num1 = 3, num2 = 4
```

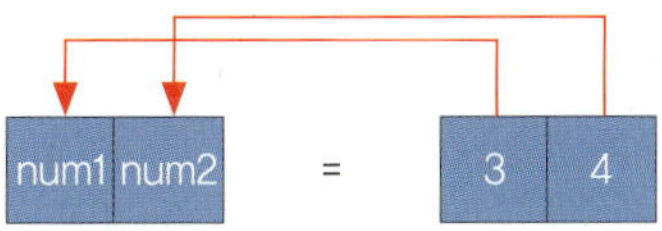

그림 8-4 대입 연산자의 피연산자들에 리스트를 지정

대입 연산자의 왼쪽 리스트에 포함된 변수가 처음 사용된 변수 이름이라면 변수를 생성하면서 값을 저장한다.

```
>>> [num1, num3] = [1, "abc"]  # 변수 num3을 생성
>>> print(f"num1 = {num1}, num3 = {num3}")
num1 = 1, num3 = abc
```

대입 연산자의 왼쪽에 있는 리스트에서 num1은 이미 사용했던 변수이므로, 기존 변수의 값을 변경한다. num3은 처음 사용되는 변수이므로 새로 생성해서 값을 저장한다.

리스트의 요소 개수 확인

파이썬의 내장함수 len()를 통해 요소 개수를 확인할 수 있다. len()에는 리스트를 직접 명시하거나 리스트를 저장하고 있는 변수를 전달한다.

```
>>> e = []
>>> print(len(e))
0
>>> print(len(lst1))   # lst1 = [4, '5', [2, 3]]
```

8 자료구조 I(리스트, 튜플)

```
3
>>> print(len([]))        # len()에 직접 리스트를 명시해도 됨
0
>>> print(len([1, 2, 3, [1, 2]]))
4
```

리스트 요소에 접근

리스트의 요소에 접근해서 값을 읽거나 변경할 수 있다. 특정 요소에 인덱스를 이용해서 직접 접근하는 인덱싱 방법과 반복문을 이용할 수 있다.

● 인덱싱

리스트에서는 요소의 위치를 나타내는 인덱스를 이용해서 특정 요소에 접근해서 값을 읽거나 변경할 수 있다.

인덱스를 이용해서 접근하는 방법은 다음과 같다.

```
리스트[인덱스]
```

다음은 앞에서 만들었던 lst1의 요소들을 화면에 출력한다.

```
>>> print(lst1[0], lst1[1], lst1[2])
4 5 [2, 3]
```

● 중첩된 리스트 요소에 접근

A 리스트의 요소로 포함된 B 리스트의 요소에 접근하는 방법 두 가지를 살펴본다.

리스트를 포함하는 리스트를 만들어 본다.

```
>>> lst = [1, 2, [3, 4, 5]]
```

lst의 세 번째 요소(lst[2])는 3, 4, 5를 요소로 가지는 리스트이다.

lst[2]의 요소에 접근하는 한 가지 방법은 다른 변수에 저장한 후, 새로운 변수를 이용하는 것이다.

```
>>> nestedLst = lst[2]    # nestedLst가 lst[2]에 있는 리스트를 나타내는 변수
>>> print(nestedLst[0])
3
```

두 번째 다른 방법은 중첩되는 횟수만큼 대괄호를 연속으로 붙이는 것이다. 예를 들어, lst의 세 번째 요소인 리스트의 첫 번째 요소를 접근하는 방법은 lst[2][0]이다.

```
>>> print(lst[2][0])
3
>>> print(lst[2][1])
4
```

세 번 중첩된 경우라면 괄호[ ]를 세 번 붙인다.

```
>>> lst1 = [1, 2, [3, [6, 7], 5]]
>>> print(lst1[2][1][1]) # lst1의 세 번째의 두 번째의 두 번째 요소
7
```

● 반복문을 이용해서 요소에 접근

인덱싱과 반복문을 사용하면 자료구조에서 접근할 수 있는 요소의 범위를 프로그래머가 자유롭게 정할 수 있다.

```
>>> for i in range(len(lst1)):
...     print(lst1[i])
...
4
5
[2, 3]
```

while 반복문을 사용할 수도 있다.

```
>>> idx = 0
>>> while idx < len(lst1):
...     print(lst1[idx])
```

8

자료구조 I(리스트, 튜플)

```
...     idx += 1
...
4
5
[2, 3]
```

반복자 사용

인덱스를 사용하지 않고, 자료구조의 요소들을 한 개씩 순차적으로 변수에 저장한 후 처리하는 방법을 반복자(iterator)라고 부른다.

인덱싱 방법은 주로 리스트나 튜플처럼 순서가 있는 자료구조에서 사용한다. 하지만 자료구조가 반복자를 지원한다면, 순서가 정해져 있는 자료구조가 아니더라도, 동일한 방법으로 모든 요소에 한 번씩 접근해서 요소를 사용할 수 있다

반복자는 다음처럼 사용한다.

```
for 요소를_저장할_변수 in 반복자를_지원하는_자료구조:
    변수를_사용하는_코드_블록
```

반복자를_지원하는_자료구조의 요소들은 요소를_저장할_변수에 순차적으로 저장된다. 반복자의 코드 블록에는 변수에 저장된 각 요소들을 처리하는 코드를 작성한다.

예를 들어 lst1의 요소들을 화면에 출력하는 코드를 작성해 보자.

```
>>> for item in lst1:
...     print(item)
...
4
5
[2, 3]
```

lst1의 각 요소를 변수 item을 통해 순차적으로 가져온 후에 for 반복문의 코드 블록을 실행하고 있다.

이미 설명했지만 문자열의 경우에도 같은 패턴으로 반복자를 통해 출력한다.

```
>>> for ch in "hello":
...     print(ch)
...
h
e
l
l
o
```

리스트에 있는 정수의 합을 구하는 코드를 반복자로 작성해 보자.

```
>>> lst = [8, 9, 4, 5, 10]
>>> sum = 0
>>> for n in lst:
...     sum += n
...
>>> print(sum)
36
```

lst의 요소들은 순차적으로 n에 저장된다. for 반복자의 코드 블록에서는 0으로 초기화되었던 sum 변수에 요소값을 더하면 된다.

8 자료구조 I(리스트, 튜플)

요소 변경

리스트의 요소값을 변경하는 것은 한 개를 변경할 때와 여러 개를 변경할 때 사용법이 다르다.

● 단일 요소 변경

요소값 한 개만 변경하는 방법은 다음과 같다. 변경하는 요소가 위치한 인덱스를 명시한다.

```
리스트[인덱스] = 값
```

사용 예를 본다.

```
>>> lst1 = [1, 2, 3, "abc"]
>>> lst1[2] = 4
>>> print(lst1)                    # 3을 4로 변경
[1, 2, 4, 'abc']
>>> lst1[3] = ["ab", 'a', "def"]   # 'abc'를 ["ab", 'a', "def"]로 변경
>>> print(lst1)
[1, 2, 4, ['ab', 'a', 'def']]
>>> lst1[0] = "ab"                 # 문자열을 한 개의 덩어리로 취급
>>> print(lst1)
['ab', 2, 4, ['ab', 'a', 'def']]
```

요소 한 개만 변경할 때 인덱스는 0~len(리스트)−1에 해당되는 정수여야 한다.

범위 밖의 인덱스가 사용되면 오류가 발생한다.

```
>>> lst1[4] = "abc"
Traceback (most recent call last):
  File "<stdin>", line 1, in <module>
IndexError: list assignment index out of range
```

리스트의 인덱스가 범위를 벗어난 경우의 IndexError 오류가 발생한다.

여러 요소 변경

인덱스를 한 개만 사용해서 값을 변경하면, 값으로 리스트를 지정해도 리스트를 한 개의 덩어리로 취급해서 값으로 저장한다.

여러 요소를 한 번에 여러 개의 새로운 값으로 치환하려면, 다음과 같이 슬라이싱 하듯이 처리한다. 다음은 리스트의 시작_인덱스부터 끝_인덱스 − 1까지의 요소들을 삭제하고, 그 위치에 새로 주어진 요소들을 삽입한다.

```
리스트[시작_인덱스:끝_인덱스] = 개체에_접근_가능한_객체
```

값으로 사용된 '개체에_접근_가능한_객체(iterable object)'는 리스트, 튜플, 문자열처럼 전체 자료형의 각 요소에 접근할 수 있는 객체들을 나타낸다.

예를 살펴본다.

```
>>> lst2 = [1, 2, 3, "abc"]
>>> lst2[1:2] = ['g', 'h']  # lst2[1]을 제거하고 그 자리에 'g', 'h'를 삽입
>>> print(lst2)
[1, 'g', 'h', 3, 'abc']
>>> lst2[2:4] = "ab"          # 'h'와 3을 삭제하고 "ab"를 'a', 'b'로 삽입
>>> print(lst2)
[1, 'g', 'a', 'b', 'abc']
```

리스트와 문자열이 값으로 사용될 경우 리스트의 각 요소들과 문자열의 각 글자들이 분리되어 입력된다. 주의해야 한다.

여러 개 값을 변경하는 문법을 사용하면서 한 개 값만 입력하면 오류가 발생한다.

```
>>> lst2[1:3] = 3        # lst2[1], lst2[2]를 삭제하고 3을 삽입
Traceback (most recent call last):
  File "<stdin>", line 1, in <module>
TypeError: can only assign an iterable
>>> lst2[1:2] = 3        # lst2[1]을 삭제하고 3을 삽입
Traceback (most recent call last):
  File "<stdin>", line 1, in <module>
TypeError: can only assign an iterable
```

처음에는 lst2의 요소 두 개를 3으로 치환하였지만, 오류가 발생한다. 대입 연산자의 오른쪽에는 개체에_접근_가능한_객체(iterable)가 있어야 한다고 알려준다.

두 번째에는 lst2의 요소 한 개를 3으로 치환해 보았지만, 같은 오류가 발생한다.

여러 요소를 변경하는 경우에 시작_인덱스와 끝_인덱스는 리스트 요소의 범위를 넘쳐도 오류가 발생하지 않는다. 리스트의 위치에서 봤을 때 해당 위치에 제일 가까운 곳에 값들이 입력된다.

[코드 8-1]

```
>>> print(lst2)
[1, 'g', 'a', 'b', 'abc']
>>> lst2[10:15] = "12"                # (1)
>>> print(lst2)
[1, 'g', 'a', 'b', 'abc', '1', '2']
```

[코드 8-1]의 (1)에서 사용된 10과 15는 lst2의 요소 범위를 넘친 인덱스들이다. lst2[10:15]에 "12"를 삽입했을 때 lst2의 가장 마지막 위치에 '1'과 '2'를 삽입하였다.

비슷하게 앞부분에 값들을 넣는 것을 살펴본다.

```
>>> lst2[-17:-14] = "34"
>>> print(lst2)
['3', '4', 1, 'g', 'a', 'b', 'abc', '1', '2']
```

lst2의 앞부분에 값들이 삽입된 것을 확인할 수 있다.

이번에는 중간에 걸친 영역에 넣는 것을 살펴본다.

```
>>> lst2[-17:3] = "56"
>>> print(lst2)
['5', '6', 'g', 'a', 'b', 'abc', '1', '2']
```

인덱스 −17은 범위 밖이다. 끝 인덱스 번호가 3이므로, 시작 인덱스 번호는 0이 시작이 될 수밖에 없다. 따라서 lst2[0]과 lst2[1]을 제거하고 '5'와 '6'을 삽입한 것을 볼 수 있다.

이렇게 여러 요소를 삽입하는 경우는 적절하지 않은 인덱스 범위가 주어진다고 해도, 주어진 값들이 삽입된다. 하지만 이러한 코드는 이해하기 어려워 가독성이 저해되므로 지양하고, 명확하게 범위 내에 있는 인덱스 범위를 지정하는 것이 좋다.

요소 삭제

리스트의 요소를 삭제하는 방법에는 두 가지가 있다.

- 위치를 이용해서 삭제
- 값을 이용해서 삭제

● 위치를 이용한 요소 삭제

리스트의 요소를 삭제하려면 del 명령을 사용한다. del 명령을 사용할 때 삭제할 요소의 리스트의 인덱스를 전달하면 된다.

```
del(리스트[인덱스])    # 인덱스에 해당되는 요소 삭제
```

사용 예를 본다.

```
>>> lst3 = [1, 2, 3, "abc", 'g', 'h']
>>> del(lst3[1]) # 2를 삭제
>>> print(lst3)
[1, 3, 'abc', 'g', 'h']
```

del 명령은 괄호 없이 사용하는 것도 가능하다.

```
>>> del lst3[1]
>>> print(lst3)
[1, 'abc', 'g', 'h']
```

하지만 del 명령을 len()이나 min(), max()같은 내장 함수로 취급하는 것이 일관성 있게 기억하는 방법이다. 따라서 함수 형태로 기억한다.

del 명령을 사용할 때 슬라이싱 문법을 이용해서 여러 개의 요소를 삭제하는 것도 가능하다.

```
>>> lst3 = [1, 2, 3, "abc", 'g', 'h']
>>> del(lst3[0:2])    # del(lst3[:2])와 같음
>>> print(lst3)
[3, 'abc', 'g', 'h']
```

del 명령을 사용하지 않고 빈 리스트를 대입하는 형태로 삭제할 수도 있다.

```
>>> lst3[0:2] = []  # 3, 'abc'를 삭제
>>> print(lst3)
['g', 'h']
```

슬라이싱 문법과 빈 리스트를 삽입하는 방법은 요소 한 개를 삭제할 때도 사용할 수 있다.

```
>>> lst3[:1] = []    # lst3[0] 즉 'g'만 삭제
>>> print(lst3)
['h']
```

한 개 남은 요소를 삭제하면 빈 리스트만 남는다

```
>>> del(lst3[0])
>>> print(lst3)
[]
```

● 값을 이용한 요소 삭제

리스트의 remove() 함수는 인자로 전달된 값을 리스트에서 삭제한다. 같은 값이 리스트에 여러 개 있는 경우 첫 번째 값만 삭제한다. 사용법은 다음과 같다

```
리스트.remove(값)
```

사용 예를 보자.

```
>>> lst4 = [1, 3, 5, 7, 9, 7, 5, 3, 1]
>>> lst4.remove(5)              # lst4[2]를 삭제함
>>> print(lst4)
[1, 3, 7, 9, 7, 5, 3, 1]
>>> lst4.remove(3)              # lst4[1]을 삭제
>>> print(lst4)
[1, 7, 9, 7, 5, 3, 1]
>>> lst4.remove(3)              # lst4[5]을 삭제
>>> print(lst4)
[1, 7, 9, 7, 5, 1]
```

리스트에 포함된 요소 값의 개수 세기

리스트의 count() 함수는 인자로 주어진 값이 리스트에 몇 개 있는지 반환한다. 인자로 주어진 값이 리스트에 없다면 0을 반환한다.

```
>>> lst5 = [1, 3, 5, 7, 9, 7, 5, 3, 1]
>>> count3 = lst5.count(3)
>>> print(count3)
2
>>> count9 = lst5.count(9)
>>> print(count9)
1
>>> count0 = lst5.count(0)
>>> print(count0)
0
```

요소를 검색하기

리스트에 찾는 값이 있는지 확인하는 방법과 만약 있다면 어느 위치에 있는지 찾는 방법이 있다.

● 값의 존재 여부 확인

요소가 리스트에 있는지 확인하는 것은 in 명령을 사용한다. 사용법은 다음과 같다.

```
값 in 리스트
```

in 명령은 값이 리스트에 있으면 True를, 아니면 False를 반환한다.

사용 예를 보자.

```
>>> lst5 = [1, 3, 5, 7, 9, 7, 5, 3, 1]
>>> print(1 in lst5)
True
>>> print(10 in lst5)
False
```

● 값의 위치 확인하기

요소가 리스트에 있다면, 리스트의 index() 함수를 이용해서 위치를 찾을 수 있다. 만약 같은 값이 여러 개 있다면 첫 번째 요소의 위치를 반환한다.

```
>>> lst5 = [1, 3, 5, 7, 9, 7, 5, 3, 1]
>>> idx = lst5.index(7)     # 첫 번째 7의 인덱스 반환
>>> print(idx)
3
```

index() 함수는 찾는 값이 리스트에 없으면 오류를 발생시킨다.

```
>>> lst5.index(10)
Traceback (most recent call last):
  File "<stdin>", line 1, in <module>
ValueError: 10 is not in list
```

in과 index()를 함께 사용해서 오류 발생을 막을 수 있다.

```
if 10 in lst5:
    idx = lst5.index(10)
    print(idx)
```

count() 함수를 이용해서 값의 개수가 1 이상이면 index() 함수를 사용하는 방법도 있다.

```
if lst5.count(10) > 0:
    idx = lst5.index(10)
    print(idx)
```

요소 삽입

append()는 마지막에 추가하지만, 리스트의 특정 위치에 요소를 삽입하려면 insert() 함수를 사용한다.

```
리스트.insert(x, y)
```

insert() 함수는 표 8-1과 같이 x 인덱스 위치에 y를 삽입한다. x 위치부터 있던 기존 요소들은 오른쪽으로 한 개씩 이동된다.

표 8-1 insert( ) 함수 동작 방법

x 인덱스 값	y 값 삽입 위치
-len(리스트) <= x <= len(리스트) - 1	x 인덱스 위치에 y 삽입
x < -len(리스트)	가장 앞(인덱스 0)에 y가 삽입
x >= len(리스트)	가장 마지막 요소로 y가 삽입(추가)된다.

사용 예를 본다.

```
>>> lst6 = [1, 3, 5]
>>> lst6.insert(1, 7)           # 인덱스 1에 7 삽입
>>> print(lst6)
[1, 7, 3, 5]
>>> lst6.insert(-1, 9)          # 인덱스 -1에 9를 삽입하고 5를 오른쪽으로 밀어냄
>>> print(lst6)
[1, 7, 3, 9, 5]
>>> lst6.insert(-len(lst6), 0) # 인덱스 0에 0을 삽입
>>> print(lst6)
[0, 1, 7, 3, 9, 5]
>>> lst6.insert(-10, -5)        # 범위 왼쪽 밖에 -5를 삽입(첫 부분에 삽입)
[-5, 0, 1, 7, 3, 9, 5]
>>> lst6.insert(10, 13)         # 범위 오른쪽 밖에 9를 삽입(마지막에 추가)
[-5, 0, 1, 7, 3, 9, 5, 13]
```


요소 정렬

리스트의 sort() 함수를 사용하면 요소들을 오름차순 또는 내림차순으로 정렬할 수 있다. sort() 함수를 사용할 때 다음에 주의해야 한다.

- sort() 함수를 사용하려면 리스트의 요소들이 서로 비교할 수 있는 자료형으로 구성되어야 한다(예: 숫자로만 구성 또는 문자열으로만 구성).
- sort() 함수는 요소들의 순서를 변경한다(새로운 리스트를 생성하는 것이 아니다).

기본적으로 리스트의 sort() 함수는 오름차순으로 정렬한다. 내림차순으로 정렬하려면

reverse 매개변수를 True로 지정한다.

```
>>> lst7 = [1, 7, 5, 4, 3]
>>> lst7.sort()                # 오름차순으로 정렬
>>> print(lst7)
[1, 3, 4, 5, 7]
>>> lst7.sort(reverse = True)  # 내림차순으로 정렬
>>> print(lst7)
[7, 5, 4, 3, 1]
```

서로 비교할 수 없는 자료형이 리스트에 섞여 있으면 오류가 발생한다.

```
>>> lst8 = [1, 7, 5, 4, 3, "abc"]
>>> lst8.sort()
Traceback (most recent call last):
  File "<stdin>", line 1, in <module>
TypeError: '<' not supported between instances of 'str' and 'int'
```

요소 순서 뒤집기

리스트의 요소 순서를 반대로 만들려면 reverse() 함수를 사용한다.

```
>>> lst9 = [1, 7, 5, 4, 3]
>>> lst9.reverse()
>>> print(lst9)
[3, 4, 5, 7, 1]
```

문자열을 잘라서 리스트 생성하기

문자열에 포함된 split() 함수는 주어진 조건으로 문자열을 잘라낸 후 잘린 문자열 조각들을 요소로 리스트를 만들어 반환한다.

split() 함수의 사용법에는 여러 가지가 있다.

- 문자열.split(구분문자)
- 문자열.split(구분문자, 횟수)
- 문자열.split( )
- 문자열.split(maxsplit=횟수)

문자열.split(구분문자)

split() 함수에 인자로 사용하고 싶은 구분문자(구분자)를 지정하면 그 문자열에 있는 글자들을 이용해서 단어들을 분리한다.

분리된 단어들을 요소로 사용해서 리스트를 구성한 후 단어들의 리스트를 반환한다.

만약 구분문자들이 연속적으로 나타나면, 그림 8-5와 같이 구분문자들 사이에 빈 문자열이 있는 것으로 가정하고 단어를 구분한다.

그림 8-5 문자열.split(구분문자) 함수가 동작하는 방법

그림 8-5에서 화살표는 구분문자로 지정된 문자들을 보인다.

화살표 아래에 보이는 문자열들은 화살표가 가리키는 구분문자로 인해 분리된 단어들을 나타낸다.

구분 문자가 두 개 이상 연속으로 붙어 있을 때 split(구분문자) 함수는 두 구분 문자 사이에 빈 문자열이 있다고 가정해서 빈 문자열을 리스트의 요소로 포함한다.

```
>>> lst = "What a  beautiful \tday".split(" ")
['What', 'a', '', 'beautiful', '\tday']
```

"a beautiful"에서 두 단어 사이에 공백 문자가 두 개 있어, "a", "", "beautiful"로 분리된다. a와 beautiful 사이에 공백이 두 개 있어, 분리될 때 빈 문자열이 한 개 포함된다.

split()에 " \t"(공백 문자와 탭 문자를 연속해서 붙인 문자열)를 전달해 본다.

```
>>> lst = "What a  beautiful \tday".split(" \t")
>>> lst
['What a  beautiful', 'day']
```

" \t"를 split()에 전달하면 공백 문자와 탭문자가 연속적으로 붙은 문자열을 찾아서 분리한다.

문자열.split(구분문자, 횟수)

split()의 두 번째 인자를 적으면, 최대 횟수(maxsplit) 번째까지 단어를 분리하겠다는 의미이다. 즉, 아래와 같이 maxsplit을 2로 하면, 결과로 반환되는 리스트의 요소 개수는 최대 횟수 + 1개로, 3개의 리스트의 요소 개수가 출력된다.

```
>>> lst = "What a  beautiful \tday".split(" ", 2)
['What', 'a', ' beautiful \tday']
```

문자열.split( )

split() 함수가 아무 인자 없이 사용되면, 문자열을 화이트 스페이스(white space) 즉 공백 문자, 탭문자, 또는 줄바꿈 문자를 이용해서 분리한 후 단어들의 리스트를 반환한다.

화이트 스페이스 문자들이 연속적으로 두 개 이상 나타나면 그림 8-6과 같이 한 개만 사용되고 나머지는 무시된다.

그림 8-6 문자열.split() 함수가 동작하는 방법

사용 예를 살펴보자.

```
>>> lst = "Python is a easy to learn programming language".split()
>>> print(lst)
['Python', 'is', 'a', 'easy', 'to', 'learn', 'programming', 'language']
```

문자열이 공백 문자 한 개씩으로 단어들이 분리되어 있었고, 따라서 모든 단어가 분리되어 리스트의 요소로 사용되었다.

```
>>> lst = "    Python \tis a easy to\tlearn\t\t\t\nprogramming language\n".split()
>>> print(lst)
['Python', 'is', 'a', 'easy', 'to', 'learn', 'programming', 'language']
```

문자열의 가장 앞과 뒤에 있는 화이트 스페이스들이 모두 무시되었다. 중간에 연속으로 나타나는 화이트 스페이스들은 한 개만 사용되고 나머지들은 무시된다.

- **문자열.split(maxsplit=횟수)**

maxsplit 변수를 횟수로 지정하면, 화이트 스페이스로 분리하면서 리스트의 요소를 최대 횟수 + 1개로 구성한다. 댜음과 같이 maxsplit를 지정하고, '\t'가 섞인 문자열을 분리해 보자. 최대 횟수+1까지 화이트 스페이스를 분리하는 것을 확인할 수 있다.

```
>>> lst = "    Python \tis a easy to\tlearn\t\t\t\nprogramming language\n".
split(maxsplit=2)
>>> print(lst)
['Python', 'is', 'a easy to\tlearn\t\t\t\nprogramming language\n']
```

문자열.rsplit( ) 함수

문자열의 rsplit() 함수는 주어진 조건으로 문자열을 오른쪽에서부터 왼쪽 방향으로 잘라낸 후 잘린 문자열 조각들을 요소로 리스트를 만들어 반환한다.

rsplit() 함수는 오른쪽에서 왼쪽 방향으로 진행하는 것 외에 split()과 동일한 결과를 만든다.

rsplit() 함수의 사용법에는 여러 가지가 있다.

- 문자열.rsplit(구분문자)
- 문자열.rsplit(구분문자, 횟수)
- 문자열.rsplit( )
- 문자열.rsplit(maxsplit=횟수)

이 중에서 rsplit(구문문자)와 rsplit( )은 split( ) 함수와 같은 결과를 보인다. 여기서는 횟수가 정해지는 rsplit( ) 함수의 사용 예만 살펴본다.

- **문자열.rsplit(구분문자, 횟수)**

```
>>> lst = "What a  beautiful \tday".rsplit(" ", 2)
>>> lst
['What a ', 'beautiful', '\tday']
```

오른쪽부터 단어를 분리했기 때문에 끝에 있는 두 단어가 분리되고 남은 문자열들("What a")이 처음에 붙는다.

- **문자열.rsplit(maxsplit=횟수)**

```
>>> lst = "    Python \tis a easy to\tlearn\t\t\t\nprogramming language\n".
rsplit(maxsplit=2)
>>> print(lst)
['    Python \tis a easy to\tlearn', 'programming', 'language']
```

오른쪽에서 최대 3개로 리스트의 요소를 구성한다. 오른쪽부터 단어가 잘렸기 때문에 "language"와 "programming"이 리스트에 포함되고 나머지 앞쪽 문자열이 한 개의 문자열이 된다.

8.2 PYTHON

실습문제 1

| 문제 |

함수의 인자로 정수 한 개를 전달받는다. 인자로 전달된 정수 n개만큼 사용자로부터 정수를 입력받고, 이를 요소로 리스트를 구성한 후 함수의 결과값으로 반환한다. 함수를 이용해서 5개의 정수값으로 구성된 리스트를 생성하고 화면에 출력하는 프로그램을 작성한다.

| 요구사항 |

- 사용자로부터 입력받을 정수의 개수는 함수에 인자로 전달한다.
- 사용자는 정수만을 입력한다고 가정한다.
- 함수를 검수할 때 입력받아서 리스트로 만들 정수는 5개다.

| 문제 해결 |

정수 n개를 입력받아서 리스트를 구성한 후 반환하는 함수를 생각해 보자.

n이 1이라면, 한 번만 입력받고, 입력받은 정수 한 개만으로 리스트를 만들어서 반환한다.

정수가 num 변수에 저장되어 있다고 가정할 때 정수 한 개로 구성된 리스트로 만드는 방법은 두 가지를 생각할 수 있다.

첫 번째는 num 변수를 다음 형태로 작성해서 리스트를 생성한다.

```
lst = [num]
```

정수 한 개를 입력받고, 리스트로 만들어서 출력하는 코드를 작성해 보자.

```
>>> num = int(input("정수를 입력하세요: "))
정수를 입력하세요: 10
>>> lst = [num]
>>> print(lst)
[10]
```

두 번째는 빈 리스트를 생성한 후, num 변수값을 리스트에 추가한다.

```
>>> lst = []
>>> num = int(input("정수를 입력하세요: "))
정수를 입력하세요: 10
>>> lst.append(num)
>>> print(lst)
[10]
```

n이 2라면, 정수를 입력받고 n이 1일 때 만들었던 리스트에 추가해야 한다.

기존에 있는 리스트에 정수를 새로 추가하는 것은 두 가지 방법으로 처리해 본다.

- append( ) 함수를 이용해서 기존 리스트에 추가
- 새로 입력받은 정수를 리스트로 만들고, 기존 리스트와 연결해서 새로운 리스트를 생성

lst 변수에 처음에 입력받은 정수가 리스트로 만들어져 있다고 가정한다.

첫 번째 방법을 구현한다. 정수를 한 개 입력받고, lst 리스트에 추가한다.

```
>>> num = int(input("정수를 입력하세요: "))
정수를 입력하세요: 5
>>> lst.append(num)
>>> print(lst)
[10, 5]
```

두 번째 방법을 구현해 본다. num 변수에 정수를 입력받고, 리스트로 만들어서 기존 리스트인 lst와 연결하여 새로운 리스트를 생성한 후 저장한다.

```
>>> num = int(input("정수를 입력하세요: "))
정수를 입력하세요: 7
>>> lst += [num] # num을 요소로 포함하는 리스트를 기존 lst에 연결해서 새로 저장
>>> print(lst)
[10, 5, 7]
```

정수 n개를 입력받아서 리스트를 구성한 후 반환하는 함수의 알고리즘을 생각해 본다.

함수에서 할 일은 n번 반복하면서 사용자로부터 정수 한 개를 입력받고, 리스트에 추가하는 것이다. 처음에 빈 리스트를 만들어놓고, 사용자가 정수를 입력할 때마다 append() 함수를 이용해서 리스트에 추가한다.

```
lst = []
for i in range(n):
    num = int(input("정수를 입력하세요: "))
    lst.append(num)
```

반복문이 종료되면, lst에는 사용자가 입력한 n개의 정수를 요소로 포함하는 리스트가 저장된다.

함수 코드를 작성한다. 반복문이 종료된 후에 만들어진 리스트를 반환한다.

```
def createListFromInput(n):
    lst = []
    for i in range(n):
        num = int(input("정수를 입력하세요: "))
        lst.append(num)
    return lst
```

함수를 사용하는 코드를 작성해 본다.

```
>>> createListFromInput(3)
정수를 입력하세요: 10
정수를 입력하세요: 15
정수를 입력하세요: 20
[10, 15, 20]
```

| 최종 코드 |

다섯 개 정수를 입력받고, 리스트를 생성한 후 리스트의 내용을 출력하는 코드를 작성한다.

8 자료구조 I(리스트, 튜플)

[코드 8-2] prac08_01.py

```
def createListFromInput(n):
    lst = []
    for i in range(n):
        num = int(input("정수를 입력하세요: "))
        lst.append(num)
    return lst

lst1 = createListFromInput(5)
print(lst1)       # 리스트를 확인차 출력
for n in lst1:
    print(n)      # 요소 출력
```

| 실행 결과 |

```
정수를 입력하세요: 10
정수를 입력하세요: 5
정수를 입력하세요: 8
정수를 입력하세요: 9
정수를 입력하세요: 4
[10, 5, 8, 9, 4]
10
5
8
9
4
```

PYTHON

8.2 실습문제 2

| 문제 |

인자로 전달받은 정수의 모든 약수를 리스트로 구성해서 반환하는 함수(createDivisorsList)를 구현한다. 사용자로부터 1000 이하의 정수 중에서 한 개를 입력받고, 약수의 리스트를 만드는 함수를 이용해서 약수 리스트를 생성한다. 약수 리스트에 있는 모든 요소의 합을 계산해서 화면에 출력하는 프로그램을 작성한다.

| 요구사항 |

- 사용자는 1000 이하의 정수를 입력할 것이라고 가정한다.
- 약수 리스트가 제대로 만들어졌는지 확인할 수 있도록 `createDivisorsList()` 함수를 호출하는 코드에서 리스트의 내용을 화면에 출력한다.

| 문제 해결 |

정수 n의 약수를 찾는 방법은 1~n까지의 정수를 n으로 나눠서 나머지가 0인지 확인하는 것이다.

정수 n의 약수 리스트를 만드는 것은 빈 리스트를 한 개 만든 후, 1~n까지의 정수를 n으로 나눠서 나머지가 0인 정수들을 리스트에 추가한다.

또 다른 방법은 1과 n은 약수이므로 무조건 리스트에 넣고, 2~n−1까지만 확인하는 것이다.

여기서는 편의상 첫 번째 알고리즘을 사용한다. 알고리즘을 의사코드로 작성하면 다음과 같다.

```
lst = []
i가 1~n까지 반복
    if n % i == 0:
        lst에 i를 추가
```

함수 코드를 작성해 본다.

8 자료구조 I(리스트, 튜플)

```
def createDivisorsList(n):
    lst = []
    for i in range(1, n + 1):
        if n % i == 0:
            lst.append(i)
    return lst
```

함수를 호출하고 결과로 받는 리스트를 화면에 출력해 본다.

```
>>> lst = createDivisorsList(12)
>>> print(lst)
[1, 2, 3, 4, 6, 12]
```

리스트에 있는 요소의 합을 구하는 것은 합계를 저장할 변수를 0으로 초기화시킨 후에 반복자를 사용한다. 반복자의 코드 블록에서 합계에 각 요소 값을 더하면 된다.

```
>>> sum = 0
>>> for i in lst:
...     sum += i
...
>>> print(sum)
28
```

| 최종 코드 |

[코드 8-3] prac08_02.py

```
def createDivisorsList(n):
    lst = []
    for i in range(1, n + 1):
        if n % i == 0:
            lst.append(i)
    return lst

# 사용자로부터 정수 입력받기
n = int(input("1000이하의 정수 한 개를 입력하세요: "))
```

```python
# 약수 리스트 생성
lst = createDivisorsList(n)
print(lst)          # 약수 리스트 확인을 위해 화면에 출력

# 약수의 합 구하기
sum = 0
for i in lst:
    sum += i
print(f"약수들의 총 합: {sum}")          # 합계 출력
```

| 실행 결과 |

```
1000 이하의 정수 한 개를 입력하세요: 50
[1, 2, 5, 10, 25, 50]
약수들의 총 합: 93
```

8

자료구조 I(리스트, 튜플)

8.3 PYTHON

튜플

튜플이란?

튜플(tuple)은 리스트와 비슷하게 순서가 있는 요소들의 모음으로, 읽기 전용(read-only) 리스트라고 부를 수 있을 정도로 둘은 비슷하지만, 요소를 변경하거나 삭제하는 기능이 없어 내용을 수정할 수는 없다.

튜플은 리스트처럼 어떤 자료형이나 요소로 포함할 수 있고, 소괄호 '('와 ')'를 이용해서 표현한다. 튜플의 몇 가지 예를 보자.

```
()                      # 빈 튜플
(1, 2, 3, "abc")        # 요소가 4개인 튜플
(1, 2, 3, (1, 2))       # 요소에 튜플이 있음
(1, 2, 3, [1, 2])       # 요소에 리스트가 있음
```

튜플의 사용법은 대부분 리스트와 동일하다. 요소를 추가, 삭제, 변경하는 것들만 없다.

튜플의 길이 확인

len() 함수를 사용하면 튜플에 있는 요소의 개수를 확인할 수 있다.

```
>>> print(len((1, 2, 3, "abc")))
4
>>> print(len((1, 2, (1, 2))))
3
```

요소 접근 방법

● 인덱싱을 이용한 방법

튜플의 요소는 리스트와 동일하게 인덱스를 대괄호([ ]) 안에 명시해서 접근할 수 있다.

소괄호를 쓰면 함수와 구별이 어렵다. 예를 들어 튜플 변수의 이름이 t1이라고 가정했을 때,

```
n = t1(3)
```

위와 같은 형태로 코드를 작성하면 t1이 함수인지 아니면 튜플인지 확인할 수 없다. 따라서 튜플도 대괄호를 이용해서 요소들에 접근한다.

```
튜플_이름[인덱스]
```

튜플 (1, 2, 3, (1, 2))의 이름이 t1이라고 가정하면 t1[0]은 정수 1을, t1[3]은 네 번째 요소인 튜플 (1, 2)를 나타낸다.

문자열과 리스트에서 봤던 것처럼 가장 마지막 요소는 −1, 그 이전 요소는 −2라고 인덱스를 사용할 수도 있다.

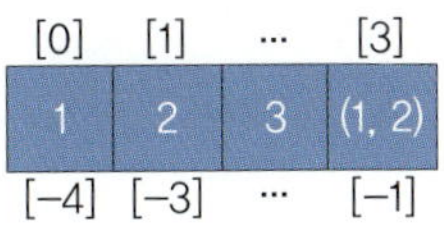

그림 8-7 튜플 요소들의 인덱스

요소로 포함된 튜플의 요소를 접근하는 방법도 중첩된 리스트에서 했던 것과 같다. t1[3][0]은 튜플 (1, 2)의 첫 번째 요소인 1을 나타낸다.

● 반복문과 인덱스로 접근

while 또는 for 반복문을 이용한 인덱싱 기법을 이용하면 튜플의 요소들에 접근할 수 있다. 다음은 t1의 요소들을 모두 화면에 출력하는 코드이다.

```
>>> idx = 0
>>> while idx < len(t1):
...     print(t1[idx])
...     idx += 1
```

```
...
1
2
3
(1, 2)
>>> for i in range(len(t1)):
...     print(t1[i])
...
1
2
3
(1, 2)
```

반복자 사용

반복자를 이용해서 요소들에 접근하는 것도 가능하다. t1 튜플의 각 요소가 t에 저장되고, t를 이용하는 코드를 for 반복자의 코드 블록에 작성한다.

```
>>> for t in t1:
...     print(t)
...
1
2
3
(1, 2)
```

생성

튜플을 생성하는 방법은 리스트와 비슷하지만 빈 튜플을 생성한 후 요소를 추가하는 것은 안 된다.

- 명시해서 생성
- 슬라이싱, 연결, 반복 등을 통해 새로운 튜플 생성
- 리스트를 튜플로 변환(튜플을 리스트로 변환하는 것도 가능)

● 요소를 지정해서 생성

튜플에 포함될 요소들을 직접 코드로 명시해서 생성한다.

```
>>> tuple1 = ()          # 빈 튜플 생성
>>> tuple2 = (1, 2, 3, "abc")
>>> tuple3 = (1, 2, 3, (1, 2))
>>> tuple4 = (1, 2, 3, [1, 2])
>>> type(tuple1)         # 튜플인지 확인
<class 'tuple'>
>>> print(tuple1)
()
>>> print(tuple2)
(1, 2, 3, 'abc')
>>> print(tuple3)
(1, 2, 3, (1, 2))
>>> print(tuple4)
(1, 2, 3, [1, 2])
```

튜플을 생성할 때 괄호를 생략할 수 있다. 괄호 없이 요소들을 콤마로 분리하면 튜플이 생성된다.

```
>>> tuple5 = 1, 2, 3, [1, 2]  # (1, 2, 3, [1, 2])와 같음
>>> type(tuple5)         # 튜플인지 확인
<class 'tuple'>
>>> print(tuple5)
(1, 2, 3, [1, 2])
>>> tuple6 = 1, 2
>>> print(tuple6)
(1, 2)
```

한 개 요소로 튜플을 생성할 때 반드시 요소 뒤에 콤마를 붙여야 한다.

```
>>> tuple7 = (2,)        # 정수 한 개로 구성된 튜플 생성
>>> type(tuple7)
<class 'tuple'>
```

```
>>> print(tuple7)
(2,)
>>> tuple8 = ("abc", ) # 문자열 한 개로 구성된 튜플 생성
>>> print(tuple8)
('abc',)
```

콤마를 생략하면 표현식과 구별할 수 없다. 예를 들어 다음 형태로 변수를 생성해 보자.

```
>>> tuple9 = (3)
>>> tuple10 = ("abc")
```

(3)은 정수 3에 괄호를 감싼 것이다. 괄호가 없어도 되지만, 문법적으로 틀린 표현은 아니다. 여기서의 괄호는 (2 + 3)의 괄호와 유사하게 사용되었을 뿐이다. 비슷하게 ("abc")도 문자열에 괄호를 감싼 것에 불과하며, 비슷하게 괄호는 없어도 된다.

파이썬 셸에서 자료형을 확인해 보자.

```
>>> type(tuple9)
<class 'int'>
>>> print(tuple9)
3
>>> type(tuple10)
<class 'str'>
>>> print(tuple10)
abc
```

슬라이싱, 연결, 반복을 이용해서 새로운 튜플 생성

슬라이싱 및 확장 슬라이싱

기존 튜플의 요소들을 이용해서 새로운 튜플을 생성할 수 있다. 리스트의 슬라이싱 및 확장 슬라이싱 사용법은 튜플에서도 똑같이 적용된다.

```
튜플[시작_인덱스:끝_인덱스]          # 슬라이싱
튜플[시작_인덱스:끝_인덱스:스텝]   # 확장 슬라이싱
```

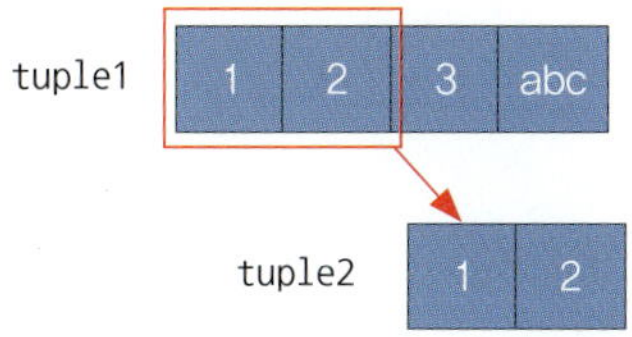

그림 8-8 슬라이싱을 통해 새로운 튜플 생성

다음 코드는 그림 8-8에서 보인 것처럼 tuple1의 요소 2개를 이용해서 새로운 튜플을 생성한 것이다.

```
>>> tuple11 = (1, 2, 3, "abc")
>>> tuple12 = tuple11[0:2]        # tuple11의 처음 두 개 요소를 튜플로 구성
>>> print(tuple12)
(1, 2)
```

슬라이싱할 때 시작_인덱스나 끝_인덱스는 생략할 수 있다. 시작_인덱스가 생략되면 0, 끝_인덱스가 생략되면 len(튜플)이 생략된 것으로 본다.

```
>>> tuple13 = tuple11[2:]         # tuple11의 세 번째부터 끝까지 튜플로 구성
>>> print(tuple13)
(3, 'abc')
>>> tuple14 = tuple11[:4:2]       # 인덱스 0부터 3까지의 요소, 한 개씩 건너뜀
>>> print(tuple14)
(1, 3)
```

연결 및 반복

"튜플 + 튜플" 형태로 튜플을 덧셈 연산자와 사용하면 두 개 튜플을 순서대로 연결해서 새로운 튜플을 생성한다.

```
튜플 + 튜플
```

tuple11을 두 개 연결해서 화면에 출력해 본다.

8 자료구조 I(리스트, 튜플)

```
>>> tuple15 = tuple11 + tuple11
>>> print(tuple15)
(1, 2, 3, 'abc', 1, 2, 3, 'abc')
```

"튜플 * 정수" 형태로 사용하면, 튜플을 정수 횟수만큼 순차적으로 반복해서 새로운 튜플을 생성한다.

```
>>> tuple16 = (1, 2) * 3
>>> print(tuple16)
(1, 2, 1, 2, 1, 2)
```

튜플과 대입 연산자

대입 연산자의 피연산자에 튜플을 사용할 수 있다.

왼쪽에 일반 변수, 오른쪽에 튜플이 있으면 튜플을 값으로 저장하는 변수가 생성된다.

```
>>> t = (1, 2, 3)
>>> print(t)
(1, 2, 3)
```

대입 연산자의 양쪽 피연산자에 같은 개수의 요소로 구성된 튜플이 지정될 수 있다. 단 이때 왼쪽에 있는 튜플에는 변수들이 요소로 포함되어야 한다. 오른쪽 튜플의 각 요소값들은 왼쪽 튜플의 변수에 순서대로 저장된다.

```
>>> num4 = 4
>>> num5 = 5
>>> (num4, num5) = (3, 4) # num4 = 3, num5 = 4를 실행시키는 것과 같음
>>> print(f"num4 = {num4}, num5 = {num5}")
num4 = 3, num5 = 4
```

대입 연산자의 왼쪽 튜플에 포함된 변수가 처음 사용된 변수 이름이라면 변수를 생성하면서 값을 저장한다.

```
>>> (num4, num6) = (1, "abc")  # 변수 num6을 생성
>>> print(f"num4 = {num4}, num6 = {num6}")
num4 = 1, num6 = abc
```

대입 연산자의 왼쪽에 있는 튜플에서 num4는 이미 사용했던 변수이므로, 기존 변수값을 변경한다. num6는 처음 사용되는 변수이므로 새로 생성해서 값을 저장한다.

대입 연산자와 함께 사용할 때 튜플은 괄호를 생략할 수 있다.

```
>>> num4, num5 = 7, 9
>>> print(f"num4 = {num4}, num5 = {num5}")
num4 = 7, num5 = 9
```

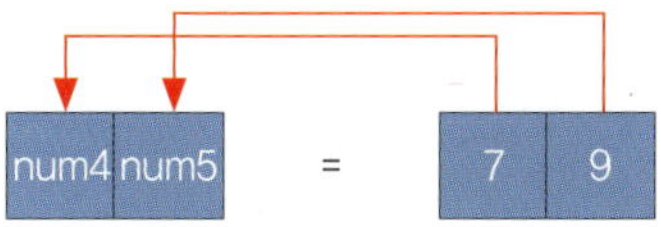

그림 8-9 여러 개 변수에 여러 값을 동시에 저장

num4와 num5는 이미 존재하는 변수이므로, 변수값을 7과 9로 각각 저장한다.

새로운 변수를 생성할 때도 괄호는 생략될 수 있다.

```
>>> num7, num8 = 10, 5
>>> print(f"num7 = {num7}, num8 = {num8}")
num7 = 10, num8 = 5
```

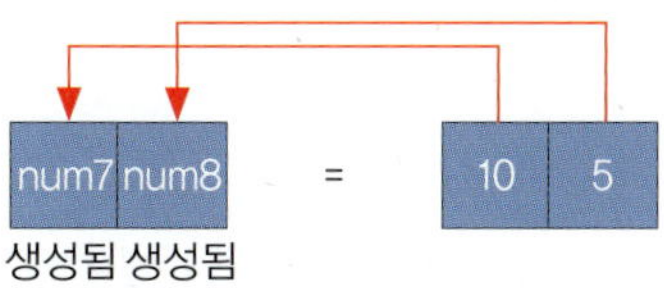

그림 8-10 여러 개 변수를 생성하고, 여러 값을 동시에 저장

괄호 없이 사용해도 num7과 num8을 생성하면서 10과 5를 저장한다.

튜플은 변경 불가

튜플의 요소를 변경하려 하면 "튜플 객체는 요소를 저장할 수 없다"라는 오류가 발생한다.

```
>>> tuple7 = (1, 2, 3, [1, 2])
>>> tuple7[1] = 3
> Traceback (most recent call last):
  File "<stdin>", line 1, in <module>
TypeError: 'tuple' object does not support item assignment
```

del() 명령으로 삭제하는 것도 마찬가지로 오류가 발생한다.

```
>>> del(tuple7[1])
Traceback (most recent call last):
  File "<stdin>", line 1, in <module>
TypeError: 'tuple' object doesn't support item deletion
```

더 알아보기 **튜플은 변경 가능?**

[코드 8-4]는 tuple7을 화면에 출력하고, (1)에서 tuple7의 요소 중 한 개인 리스트를 변수에 저장한다. (3)에서는 리스트 변수인 lst1을 이용해서 리스트의 요소를 변경한다. 리스트는 요소를 변경할 수 있으므로 문제 없는 코드로 보인다.

(2)와 (4)에서 리스트를 화면에 출력한 것은 내용이 변경되었음을 확인해 준다.

[코드 8-4]

```
>>> print(tuple7)
(1, 2, 3, [1, 2])
>>> lst1 = tuple7[3]          # (1)
>>> print(lst1)               # (2)
[1, 2]
>>> lst1[0] = 4               # (3)
>>> print(lst1)               # (4)
[4, 2]
```

[코드 8-4]를 실행한 후 tuple7을 다시 출력해 본다.

```
>>> print(tuple7)
(1, 2, 3, [4, 2])
```

tuple7에 있는 네 번째 요소인 리스트의 내용이 바뀌었다.

튜플은 앞서 읽기 전용이라고 하였는데 내용을 변경할 수 있다니 놀랍다. 리스트 변수로 저장한 후에 변경해서 일지 모르니, 튜플 변수를 이용해서 변경해 본다.

```
>>> tuple7[3][1] = 5
>>> print(tuple7)
(1, 2, 3, [4, 5])
```

튜플 변수를 이용해도 리스트의 내용이 바뀐다.

튜플이 변경될 수 없다는 것은 튜플의 구조를 바꿀 수 없다는 뜻이다.

그림 8-11은 튜플이 어떻게 구성되어 있는지 보여준다.

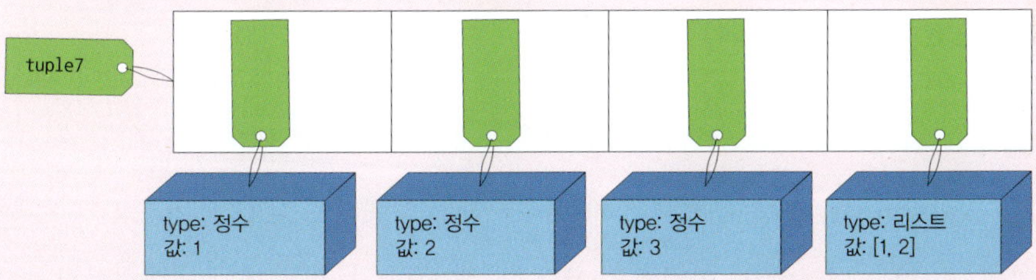

그림 8-11 튜플의 구성 모습

파이썬에서 변수는 이름표 역할을 한다. tuple7은 그림 8-11에서 보인 것처럼 이름표를 네 개 가지고 있는 튜플 객체를 가리킨다.

튜플에서 변경할 수 없다는 것은 이름표들이 붙어 있는 튜플 객체의 구조이다. 튜플에서 이미 이름표가 붙어 있는 부분을 다른 메모리 공간으로 대체하거나 삭제하는 것은 안 된다. 하지만, 이름표가 붙어 있는 공간에 있는 내용물을 바꾸는 것은 가능하다.

튜플에 있는 1, 2, 3 같은 정수는 특정 메모리 공간에 위치한 것들이고 그곳에 붙은 이름표를 떼서 다른 곳에 붙일 수 없다. 하지만, 이름표가 붙어 있는 리스트의 요소들은 튜플의 구조에 영향을 미치는 것이 아니기 때문에 변경할 수 있다.

PYTHON

8.3 실습문제 3

| 문제 |

함수의 인자로 정수 한 개를 전달받는다. 인자로 전달된 정수 n개만큼 사용자로부터 정수를 입력받고, 이를 요소로 튜플을 구성한 후, 함수의 결과값으로 반환한다. 이 함수를 이용해서 5개의 정수값으로 구성된 튜플을 생성하고 화면에 출력하는 프로그램을 작성한다.

| 요구사항 |

- 사용자로부터 입력받을 정수의 개수는 함수에 인자로 전달한다.
- 사용자는 정수만을 입력한다고 가정한다.
- 함수를 검수할 때 입력받아서 튜플로 만들 정수의 개수는 5이다.

| 문제 해결 |

정수 n개를 입력받아서 튜플을 구성해서 반환하는 함수를 생각해 보자.

n이 1이라면, 한 번만 입력받고, 입력받은 정수 한 개만으로 튜플을 만들어 반환한다.

정수가 num 변수에 저장되어 있다고 가정할 때 튜플을 만드는 방법은 숫자를 직접 명시하는 것이다.

num 변수를 다음 형태로 작성해서 튜플을 생성한다.

```
t = (num,)
```

정수 한 개를 입력받고, 튜플로 만들어서 출력하는 코드를 작성해 보자.

```
>>> num = int(input("정수를 입력하세요: "))
정수를 입력하세요: 10
>>> t = (num,)
>>> print(t)
(10,)
```

n이 2라면, 정수를 입력받고 n이 1일 때 만들었던 튜플에 추가한다.

리스트와 달리 튜플은 데이터를 추가할 수 없다. 튜플과 튜플을 연결해서 새로운 튜플을 만들어야 한다.

앞에서 만들어진 t 튜플에 새로운 정수를 추가해 본다. 새로 입력받는 num 변수를 이용해서 새로운 튜플을 만들고, t와 연결해서 새로운 튜플을 만들어 저장한다.

```
>>> num = int(input("정수를 입력하세요: "))
정수를 입력하세요: 7
>>> t += (num,) # num을 요소로 포함하는 튜플을 기존 튜플과 연결해서 새로 저장
>>> print(t)
(10, 7)
```

이 방법은 정수가 한 개 입력되었을 때도 튜플을 만들기 위해 사용할 수 있다.

빈 튜플 t를 미리 만들어놓고, 정수가 입력되면 빈 튜플 t에 연결한다.

```
>>> t = ()
>>> num = int(input("정수를 입력하세요: "))
정수를 입력하세요: 10
>>> t += (num,) # num을 요소로 포함하는 튜플을 기존 튜플과 연결해서 새로 저장
>>> print(t)
(10,)
```

정수 n개를 입력받아서 튜플을 구성해 본다.

함수에서 할 일은 n번 반복하면서 사용자로부터 정수 한 개를 입력받고, 튜플에 연결하는 것이다. 처음에 빈 튜플을 만들고, 사용자가 정수를 입력할 때마다 튜플을 만들어서 기존 튜플에 연결한다.

```
t = ()
for i in range(n):
    num = int(input("정수를 입력하세요: "))
    t += (num,)
```

반복문이 종료되면, t는 사용자가 입력한 n개의 정수를 요소로 포함하는 튜플이 된다.

함수 코드를 작성한다. 반복문이 종료된 후에 만들어진 튜플을 반환한다.

```
def createTupleFromInput(n):
    t = ()
    for i in range(n):
        num = int(input("정수를 입력하세요: "))
        t += (num,)
    return t
```

함수를 사용하는 코드를 작성해 본다.

```
>>> createTupleFromInput(3)
정수를 입력하세요: 10
정수를 입력하세요: 9
정수를 입력하세요: 5
(10, 9, 5)
```

| 최종 코드 |

다섯 개 정수를 입력받고, 튜플을 생성한 후 내용을 출력하는 코드를 작성한다.

[코드 8-5] prac08_03.py

```
def createTupleFromInput(n):
    t = ()
    for i in range(n):
        num = int(input("정수를 입력하세요: "))
        t += (num,)
    return t

t1 = createTupleFromInput(5)
print(t1)           # 튜플의 내용을 확인하기 위해 출력
for n in t1:
    print(n)        # 각 요소 출력
```

| 실행 결과 |

```
정수를 입력하세요: 5
정수를 입력하세요: 8
정수를 입력하세요: 3
정수를 입력하세요: 5
정수를 입력하세요: 9
(5, 8, 3, 5, 9)
5
8
3
5
9
```

8.3 실습문제 4

| 문제 |

도형 정보를 담고 있는 튜플의 요소들을 이용해서 도형의 면적을 계산해서 출력하는 프로그램을 작성한다.

튜플의 요소들은 “사각형”, 너비, 높이 또는 “원”, 반지름 형태로 구성된다. 요소값이 “사각형”이면 다음 두 개 요소는 사각형의 너비와 높이이고, “원”이면 다음 요소는 원의 반지름에 해당되는 정수가 된다.

다음은 도형 정보를 담고 있는 튜플의 예이다.

```
("사각형", 30, 20, "원", 10)
```

| 요구사항 |

- 튜플의 요소들은 오류 없이 문제에서 설명한 대로 구성된다.
- 튜플에 있는 도형의 개수는 정해져 있지 않다.
- 원주율은 math.pi를 사용한다(import math 필요함).
- caclAndPrintArea() 함수를 구현한다. 이 함수는 튜플을 인자로 전달받고, 면적을 계산해서 화면에 출력한다.
- 도형 정보를 담고 있는 튜플은 다음 코드를 복사해서 사용한다.

```
("사각형", 30, 20, "원", 10, "사각형", 20, 40, "사각형", 10, 10, "원", 20)
```

- 면적 정보를 출력하는 것은 다음 형식에 따른다.

```
도형_종류, 면적을_계산할_때_필요한_정보, 넓이  # 사각형, 30, 20, 600
```

| 문제 해결 |

튜플에 있는 요소값이 어떤 종류의 도형이냐에 따라 그 다음에 사용하는 요소의 개수가 정해진다. 일정한 개수만큼 반복되는 것이 아니므로 이 문제를 해결할 때 인덱스를 직접 관리하는 것이 낫다.

튜플의 요소의 위치를 관리할 변수를 idx로 이름 붙이고 0으로 초기화 시킨다.

```
>>> idx = 0
```

튜플의 요소가 "사각형"이면 다음 요소 두 개를 너비와 높이로 넓이를 구하고 화면에 출력한다. idx를 3만큼 증가시킨다.

튜플의 요소가 "원"이면 다음 요소를 반지름으로 넓이를 구하고 화면에 출력한다. idx는 2만큼 증가시킨다.

반복문의 종료 조건은 idx >= "튜플의_길이"이다.

알고리즘을 작성해 보면 다음과 같다.

```
t = ("사각형", 30, 20, "원", 10, "사각형", 20, 40, "사각형", 10, 10, "원", 20)
idx = 0
while idx < 튜플의_길이:
    if t[idx] == "사각형":
        area = t[idx + 1] * t[idx + 2]
        서식에 맞춰 도형의 모양, 너비, 높이, 면적 출력
        idx += 3
    else if t[idx] == "원":
        area = t[idx + 1] * math.pi
        서식에 맞춰 도형의 모양, 반지름, 면적 출력
        idx += 2
```

함수를 작성해 본다.

```
import math

def calcAndPrintArea(t):
    idx = 0
    while idx < len(t):
```

8

자료구조 I(리스트, 튜플)

```
        if t[idx] == "사각형":
            area = t[idx + 1] * t[idx + 2]
            print(f"{t[idx]}, {t[idx + 1]}, {t[idx + 2]}, {area}")
            idx += 3
        elif t[idx] == "원":
            area = t[idx + 1] * math.pi
            print(f"{t[idx]}, {t[idx + 1]}, {area}")
            idx += 2
```

함수를 사용하는 코드를 셸에서 실행한다.

```
>>> t = ("사각형", 30, 20, "원", 10, "사각형", 20, 40, "사각형", 10, 10, "원", 20)
>>> calcAndPrintArea(t)
사각형, 30, 20, 600
원, 10, 31.41592653589793
사각형, 20, 40, 800
사각형, 10, 10, 100
원, 20, 62.83185307179586
```

| 최종 코드 |

[코드 8-6] prac08_04.py

```
import math

def calcAndPrintArea(t):
    idx = 0
    while idx < len(t):
        if t[idx] == "사각형":
            area = t[idx + 1] * t[idx + 2]
            print(f"{t[idx]}, {t[idx + 1]}, {t[idx + 2]}, {area}")
            idx += 3
        elif t[idx] == "원":
            area = t[idx + 1] * math.pi
            print(f"{t[idx]}, {t[idx + 1]}, {area}")
            idx += 2
```

```
t = ("사각형", 30, 20, "원", 10, "사각형", 20, 40, "사각형", 10, 10, "원", 20)
calcAndPrintArea(t)
```

| 실행 결과 |

```
사각형, 30, 20, 600
원, 10, 31.41592653589793
사각형, 20, 40, 800
사각형, 10, 10, 100
원, 20, 62.83185307179586
```

8.4 함수에서 여러 값을 동시에 반환

여러 값을 함수의 결과값으로 반환

지금까지 만들었던 함수는 최대 한 개 값만 반환했다.

함수를 구현하다 보면 두 개 이상의 값을 반환해야 할 때가 있는데 리스트나 튜플을 이용하면 여러 값을 동시에 반환할 수 있다.

인자 x, y를 받고 x를 y로 나누는 정수의 나눗셈을 divide() 함수에서 구현해 보자. 다음은 첫 번째로 구현한 함수이다.

[코드 8-7]

```
def divide1(x, y):
    return x // y
```

divide1() 함수는 두 개 정수를 인자 x, y로 전달받고, x를 y로 나눈 뒤 몫을 반환한다. 몫을 구하는 것이 목적이라면 divide1() 함수는 제대로 역할을 하고 있다.

하지만 정수의 나눗셈이라면 몫뿐만 아니라 나머지도 발생할 수 있으므로, 몫과 나머지를 반환하는 함수를 구현해야 할 수도 있다.

어떻게 몫과 나머지를 반환할까? 파이썬의 리스트나 튜플은 여러 값을 묶어서 한 개의 자료로 취급할 수 있으므로, 함수에서 여러 값을 반환할 때 사용할 수 있다.

리스트를 이용해서 여러 값을 동시에 반환

함수에서 반환하고자 하는 값들을 리스트의 요소로 넣고 반환한다.

[코드 8-7]을 수정해서 몫과 나머지를 함께 반환하도록 함수를 다시 구현해 본다.

[코드 8-8]

```
def divide2(x, y):
    result = []
    result.append(x // y) # 몫 추가
    result.append(x % y)   # 나머지 추가
    return result          # 리스트 반환
```

빈 리스트를 만들고 반환할 값들을 추가하는 대신, 반환하면서 값을 명시해서 리스트를 생성하면 코드를 줄일 수 있다.

[코드 8-9]

```
def divide2(x, y):
    return [x // y, x % y]   # 리스트 반환
```

divide2( ) 함수를 사용해 본다.

```
>>> result = divide2(5, 3)
>>> print(f"몫: {result[0]}, 나머지: {result[1]}")
몫: 1, 나머지: 2
```

리스트로 몫과 나머지를 요소로 추가하고, 리스트를 한 개의 값으로 반환했다. 그림 8-12에서 보인 것처럼 divide2() 함수의 결과값을 리스트로 받아, 인덱싱을 통해 몫과 나머지를 사용한다.

그림 8-12 함수의 결과를 리스트 변수로 받음

이 방법은 여러 값을 한 번에 반환할 수 있다는 장점은 있지만, 몫과 나머지를 나타내는 변수들을 quotient(몫) 또는 remainder(나머지) 같이 좀 더 읽기 쉬운 변수 이름 대신 result[0], result[1] 등으로 작성해야 해서 가독성이 떨어진다.

값을 묶어서 반환하는 장점은 취하면서 떨어지는 가독성을 보완하기 위해 다음 형태로 함수 호출 코드를 작성해 본다.

```
>>> [quotient, remainder] = divide2(5, 3)
>>> print(f"몫: {quotient}, 나머지: {remainder}")
몫: 1, 나머지: 2
```

함수의 결과값인 리스트를 변수가 명시된 리스트에 저장하였다. 그림 8-13에서 보인 것처럼 함수에서 반환하는 값들이 리스트에 명시된 변수들에 각각 저장된다.

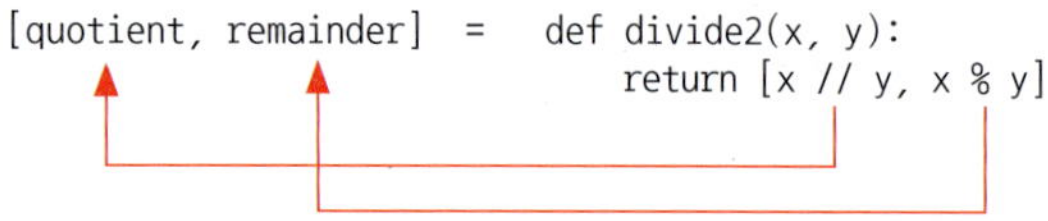

그림 8-13 리스트의 요소인 변수들에 결과값을 각각 반환받음

함수를 호출하는 측에서는 동일한 변수 이름들을 통해 반환값에 접근할 수 있고, 함수를 구현하는 측은 여러 값을 일괄적으로 반환할 수 있다는 장점이 있다.

튜플을 이용해서 여러 값을 동시에 반환

튜플을 이용해도 여러 값을 반환할 수 있다. [코드 8-9]를 수정해서 튜플을 반환하도록 만들어 본다.

[코드 8-10]

```
def divide3(x, y):
    return (x // y, x % y)        # 튜플 반환
```

divide3( ) 함수를 사용하는 코드를 쉘에서 실행해 본다.

```
>>> t = divide3(5, 3)
>>> print(f"몫: {t[0]}, 나머지: {t[1]}")
몫: 1, 나머지: 2
```

함수에서 반환하는 값을 튜플 변수로 받아서 사용하면, 요소를 인덱스로 접근해야 하므로 가독성이 떨어진다.

그림 8-14와 같이 튜플에 변수들을 요소로 넣어 결과값을 받아본다.

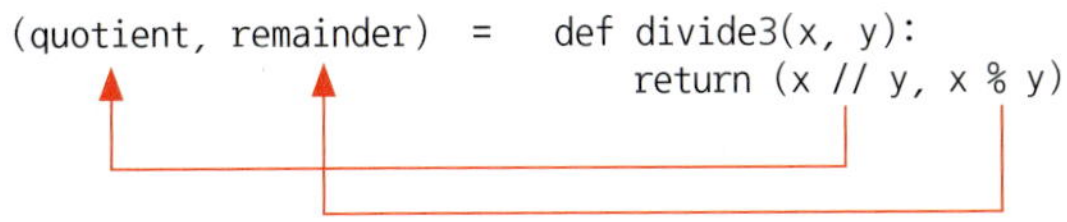

그림 8-14 튜플의 요소로 변수를 넣고 결과값을 받음

```
>>> (quotient, remainder) = divide3(5, 3)
>>> print(f"몫: {quotient}, 나머지: {remainder}")
몫: 1, 나머지: 2
```

튜플은 괄호를 생략하고 사용할 수 있다. [코드 8-10]에서 괄호를 제거해 본다.

[코드 8-11]

```
def divide4(x, y):
    return x // y, x % y        # 튜플 반환
```

그림 8-15에서 보듯이 변수들을 튜플의 요소로 지정할 때 괄호를 생략하고 [코드 8-11]을 쉘에서 사용해 본다.

```
>>> quotient, remainder = divide4(5, 3)
>>> print(f"몫: {quotient}, 나머지: {remainder}")
몫: 1, 나머지: 2
```

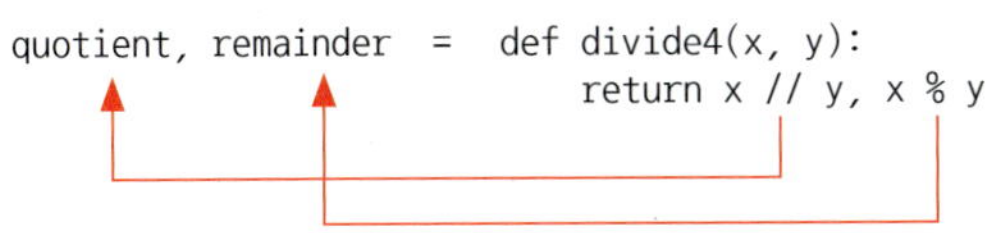

그림 8-15 괄호 없이 변수에 결과값을 각각 받음

리스트와 튜플 자료구조를 이용해서 함수에서 여러 값을 동시에 반환하는 방법을 살펴보았다. 튜플을 이용하면 괄호 없이 변수들을 직접 사용하는 것처럼 보일 수 있어 직관적이고 가독성 높은 코드를 작성할 수 있다.

8.5 리스트와 튜플의 상호 변환

리스트와 튜플은 서로 변환해서 바꿀 수 있다. 리스트를 튜플로 변환하려면 tuple() 명령을, 튜플을 리스트로 변환하려면 list() 명령을 사용한다.

리스트를 튜플로 변환해 본다. 변환할 때 리스트 변수나 리스트 값을 tuple() 명령에 인자로 전달한다.

```
>>> lst1 = [1, 2, "abc"]
>>> t1 = tuple(lst1)
>>> t2 = tuple(["abc", 1, 2])
>>> print(t1)
(1, 2, 'abc')
>>> print(t2)
('abc', 1, 2)
```

튜플을 리스트로 변환한다. 변환할 때 튜플 변수나 튜플 값을 list( ) 명령에 인자로 전달한다.

```
>>> lst2 = list(t1)
>>> lst3 = list((1, 2, 'abc'))
>>> print(lst2)
[1, 2, 'abc']
>>> print(lst3)
[1, 2, 'abc']
```

8.6 연습문제

01 리스트는 순서에 무관하게 정해진 요소들의 모임이다. OX로 답하시오.

02 리스트에는 정수, 실수, 문자열을 요소로 가질 수 있다. 다른 자료구조는 요소로 가질 수 없다. OX로 답하시오.

03 리스트의 크기는 한 번 정해지면 변경할 수 없다. OX로 답하시오.

04 리스트는 대괄호 [ ]로, 튜플은 소괄호 ( )로, 딕셔너리는 중괄호 { }로 표기한다. OX로 답하시오.

05 다음 중 리스트 요소를 구성하는 용법에 맞지 않는 것을 모두 고르시오.

(1) [1, 2, 3, [1, 2]]　　(2) [1, 'h', "ab", 2, 5]　　(3) [1, , 3]　　(4) [1, '', 3]

06 다음과 같이 리스트를 생성할 수 있는가? 출력 내용을 작성하시오.

```
lst2 = list()
print(lst2)
```

07 다음을 실행하면 my에는 어떤 변화가 있는지 결과를 작성하시오.

```
my = [1, 2]
my.append([3, 4])
```

08 위 my에 대해 다음을 실행한 결과를 적으시오. 오류가 발생할 수도 있으니 주의하자.

(1) my[2:]　　(2) my[:]　　(3) my[-1]　　(4) my[3]
(5) my[2][0]　　(6) my + my　　(7) my * 2　　(8) len(my)
(9) 둘째 요소 2를 5로 변경　　(10) my[1:2] = [6, 7]　　(11) my.count(5)
(12) del(my[1])

09 다음과 같이 문자열 리스트를 반복문으로 출력해 보시오. 문자가 하나씩 출력이 되는가? 코드를 수정해서 한 글자씩 출력해 보시오.

```
for ch in ["hello"]:
    print(ch)
```

10 IndexError는 흔히 발생하는 오류이다. 언제 발생하는지 설명하시오.

11 ValueError는 언제 발생하는지 설명하시오.

12 다음 결과를 적으시오.

(2) "He is not my type, ".split(")

(2) "He is not my type, ".split(" ", 2)

(3) "He is not my type, ".split("t")

13 화이트 스페이스는 공백 문자, 쉼표, 탭문자, 줄바꿈 문자를 말한다. OX로 답하시오.

14 튜플은 수정할 수 없다. OX로 답하시오.

15 튜플을 잘못 사용한 예를 고르시오.

(1) my = ()

(2) my = tuple()

(3) my = (1,)

(4) my = (1)

(5) my = (1, 2, [3, 4])

16 다음을 실행하면 my에는 어떤 변화가 있는지 결과를 적으시오. 오류가 발생하면 이유를 설명하시오.

```
my = (1, 2)
my.append([3, 4])
```

17 my1, my2를 다음과 같이 정의하시오.

```
my1=(1,2,[3,4])
my2=(1,2,(3,4))
```

다음 연산이 가능한지 OX로 답하시오.

(1) my1[2][0] = 33

(2) my2[2][0] = 33

18 리스트는 튜플로 변환할 수 있지만, 반대는 불가능하다. OX로 답하시오.

19 7번 문제의 코드를 실행시킨 후 for 반복문을 적용해서, my의 전체 요소를 각각 출력하는 프로그램을 작성하시오.

20 7번 문제의 코드를 실행시킨 후, my에서 6이 몇 번째 요소인지 출력하는 프로그램을 작성하시오.

21 6장의 실습 문제 2를 다른 방식으로 풀어본다. 문자열을 분리하면 단어의 리스트로 변환된다. 여기서 순서대로 원하는 단어 문자열을 가져오도록 프로그램을 작성하시오.

22 정수 n을 인자로 전달받고, n의 모든 약수를 리스트로 만들어 반환하는 함수를 구현하시오. 이 함수를 이용해서 2~20까지의 정수에 대해 약수의 개수를 다음 형태로 출력하는 코드를 작성하시오.

```
2의 약수 개수: 2
3의 약수 개수: 2
4의 약수 개수: 3
...
19의 약수 개수: 2
20의 약수 개수: 6
```

23 오름차순으로 정렬된 정수들로 구성된 리스트 두 개를 입력으로 전달받고, 두 개 리스트를 한 개의 오름차순으로 정렬된 리스트로 재구성해서 반환하는 함수를 구현하시오.

함수에 인자로 전달되는 두 개 리스트는 길이가 다를 수 있다.

이 함수를 사용해서 [1, 5, 8, 10, 14]와 [2, 4, 5, 9]를 한 개의 정렬된 리스트로 만들고 화면에 출력하는 프로그램을 작성하시오. 함수에서 반환되는 리스트는 [1, 2, 4, 5, 5, 8, 9, 10, 14]이다.

24 n차원의 두 점의 좌표가 리스트 [x1, x2, …, xn]과 [y1, y2, …, yn]으로 주어진다고 가정하자.
n차원의 두 점 사이의 거리를 구하는 공식은 다음과 같다.

$$\sqrt{(x_1 - y_1)^2 + (x_2 - y_2)^2 + \ldots + (x_n - y_n)^2}$$

n차원의 두 좌표에 해당되는 리스트 두 개를 인자로 전달받고 거리를 계산해서 반환하는 distance(p1, p2) 함수를 구현하고, 이 함수를 이용해서 (10, 10, 10, 10)과 (20, 20, 20, 20) 사이의 거리를 계산해서 화면에 출력하는 프로그램을 작성하시오.

[참고: 제곱근(루트)을 구하는 방법은 math.sqrt( ) 함수 사용]

```
>>> import math
>>> print(math.sqrt(2)) # 2의 제곱근을 출력
1.4142135623730951
```

25 사용자로부터 삼각형의 꼭지점 좌표 (x_1, y_1), (x_2, y_2), (x_3, y_3)를 입력받고 리스트를 $[[x_1, y_1], [x_2, y_2], [x_3, y_3]]$ 형태로 구성해서 반환하는 함수를 구현하시오.

함수에서 반환되는 삼각형 좌표 리스트를 이용해서 삼각형의 면적을 구하는 함수를 구현한다.

두 개 함수를 이용해서 사용자로부터 입력받은 삼각형 좌표를 이용하여 면적을 계산하고 화면에 출력하는 프로그램을 작성한다.

삼각형 좌표를 이용해서 면적을 구하는 것은 헤론의 공식을 이용한다.

[헤론의 공식: 삼각형의 세 변의 길이를 각각 a, b, c라고 가정할 때 면적을 구하는 공식]

$$s = \frac{(a+b+c)}{2}$$

$$면적 = \sqrt{s \times (s-a) \times (s-b) \times (s-c)}$$

9 장

파일

학 습 목 표

- 파일과 디렉토리의 개념을 이해한다.
- 텍스트 파일의 입출력 방법을 학습한다.
- 파일에서 입출력할 때 문자 인코딩을 처리하는 방법을 학습한다.
- with문의 필요성과 사용법을 이해한다.

9.1 파일

파일이란?

파일이란 단어는 일상에서 흔히 쓰인다. '파일을 내려받자', '파일을 보낸다'. 막상 정의를 내리라면 쉽지 않다. 정확하게 설명하려면 운영체제에 대한 이해가 필요한데, 여기서는 간단하게 정의하기로 한다.

파일이란 컴퓨터의 보조 저장 장치에 저장되는 데이터의 읽고 쓰기가 가능한 논리적인 저장 용기이다. 어렵게 들리지만 차근 차근 설명해보자.

컴퓨터에서 데이터 저장에 필요한 기억 장치는 주 기억 장치와 보조 기억 장치로 구성된다.

주 기억 장치는 메모리라고 불리며, 컴퓨터의 전원이 꺼지면 저장된 데이터가 사라지는 휘발성 메모리 공간이다.

그림 9-1 주 기억 장치

전원이 꺼져도 데이터가 사라지지 않는 기억 공간이 보조 저장 장치이다. 하드 디스크 드라이브(HDD), 솔리드 스테이트 드라이브(SSD), 광학 디스크 드라이브(ODD), USB 메모리 등이 대표적인 예이다.

보조 저장 장치는 종류가 다양하고 다루는 방법이 서로 다르기 때문에, 프로그램에서 이를 직접 사용하는 것은 비효율적이다.

그림 9-2 보조 기억 장치

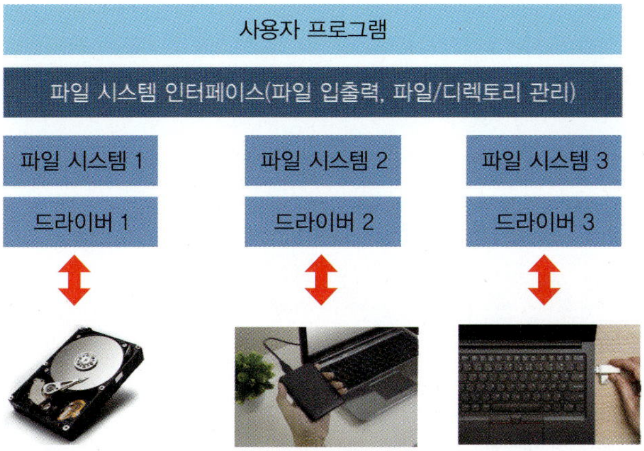

그림 9-3 운영체제에서 제공하는 파일 시스템

그림 9-3처럼 윈도우 같은 운영체제에서는 다양한 보조 저장 장치들과 직접 연결이 가능한 드라이버들을 제공한다.

운영체제에서는 하드웨어를 직접 다루는 드라이버들을 통해 데이터를 저장하는 파일과 디렉토리를 생성, 삭제 및 관리하는 방법, 파일에 데이터를 읽고 쓰는 방법 등을 구현하는데, 이를 파일 시스템이라고 한다.

운영체제는 한 가지 이상의 파일 시스템을 지원하는 경우가 많고, 여러 가지 파일 시스템을 일반 컴퓨터 사용자 또는 응용 프로그램 개발자가 쉽게 다룰 수 있도록 일원화된 인터페이스를 제공한다.

운영체제에서 제공하는 인터페이스의 함수 등을 사용해서 프로그래머는 다양한 보조 저장 장치에 있는 파일들로부터 입출력이 가능한 프로그램들을 간단하게 만들 수 있다.

파일은 데이터를 담거나 꺼낼 수 있는 논리적인 용기라고 했다. 논리적이라는 이유는 운영체제의 파일 시스템마다 용기의 모양을 어떻게 정할 것인지가 다르기 때문이다.

하드 디스크 같은 보조 기억 장치는 넓은 벌판에 구획선도 그려져 있지 않은 주차장이라고 비유하자. 운영체제의 파일 시스템은 벌판에 구획선을 그리고, 분류하는 것을 담당한다. 파일들은 그 벌판에 주차된 자동차라고 생각할 수 있다.

파일 속성

대부분의 운영체제에서 파일은 표 9-1에서 보인 속성들을 포함한다. 운영체제에 따라 추가 정보를 포함할 수 있다.

표 9-1 파일 속성

속성	설명
이름	파일의 이름
크기	파일에 포함된 데이터의 크기
권한	누가 파일을 읽고, 쓰고, 실행할 수 있는지 나타내는 정보
소유자	파일을 생성한 사용자 정보
수정 날짜	파일의 내용이 수정된 가장 마지막 날짜와 시각 정보
생성 날짜	파일의 내용이 처음 생성된 날짜와 시각 정보

파일 입출력 프로그램을 작성할 때 대부분은 문제가 발생하지 않겠지만 파일을 읽거나 쓰려고 할 때 오류가 발생한다면, 오류 메시지를 확인하고 권한 또는 소유자 등과 같은 속성들을 확인해야 한다.

텍스트/바이너리 파일의 분류

파일에 저장할 수 있는 데이터는 디지털로 표현될 수 있다면 어느 것이나 가능하다. 소스 코드, 사진, 음악, 문서 파일 등 이런 종류의 파일들을 흔히 접하게 된다.

파일은 어떤 데이터를 저장하는지에 따라 (1) 텍스트 파일, 또는 (2) 바이너리 파일로 구분할 수 있다.

우선 텍스트 파일이란 사람들이 사용하는 언어의 글자들로 구성된 데이터를 담고 있는 파일이다. 텍스트 파일은 주로 윈도우에 있는 메모장 또는 코드 작성용 에디터(텍스트 에디터)를 이용해서 수정할 수 있다.

다음으로 바이너리 파일은 일반적으로 사람들이 사용하지 않는 글자들도 포함하고 있는 파일이다. 주로 특정 형식에 맞춰 파일 데이터가 작성되어 있는 경우가 많다.

텍스트 파일과 바이너리 파일은 어떻게 구분할 것인가?

제일 쉬운 방법은 파일의 확장자를 보는 것이다.

많은 운영체제에서 파일 이름의 일부로 파일에 있는 데이터의 종류를 나타내는 확장자를 쓰는 경우가 많다. 표 9-2는 잘 알려진 파일들의 확장자 중 일부이다.

표 9-2 확장자에 따른 파일 종류 구분

확장자	설명	바이너리 또는 텍스트 파일
.jpg	이미지 압축 방법 중 한 가지인 jpeg 방식으로 저장된 이미지 파일	바이너리
.png	이미지 압축 방법 중 한 가지인 png 방식으로 저장된 이미지 파일	바이너리
.py	파이썬 코드 파일	텍스트
.c	C언어 코드 파일	텍스트
.html	웹 브라우저에서 볼 수 있는 홈페이지(웹) 파일	텍스트
.svg	XML 형태로 만들어진 벡터 이미지 저장 파일	텍스트

표 9-2에서 볼 수 있는 것처럼 확장자에 따라 해당 파일이 텍스트 또는 바이너리 형태로 저장되어 있다는 것을 알 수 있다.

같은 확장자를 쓰지만 다른 프로그램에서 사용하기 위해 만들어진 경우도 있을 수 있다. 그럴 때는 메모장을 이용해서 파일을 열어보면 대충 파악할 수 있다.

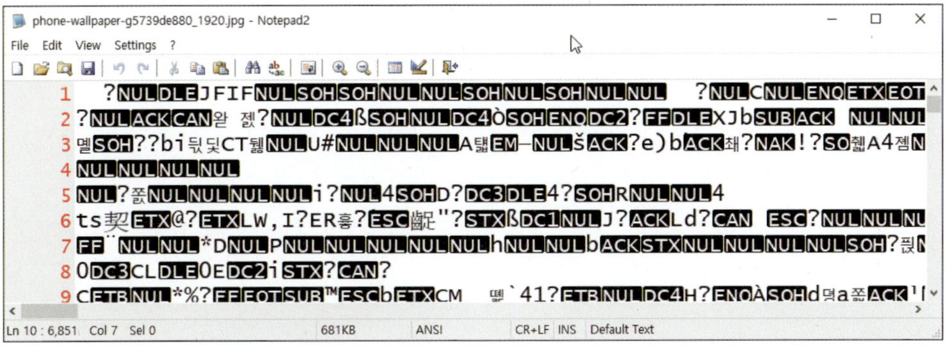

그림 9-4 바이너리 파일을 메모장으로 열어본 모습

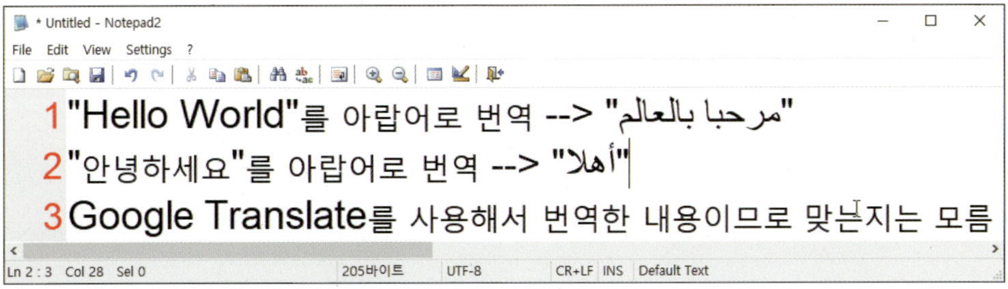

그림 9-5 텍스트 파일을 메모장으로 열어본 모습

그림 9-4와 그림 9-5는 이미지 파일과 텍스트 파일을 메모장으로 열어본 것이다. 확연하게 다르다.

바이너리 파일은 일반적인 글씨라고 보기 어려운 내용들이 화면 곳곳에 보인다. 반대로 텍스트 파일은 언어를 알아보지는 못할지언정, 적어도 바이너리 파일에 비해서 깔끔해 보인다.

물론 파일의 제작자만이 가장 정확히 알겠지만, 이렇게 메모장으로 열었을 때 보이는 내용을 가지고 짐작할 수 있다.

텍스트 파일만 다룰 예정

파일을 텍스트와 바이너리로 구분하였는데, 여기서는 텍스트 파일의 입출력을 다루기로 한다.

파이썬에서 파일 작업을 시작할 때, 파일이 텍스트 또는 바이너리 파일인지 명시한다. 이후 입출력 방법은 텍스트 파일이나 바이너리 파일이나 비슷하다. 다만, 바이너리 파일은 프로그램이나 파일의 종류에 따라 고유의 저장 방식을 사용하므로 정해진 저장 방식을 설명하지 않는다면 입출력의 의미가 없다.

따라서 여기서는 텍스트 파일의 입출력만 다룬다.

PYTHON

9.2 디렉토리

디렉토리로 파일들을 관리

아무런 표식도 없는 넓은 벌판에 많은 자동차들이 주차되어 있다고 가정해 보자. 어딘가에 주차하고 일을 본 후에 다시 차가 어디에 있는지 찾는 것은 쉽지 않다.

그래서 큰 건물의 주차장은 A 구역, B 구역 같은 형태로 영역별 이름을 붙인다. 추가로 세부 공간마다 번호를 붙여, 차를 A-102 또는 B-205 구역에 세웠다는 것을 기억하고 나중에 주차 공간을 쉽게 찾을 수 있게 되어 있다.

하드 디스크를 비롯한 보조 기억 장치들의 공간에 파일을 무분별하게 저장하면 원하는 파일을 찾고 사용하는 것이 어렵다.

그래서 많은 운영체제들은 관련된 파일을 묶어서 관리할 수 있도록 디렉토리(폴더)를 제공한다. 디렉토리는 다른 디렉토리 또는 파일을 포함할 수 있어 구조화된 파일 관리가 가능해진다.

디렉토리 안에 있는 디렉토리는 서브디렉토리(subdirectory) 또는 자식 디렉토리(child directory)라고 부른다. 서브디렉토리에서는 자신을 포함하는 디렉토리를 부모 디렉토리(parent directory)라고 한다. 예를 들어 A 디렉토리에 B 서브 디렉토리가 있다면, A는 B의 부모 디렉토리이고, B는 A의 자식 디렉토리이다.

디렉토리 또는 폴더 구조는 트리 구조로 구성된다. 트리 구조란 뿌리부터 시작해서 가지가 뻗어나가고 잎이 붙는 나무처럼, 첫 번째 디렉토리인 루트 디렉토리(root directory)부터 서브디렉토리들이 만들어지고 그 안에 파일들이 잎처럼 붙는 것을 나타낸다.

그림 9-6과 그림 9-7은 윈도우와 유닉스 계열 운영체제의 디렉토리 구조이다(실제 디렉토리 이름들은 다를 수 있다. 트리 구조를 이룬다는 것만 본다.).

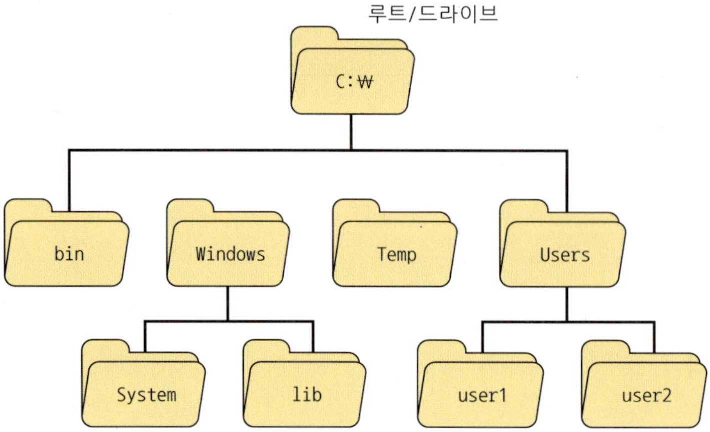

그림 9-6 윈도우 운영체제의 디렉토리 구조

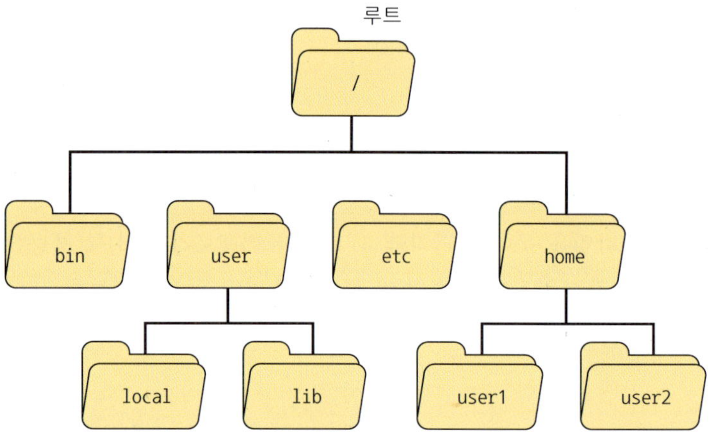

그림 9-7 유닉스 계열 운영체제의 디렉토리 구조

윈도우는 루트 디렉토리가 드라이브 이름부터 시작되고, 유닉스 계열에서는 "/"로 표시된다.

디렉토리 경로

파일은 반드시 어떤 파일 경로(file path)에 위치하고 있다.

파일의 위치를 표시할 때 부모 디렉토리와 서브디렉토리를 분리하는 문자를 디렉토리 분리자 또는 경로 구분자라고 부른다. 운영체제마다 경로 구분자를 다르게 쓰는데, 윈도우는 백슬래시('₩')를 사용하고, 유닉스 계열에서는 슬래시('/')를 사용한다.

파일 경로는 절대 경로(absolute path)와 상대 경로(relative path)로 표시할 수 있다.

절대 경로

절대 경로는 파일이나 디렉토리의 위치를 처음부터 끝까지 명확하게 명시하는 것이다. 루트 디렉토리부터 파일이 있는 디렉토리 사이에 있는 모든 서브디렉토리 이름을 나열한다.

상명대학교 제1공학관 200호 강의실을 누군가에게 알려줘야 한다고 가정하자. 절대 경로로 이 강의실을 설명한다면 어디가 처음 디렉토리에 해당되는지를 정해야 한다.

첫 디렉토리를 대한민국이라고 가정하면, 이 강의실의 절대 경로는 다음과 같다.

```
대한민국 서울특별시 종로구 홍지문 2길 20 상명대학교 제1공학관 200호
```

그림 9-6에서 user1 디렉토리에 있는 "ch09.py" 파일을 절대 경로로 표현하면, C드라이브부터 시작해서 Users, user1까지 표시한 후 파일을 명시한다. 윈도우는 경로 구분자로 백슬래시를 사용하므로 다음이 절대 경로가 된다.

파이썬 코드에서는 백슬래시를 표시할 때 이스케이프 시퀀스로 표현해야 해서, 백슬래시 두 개로 사용하였다.

```
C:\\Users\\user1\\ch09.py
```

파이썬 윈도우 버전에서는 백슬래시 대신 슬래시를 써도 파일 이름을 인식한다. 따라서 다음 형태로 표현해도 된다.

```
C:/Users/user1/ch09.py
```

유닉스 계열의 운영체제에서는 루트가 '/'부터 시작되고, home과 user1 폴더까지 표시한 후 파일을 명시한다. 유닉스에서는 경로 구분자를 '/'로 사용하므로, 절대 경로는 다음과 같다.

```
/home/user1/ch09.py
```

상대 경로

상대 경로는 현재 작업 디렉토리로부터 상대적으로 위치를 표현하는 방법이다. 상대 경로는 윈도우나 유닉스 계열 운영체제에서 경로 구분자만 다르게 사용하고 동일하다.

상명대학교 제1공학관 200호 강의실을 상대 경로로 다시 설명해 본다. 현재 내가 있는 곳이 상명대학교라면, "제 1공학관 200호"까지만 얘기해도 된다. 현재 위치가 종로구에 있는 다른 지역이라면, "홍지문 2길 20 상명대학교 제1공학관 200호"까지만 얘기해도 알 수 있다. 현재 위치가 제 1공학관 201호라면 "왼쪽 옆 강의실" 같은 형태로 설명할 수도 있을 것이다.

이렇게 상대 경로는 현재 위치를 중심으로 설명하기 때문에 현재 작업 디렉토리에 대한 개념부터 이해해야 한다.

현재 디렉토리

윈도우나 유닉스 계열의 운영체제는 현재 작업 디렉토리(current working directory) 또는 현재 디렉토리라는 기준을 활용한다.

현재 디렉토리란 프로그램이 실행되고 있는 현재 위치를 나타낸다. 그림 9-8은 윈도우의 명령 프롬프트(cmd.exe) 프로그램과 리눅스의 터미널 프로그램에서 현재 디렉토리를 보여준다.

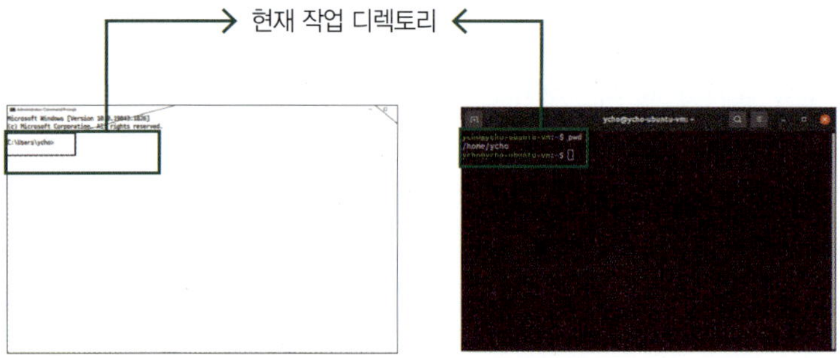

그림 9-8 윈도우와 리눅스의 터미널 환경에서 현재 디렉토리 확인

IDLE이나 다른 그래픽 사용자 인터페이스 기반 통합 개발 환경 등을 이용해서 파이썬 코드를 실행시킬 때 현재 디렉토리를 파악하는 것은 어렵다.

os모듈의 `getcwd()` 함수를 이용하면 현재 디렉토리를 찾을 수 있다. 함수의 cwd는 Current Working Directory 첫글자들의 단축어이다.

```
import os
os.getcwd()
```

그림 9-9는 IDLE에서 현재 디렉토리를 출력한 것이다.

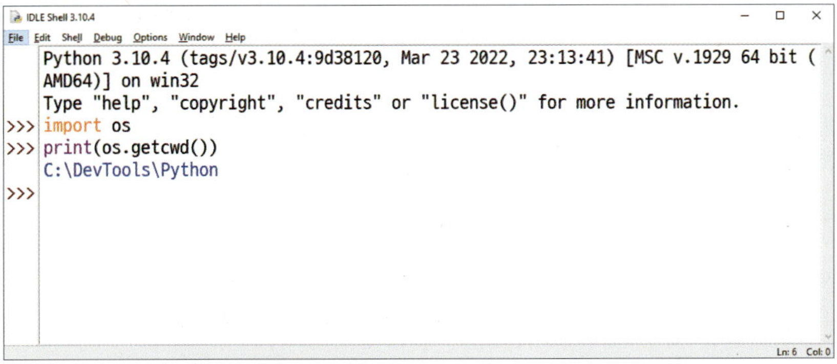

그림 9-9 IDLE에서 현재 디렉토리를 출력

상대 경로

상대 경로는 현재 디렉토리를 중심으로 파일 또는 디렉토리의 위치를 지정하는 것이다. 예를 들기 위해 그림 9-10을 사용한다.

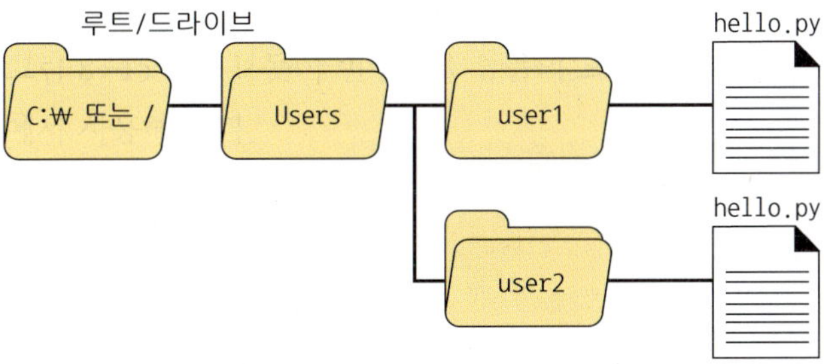

그림 9-10 상대 경로 예시 파일

그림 9-10을 보면 루트 디렉토리 아래 Users 폴더가 있다. Users에는 user1과 user2 디렉토리가 있고, user1에는 hello.py가 user2에는 hello2.py 파일이 있다.

현재 디렉토리가 Users라고 가정할 때 "C:₩Users₩user1₩hello.py"를 상대 경로로 표현한다면 현재 디렉토리 기준에서 서브디렉토리인 user1에 있는 hello.py이다. 이를 경로로 표현하면 다음과 같다.

```
user1\hello.py
```

user2에 있는 hello2.py를 상대 경로로 표현해 본다.

```
user2\hello2.py
```

만약 현재 작업 디렉토리가 user1이라고 가정한다면, user2에 있는 hello2.py는 어떻게 표현할까?

user1에서 보면 user2는 부모 디렉토리인 Users의 자식 폴더이므로 부모 디렉토리를 표현할 수 있는 방법이 있어야 user2를 설명할 수 있다.

표 9-3은 상대 경로를 사용할 때 자주 사용되는 경로 표현 방법 두 가지이다.

표 9-3 상대 경로 지정할 때 자주 사용되는 경로 표현 방법

경로 표현 방법	경로	예시
.	현재 디렉토리	.₩user1₩hello.py 또는 ./user1/hello.py
..	부모 디렉토리	..₩user2₩hello2.py 또는 ../user2/hello2.py

현재 디렉토리를 나타내는 "."은 앞에서 봤던 것처럼 생략되는 경우가 있다. 현재 디렉토리임을 명시해야 하는 경우가 있을 때 사용한다.

현재 디렉토리가 user1일 때, hello.py를 표시하는 방법은 다음과 같다.

```
.\hello.py
```

부모 디렉토리를 나타내는 ".." 표현은 자주 사용된다. ".."를 연속해서 사용해 부모의 부모, 부모의 부모의 부모 디렉토리 등을 나타낼 때도 사용된다.

현재 디렉토리가 user1이라고 가정할 때 ".."는 부모 디렉토리인 Users를, "..₩.."는 부모의 부모인 루트 디렉토리 즉 "C:₩" 드라이브를 나타낸다.

만약 user1에서 윈도우 운영체제 폴더 Windows에 있는 파일을 선택한다면 다음 형태로 표기한다.

```
..\..\Windows\파일_이름\
```

PYTHON

9.3 파일 입출력

파일의 입출력 과정

파일을 데이터를 담고 있는 용기에 비유했다. 파일을 그림 9-11에서 보인 것처럼 물이나 편지가 있는 병이라고 생각해보자.

그림 9-11 파일을 병에 비유

병에 내용을 채우는 과정을 생각해 보자.

1. 병뚜껑을 연다
2. 내용물을 채운다
3. 병뚜껑을 닫는다.

이 과정을 파일 입출력으로 바꿔보면 비슷하다.

1. 파일을 연다.
2. 내용을 확인(읽기)하거나 채운다(쓰기).
3. 파일을 닫는다.

파일을 열고 닫기

내용을 읽고 쓰는 것은 다음 절에서 다루기로 하고 파일을 열고 닫는 것부터 보자.

파일을 열기 위해 내장 함수인 open()을 사용한다.

병이 여러 개 있는데 병을 열어주는 open() 함수를 호출한다면 어떤 병을 열지 알려줘야 한다.

파일을 여는 open() 함수도 마찬가지로 많은 파일 중에서 어떤 파일을 열지 알려줘야 한다. open() 함수를 사용하는 방법이다.

```
파일_변수 = open(파일_이름)
```

파일_이름은 절대 경로 또는 상대 경로로 지정한다. 파일_변수는 열린 파일에 대한 정보를 담게 된다. 나중에 데이터를 읽고 쓸 때와 파일을 닫을 때 필요하다. 병을 예로 들면, 선택해서 뚜껑을 열은 병을 가리키는 변수가 된다.

현재 디렉토리가 "C:\Users\user1"이고 "C:\temp" 디렉토리에 있는 "data.txt" 파일을 열어 보자.

```
f = open("C:\temp\data.txt")
```

절대 경로를 이용해서 파일을 여는 코드이다. 이스케이프 시퀀스 때문에 백슬래시를 두 번 연속해서 사용함에 주의한다.

상대 경로를 이용해서 파일을 열어본다.

[코드 9-1]

```
f = open("..\\..\\temp\\data.txt") # ..\..는 C:\디렉토리임
```

파일은 스스로 닫는 방법을 알고 있다. 파일을 닫으려면 파일에 포함된 close() 함수를 사용한다. open() 함수로 파일을 열었으면 close() 함수로 파일을 닫아주는 것이 좋다.

```
파일_변수.close()        # 파일을 닫음
```

다음 코드는 [코드 9-1]에서 "data.txt"를 열고 f에 저장했던 것을 닫는 것이다.

```
f.close()
```

파일을 닫고 나면 더 이상 데이터를 읽거나 쓸 수 없다. 물병의 뚜껑을 닫으면 더 이상 물을 먹을 수도 담을 수도 없는 것과 같다.

텍스트 파일 읽기

파일이 열리면, 그 다음부터는 파일에 있는 내용에 접근할 수 있다.

open( ) 함수에서 반환하는 내용을 저장하는 파일_변수는 파일에서 데이터를 읽을 수 있도록 여러 가지 함수와 기능을 제공한다.

함수들을 이용해서 텍스트 파일의 내용을 읽는 방법에는 네 가지가 있다.

- 파일 내용을 한꺼번에 읽는 방법
- 한 줄씩 읽어서 문자열에 저장하는 방법
- 파일의 반복자를 이용해서 한 줄씩 처리하는 방법
- 파일의 내용을 한 줄씩 읽어 리스트로 구성하는 방법

한 가지씩 살펴보기 전에 먼저 파일을 준비해야 한다.

메모장 또는 다른 텍스트 에디터 프로그램을 열고, 다음 텍스트를 입력한 후 data.txt에 저장한다. data.txt 파일은 파일 입출력 파이썬 코드를 저장할 디렉토리에 저장한다.

여기서는 "C:\temp\data.txt"에 저장했다고 가정한다. 윈도우에서는 저장할 때 ANSI 또는 UTF-8 방식으로 저장한다. 맥 운영체제나 리눅스에서는 UTF-8 형식으로 저장한다.

```
Lorem ipsum dolor sit amet, consectetuer adipiscing elit.
Maecenas porttitor congue massa.
Fusce posuere, magna sed pulvinar ultricies, purus lectus malesuada libero, sit amet
commodo magna eros quis urna.
Nunc viverra imperdiet enim.
```

더 알아보기 윈도우 메모장에서 ANSI 또는 UTF-8 방식으로 저장하기

메모장에 내용을 입력하고 저장할 때 파일 이름을 입력하는 대화상자(다이얼로그박스)에서 인코딩 방식을 그림 9-12에 보인 것처럼 ANSI 또는 UTF-8로 지정한다.

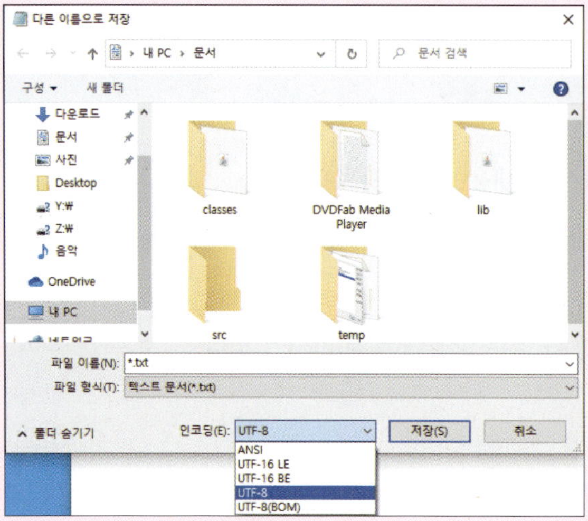

그림 9-12 파일 형식을 선택하여 지정

더 알아보기 Lorem Ipsum이란?

Lorem Ipsum은 lipsum.com 사이트의 설명에 따르면 1500년대부터 사용하던 무작위 텍스트(dummy text)라고 한다. 출판물을 만들려면 텍스트의 배치, 레이아웃(layout), 글꼴(font) 등을 확인해야 한다. 그런데 이런 내용을 확인하기 위해 의미가 있는 텍스트를 사용하면 조판에 필요한 내용을 보는 것이 아니라 텍스트 내용에 집중하는 경우가 있어, 그럴싸해 보이지만 실제로는 의미가 전달되지 않는 내용을 사용했던 것이 Lorem Ipsum이다. 기술이 발전하면서 lisum.com 사이트처럼 더미 텍스트를 원하는 형태로 자동으로 생성해서 보여주는 웹서비스도 생겼다. 컴퓨터 프로그래밍을 하면서 텍스트의 내용에 관계없이 문자열을 처리하는 코드를 작성할 때 사용하기 위해 의미없는 무작위 텍스트를 사용하기도 한다. 무작위 숫자 생성기와 비슷한 무작위 문자열 생성기라고 생각해도 된다. 마이크로소프트사의 워드에 Lorem Ipsum 텍스트를 자동으로 생성하는 기능이 포함되어 있어, data.txt 파일에 저장할 내용을 만들 때 사용하였다.

● 파일 내용을 한꺼번에 읽는 방법

read() 함수는 파일의 전체 내용을 한 개 문자열로 반환한다. open()의 결과값이 f 변수에 저장되었다고 가정할 때, 파일 전체의 내용을 읽어서 한 개 문자열로 반환 받은 후 화면에 출력하는 코드를 작성한다.

파일을 열고 open() 함수의 반환값을 변수에 저장한다. 파이썬 쉘의 현재 작업 디렉토리가 어디인지 확실하지 않으므로 여기서는 절대 경로를 지정한다.

```
>>> f = open("C:\\temp\\data.txt")
```

read() 함수를 이용해서 파일 전체의 내용을 읽고 변수에 저장한다.

```
>>> s = f.read()
```

read() 함수는 텍스트 파일 전체 내용을 한 개의 문자열로 반환한다. type() 명령을 이용해서 s의 자료형을 확인한다.

```
>>> type(s)
<class 'str'>
```

문자열임을 확인했으므로, s를 print() 함수로 전달해 화면에 출력한다.

```
>>> print(s)
Lorem ipsum dolor sit amet, consectetuer adipiscing elit.
Maecenas porttitor congue massa.
Fusce posuere, magna sed pulvinar ultricies, purus lectus malesuada libero, sit amet
commodo magna eros quis urna.
Nunc viverra imperdiet enim.
```

파일의 내용이 모두 출력됨을 볼 수 있다.

파일의 데이터를 더 이상 사용하지 않으므로 파일을 닫는다.

```
>>> f.close()
```

코드를 파일로 저장해서 실행시킨다. 다음 코드를 에디터에 입력하고 "read1.py" 이름으로 "data.txt" 파일이 있는 폴더에 저장한다.

[코드 9-2] read1.py

```
f = open("data.txt") # data.txt와 read1.py가 같은 폴더에 있어 상대 경로 사용
s = f.read()
print(s)
f.close()
```

[실행 결과]

```
C:\Temp>python read1.py
Lorem ipsum dolor sit amet, consectetuer adipiscing elit.
Maecenas porttitor congue massa.
Fusce posuere, magna sed pulvinar ultricies, purus lectus malesuada libero, sit amet commodo magna eros quis urna.
Nunc viverra imperdiet enim.
```

● 한 줄씩 읽어서 문자열에 저장하는 방법

readline() 함수는 파일에서 한 줄의 문자열을 읽어서 반환한다. readline() 함수가 동작하는 방법을 설명한다.

- readline() 함수는 한 글자씩 파일에서 읽다가 줄바꿈 문자('\n')를 만나면 그 글자까지만 읽어서 반환할 문자열에 포함시키고 문자열을 반환한다.
- readline() 함수가 다시 호출되면 가장 마지막에 읽었던 위치부터 다시 한 줄의 문자열을 읽어서 반환한다.
- 문자를 읽다가 줄바꿈 문자 없이 파일의 끝(End of File 또는 줄여서 EOF라고 부름)에 다다르면 그때까지 읽은 문자열을 반환한다.
- 파일의 끝에 있을 때, readline() 함수가 호출되면 빈 문자열을 반환한다.

readline() 함수는 파일 일부 내용을 읽고 싶을 때나 파일의 내용을 한 줄씩 처리해야 할 때 활용하면 좋다.

"data.txt" 파일에서 for 반복문을 이용해서 3줄의 문자열을 읽고 화면에 출력하는 코드를 작성한다. readline( )에서 반환하는 문자열의 줄바꿈 문자를 없애기 위해 strip( ) 함수를 이용한다.

```
>>> f = open("C:\\temp\\data.txt")
>>> for i in range(3):
...     s = f.readline().strip()
...     print(s)
...
Lorem ipsum dolor sit amet, consectetuer adipiscing elit.
Maecenas porttitor congue massa.
Fusce posuere, magna sed pulvinar ultricies, purus lectus malesuada libero, sit amet
commodo magna eros quis urna.
>>> f.close()
```

readline()을 이용해서 파일 끝까지 읽어서 화면에 출력한다.

```
>>> f = open("C:\\temp\\data.txt")
>>> s = f.readline().strip()         # 파일에서 한 줄을 읽어봄
>>> while s:                         # 파일의 끝이 아니라면
...     print(s)                     # 출력
...     s = f.readline().strip()     # 다음 줄 입력
...
Lorem ipsum dolor sit amet, consectetuer adipiscing elit.
Maecenas porttitor congue massa.
Fusce posuere, magna sed pulvinar ultricies, purus lectus malesuada libero, sit amet
commodo magna eros quis urna.
Nunc viverra imperdiet enim.
>>> f.close()
```

9

파일

파일의 반복자를 이용해서 한 줄씩 처리하는 방법

readline()을 이용해서 파일 전체를 한 줄씩 읽으면서 처리하는 것도 가능하지만, 파일에서 제공하는 반복자를 이용하면 더 간단하게 처리할 수 있다.

파일의 반복자를 사용하면 파일에 있는 내용의 한 줄을 변수에 저장시킨 후 처리할 수 있다.

파일의 내용을 한 줄씩 화면에 출력해 본다.

```
>>> f = open("C:\\temp\\data.txt")
>>> for line in f:    # 반복자 사용. 파일의 내용이 한 줄씩 line에 저장됨
...     print(line.strip())
...
Lorem ipsum dolor sit amet, consectetuer adipiscing elit.
Maecenas porttitor congue massa.
Fusce posuere, magna sed pulvinar ultricies, purus lectus malesuada libero, sit amet
commodo magna eros quis urna.
Nunc viverra imperdiet enim.
>>> f.close()
```

파일의 내용을 한 줄씩 읽어 리스트로 구성하는 방법

readlines() 함수를 이용하면 파일의 각 줄을 리스트의 요소로 구성해서 리스트를 반환한다. 요소를 구성하는 각 줄은 줄바꿈 문자가 포함된다.

readlines()를 이용해서 한 줄씩 화면에 출력하는 프로그램을 작성한다. readlines()에서 리스트를 반환받아 저장한 후, 반복자를 이용해서 출력한다.

```
>>> f = open("C:\\temp\\data.txt")
>>> lines = f.readlines()
>>> for line in lines:
...     print(line.strip())    # 줄바꿈 문자 제거
...
Lorem ipsum dolor sit amet, consectetuer adipiscing elit.
Maecenas porttitor congue massa.
Fusce posuere, magna sed pulvinar ultricies, purus lectus malesuada libero, sit amet
commodo magna eros quis urna.
Nunc viverra imperdiet enim.
>>> f.close()
```

텍스트 파일 쓰기

파일에 내용을 쓰는 것에는 두 가지 방법이 있다.

- 파일의 내용을 지우고 내용을 새로 쓰기
- 파일의 기존 내용에 덧붙이기

파일의 내용을 새로 쓰기

파일에 내용을 쓰려면 쓰기 모드(write mode)로 파일을 열어야 한다. 쓰기 모드로 파일을 열려면 open() 함수를 호출할 때 두 번째 인자로 "w"를 전달한다.

```
파일_변수 = open("파일 이름", 'w')
```

open()에 전달되는 파일 이름이 이미 존재한다면 해당 파일의 내용을 지우고 새로 채울 수 있게 준비한다. 만약 파일이 없다면 새로운 파일을 생성하고 쓸 준비를 한다.

"c:\temp\" 폴더의 "data2.txt" 파일에 데이터를 써본다.

```
>>> f = open("C:\\temp\\data2.txt", "w") # data2.txt을 열고 내용을 지움
```

파일의 내용을 쓰는 것은 파일에 포함되어 있는 write() 함수를 사용한다. write() 함수는 문자열만 쓸 수 있다. 다른 자료형을 저장하려면 str() 명령을 이용해서 먼저 변환시켜야 한다.

```
>>> f.write("Fusce est.")
10
>>> f.write(30)                    # 숫자는 바로 쓸 수 없음
Traceback (most recent call last):
  File "<stdin>", line 1, in <module>
TypeError: write() argument must be str, not int
```

write() 함수는 파일에 저장한 글자의 개수를 반환한다.

write() 함수는 줄바꿈 문자를 붙이는 print()와는 달리 아무것도 추가하지 않는다. 필요하면 줄바꿈 문자를 추가해서 출력한다.

```
>>> f.write("\nVivamus a tellus")
17
```

파일에 원하는 내용을 모두 저장했다면, close() 함수를 호출해서 파일을 닫아야 한다.

파일이 제대로 닫히지 않은 상태에서 프로그램이 종료되면 데이터가 유실되고 올바르게 저장되지 않을 수도 있다.

```
>>> f.close()
```

그림 9-13은 "C:₩temp₩data2.txt" 파일을 메모장으로 열어서 확인한 것이다.

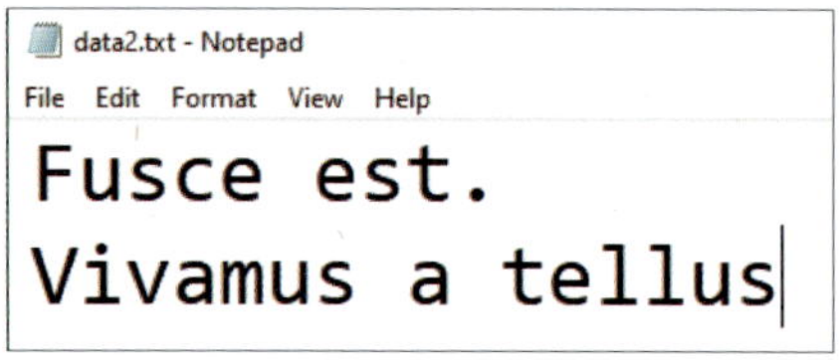

그림 9-13 메모장으로 확인한 data2.txt 파일

```
Pellentesque habitant morbi tristique senectus et netus et malesuada fames ac turpis
egestas.
Proin pharetra nonummy pede.
```

현재 디렉토리의 "data3.txt"에 앞에서 보인 세 줄의 문자열을 저장한 후, 전체 내용을 다시 읽고 화면에 출력하는 프로그램을 작성한다.

[코드 9-3] writeAndRead1.py

```
s = """Pellentesque habitant morbi tristique senectus et netus et malesuada
fames ac turpis egestas.
Proin pharetra nonummy pede.
"""

fw = open("data3.txt", "w")
fw.write(s)
fw.close()

fr = open("data3.txt")
for line in fr:
    print(line.strip())
fr.close()
```

[실행 결과]

```
Pellentesque habitant morbi tristique senectus et netus et malesuada
fames ac turpis egestas.
Proin pharetra nonummy pede.
```

세 줄의 문자열이 제대로 저장되었음을 확인하였다.

기존 파일 내용에 덧붙이기

기존 파일의 내용을 지우지 않고 새로운 내용을 덧붙이려면, 추가 모드(append mode)로 파일을 열어야 한다. 추가 모드는 open() 함수의 두 번째 인자로 "a"를 전달한다.

```
파일_변수 = open("파일 이름", 'a')
```

파일에 내용을 쓰는 것은 write() 함수를 사용한다. 기존에 만들었던 "C:₩temp₩data2.txt"에 다음 문자열을 추가하는 프로그램을 작성하고, 메모장 등을 열어 추가되었는지 확인한다.

```
Nunc viverra imperdiet enim.
Lorem ipsum dolor sit amet, consectetuer adipiscing elit.
```

```
>>> f = open("C:\\temp\\data2.txt", "a")
>>> f.write("Nunc viverra imperdiet enim.")
28
>>> f.write("Lorem ipsum dolor sit amet, consectetuer adipiscing elit.")
57
>>> f.close()
```

그림 9-14는 data2.txt를 메모장으로 확인한 것이다.

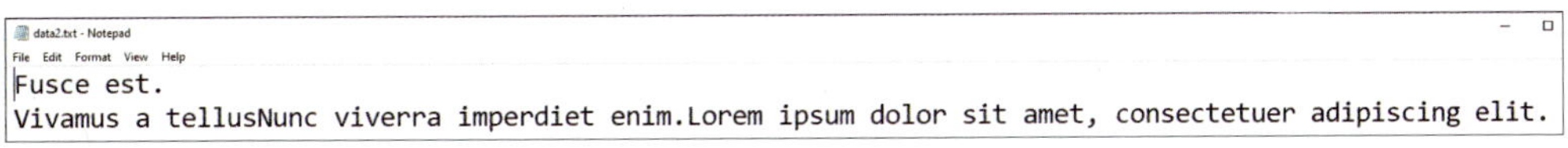

그림 9-14 메모장으로 확인한 data2.txt 파일

txt를 처음에 저장할 때 두 번째 문장 뒤에 줄바꿈 문자를 붙이지 않았다. 따라서 새로 추가되는 내용은 두 번째 문장 바로 뒤에 붙어서 저장되었다.

9.4 PYTHON

with문

with문은 언제 사용하나요?

open( ) 함수를 이용해서 파일을 열었다면, close( ) 함수를 이용해서 반드시 닫아야 한다. 만약 파일이 제대로 닫히지 않고 프로그램이 종료된다면, 최악의 경우에는 파일의 데이터가 유실될 수 있다.

그런데 매번 파일을 열 때마다 닫아야 하는 것을 기억하는 것이 번거로울 수 있다. 특히 프로그램이 커지고, 파일을 여는 곳과 닫는 부분이 프로그램에서 다른 위치에 있다면, 실수로 닫지 않는 경우도 발생하기 쉽다.

with문은 자동으로 파일을 닫으므로, 이러한 오류를 방지할 수 있다.

with문의 사용법이다.

```
with open(파일_이름) as 변수_이름:          # 읽기 모드로 파일을 열 때
    코드_블록
with open(파일_이름, "w") as 변수_이름:     # 쓰기 모드로 파일을 열 때
    코드_블록
```

with문의 코드 블록에는 파일의 내용을 읽거나 쓰는 내용이 포함되고, 코드 블록의 실행이 끝날 때 파일을 닫아주는 `close()` 함수는 자동으로 호출되므로 쓰지 않는다.

파일 전체를 한 줄씩 읽어서 화면에 출력하는 코드를 작성한다.

```
>>> with open("c:\\temp\\data.txt") as f:
...     for line in f:
...         print(line.strip())
...
Lorem ipsum dolor sit amet, consectetuer adipiscing elit.
Maecenas porttitor congue massa.
```

```
Fusce posuere, magna sed pulvinar ultricies, purus lectus malesuada libero, sit amet
commodo magna eros quis urna.
Nunc viverra imperdiet enim.
```

파일 입출력과 문자 인코딩

프로그래머들이 텍스트 파일을 읽거나 쓸 때 어떤 인코딩 방법을 사용하는지 인지해야 한다. "utf-8" 방식으로 저장된 파일의 내용을 "cp949"로 읽으면 데이터를 제대로 처리할 수 없다. 반대의 경우도 마찬가지다.

여태까지 파일을 읽고 쓰면서 인코딩 방식을 언급하지 않았다. 파이썬에서는 운영체제에서 주로 사용하는 방법으로 기본적인 인코딩 방법을 사용한다. 기본 인코딩 방식이 아닌 다른 것으로 읽고 쓰려면, 파일을 열 때 다른 인코딩 방식을 지정해야 한다.

시스템에서 사용하는 기본 인코딩 방법은 locale 모듈의 getpreferredencoding() 함수를 사용해서 확인할 수 있다.

```
>>> import locale                    # 먼저 locale 모듈을 import 해야 함
>>> locale.getpreferredencoding()   # 기본 인코딩 방식을 문자열 형태로 반환
'cp949'
```

'cp949'가 기본 인코딩 방식으로 사용되고 있음을 보여준다.

그림 9-15는 리눅스에서 같은 명령을 실행시킨 것이다. 이 리눅스 시스템에서는 "utf-8"을 기본 인코딩 방식으로 사용하고 있다.

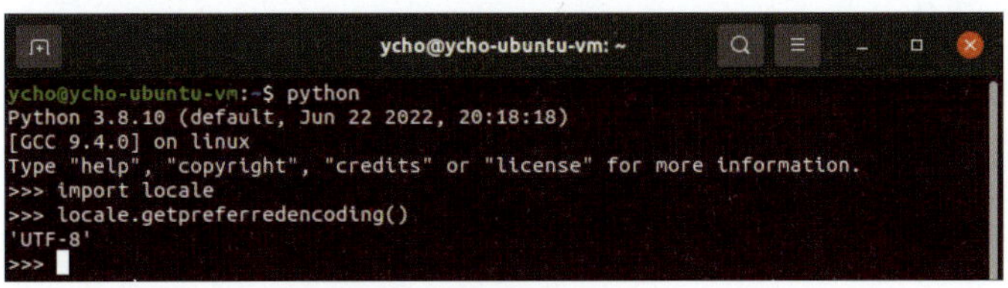

그림 9-15 리눅스 시스템에서 기본 인코딩 방식 확인

여태까지 읽고 썼던 영문 텍스트는 "cp949" 또는 "utf-8" 인코딩 방식에서 동일하므로 문제가 없었지만, 한글 텍스트가 섞여 있는 내용을 읽거나 쓸 때는 주의해야 한다.

"파이썬" 문자열을 "utf-8" 형식으로 메모장에서 저장한 후, 파이썬 코드에서 읽어서 확인해 본다. 파일은 "C:₩temp₩python.utf8.txt"에 저장되어 있다고 가정한다.

```
>>> with open("C:\\temp\\python.utf8.txt") as f:
...     s = f.read()
...     print(s)
...
Traceback (most recent call last):
  File "<stdin>", line 2, in <module>
UnicodeDecodeError: 'cp949' codec can't decode byte 0xed in position 0: illegal multibyte
sequence
```

파일이 "utf-8"로 저장되어 있는 것을 기본 인코딩 방식인 "cp949"로 읽으려 했을 때, UnicodeDecodeError가 발생하였다.

다시 "파이썬" 문자열을 "ANSI(cp949)" 인코딩 방식으로 "python.cp949.txt"로 저장한 후 코드를 실행한다.

```
>>> with open("C:\\temp\\python.cp949.txt") as f:
...     s = f.read()
...     print(s)
...
파이썬
```

"cp949" 방식으로 저장된 파일의 내용은 오류 없이 읽히고 제대로 출력된다.

● 인코딩 방식을 지정해서 파일 열기

파일을 특정 인코딩 방식으로 읽거나 쓰려면, 파일을 열 때 인코딩 방식을 지정해야 한다.

파일을 열면서 인코딩 방식을 명시하려면, open( ) 함수를 호출하며 "encoding" 인자의 값을 원하는 인코딩 방식으로 지정하면 된다. 예를 들어 다음 코드는 "python.utf8.txt"를 "utf-8" 방식으로 읽겠다는 코드이다.

```
open("python.utf8.txt", encoding="utf-8") # 인코딩 방식은 대소문자 구별 안함
```

파일을 "utf-8" 인코딩 방식으로 열고 읽어서 출력한다.

```
>>> with open("C:\\temp\\python.utf8.txt", encoding="utf-8") as f:
...     s = f.read()
...     print(s)
...
파이썬
```

파일을 특정 인코딩 방식으로 쓰는 것도 마찬가지로 인코딩 방식을 지정해서 열면 된다. 다음은 "파이썬을 이용한 파일 입출력"이라는 문자열을 "C:₩temp₩python.txt"에 저장했다가 다시 읽어서 출력하는 코드를 실행시킨 것이다.

```
>>> with open("C:\\temp\\python.txt", "w", encoding="utf-8") as f:
...     f.write("파이썬을 이용한 파일 입출력")
...
15
>>> with open("C:\\temp\\python.txt", encoding="utf-8") as f:
...     print(f.read())
...
파이썬을 이용한 파일 입출력
```

9.4 PYTHON

실습문제 1

| 문제 |

텍스트 파일 두 개를 병합하는 프로그램을 작성한다. 두 번째 파일의 내용을 첫 번째 파일의 내용에 붙여 새로운 파일에 저장한다.

| 요구사항 |

- 사용자로부터 세 개 파일 이름을 입력받는다.
- 입력받은 첫 번째와 두 번째 파일 이름은 존재하는 텍스트 파일의 이름이라고 가정한다.
- 첫 번째 파일과 두 번째 파일을 붙여서 세 번째 파일에 저장한다.
- 파일은 기본 인코딩 방식을 사용해서 저장되었다고 가정한다.

| 문제 해결 |

파일 이름을 입력받고 변수에 저장한다. 텍스트 에디터를 열고 다음 내용을 입력한 후 각각 c:₩temp₩prac09_01_data1.txt와 c:₩temp₩prac09_01_data2.txt에 저장한다.

[prac09_01_data1.txt에 저장할 내용]

```
Lorem ipsum dolor sit amet, consectetuer adipiscing elit.
Maecenas porttitor congue massa.
Nunc viverra imperdiet enim.
```

[prac09_01_data2.txt에 저장할 내용]

```
Pellentesque habitant morbi tristique senectus et netus et malesuada fames ac
turpis egestas.
Proin pharetra nonummy pede.
```

문제 해결 알고리즘은 다음과 같다.

- 파일 이름들을 입력받고 변수에 저장
- s1 = 첫 번째 파일의 내용을 모두 읽어서 변수에 저장
- s2 = 두 번째 파일의 내용을 읽어서 변수에 저장
- s1을 세 번째 파일에 쓰기
- s2를 세 번째 파일에 쓰기

사용자로부터 파일 이름을 입력받고 변수에 저장한다.

```
>>> filename1 = input("연결할 첫 번째 파일 이름을 입력하세요: ")
연결할 첫 번째 파일 이름을 입력하세요: c:\temp\prac09_01_data1.txt
>>> filename2 = input("연결할 두 번째 파일 이름을 입력하세요: ")
연결할 첫 번째 파일 이름을 입력하세요: c:\temp\prac09_01_data2.txt
>>> filename3 = input("연결된 내용을 저장할 파일 이름을 입력하세요: ")
연결된 내용을 저장할 파일 이름을 입력하세요: c:\temp\newdata.txt
```

두 개 파일을 연결해서 출력하는 알고리즘은 첫 번째 파일과 두 번째 파일의 내용을 통째로 읽어서 순서대로 세 번째 파일에 저장한다.

파일 내용 전체를 한꺼번에 읽는 것은 read() 함수를 사용한다. read() 함수에서 반환된 내용을 세 번째 파일에 바로 저장한다.

첫 번째 파일의 내용을 읽어서 변수 s1에 저장한다.

```
>>> f1 = open(filename1)
>>> s1 = f1.read()
>>> f1.close()
```

두 번째 파일의 내용을 읽어서 변수 s2에 저장한다.

```
>>> f2 = open(filename2)
>>> s2 = f2.read()
>>> f2.close()
```

세 번째 파일에 s1과 s2를 쓴다.

```
>>> f3 = open(filename3, "w")
>>> f3.write(s1)
234
>>> f3.write(s2)
112
>>> f3.close()
```

| 최종 코드 |

with문을 이용해서 파일을 열고 닫는다.

[코드 9-4] prac09_01.py

```
filename1 = input("연결할 첫 번째 파일 이름을 입력하세요: ")
filename2 = input("연결할 두 번째 파일 이름을 입력하세요: ")
filename3 = input("연결된 내용을 저장할 파일 이름을 입력하세요: ")

with open(filename1) as f1:
    s1 = f1.read()

with open(filename2) as f2:
    s2 = f2.read()

with open(filename3, "w") as f3:
    f3.write(s1)
    f3.write(s2)
```

| 실행 결과 |

```
연결할 첫 번째 파일 이름을 입력하세요: c:\temp\prac09_01_data1.txt
연결할 두 번째 파일 이름을 입력하세요: c:\temp\prac09_01_data2.txt
연결된 내용을 저장할 파일 이름을 입력하세요: c:\temp\newdata.txt
```

newdata.txt 파일을 메모장 같은 에디터를 이용해서 열어본다.

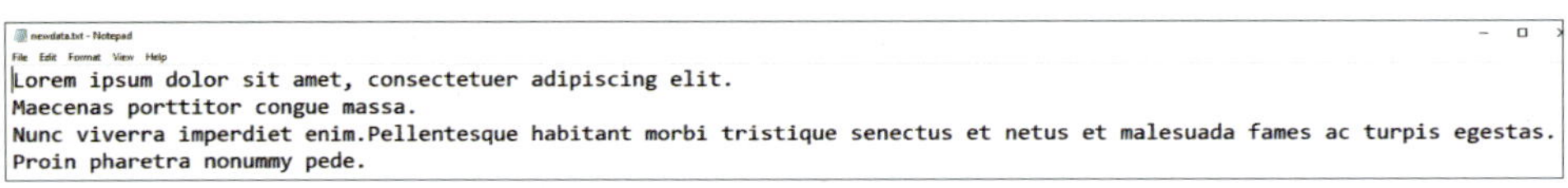
newdata.txt - Notepad
File Edit Format View Help
Lorem ipsum dolor sit amet, consectetuer adipiscing elit.
Maecenas porttitor congue massa.
Nunc viverra imperdiet enim.Pellentesque habitant morbi tristique senectus et netus et malesuada fames ac turpis egestas.
Proin pharetra nonummy pede.

그림 9-16 newdata.txt 파일의 내용

PYTHON

9.4 실습문제 2

| 문제 |

파일에서 문자열을 검색하자. 검색된 그 줄을 다음 형태로 화면에 출력하는 프로그램을 작성한다.

```
줄번호:검색할_단어가_있는_문자열
```

검색 단어가 파일에 없으면, "검색 단어가 파일에 없습니다"라고 출력한다.

| 요구사항 |

- 파일에서 검색할 문자열과 내용을 검색할 파일 이름을 사용자로부터 입력받는다.
- 사용자가 입력한 파일 이름은 반드시 존재하는 파일이라고 가정한다.
- 줄 번호는 1부터 시작한다.

| 문제 해결 |

문제 해결 알고리즘을 작성한다.

```
줄번호를 표현할 lineNum 변수를 1로 초기화
found 변수를 False로 초기화(검색할 문자열을 발견하면 True로 바꿀 예정)
사용자로부터 검색할 문자열과 파일 이름을 입력받음
파일 열기
파일에 있는 내용을 한 줄씩 변수 line에 저장
    line에 검색할 문자열이 있으면
        found = True
        줄번호: line 문자열 형태로 출력(line에서 줄바꿈 문자 제거한 후)
    lineNum += 1
파일 닫기
만약 found가 False이면
    "검색 단어가 파일에 없습니다"라고 출력
```

줄 번호를 셀 변수와 문자열을 찾았는지 확인할 변수들을 초기화한다.

```
>>> lineNum = 1
>>> found = False
```

파일 이름과 검색할 문자열을 입력받는다. 파일은 실습 문제 #1에서 만들었던 newdata.txt를 사용한다. 검색할 문자열은 "se"를 찾아본다. "se"는 1, 3줄에서 검색된다.

```
>>> filename = input("파일 이름을 입력하세요: ")
파일 이름을 입력하세요: C:\temp\newdata.txt
>>> findStr = input("검색할 문자열을 입력하세요: ")
검색할 문자열을 입력하세요: se
```

파일을 반복자를 이용해서 한 줄씩 변수에 저장한 후, 검색할 문자열을 찾아보고 적절하게 처리한다. 모든 문자열을 처리한 후에 파일을 닫는다.

```
>>> f = open(filename)
>>> for line in f:
...     if s in line:
...         found = True
...         print(f"{lineNum}:{line.strip()}")
...     lineNum += 1
...
1:Lorem ipsum dolor sit amet, consectetuer adipiscing elit.
3:Nunc viverra imperdiet enim.Pellentesque habitant morbi tristique senectus et
netus et malesuada fames ac turpis egestas.
>>> f.close()
```

| 최종 코드 |

with문을 이용해서 파일을 열고 닫는다.

[코드 9-5] prac09_02.py

```
lineNum = 1
found = False
```

```
filename = input("파일 이름을 입력하세요: ")
findStr = input("검색할 문자열을 입력하세요: ")

with open(filename) as f:
    for line in f:
        if findStr in line:
            found = True
            print(f"{lineNum}:{line.strip()}")
        lineNum += 1

if found == False:
    print("검색 단어가 파일에 없습니다")
```

| 실행 결과 |

```
파일 이름을 입력하세요: c:₩temp₩newdata.txt
검색할 문자열을 입력하세요: se
1:Lorem ipsum dolor sit amet, consectetuer adipiscing elit.
3:Nunc viverra imperdiet enim.Pellentesque habitant morbi tristique senectus et netus et malesuada fames ac turpis egest as.
```

9.5 연습문제

01 텍스트 파일인지 바이너리 파일인지 확장자만으로는 판단하지 못한다. OX로 답하시오.

02 파일의 속성으로 소유자를 알 수 있다. OX로 답하시오.

03 파일의 속성으로 생성일은 알 수 있지만, 수정일은 알 수 없다. OX로 답하시오.

04 파일은 어디에 저장되는가?

(1) 주 메모리　　(2) 보조 저장장치　　(3) 운영체제

05 다음 파일의 확장자를 보고 텍스트, 바이너리로 구분하시오.

(1) .jpg　　(2) .py　　(3) .png　　(4) .html

06 운영체제에 따라 파일을 표기하는 방법이 다르다. 다음 설명에 맞는 운영체제는 무엇인가?

(1) 루트 디렉토리가 드라이브 이름부터 시작한다.　　(2) "/"로 시작한다.

07 다음은 다른 운영체제에서 절대 경로를 표기한 것들이다. 각 항목마다 해당되는 운영체제를 답하시오. 표기가 문법에 어긋난 것은 '틀림'으로 적으시오.

(1) C://Users//user1//ch09.py　　(2) C:/Users/user1/ch09.py

(3) C:₩Users₩user1₩ch09.py　　(4) C:09.py

(5) /home/user1/ch09.py　　(6) //home//user1//ch09.py

08 7번 문제에서 user1 폴더 기준으로 ch09.py 파일을 상대경로로 적으시오.

(1) 윈도우 운영체제의 상대경로　　(2) 유닉스 계열 운영체제의 상대경로

09 현재 작업 디렉토리를 출력하는 코드를 작성하시오.

10 다음 내용을 적어서 "data.txt" 파일을 만드시오. 저장할 때 utf-8 방식으로 저장한다.

"Hello\nThis is data.txt\n이 파일은 utf-8 형식으로 저장했습니다"

저장된 data.txt 파일에서 내용 한 줄을 읽고 화면에 출력하는 코드를 작성한다.

11 파일은 제대로 닫지 않아도 문제가 되지 않는다. 파이썬이 열려 있는 파일을 찾아서 닫아준다. OX로 답하시오.

12 다음 코드에 오류가 있는가? 있다면 지적하시오.

```
with open("data.txt") as f:
    for line in f:
        print(line.strip())
f.close()
```

13 10번 문제에서 작성한 data.txt 파일 전체를 읽어서 화면에 출력하는 코드이다. 두 번째 줄의 코드를 작성해서 프로그램을 완성시킨다.

완성된 코드를 실행시켰을 때, 한글 윈도우에서는 제대로 내용이 나타나지 않을 수 있다. 그 이유와 어떤 부분을 수정해야 하는지 설명하시오.

```
1   f = open("data.txt")
2
3   print(s)
4   f.close()
```

14 13번 문제를 수정해서 파일에서 한 줄씩 읽어서 출력하는 코드로 변경하시오.

15 10번 문제에서 작성된 "data.txt" 파일의 맨 끝 줄에 다음 문자열을 추가하는 프로그램을 작성하시오.

```
"Here comes to the end".
```

16 다음을 이진화하는 코드를 작성하시오. 결과를 출력하고, 몇 바이트가 출력되는지 설명하시오.

(1) 영어 "Python"　　　　(2) 한글 "파이썬"

17 다음 코드에서 파일을 읽을 때 인코딩 방식을 'utf-8'로 설정하도록 수정하시오.

```
with open("python.utf8.txt") as f:
    s = f.read()
    print(s)
```

18 실습문제 1을 다른 알고리즘을 이용해서 구현해 보시오. 첫 번째 파일의 내용을 한 줄씩 읽어서 세 번째 파일에 저장한 후, 두 번째 파일의 내용을 한 줄씩 세 번째 파일에 저장하시오.

19 실습문제 1을 다른 알고리즘을 이용해서 구현하시오. 첫 번째와 두 번째 파일의 내용을 모두 리스트로 만들고, 리스트를 연결해서 새로운 리스트를 생성하시오. 새로 만들어진 리스트의 내용을 세 번째 파일에 저장하시오.

20 실습문제 2를 readline( )을 이용해서 구현하시오.

21 실습문제 2를 readlines( )를 이용해서 구현하시오.

22 실습문제 2에서 파일에서 검색할 문자열을 찾으면, 검색 결과를 새로운 파일에 저장하시오. 결과를 저장할 파일 이름은 사용자로부터 입력받는다. 파일에 검색할 문자열이 없는 경우, 화면에 "검색 단어가 파일에 없습니다"만 출력하고 파일은 만들지 않는다.

23 data1.txt와 data2.txt에 각각 오름차순으로 정렬된 실수값들이 한 줄에 한 개씩 저장되어 있다. data1.txt에 10개, data2.txt에 5개의 실수값들이 저장되어 있다고 가정한다. data1.txt와 data2.txt를 생성하고, 두 개 파일의 데이터를 읽고 오름차순으로 정렬해서 "data3.txt" 파일에 저장하는 프로그램을 작성하시오.

24 shapes.txt 파일에 도형의 모양과 좌표가 utf-8 형식으로 다음에 보인 것처럼 저장되어 있다.

[shapes.txt 파일 내용]

```
사각형
20
-20
-10
10
삼각형
30
30
0
0
30
0
원
30
```

첫 문장은 도형의 모양이다. 도형의 모양 다음에는 도형을 이루는 좌표값들이 나온다.

사각형은 대각선을 이루는 두 개 꼭지점의 좌표값들이 x1, y1, x2, y2 순서대로 배치된다. 사각형의 좌표는 어느 부분의 꼭지점인지는 모르지만, 절대값(x1 – x2)와 절대값(y1 – y2)는 각각 너비와 높이에 해당된다.

삼각형은 세 꼭지점 좌표값들이 x1, y1, x2, y2, x3, y3 순서대로 나타난다. 세 개 꼭지점의 좌표가 있을 때 삼각형의 면적을 구하는 공식은 8장 연습문제 25번에서 설명하는 헤론의 공식을 이용한다. 두 꼭지점 사이의 거리를 구하는 공식은 8장 24번 문제를 참조한다.

원은 반지름 값만 주어진다.

shapes.txt 파일을 읽고, 각 도형에 대해 면적을 계산해서 화면에 출력하는 프로그램을 작성하시오.

25 사용자로부터 텍스트 파일의 이름을 입력받고, 주어진 파일을 복사하는 프로그램을 작성하시오. 파일을 복사할 때 이 책에서 학습한 내용만을 이용한다.

26 문법상 오류가 없는 파이썬 코드 파일을 읽고, 주석문을 제거한 코드를 다른 파일에 저장하는 프로그램을 작성하시오.

원본 코드 파일 이름은 사용자로부터 입력받고, 새로 저장되는 코드의 파일 이름은 원본 파일 이름 앞에 "new_"를 붙인다.

예: 원본 이름이 a.py라면 새로운 파일은 new_a.py

27 사용자에게 텍스트 파일 이름과 검색할 문자열을 입력받고, 텍스트 파일에 문자열이 있는지 검색해서 출력하는 프로그램을 작성하시오.

만약 검색하는 문자열이 있다면, 그 문자열의 줄 번호와 검색하는 문자열을 포함하는 문자열 전체를 다음 형태로 출력한다.

줄 번호는 파일의 첫 번째 문자열이 1번이다.

```
줄번호: 문자열
```

28 사용자로부터 텍스트 파일 이름을 입력받고, 파일에 있는 단어 개수를 출력하는 프로그램을 작성하시오. 단어는 줄바꿈 문자, 탭문자, 공백 문자로 분리된다고 가정한다.

29 정렬되지 않은 정수들이 저장되어 있는 파일 두 개를 읽고 정렬해서 새로운 파일에 저장하는 프로그램을 작성하시오. 리스트의 sort( ) 함수를 사용하지 않고 정렬 알고리즘 한 개를 인터넷에서 찾아보고 구현한다.

10장

예외 처리

학습목표

- 예외 처리의 개념과 필요성을 이해한다
- 파이썬의 다양한 예외를 살펴보고 예외 처리를 구현하는 방법을 학습한다.

PYTHON

10.1

예외 처리의 필요성

오류

프로그래밍에서 오류는 여러 가지가 있다.

- 문법 오류
- 논리 오류
- 실행 오류

그림 10-1 오류 발생? 당황하지 마세요!

이 가운데 문법 오류 또는 실행 오류가 발생하면 파이썬은 프로그램 실행을 종료하게 된다.

이 경우 그 오류가 왜 발생했는지, 코드의 어디서 발생했는지 잘 파악해야 한다. 오류는 회피할 수 없고 발생하기 마련이다. 중요한 것은 오류의 발생 원인을 정확히 알고, 처치하는 것이다. 오류를 두려워하지 말고, 경험하고 잘 기억해야 비슷한 오류가 나타났을 때 해결하기 쉽다.

● 문법 오류

문법 오류는 프로그래밍 언어를 잘못 사용해서 발생한다. 사람이 사용하는 일반 언어로 생각하면, 맞춤법이 틀린 경우이다. 예를 들어 if문을 사용하면서 ':'을 쓰지 않은 경우가 여기에 해당한다.

문법 오류는 프로그램이 실행되면서 어떤 오류가 어디서 발생했는지를 비교적 명확하게 알려주기 때문에 수정이 쉽다.

[코드 10-1]은 괄호를 제대로 닫지 않은 문법 오류가 발생할 때 파이썬에서 오류를 발생시키는 것이다.

[코드 10-1] SyntaxError.py

```
print("오류 발생 확인 프로그램")
n = int(input("정수를 입력하세요: "))
print(f"사용자가 입력한 정수: {n}")
```

[실행 결과]

```
File "SyntaxError.py", line 2
 n = int(input("정수를 입력하세요: ")
       ^
SyntaxError: '(' was never closed
```

SyntaxError가 발생했고 괄호가 제대로 닫히지 않았다는 오류 메시지가 보인다. 오류 메시지에서 '^'는 어떤 괄호가 닫히지 않았는지 표시한다.

SyntaxError는 문법 구문 오류를 나타낸다. 문법 오류가 발생할 때 일반적으로 명시된 줄 번호에 오류가 발생하는 경우가 많지만, 다른 부분에 의해서 발생한 오류로 인한 것일 수도 있어, 그 앞뒤로 한두 줄 정도를 더 살펴봐야 한다.

논리 오류

논리 오류는 문제 해결 방법을 잘못 지정한 것으로, 코드를 잘못 작성한 것이다. 사람이 말하는 언어로 비유하면 맞춤법은 맞는데 말이 안 되는 즉, 횡설수설하는 것이다.

문법 오류와 논리 오류는 프로그래머가 잘못한 것이어서 파이썬 언어에서 지원할 수 있는 방법이 없다. 프로그래머 스스로 해결해야 한다.

예를 들어 1~100 사이의 정수에서 3 또는 4의 배수를 찾아서 화면에 출력하는 코드를 작성해 보자. 알고리즘은 1~100 사이의 정수를 한 개씩 순환하면서 3 또는 4로 나누어 떨어지는지 확인하는 것이다.

```
for n in range(1, 100):
    if n % 3 == 0 and n % 4 == 0:
        print(n)
```

문제는 3 또는 4의 배수를 찾으라고 했는데 코드에서는 3과 4의 배수 즉 12의 배수를 찾는 코드를 작성했다. 문법 또는 실행 오류는 없지만, 원하는 결과를 얻을 수 없다.

실행 오류

실행 오류는 문법적/논리적으로 문제가 없는데 오류가 발생하는 것이다.

지금까지 프로그램을 작성하면서 오류가 발생하지 않는다고 가정했었다. 사용자는 항상 정해진 형태로 입력할 것이라고 예상했고, 파일을 열 때 항상 그 파일이 존재할 것이라고 얘기했다.

하지만 프로그램을 사용하다 보면 예기치 못했던 오류가 발생할 수 있다.

사용자가 정수로 변환할 수 있는 문자열을 입력해야 하는데 잘못 입력할 수도 있고, 파일을 여는데 이미 삭제되었거나 이름이 잘못되었을 수도 있다. 또, 파일에서 데이터를 읽거나 쓸 때 하드디스크에 오류가 있거나 파일에 문제가 있어 제대로 동작하지 않을 수도 있다.

그림 10-2 다양한 이유로 발생하는 오류

이렇게 프로그램 실행 중에 문법적 혹은 논리적 오류가 아닌 다른 이유 때문에 오류가 발생하는 경우가 있고, 이런 것들을 실행 오류라고 분류하자.

파이썬은 실행 오류가 발생했을 때 일반적으로 프로그램 실행을 중단시키고 어디서 오류가 발생했는지 알려준다.

예를 들어 사용자가 정수로 변환할 수 있는 문자열을 잘못 입력하는 경우를 살펴보자.

```
>>> n = int(input("정수를 입력하세요: "))
정수를 입력하세요: 23.5
Traceback (most recent call last):
  File "<stdin>", line 1, in <module>
ValueError: invalid literal for int() with base 10: '23.5'
```

파이썬 쉘에서 실행시켰을 때 line1에서 ValueError가 발생한다.

코드를 파일로 저장하고 실행시켜 본다.

[코드 10-2] exception1.py

```
print("오류 발생 확인 프로그램")
n = int(input("정수를 입력하세요: "))
print(f"사용자가 입력한 정수: {n}")
```

10 예외 처리

[실행 결과]

```
오류 발생 확인 프로그램
정수를 입력하세요: 23.5
Traceback (most recent call last):
File "exception1.py", line 2, in <module>
 n = int(input("정수를 입력하세요: "))
ValueError: invalid literal for int() with base 10: '23.5'
```

line 2에서 "ValueError"가 발생했고, int( ) 함수에 전달되는 인자가 적절치 못하다는 오류 메시지가 나타난다.

파이썬은 실행 오류가 발생하면 프로그램의 실행을 멈추고 몇 번 줄에서 어떤 오류가 발생했는지 알려준다.

"ValueError"는 적절하지 못한 값이 함수의 인자로 전달될 때 주로 발생한다. [코드 10-2]에서는 정수 형태로 된 문자열을 기대하는 int( ) 함수에 실수 형태의 값이 전달되었다.

오류 이름과 어떤 상황에서 특정 오류가 발생했는지 기억해야 한다. 그래야 나중에 비슷한 오류가 발생했을 때 문제를 쉽게 찾을 수 있다.

다음은 실행 오류가 발생하는 몇 가지 예이다.

- int( ) 명령에 실수 형태로 된 문자열을 전달
- 문자열에서 index( ) 함수를 사용하는데 찾는 문자열이 없을 때
- open( ) 함수를 이용해서 파일을 열 때 해당 파일이 없는 경우
- 리스트에 있는 요소의 개수보다 큰 범위의 요소들을 접근하려 하는 경우
- 파일을 읽다가 디스크가 손상되어 읽지 못하는 경우
- 파일을 쓰다가 디스크에 공간이 없는 경우
- 0으로 나누는 경우

오류 대응 코드의 필요성

그림 10-3 원자력 발전소 제어 오류

그림 10-4 인공위성 제어 오류

프로그램 실행 중 발생할 수 있는 오류를 모두 처리하는 것은 어렵지만, 프로그램 실행이 멈추는 것을 최소화시키는 것이 필요하다.

예를 들어 원자력 발전소나 우주에 있는 인공위성에서 동작하는 프로그램을 작성했는데, 생각하지 못했던 오류가 발생하고 대처하지 못하여 기기 동작이 멈춘다면 심각하지 않을 수 없다.

프로그램을 개발할 때 문제가 발생할 수 있는 부분을 생각하고 적절하게 오류에 대응하는 코드를 작성해서, 프로그램이 최대한 멈춤 없이 실행될 수 있도록 해주는 방어적 코딩이 필요하다.

10.2 예외 처리 구현

예외 처리

예외 처리(exception handling)란 오류가 발생했을 때 지정한 코드를 수행하도록 하여 처리하는 기능을 말한다.

예외(exception)는 프로그램을 실행하면서 발생할 수 있는 오류를 통칭해서 부르는 용어이다.

try … except 구문

기본적인 예외 처리 방법으로 try … except 구문을 이용한다.

```
try:
    오류를 발생시킬 수 있는 파이썬 코드
except [오류_종류 [as 오류_변수]]:
    오류가_발생했을_때_실행시킬_코드
[except [오류_종류 [as 오류_변수]]:
    또 다른_종류의_오류가_발생했을_때_실행시킬_코드
…  # 또 다른 except 구문
```

예외 처리 문법 설명에서 [ ]는 생략할 수 있다는 의미이다. [ ] 안에 있는 오류_종류, 오류_변수 등은 생략 가능하며, except 문도 최소 한 개만 있으면 된다.

try의 코드 블록에는 실행 중 오류를 발생시킬 수 있는 코드를 넣는다. except의 코드 블록에는 예외 상황이 발생할 때 실행될 코드를 넣는다.

[코드 10-2]에 예외 처리 기능을 넣는다.

[코드 10-2]는 사용자가 숫자를 입력하면 제대로 동작하지만, 그렇지 않은 경우 int( ) 함수를 이용해서 정수로 변환하는 과정에서 오류가 발생할 수 있다.

오류가 발생할 수 있는 코드를 try 코드 블록에 넣고, 예외가 발생하면 어떤 일을 할지 정해서 except 부분에 넣는다. 여기서는 문제가 발생하면, 단순히 입력 오류가 있었음을 알리는 코드를 실행한다. [코드 10-3]을 exception2.py로 저장하고 실행해 본다.

[코드 10-3] exception2.py

```
print("예외 처리 확인 프로그램")
try:
    s = input("정수를 입력하세요: ")
    n = int(s)                                              # (1)
    print(f"사용자가 입력한 정수: {n}")                      # (2)
except:
    print(f"정수로 변환할 수 없는 값을 입력했습니다. 입력값: {s}")   # (3)
print("프로그램 종료")                                      # (4)
```

[코드 10-3]을 실행시키고 정수 대신 실수형 문자열을 입력한다.

[실행 결과]

```
예외 처리 확인 프로그램
정수를 입력하세요: 23.5
정수로 변환할 수 없는 값을 입력했습니다. 입력값: 23.5
프로그램 종료
```

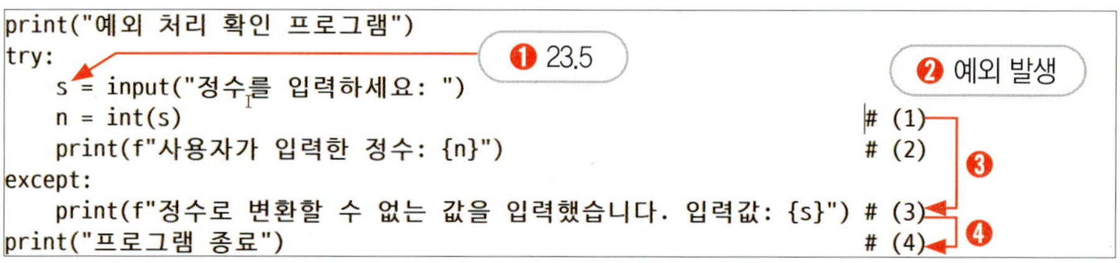

그림 10-5 예외 발생 시 코드 실행 순서

그림 10-5에서 보인 것처럼 사용자가 23.5를 입력하면 [코드 10-3]의 (1)에서 오류가 발생한다. 오류가 발생하면 (2)는 실행되지 않고 예외 처리 코드인 (3)이 실행된다. except 블록의 코드가 실행된 후에는 try…exception문이 종료되고, (4)에 있는 코드가 실행된다.

사용자가 제대로 정수를 입력할 때의 실행 결과도 살펴보자.

```
예외 처리 확인 프로그램
정수를 입력하세요: 23
사용자가 입력한 정수: 23
프로그램 종료
```

```
print("예외 처리 확인 프로그램")
try:                                     ❶ 23.5
    s = input("정수를 입력하세요: ")
    n = int(s)                                                 # (1)
    print(f"사용자가 입력한 정수: {n}")                            # (2)
except:                                                              ❷
    print(f"정수로 변환할 수 없는 값을 입력했습니다. 입력값: {s}") # (3)
print("프로그램 종료")                                           # (4)
```

그림 10-6 예외가 발행하지 않을 때 코드 실행 순서

정수가 입력되면 오류가 발생하지 않으므로 그림 10-6처럼 try 블록의 코드가 모두 실행된 후 try…except 구문 다음 코드가 실행된다.

여러 가지 오류가 발생하는 코드 살펴보기

한 가지 이상의 실행 오류에 대해서 대응하는 예외 처리 코드를 작성해 본다. [코드 10-4]는 세 개 요소를 가지는 리스트의 값 한 개를 다른 것으로 대체한다. 변경할 요소의 인덱스와 치환할 새로운 값은 사용자로부터 입력받는다.

[코드 10-4] exception3.py

```
lst = [1, 2, 3]
idx = int(input("변경할 요소의 위치(인덱스)를 입력하세요: "))
n = int(input("새로운 값을 입력하세요: "))
lst[idx] = n              # idx 위치의 요소 값을 n으로 변경
print(lst)
```

[코드 10-4]를 실행시켜 본다. 세 번 실행시키면서 오류 없이 실행되는 경우와 두 가지 다른 실행 오류가 발생하는 것을 확인한다.

실행 결과 1: 오류가 없는 경우

```
변경할 요소의 위치(인덱스)를 입력하세요: 1
새로운 값을 입력하세요: 10
[1, 10, 3]
```

두 번째 요소(인덱스: 1)의 값을 10으로 변경하여 문제없이 실행되는 것을 확인할 수 있다.

실행 결과 2: ValueError 발생

```
변경할 요소의 위치(인덱스)를 입력하세요: 1
새로운 값을 입력하세요: 10.0
Traceback (most recent call last):
File "exception3.py", line 3, in <module>
  n = int(input("새로운 값을 입력하세요: "))
ValueError: invalid literal for int() with base 10: '10.0'
```

정수 형태의 문자열을 예상하던 int( ) 함수에 실수 형태의 문자열인 "10.0"이 전달되어 ValueError가 발생한다.

실행 결과 3: IndexError 발생

```
변경할 요소의 위치(인덱스)를 입력하세요: 3
새로운 값을 입력하세요: 10
Traceback (most recent call last):
File "exception3.py", line 4, in <module>
 lst[idx] = n                # idx 위치의 요소 값을 n으로 변경
IndexError: list assignment index out of range
```

IndexError는 리스트나 튜플처럼 순서가 있는 자료구조의 요소에 인덱스를 이용해서 접근할 때 인덱스 값이 리스트나 튜플의 인덱스 범위를 넘치면 발생한다.

실행 결과 3에서 리스트의 인덱스 범위가 0~2인데, 인덱스 3에 10을 저장하겠다고 해서 IndexError가 발생한다.

여러 오류에 대응하는 예외 처리 코드 작성

여러 가지 오류가 발생할 수 있는 경우 예외 처리를 하는 방법 역시 다양해진다.

- 모든 오류에 대해서 한꺼번에 대응한다.
- 오류마다 각각 다르게 대응한다.
- 여러 가지 오류 중 일부만 대응하고, 나머지는 무시하거나 한꺼번에 대응한다.

[코드 10-4]에 예외 처리 코드를 붙이면서 다른 방법으로 대응해 본다.

모든 오류에 대해서 한꺼번에 대응

모든 오류를 한 곳에서 처리하려면, except를 오류 정보 없이 사용한다.

[코드 10-5] exception4.py

```
try:
    lst = [1, 2, 3]
    idx = int(input("변경할 요소의 위치(인덱스)를 입력하세요: "))
    n = int(input("새로운 값을 입력하세요: "))
    lst[idx] = n          # idx 위치의 요소 값을 n으로 변경
    print(lst)
except:                   # 모든 오류를 한 곳에서 대응
    print("오류 발생. 인덱스 범위를 벗어났거나 정수가 아닌 문자열을 입력했음")
```

두 번 실행시켜서 IndexError와 ValueError를 발생시켰다.

[실행 결과]

```
변경할 요소의 위치(인덱스)를 입력하세요: 3
새로운 값을 입력하세요: 10
오류 발생. 인덱스 범위를 벗어났거나 정수가 아닌 문자열을 입력했음
변경할 요소의 위치(인덱스)를 입력하세요: 1
새로운 값을 입력하세요: 10.0
오류 발생. 인덱스 범위를 벗어났거나 정수가 아닌 문자열을 입력했음
```

아무런 정보 없이 except만 사용하면, [코드 10-5]의 실행 결과에서 볼 수 있듯이, 모든 실행 오류가 발생할 때마다 except 블록에 있는 코드가 실행된다.

각 오류에 대해서 따로 대응

특정 오류에 대응하는 코드를 작성하려면 except에 처리할 오류 종류를 명시해야 한다. [코드

10-6]은 ValueError와 IndexError에 대해서 각각 다른 오류 메시지를 출력한다.

[코드 10-6] exception5.py

```
try:
    lst = [1, 2, 3]
    idx = int(input("변경할 요소의 위치(인덱스)를 입력하세요: "))
    n = int(input("새로운 값을 입력하세요: "))
    lst[idx] = n        # idx 위치의 요소 값을 n으로 변경
    print(lst)
except ValueError:      # ValueError에 대응
    print("오류 발생. 정수가 아닌 문자열을 입력했음")
except IndexError:      # IndexError에 대응
    print("오류 발생. 인덱스 범위를 벗어남")
```

두 번 실행시키며 각각 다른 오류를 발생시킨다.

[실행 결과]

```
변경할 요소의 위치(인덱스)를 입력하세요: 3
새로운 값을 입력하세요: 10
오류 발생. 인덱스 범위를 벗어남
변경할 요소의 위치(인덱스)를 입력하세요: 1
새로운 값을 입력하세요: 10.0
오류 발생. 정수가 아닌 문자열을 입력했음
```

```
try:
    lst = [1, 2, 3]
    idx = int(input("변경할 요소의 위치(인덱스)를 입력하세요: "))  # (1)
    n = int(input("새로운 값을 입력하세요: "))                    # (2)
    lst[idx] = n                  # idx 위치의 요소 값을 n으로 변경  # (3)
    print(lst)                                                   # (4)
except ValueError:   # ValueError에 대응
    print("오류 발생. 정수가 아닌 문자열을 입력했음")                # (5)
except IndexError:   # IndexError에 대응
    print("오류 발생. 인덱스 범위를 벗어남")                        # (6)
```

그림 10-7 각 오류에 다른 코드로 대응

그림 10-7에서 보인 것처럼 int( ) 함수에 잘못된 값이 전달되면 except ValueError 블록에 있는 코드가 실행되고, 리스트의 인덱스값이 잘못 사용되면 except IndexError 블록의 코드가 사용된다.

만약 다른 오류가 발생한다면, except 블록에서 처리되지 않기 때문에 실행 오류가 나타나고, 프로그램 실행이 종료된다.

● 일부 오류만 대응하고 나머지는 무시하거나 한꺼번에 처리

예외 처리 코드를 작성할 때 except는 최소 한 개만 있으면 된다. [코드 10-7]은 ValueError만 예외 처리하고, IndexError는 대응하지 않는다.

[코드 10-7] exception6.py

```
try:
    lst = [1, 2, 3]
    idx = int(input("변경할 요소의 위치(인덱스)를 입력하세요: "))
    n = int(input("새로운 값을 입력하세요: "))
    lst[idx] = n          # idx 위치의 요소 값을 n으로 변경
    print(lst)
except ValueError:        # ValueError에 대응
    print("오류 발생. 정수가 아닌 문자열을 입력했음")
```

[실행 결과]

```
변경할 요소의 위치(인덱스)를 입력하세요: 3
새로운 값을 입력하세요: 10
Traceback (most recent call last):
File "exception6.py", line 5, in <module>
 lst[idx] = n                # idx 위치의 요소 값을 n으로 변경
IndexError: list assignment index out of range
```

인덱스가 범위 밖으로 벗어날 때, 예외 처리가 안되어 있으므로 IndexError가 발생하면서 프로그램 실행이 멈춘다.

[코드 10-8]은 ValueError는 지정한 대로 예외 처리하고, 나머지 모든 오류에 대해서 한꺼번에 except 코드 블록에서 처리한다.

[코드 10-8] exception7.py

```
try:
    lst = [1, 2, 3]
    idx = int(input("변경할 요소의 위치(인덱스)를 입력하세요: "))     # (1)
```

```
    n = int(input("새로운 값을 입력하세요: "))                    # (2)
    lst[idx] = n                 # idx 위치의 요소 값을 n으로 변경    # (3)
    print(lst)
    print(p)                     # NameError 발생                   # (4)
except ValueError:               # ValueError에 대응
    print("오류 발생. 정수가 아닌 문자열을 입력했음")                 # (5)
except:                          # 나머지 모든 오류(IndexError, NameError)에 대응
    print("오류 발생")                                              # (6)
```

두 번 실행시켜서 첫 번째는 인덱스 번호를 범위 밖으로 부여한다. 두 번째는 인덱스와 값은 정상적으로 실행시키고 (4)에서 NameError를 발생시킨다.

파이썬에서는 값이 저장되지 않은 변수를 사용하면 NameError를 발생시킨다.

[실행 결과]

```
변경할 요소의 위치(인덱스)를 입력하세요: 3
새로운 값을 입력하세요: 10
오류 발생
변경할 요소의 위치(인덱스)를 입력하세요: 2
새로운 값을 입력하세요: 10
[1, 2, 10]
오류 발생
```



```
try:
    lst = [1, 2, 3]
    idx = int(input("변경할 요소의 위치(인덱스)를 입력하세요: ")) # (1)
    n = int(input("새로운 값을 입력하세요: "))                   # (2)
    lst[idx] = n             # idx 위치의 요소 값을 n으로 변경   # (3)
    print(lst)
    print(p)                 # NameError 발생                   # (4)
except ValueError:   # ValueError에 대응
    print("오류 발생. 정수가 아닌 문자열을 입력했음")              # (5)
except:              # 나머지 모든 오류(IndexError, NameError)에 대응
    print("오류 발생")                                           # (6)
```

그림 10-8 ValueError는 직접 대응, 나머지 오류는 일괄 대응

그림 10-8에서 보인 것처럼 오류 정보가 명시된 것과 명시되지 않은 except 블록이 있을 때 지정된 오류가 발생하면 명시된 블록에서, 아니면 오류가 명시되지 않은 except 블록의 코드가 실행된다. 특정 오류만 처리하되, 나머지 오류에 대해서도 최소한의 오류 처리를 하고 싶을 때 사용된다.

오류의 예

표 10-1은 파이썬 프로그램이 실행 중에 발생할 수 있는 일부 오류를 보인다. 표 10-1에서 보인 오류 외에도 다양한 것들이 있다. 여기서는 표 10-1에 있는 오류들만 간략하게 살펴본다. 이 밖에도 더 많은 오류가 있으므로, 새로운 오류를 보면 파이썬의 매뉴얼을 찾아보도록 한다.

표 10-1 오류의 종류

오류 종류	설명
ValueError	함수에서 예상하던 자료형과 다른 자료형의 값을 인자로 전달할 때 발생
IndexError	리스트나 튜플 같이 순서가 있는 자료구조에서 인덱스의 범위를 넘어설 때 발생
NameError	값이 저장되지 않은 변수(생성되지 않은)가 사용될 때 발생
UnicodeDecodeError	파일을 읽을 때 파일이 저장된 인코딩 방식과 파일을 읽을 때 지정된 인코딩 방식이 다를 때 발생
TypeError	허용되지 않은 자료형을 사용할 때 발생
FileNotFoundError	open( ) 함수를 사용할 때 주어진 파일이 없으면 발생
ZeroDivisionError	0으로 나눌 때 발생

표 10-1의 ValueError, IndexError, NameError는 이미 경험하였고, UnicodeDecodeError, TypeError, FileNotFoundError와 ZeroDivisonError가 발생하는 경우만 살펴본다.

● UnicodeDecodeError

파일 인코딩 방식이 다른 형태로 저장되어 있는 파일의 데이터를 읽을 때 오류가 발생한다.

예를 들어 data.utf8.txt 파일이 utf-8 방식으로 한글 문자열을 텍스트 파일로 저장한 것이라고 가정한다.

이 파일을 cp949 형식으로 열고 읽으면 UnicodeDecodeError가 발생한다.

```
>>> f = open("data.utf8.txt")
>>> f.read()
Traceback (most recent call last):
  File "<stdin>", line 1, in <module>
UnicodeDecodeError: 'cp949' codec can't decode byte 0xed in position 0: illegal
multibyte sequence
```

UnicodeDecodeError는 파일을 연 후 데이터를 읽을 때 발생하니 그 시점에 유의한다.

반대로 cp949 형식으로 저장된 텍스트 파일을 utf-8 형식으로 읽거나 쓰려고 하면 마찬가지로 UnicodeDecodeError가 발생한다.

● TypeError

코드를 실행시키면서 자료형에 부적합한 일을 하려고 할 때 오류가 발생한다. 예를 들어 문자열과 정수를 더할 때 TypeError가 발생한다.

```
>>> print("문자열" + 3)
Traceback (most recent call last):
  File "<stdin>", line 1, in <module>
TypeError: can only concatenate str (not "int") to str
```

● FileNotFoundError

파일 작업을 할 때 파일이 없으면 발생한다.

"C:₩temp" 디렉토리에 "noname.txt" 파일이 없다고 가정한다.

[코드 10-9] exception8.py

```
filename = "C:\\temp\\noname.txt"
f = open(filename)
f.close()
```

[실행 결과]

```
Traceback (most recent call last):
File "exception8.py", line 2, in <module>
 f = open(filename)
FileNotFoundError: [Errno 2] No such file or directory: 'C:\\temp\\noname.txt'
```

● ZeroDivisionError

0으로 나눌 때 발생하는 오류이다.

[코드 10-10] exception9.py

```
val = 0
print(3 / val)
```

[실행 결과]

```
Traceback (most recent call last):
File "exception9.py", line 2, in <module>
 print(3 / val)
ZeroDivisionError: division by zero
```

sys.exit( )을 이용해서 프로그램 종료하기

파이썬의 sys.exit() 함수는 현재 실행되고 있는 프로그램을 강제로 종료시킨다.

exit() 함수는 예외 처리와 직접적인 관련은 없지만, 예외 처리 대응 과정에서 사용될 수 있다(예외 처리 과정이 아니어도 사용할 수 있다).

사용법부터 살펴본다.

```
import sys
sys.exit()
```

sys 모듈을 임포트하고 sys.exit() 함수를 호출하면 된다.

exit() 함수에는 정수 한 개를 인자로 전달할 수 있는데, 이 값은 종료 코드로 사용된다.

운영체제 중에는 프로그램이 종료할 때 종료 코드를 이용해서 프로그램이 정상적으로 종료했는지 아니면 오류로 인해서 실행 중에 종료했는지 확인하기도 한다. 종료 코드의 사용은 운영체제마다 달라질 수 있어 자세한 내용은 운영체제들을 확인해야 한다.

[코드 10-11]은 FileNotFoundError가 발생했을 때 프로그램을 종료시킨다.

[코드 10-11] exit1.py

```
import sys

filename = "C:\\temp\\noname.txt"
try:
    f = open(filename)
    print(f.read())
    f.close()
except FileNotFoundError:
    print(f"{filename}이 없습니다. 프로그램을 종료합니다.")
    sys.exit()
```

[실행 결과]

```
C:\temp\noname.txt이 없습니다. 프로그램을 종료합니다.
```

exit() 함수는 정수 외에도 문자열을 인자로 받을 수 있다. 종료할 때 인자로 전달된 문자열을 출력한다.

[코드 10-12]는 프로그램이 실행되면 문자열 한 개를 출력하고 exit() 함수를 호출한다. exit() 함수에 전달된 문자열이 출력되는 것을 확인한다.

[코드 10-12] exit3.py

```
import sys

print("실행 중")
sys.exit("종료")
print("끝")      # (1)
```

sys.exit() 함수가 프로그램을 중간에 종료시키기 때문에 [코드 10-12]의 (1) 코드는 실행되지 않는다.

[실행 결과]

```
실행 중
종료
```

PYTHON

10.2 실습문제 1

| 문제 |

사용자로부터 파일 이름을 입력받고 내용을 화면에 출력하는 프로그램을 작성한다.

| 요구사항 |

- 사용자가 입력한 파일이 존재하지 않으면 한 번 더 입력할 수 있도록 한다.
- 두 번째 입력한 파일은 있다고 가정한다.
- 파일이 없는지 확인하는 것은 예외 처리를 사용한다.

| 문제 해결 |

파일 이름을 입력받아 열면서 없으면 다시 한 번 입력받는다. 알고리즘은 다음과 같다.

```
파일 이름 입력받기
파일 열기
파일이 없으면
    파일이 없음을 알리고 다시 파일 이름 입력받기
    파일 열기
파일 닫기
```

파일의 존재 여부를 확인하는 것은 os.path의 isfile( ) 함수를 이용할 수 있다. isfile( ) 함수는 파일 이름을 인자로 받고 파일이 있으면 True, 없으면 False를 반환한다.

[코드 10-13]은 "C:₩temp₩noname.txt"가 있는지 확인하고 True 또는 False를 출력한다.

[코드 10-13] *fileexists.py*

```
import os.path
filename = "C:\\temp\\noname.txt"
print(os.path.isfile(filename))
```

[실행 결과]

```
False
```

"C:₩Temp₩noname.txt"가 없으므로 False가 출력되었다.

하지만 예외 처리를 이용하라고 했으므로, 파일을 열었다가 FileNotFoundError 오류가 발생하면, 다시 파일 이름을 입력받고 파일을 연다.

```
>>> filename = input("파일 이름을 입력하세요: ")
>>> try:
...     f = open(filename)
... except FileNotFoundError:
...     filename = input("파일이 없습니다. 다시 파일 이름을 입력하세요: ")
...     f = open(filename)
...
파일이 없습니다. 다시 파일 이름을 입력하세요: c:\temp\data.txt
```

두 번째 입력된 파일은 존재하므로, 파일은 당연히 열리고 그 내용을 읽어서 화면에 출력한다.

```
>>> for line in f:
...     print(line.strip())
...
Lorem ipsum dolor sit amet, consectetuer adipiscing elit.
Maecenas porttitor congue massa.
Fusce posuere, magna sed pulvinar ultricies, purus lectus malesuada libero, sit amet
commodo magna eros quis urna.
Nunc viverra imperdiet enim.
>>> f.close()
```

| 최종 코드 |

[코드 10-14] prac10_01.py

```
filename = input("파일 이름을 입력하세요: ")
try:
    f = open(filename)
except FileNotFoundError:
    filename = input("파일이 없습니다. 다시 파일 이름을 입력하세요: ")
    f = open(filename)

for line in f:
    print(line.strip())
f.close()
```

| 실행 결과 |

```
파일 이름을 입력하세요: c:\temp\noname.txt
파일이 없습니다. 다시 파일 이름을 입력하세요: c:\temp\data.txt
Lorem ipsum dolor sit amet, consectetuer adipiscing elit.
Maecenas porttitor congue massa.
Fusce posuere, magna sed pulvinar ultricies, purus lectus malesuada > libero, sit
amet commodo magna eros quis urna.
Nunc viverra imperdiet enim.
```

10.2 실습문제 2

PYTHON

| 문제 |

사용자가 입력한 파일 이름을 가지고 파일의 내용을 화면에 출력하는 프로그램을 작성한다. 파일은 cp949 또는 utf-8 인코딩 방식으로 저장되어 있지만, 명확하게 어떤 방식으로 저장되었는지 알 수 없다.

| 요구사항 |

- 파일이 어떤 인코딩 방식으로 저장되었는지 모른다고 가정한다.
- 예외 처리를 이용해서 인코딩 방식을 찾아낸다.

| 문제 해결 |

파일을 열고 데이터를 읽어본 후에 UnicodeDecodeError가 발생하면 인코딩이 잘못되었다는 것이다. 그럼 다시 다른 인코딩 방법으로 파일을 열고 데이터를 읽어야 한다 .

파일 이름은 "data.utf8.txt"라고 가정하고, 파일의 데이터를 한꺼번에 읽어내는 read( ) 함수를 사용한다.

```
>>> try:
...     f = open("data.utf8.txt", encoding = "cp949")
...     s = f.read()
... except UnicodeDecodeError:
...     f = open("data.utf8.txt", encoding = "utf-8")
...     s = f.read()
...
>>> f.close()
```

"cp949" 또는 "utf-8" 인코딩 방법으로만 저장되므로, 처음에 "cp949" 인코딩 방법으로 열어서 데이터를 읽어보고 오류가 발생하면 다시 "utf-8" 방식으로 열고 읽었다.

s에 data.utf8.txt의 내용이 저장되어 있으므로 화면에 출력한다. read() 함수를 이용해서

파일 내부의 모든 데이터를 한 변수에 저장했으므로 s만 출력한다.

```
>>> print(s)
파이썬 실습 문제 10-2
테스트 파일입니다.
utf-8 인코딩 방식으로 저장되어 있습니다.
```

| 최종 코드 |

파일 이름을 사용자로부터 입력받아서 사용한다.

[코드 10-15] prac10_02.py

```
filename = input("파일 이름 입력: ")
try:
    f = open(filename, encoding = "cp949")
    s = f.read()
except UnicodeDecodeError:
    f = open(filename, encoding = "utf-8")
    s = f.read()
f.close()
# s에는 파일의 내용이 있음
print(s)
```

| 실행 결과 |

```
파일 이름 입력:data.utf8.txt
파이썬 실습 문제 10-2
테스트 파일입니다.
utf-8 인코딩 방식으로 저장되어 있습니다.
```

10.3

PYTHON

예외 처리로 pass문 사용

pass문

except 코드 블록에 예외 처리 코드를 작성하는 대신 pass문을 사용하는 경우도 있다. 이 때 실행 오류가 발생하면, 그 오류를 처리하지 않고 프로그램 실행을 지속시키기 위해 사용한다.

다음 코드는 0으로 나누어서 "ZeroDivisionError"가 발생함에도 불구하고 계속 실행시키는 프로그램을 보인다.

[코드 10-16] exception10.py

```
try:
    print(3 / 0)  # 오류 발생
except ZeroDivisionError:
    pass           # 예외 처리로 아무것도 안함
print("오류가 발생함에도 여기까지 출력됨")
```

[실행 결과]

```
오류가 발생함에도 여기까지 출력됨
```

10.4 연습문제

01 오류로 분류하지 않는 항목을 고르시오.

(1) 문법 오류 (2) 논리 오류 (3) 컴파일 오류 (4) 실행 오류

02 리스트를 [1, 2)이라고 코딩하면, 발생하는 오류의 종류를 적으시오.

03 1부터 10까지 한 줄에 정수 한 개씩 출력하는 코드이다. 코드를 실행시켜보고, 오류가 있다면 어떤 종류인지 설명한다. 오류가 있다면 왜 실행 중간에 프로그램이 멈추지 않는지 설명하고, 오류를 해결하는 코드를 작성해 본다.

```
for i in range(1,10):
    print(i)
```

04 다음 코드에 문자를 입력하면 오류가 발생하는가? 그 종류는 무엇이고, 이런 오류가 발생하면 어떻게 해결할지 설명하시오.

```
n = int(input("정수를 입력하세요: "))
```

05 다음 오류의 종류를 구분하시오.

(1) 원 둘레를 계산하는 공식의 오류
(2) 삭제된 파일을 읽는 오류
(3) 0으로 나누는 오류
(4) 곱하기 부호를 'X'로 쓴 오류
(5) 리스트의 요소 개수보다 큰 범위를 접근하려는 오류
(6) 파일을 쓰다가 디스크 공간이 없는 오류

06 사용자로부터 입력을 받는 경우에는 오류가 발생하기 쉽다. try except 구문으로 예외 처리 코드를 작성하시오.

사용자입력:

```
s = input("정수를 입력하세요: ")
n = int(s)
```

예외가 발생할 경우에는 "숫자를 입력하지 않았어요"라고 출력한다.

07 위 try except 구문 대신 아래 코드를 사용하면 어떤지 설명하시오.

```
if not n.isdigit():
    print("숫자를 입력하지 않았어요")
```

08 다음 오류의 명칭을 적으시오.

(1) 함수에서 예상하던 자료형과 다른 자료형의 값을 인자로 전달할 때 발생하는 오류
(2) 리스트나 튜플 같이 순서가 있는 자료구조에서 인덱스의 범위를 넘어설 때 발생하는 오류
(3) 허용되지 않은 자료형을 사용할 때 발생하는 오류
(4) 0으로 나눌 때 발생하는 오류

09 현재 실행되고 있는 프로그램을 강제로 종료할 경우 그냥 전원을 끄는 것은 좋지 않다. 프로그램상에서 종료하는 코드를 작성하시오.

10 다음 요구사항을 코드로 작성하시오.

- 실습 문제 1에서 입력한 파일 이름이 있는지 확인하고 있고, os.path.isfile( ) 함수가 유용하다.
- 파일이 없다면 파일 이름을 다시 입력받고 파일의 내용을 화면에 출력한다.
- 재입력한 파일도 없다면 sys.exit( ) 함수를 이용해서 프로그램을 종료시킨다.
- 재입력한 파일이 없다는 오류는 FileNotFoundError를 확인한다.

11 텍스트 파일을 읽고 데이터를 읽을 때 인코딩 방식이 잘못되어 있으면 오류가 발생한다.

텍스트 파일이 utf-8 또는 cp949 형식 중 한 가지로 저장되어 있다고 가정한다.

파이썬에서 텍스트 파일을 열고 데이터를 읽을 때(시스템의 기본 인코딩 방식을 이용해서 읽을 때: 윈도우 cp949, 리눅스/맥 utf-8) UnicodeDecodeError가 발생하면, 예외 처리를 통해 다른 부호화 방식으로 파일을 열고 데이터를 읽어서 화면에 출력하는 프로그램을 작성하시오.

12 사용자가 입력한 텍스트 파일을 읽고 화면에 출력하는 프로그램을 작성하되, 파일이 없는 경우에 "파일이 존재하지 않습니다"를 출력하고 종료하시오.

1 1 장

자료구조II (딕셔너리, 집합)

학 습 목 표

- 파이썬의 자료구조인 딕셔너리에 대해서 학습한다.
- 집합 자료구조에 대해서 이해하고 사용법을 익힌다.

PYTHON

11.1 딕셔너리

연관되는 데이터와 딕셔너리

프로그램을 작성하다 보면 연관된 여러 개 데이터를 저장하고 사용하는 경우가 있다.

수강 과목별 성적을 기록한다거나(과목–성적), 시도별 인구를 관리하는(이름–인구) 사례를 생각해 보자.

이러한 성격의 데이터를 리스트를 통해 다루려면 가능하지만 복잡하다. 한 가지 방법은 리스트를 두 개 만들고 연관된 데이터의 인덱스를 서로 일치시키는 것이다.

```
>>> subjects = ["국어", "수학", "화학", "영어"]
>>> scores = [90, 80, 95, 100]
>>>
>>> for i in range(len(subjects)):
...     print(f"{subjects[i]}: {scores[i]}")
...
국어: 90
수학: 80
화학: 95
영어: 100
```

subjects와 scores는 과목 이름과 점수를 포함하는 리스트들이다. 서로의 인덱스를 동일하게 설정해서 과목과 점수를 연동시켰다.

두 개 리스트가 따로 존재하기 때문에 추가와 삭제가 빈번하게 일어나는 경우라면, 꼼꼼하게 관리하는 것이 어렵다. 특히 수강생별로 성적을 저장한다고 가정하면, 한 명당 리스트가 두 개씩 생기기 때문에 관리가 더 복잡해진다.

두 번째 방법은 과목과 점수를 리스트 등으로 묶고, 리트스틀 요소로 삼는 또 다른 리스트를 사용하는 것이다.

```
>>> score = [["국어", 90], ["수학", 80], ["화학", 95], ["영어", 100]]
```

리스트는 여러 개 데이터를 한 곳에 저장하고 관리하기 쉬운 자료구조이지만, 모든 경우에 쉽게 적용할 수 있는 것은 아니다. 앞에서 보인 것처럼 연관된 데이터들을 한 쌍씩 묶어서 쓰기에는 불편하다.

파이썬의 딕셔너리(dictionary)는 키(key)와 값(value)으로 구성된 한 쌍의 데이터를 담을 수 있는 자료구조이다. 표 11-1에 보인 것처럼 두 개 열(column)을 가진 표를 생각하면 된다.

표 11-1 딕셔너리를 표로 표현한 것

키	값
키1	값1
키2	값2

과목	성적
수학	90
화학	85

City	Population
Danville	70050
Urbana	45000

딕셔너리는 파이썬뿐만 아니라 다른 프로그래밍 언어에서도 언어의 일부로 혹은 라이브러리 형태로 제공되는 경우가 많다. 언어에 따라 맵(map) 또는 해시(hash)라고 부르기도 한다.

딕셔너리의 특징에 대해서 살펴보자.

- 키와 값으로 구성된 한 쌍의 데이터들을 포함한다
- 키를 이용해서 값을 저장하거나 사용할 수 있다.
- 키는 하나만 존재해야 한다. 값은 중복될 수 있다.
- 키는 수정 불가능(immutable)한 자료형만 사용할 수 있다.
- 값은 변경할 수 있다.

딕셔너리는 사전이다. 사전은 단어와 뜻으로 구성되고, 단어를 검색해서 뜻을 확인한다.

딕셔너리는 키와 값으로 묶인다. 딕셔너리를 사용할 때 키를 이용해서 검색한 후 값을 확인하거나 수정한다.

딕셔너리의 키는 수정할 수 없는 자료형이면 어떤 것을 사용해도 좋다. 요소별 키가 다른 자료형이어도 된다. 첫 번째 요소의 키는 문자열이고 그 다음 요소의 키는 정수일 수 있다.

딕셔너리는 키를 이용해서 자료를 검색한다. 따라서 딕셔너리에는 동일한 키가 두 개 이상 존재할 수 없다. 학번, 주민번호, 국가 이름 등 중복되지 않은 값들만 사용할 수 있다.

키는 수정 불가능한 자료형만 사용할 수 있다. 키 값을 변경할 수 있다면 수정되면서 다른 키와 중복될 수 있다. 그래서 딕셔너리의 키는 변경 불가능한 자료형(문자열, 숫자, 불린값, 튜플 등)의 값만 될 수 있다.

딕셔너리의 값은 파이썬의 어떤 자료형이라도 사용할 수 있다. 리스트나 딕셔너리 같은 자료구조도 값으로 넣을 수 있다.

딕셔너리의 키와 값은 다른 자료형일 수 있다. 또한 딕셔너리의 값은 요소마다 다를 수 있다. 요소 1의 값은 문자열, 요소 2의 값은 리스트일 수 있다.

사용법에서 다루겠지만, 딕셔너리의 키를 이용해서 값을 저장하거나 수정할 수 있다.

자세한 내용은 사용법에서 살펴본다.

딕셔너리 표현 및 사용법

딕셔너리 표현 방법

파이썬 코드에서 딕셔너리는 요소들을 중괄호('{', '}')안에 콤마로 분리해서 표현한다. 각 요소들은 키와 값을 콜론(':')으로 분리해서 나타낸다. 다음은 코드로 딕셔너리를 표현하는 방법이다.

```
{ 키1:값1, 키2:값2 }
```

딕셔너리 생성 및 요소 추가

딕셔너리를 생성하는 방법은 다음과 같다.

- 빈 딕셔너리 생성 후 요소 추가
- 요소를 명시해서 딕셔너리 생성

빈 딕셔너리 생성

빈 딕셔너리를 생성하는 방법을 살펴보자.

첫 번째는 빈 중괄호를 쓰는 것이다.

```
>>> emptyDictionary = {} # 빈 딕셔너리 생성
>>> print(emptyDictionary)
{}
```

두 번째 방법은 dict() 명령을 호출한다. 기억하자. 리스트, 집합 모두 이런 방식으로 생성하고 있다.

```
>>> emptyDictionary = dict()
>>> print(emptyDictionary)
{}
```

요소를 명시해서 딕셔너리 생성

중괄호 안에 키:값 형태로 요소를 명시해서 딕셔너리를 생성한다.

```
>>> d1 = { 2:3, "hello":"world", "수학":90 } # 요소를 명시해서 생성
>>> lectureList = { "파이썬프로그래밍1":["화5", "목34"], "파이썬프로그래밍2":["화6", "목56"]}
```

요소를 명시해서 딕셔너리를 생성할 때 중복되는 키 값이 존재하면, 나중에 지정된 키와 값이 저장된다.

```
d = { "name" : "홍길동", "age" : 20, "취미" : ["영화 감상", "게임", "독서"],
      "name" : "김길동" }
```

키 "name"이 두 번 명시되었다. "name"과 연동되는 값은 두 번째 지정된 "김길동"이다.

```
>>> print(d["name"])
김길동
```

딕셔너리에 키를 이용해서 값을 저장하면 새로운 요소를 추가하거나 기존 요소를 수정할 수 있다. 키가 기존에 없었다면, 키와 값이 딕셔너리에 추가된다. 기존에 있던 키가 사용된다면, 새로 지정된 값으로 수정된다.

```
딕셔너리_이름[키]        # 값에 접근하는 표현식
딕셔너리_이름[키] = 값   # 값을 새로 저장하거나 기존 값을 변경
```

사용 예를 본다.

```
>>> emptyDictionary[2] = 3      # emptyDictionary에 2:3을 요소로 추가
>>> print(emptyDictionary)
{2:3}
>>> emptyDictionary["lectures"] = ["수학", "영어"] # 리스트를 값으로 추가
>>> print(emptyDictionary)
{2: 3, 'lectures': ['수학', '영어']}
>>> d1["hello"] = "everyone"    # d1의 "hello":"world"의 값을 변경
>>> print(d1)
{2: 3, 'hello': 'everyone', '수학': 90}
>>> d1["수학"] = "영어"          # 기존 요소 값을 변경
>>> print(d1)
{2: 3, 'hello': 'everyone', '수학': '영어'}
>>> boolean = {False:0}         # 불린값을 키로 사용
>>> boolean[True] = 1
>>> print(boolean)
{False: 0, True: 1}
>>> d2 = {(1, 2): "튜플"}        # 튜플을 키로 사용
>>> print(d2)
```

● **여러 개 값을 한꺼번에 추가 또는 수정**

딕셔너리의 update() 함수를 사용하면 여러 요소를 한꺼번에 수정할 수 있다. update() 함수에 추가 또는 변경할 요소들을 딕셔너리 형태로 전달한다.

딕셔너리를 생성하고, 값을 변경해 본다.

```
>>> d = { 1 : 2, False : 20, (1, 2) : "튜플" }
>>> d.update({1:3, False:"불린값", (1,2):[1,2], "key":"value" })
```

update() 함수에 인자로 전달되는 것은 딕셔너리이다. 인자로 전달된 딕셔너리에 같은 키가 있으면 전달된 새로운 값으로 변경하고, 동일한 키가 없으면 기존 딕셔너리에 키와 값을 추가한다.

전달된 딕셔너리에서 키 1, False, (1, 2)는 이미 키가 있으므로, 새로운 값들로 치환한다.

"key"는 기존 딕셔너리에 없던 새로운 키이므로, 요소를 추가한다. 변경된 값들을 출력해서 확인해 본다.

```
>>> print(d[1])
3
>>> print(d[False])
불린값
>>> print(d[(1,2)])
[1, 2]
>>> print(d["key"])
value
```

요소 접근 및 사용

딕셔너리의 요소의 값을 사용하기 위해 접근하는 방법으로는 [] 또는 get() 함수를 사용한다.

```
딕셔너리_이름[키]
딕셔너리_이름.get(키)
```

사용 예를 본다.

```
>>> print(emptyDictionary[2])
3
>>> print(emptyDictionary.get(2))
3
>>> print(emptyDictionary["lectures"])
['수학', '영어']
>>> print(emptyDictionary.get("lectures"))
['수학', '영어']
>>> print(boolean[False])      # 또는 boolean.get(False)를 사용
0
>>> print(d2[(1, 2)])
튜플
>>> print(d2.get((1, 2)))
튜플
```

딕셔너리에 존재하지 않는 키를 이용해서 요소에 접근하면 어떤 방법을 사용하느냐에 따라 다른 결과가 나타난다.

- 딕셔너리[키]로 접근하면 "KeyError" 실행 오류가 발생한다.
- 딕셔너리.get(키)로 접근하면 None이 반환된다.

[키]로 딕셔너리에 없는 요소를 확인해 본다.

```
>>> print(d2)
{(1, 2): '튜플'}
>>> print(d2[3])        # 없는 키 3으로 확인. 오류 발생
Traceback (most recent call last):
  File "<stdin>", line 1, in <module>
KeyError: 3
```

get()으로 확인해 본다.

```
>>> print(d2.get(3))        # 없는 키 3으로 확인. None 반환
None
```

키가 딕셔너리에 있는지 확인

딕셔너리에 없는 키를 확인하면 방법에 따라 None을 반환하거나 최악의 경우에는 실행 오류로 프로그램 실행이 중단된다. 키를 이용해서 값을 받아오기 전에 딕셔너리에 키가 있는지 확인하고 싶을 수 있다. 이럴 때 in 명령을 사용한다.

```
키 in 딕셔너리   # True 또는 False를 반환
```

d2에 3이 있는지 먼저 확인하고 있으면 값을 화면에 출력하는 코드를 작성한다.

```
>>> if 3 in d2:
...     print(d2[3])
... else:
...     print("3이 키가 아닙니다")
...
3이 키가 아닙니다
```

• 요소 개수 확인

딕셔너리에 있는 요소의 개수를 확인하려면 len() 함수를 사용하면 된다.

딕셔너리의 내용부터 확인하고 요소 개수를 출력한다.

```
>>> d2
{(1, 2): '튜플'}
>>> d1
{2: 3, 'hello': 'everyone', '수학': '영어'}
>>> emptyDictionary
{2: 3, 'lectures': ['수학', '영어']}
>>> print(len(d2))
1
>>> print(len(d1))
3
>>> print(len(emptyDictionary))
2
>>> len({})    # 빈 딕셔너리는 0개
0
```

• 요소 삭제

딕셔너리의 요소를 삭제하려면 del() 명령에 인자로 삭제할 딕셔너리와 키를 전달한다.

```
>>> del(d[1]) # 키가 1인 요소 삭제
>>> print(d)
{False: '불린 값', (1, 2): [1, 2], 'key': 'value'}
>>> del(d[False])
>>> print(d)
{(1, 2): [1, 2], 'key': 'value'}
```

• 요소 전체를 삭제

요소 전체를 한꺼번에 삭제하려면 딕셔너리에 포함된 clear() 함수를 사용한다. clear() 함수는 빈 딕셔너리로 만든다.

```
>>> d = { 1 : 2, False : 20, (1, 2) : "튜플" }
>>> d.clear()
>>> print(d)
{}
```


for문과 딕셔너리 사용

딕셔너리는 순서가 정해져 있는 자료구조는 아니지만, for 반복자와 함께 사용할 수 있다.

for문과 딕셔너리를 사용하면 딕셔너리 요소의 키 값을 순차적으로 변수에 저장한다. 단 순서는 정해진 것이 없으므로, 특정 순서를 예상해서는 안 된다.

```
for 변수 in 딕셔너리_이름:
    코드_블록
```

딕셔너리를 만들고 for 반복자를 이용해서 요소값들을 화면에 출력해 본다.

```
>>> d = { 1:2, False:20, (1,2):"튜플" }
>>> for key in d:
...     print(f"{key}:{d[key]}")
...
1:2
False:20
(1, 2):튜플
```

딕셔너리.keys( ) 명령은 딕셔너리의 키들을 반환한다. keys( ) 명령의 결과값과 반복자를 사용하면 딕셔너리에 있는 각 키 값에 접근할 수 있다.

```
>>> for key in d.keys():
...     print(f"{key}:{d[key]}")
...
1:2
False:20
(1, 2):튜플
```

딕셔너리의 values() 함수를 사용하면 딕셔너리에 있는 모든 값들을 뽑을 수 있다. 역시 반복자와 함께 사용하면 모든 값들을 확인할 수 있다.

이 경우에는 값만 확인할 뿐, 어떤 키와 그 값이 연결되어 있는지 알 수 없다. 중복된 값이 있으면 두 번 이상 같은 값이 변수에 저장될 수 있다.

```
>>> d = { 1:2, False:20, (1,2):"튜플", "문자열":2 }   # 값 2가 중복됨
>>> for value in d.values():
...     print(value)
...
2
20
튜플
2
```

키와 값을 동시에 반복자로 접근하고 싶다면 딕셔너리의 items() 함수를 사용한다. items() 함수는 (키, 값)으로 묶인 튜플을 반환하고 이들은 key, value 변수에 저장된다.

```
>>> d = { 1:2, False:20, (1,2):"튜플", "문자열":2 }
>>> for key, value in d.items():
...     print(f"{key}:{value}")
...
1:2
False:20
(1, 2):튜플
문자열:2
```

11.1 PYTHON

실습문제 1

| 문제 |

다음 코드에서 보인 문자열 sentences에서 각 알파벳 문자들의 빈도수를 구하는 프로그램을 작성한다.

```
sentences = """Lorem ipsum dolor sit amet, consectetuer adipiscing elit.
Maecenas porttitor congue massa.
Fusce posuere, magna sed pulvinar ultricies, purus lectus malesuada libero, sit amet
commodo magna eros quis urna.
Nunc viverra imperdiet enim.
"""
```

| 요구사항 |

- 공백 문자, 탭문자, 줄바꿈 문자, 마침표나 따옴표, 콤마 같은 특수 문자의 개수도 각각 센다.
- 대문자와 소문자를 구별하지 않고 글자 수를 센다.
- 글자:개수 형태로 화면에 출력한다
  - 영문 알파벳은 소문자로 출력한다.
  - 화면에 출력할 수 없는 공백 문자, 탭문자, 줄바꿈 문자는 글자를 대신해서 SPACE, TAB, NEWLINE으로 출력한다(예: NEWLINE:3).

| 문제 해결 |

문자열에 있는 문자들을 딕셔너리의 키로 사용하고, 키에 해당되는 문자가 문자열에 나타난 횟수를 값으로 하는 딕셔너리를 구성한 후 각 키와 횟수를 화면에 출력한다.

알고리즘은 다음과 같다.

```
문자와 문자가 나타난 개수를 쌍으로 저장하는 딕셔너리 d를 한 개 생성한다.
반복:
    문자열의 문자를 한 개씩 변수 s에 저장한다.
    변수 s에 있는 문자가 d에 키로 존재하는지 확인
    존재하면:        # 이미 발견되었던 문자
        d[s] += 1
    존재하지 않으면: # 처음 발견된 문자
        d[s] = 1
딕셔너리 d를 포맷에 맞게 출력
```

빈 딕셔너리를 한 개 생성한다. 여기에 문자:개수 형태로 내용을 채울 것이다.

```
>>> d = {}
```

문자열의 글자 한 개씩 처리하는 것은 반복자를 이용하면 된다.

문자를 한 개씩 화면에 출력해 본다. 대문자와 소문자를 구별하지 않겠다고 했으므로, 전체 문자열을 모두 소문자로 바꾼 후에 반복자를 적용시킨다.

```
>>> lowerSentences = sentences.lower()
>>> for s in lowerSentences:
...     print(s, end="")
...
lorem ipsum dolor sit amet, consectetuer adipiscing elit.
maecenas porttitor congue massa.
fusce posuere, magna sed pulvinar ultricies, purus lectus malesuada libero, sit amet
commodo magna eros quis urna.
nunc viverra imperdiet enim.
```

for 반복자에서 변수 s에는 문자열의 각 글자들이 저장된다.

s가 lowerSentences[0]라고 가정하고, s가 딕셔너리에 키로 이미 존재하면 개수를 1 증가시키고, 아니면 개수를 1로 초기화 시키는 코드를 작성해 본다.

```
>>> s = lowerSentences[0]
>>> if s in d:
```

```
...     d[s] += 1
... else:
...     d[s] = 1
...
>>> print(d[s])
1
```

if문을 한 번 더 실행시켜 1만큼 증가되는지 확인

```
>>> if s in d:
...     d[s] += 1
... else:
...     d[s] = 1
...
>>> print(d[s])
2
```

이미 문자가 있으면 1 증가됨을 확인했으므로, for 반복자에 조건문을 넣는다. 단 그 전에 d[s]를 다시 0으로 초기화하거나 d에 새로운 딕셔너리를 생성해서 저장한다. 조건문을 검사하면서 lowerSentences의 첫 번째 글자에 대해 2라고 횟수를 증가시킨 것을 다시 초기화시켜야 한다.

```
>>> d[s] = 0 # 또는 d = dict( )
>>> for s in lowerSentences:
...     if s in d:
...         d[s] += 1
...     else:
...         d[s] = 1
...
```

딕셔너리의 내용을 화면에 출력한다.

반복자와 딕셔너리의 `items()` 함수를 이용해서 키와 값을 출력한다. 화면에 보이지 않는 공백 문자 등은 바꿔서 출력한다.

```
>>> for k, v in d.items():
...     if k == ' ':
...         k = "SPACE"
...     elif k == '\t':
...         k = "TAB"
...     elif k == '\n':
...         k = "NEWLINE"
...     print(f"{k}:{v}")
...
l:8
o:13
r:15
e:23
m:13
SPACE:29
i:17
p:7
s:17
u:14
d:6
t:13
a:17
,:4
c:10
n:11
g:4
.:4
NEWLINE:4
f:1
v:3
b:1
q:1
```

| 최종 코드 |

[코드 11-1] prac11_01.py

```
sentences = """Lorem ipsum dolor sit amet, consectetuer adipiscing elit.
Maecenas porttitor congue massa.
Fusce posuere, magna sed pulvinar ultricies, purus lectus malesuada libero, sit
amet commodo magna eros quis urna.
Nunc viverra imperdiet enim.
"""
# 빈 딕셔너리 생성
d = {}

lowerSentences = sentences.lower()
# 각 글자들이 딕셔너리에 있는지 확인하고 1을 증가시키거나 1로 초기화
for s in lowerSentences:
    if s in d:
        d[s] += 1
    else:
        d[s] = 1

# 각 글자들이 딕셔너리에 있는지 확인하고 1을 증가시키거나 1로 초기화
for k, v in d.items():
    if k == ' ':
        k = "SPACE"
    elif k == '\t':
        k = "TAB"
    elif k == '\n':
        k = "NEWLINE"
    print(f"{k}:{v}")
```

| 실행 결과 |

```
l:8
o:13
r:15
e:23
m:13
SPACE:29
i:17
p:7
s:17
u:14
d:6
t:13
a:17
,:4
c:10
n:11
g:4
.:4
NEWLINE:4
f:1
v:3
b:1
q:1
```

PYTHON

11.1 실습문제 2

| 문제 |

서울시에 살고 있던 구별 인구 중 10개를 가나다순으로 뽑아서 문자열을 만들었다.

```
guPopulation = "강남구,233363,강동구,199088,강북구,144410,강서구,267442,관악구,273736,광진구,166638,구로구,180027,금천구,114402,노원구,217272,도봉구,138120"
```

이 문자열을 이용해서 구:인구 형태의 딕셔너리를 구성한다.

사용자로부터 정수 한 개를 입력받고, 입력한 값보다 인구가 적은 구를 찾아 구의 이름과 인구를 화면에 모두 출력하는 프로그램을 작성한다.

| 요구사항 |

- 사용자는 정수를 입력할 것이라고 가정한다.
- 만약 사용자가 입력한 정수값(변수 num이라고 가정)보다 작은 구가 없으면 "인구가 num보다 작은 구가 없습니다"를 출력한다.
- 구:인구 형태로 출력한다.

| 문제 해결 |

문자열을 딕셔너리로 구성하고, 반복자를 이용해서 키와 값을 순회하면서 사용자가 입력한 정수값보다 값이 작은 키:값을 화면에 출력한다.

키:값을 출력한 횟수를 세고, 0이라면 사용자가 입력한 값보다 인구가 적은 구가 없다고 출력한다.

알고리즘을 작성해 본다.

```
문자열을 --> 딕셔너리
사용자로부터 정수값을 입력받기
```

```
출력한 구의 개수를 셀 count = 0
반복:
    딕셔너리에서 구 이름과 인구를 한 개씩 받고
    인구가 사용자가 입력한 값보다 작으면 화면에 키:값 형태로 출력하고 count를 +1
```

문자열을 딕셔너리로 바꾸려면 문자열을 분리해서 구 이름과 인구로 변환해야 한다.

문자열의 구 이름과 인구는 모두 콤마로 분리되어 있으므로, 콤마를 찾아서 문자열들을 분리하고 이를 이용해서 딕셔너리를 구성할 수 있다.

문자열을 직접 분리하는 것보다는 split() 함수를 사용하면 간단하게 리스트 형태로 만들 수 있다. 콤마를 구분문자로 전달한다.

```
>>> guPopulation = "강남구,233363,강동구,199088,강북구,144410,강서구,267442,관악구,273736,
광진구,166638,구로구,180027,금천구,114402,노원구,217272,도봉구,138120"
>>> lst = guPopulation.split(',')
>>> print(lst)
['강남구', '233363', '강동구', '199088', '강북구', '144410', '강서구', '267442', '관악구',
'273736', '광진구', '166638',
 '구로구', '180027', '금천구', '114402', '노원구', '217272', '도봉구', '138120']
```

리스트를 보면 두 개 요소를 쌍으로 생각할 수 있고 짝수 인덱스는 구 이름, 홀수 인덱스는 인구이다. 이를 이용해서 딕셔너리를 구성해 본다.

변환 알고리즘은 다음과 같다.

```
리스트의 인덱스를 i변수라고 할 때 0~요소 개수까지 2씩 증가하면서 반복
    lst[i]는 구 이름, int(lst[i + 1])은 인구
    d[lst[i]] = int(lst[i+1]) # 구 이름을 키로, 인구를 값으로 저장
>>> d = {}
>>> for i in range(0, len(lst), 2):
...     d[lst[i]] = int(lst[i + 1])
...
>>> print(d)
{'강남구': 233363, '강동구': 199088, '강북구': 144410, '강서구': 267442, '관악구': 273736,
'광진구': 166638, '구로구': 180027, '금천구': 114402, '노원구': 217272, '도봉구': 138120}
```

딕셔너리가 구성되었으므로, 사용자로부터 정수를 입력받고 반복자를 이용해서 인구를 비교한다.

```
>>> num = int(input("비교할 인구를 입력하세요: "))
비교할 인구를 입력하세요: 150000
>>> count = 0
>>> for gu, population in d.items():
...     if population < num:
...         print(f"{gu}:{population}")
...         count += 1
...
강북구:144410
금천구:114402
도봉구:138120
>>> if count == 0:
...     print(f"인구가 {num}보다 작은 구가 없습니다")
...
```

| 최종 코드 |

[코드 11-2] prac11_02.py

```
guPopulation = "강남구,233363,강동구,199088,강북구,144410,강서구,267442,관악구,273736,광진구,166638,구로구,180027,금천구,114402,노원구,217272,도봉구,138120"

# 문자열에서 리스트 구성. 리스트의 요소는 구, 인구, 구 인구, ...
lst = guPopulation.split(',')

# 리스트로부터 딕셔너리 생성
d = {}
for i in range(0, len(lst), 2):
    d[lst[i]] = int(lst[i + 1])

# 인구 입력 받기
num = int(input("비교할 인구를 입력하세요: "))
```

```
# 딕셔너리에 있는 구/인구 정보와 인구 비교
count = 0
for gu, population in d.items():
    if population < num:
        print(f"{gu}:{population}")
        count += 1  # 출력된 구가 있음

# count == 0이면 출력된 구가 없음
if count == 0:
    print(f"인구가 {num}보다 작은 구가 없습니다")
```

| 실행 결과 |

두 번 실행해 본다.

150000을 입력하고 몇 구의 인구가 150000보다 적은지 확인해 본다.

```
비교할 인구를 입력하세요: 150000
강북구:144410
금천구:114402
도봉구:138120
```

인구를 적게 해서 해당되는 구가 없는 것을 확인한다.

```
비교할 인구를 입력하세요: 100000
인구가 100000보다 작은 구가 없습니다.
```

PYTHON

11.2 집합

집합

집합(set) 자료구조는 요소들의 순서가 없고, 동일한 요소가 존재할 수 없다. 집합의 이름과 특성은 수학의 집합에서 유래한 것이다.

수학의 집합에 사용할 수 있는 교집합, 합집합, 차집합 연산은 파이썬의 집합 자료구조에서 지원한다.

집합의 표현

집합은 딕셔너리와 비슷하게 중괄호로 표현한다. 대신 쌍으로 이루어진 딕셔너리와는 다르게 요소가 개별적으로 구성된다.

```
{ 값1, 값2, ..., 값n }
```

집합은 특정 요소에 대한 접근을 허용하지 않는다. 집합의 요소는 변경할 수 있는 자료형을 사용할 수 없다. 따라서 리스트는 집합의 요소가 될 수 없다.

집합의 생성

집합을 생성하는 방법에는 크게 두 가지가 있다.

- 요소를 명시해서 생성
- `set()` 함수에 반복자 사용이 가능한 객체(iterable 객체)를 전달해서 생성

● 요소를 지정해서 생성

코드에서 집합의 요소가 되는 값을 지정해서 생성한다.

```
>>> s = { 1, 2, 3, 'a', (1, 2, 3) }
>>> print(s)
{1, 2, 3, 'a', (1, 2, 3)}
```

여기서는 5개짜리 요소를 가진 집합을 생성하였다. 코드에서 볼 수 있듯이 집합에는 다양한 자료형의 요소들이 포함될 수 있다.

● set( ) 명령을 이용해서 생성

set( ) 명령은 인자 없이 사용하면 빈 집합을 생성한다.

코드에서 요소를 지정하지 않고 { } 형태로 코드에 지정하면 빈 집합을 만든다고 생각할 수 있는데, 코드에서 { }은 빈 딕셔너리를 생성한다. 따라서 빈 집합을 생성하고 싶으면 반드시 set( ) 명령을 사용한다.

```
>>> s = set()
>>> print(s)
set()
```

빈 집합을 출력하면 빈 딕셔너리와 구별하기 위해 set( )이라고 출력된다.

set( ) 명령에 인자로 반복자 사용이 가능한 객체(range 객체, 문자열, 리스트, 튜플 등)를 전달하면 여러 개 요소가 있는 집합을 생성한다.

반복자란 요소들을 한 개씩 분리해서 처리하는 방법이었다. set()에 반복자 사용이 가능한 객체를 전달하면, 전달된 객체의 각 요소들이 집합의 요소가 된다.

[코드 11-3] set( ) 명령을 이용해 집합 자료구조를 생성

```
>>> s1 = set([1, 2, 3])            # (1)
>>> print(s1)
{1, 2, 3}
>>> s2 = set("string")             # (2)
>>> print(s2)
{'i', 'r', 'n', 'g', 's', 't'}
```

```
>>> s3 = set((1, 2, 3))              # (3)
>>> print(s3)
{1, 2, 3}
```

[코드 11-3]의 (1)에서 리스트를 set()에 전달하면, 리스트 요소 각각을 집합의 요소로 만든다.

(2)에서 문자열을 set()에 전달하면, 문자열을 구성하는 문자들이 각각 집합의 요소가 된다. 그런데 문자 요소들의 순서가 완전히 달라지므로 주의한다. 집합은 순서가 없는 자료구조이다.

(3)의 튜플은 리스트와 비슷하게 튜플의 각 요소들이 집합의 요소가 된다.

집합 사용법

● 집합에 요소 추가

집합에 요소를 추가하는 것에는 단일 요소 추가 방법과 여러 요소 추가 방법이 있다.

- 요소를 한 개만 추가하려면 add() 함수를 사용한다.
- 요소를 여러 개 추가하려면 update() 함수에 반복자 사용이 가능한 객체(리스트, 문자열, 튜플 등)를 전달한다.

간단한 사용 예를 보자.

[코드 11-4] 집합에 요소 추가

```
>>> s1 = { 1, 2 }
>>> s1.add(1)          # 동일한 요소 추가
>>> print(s1)
{1, 2}
>>> s1.add(3)          # 새로운 요소 추가
>>> print(s1)
{1, 2, 3}
>>> s1.add("abc")      # 새로운 요소 추가
>>> print(s1)
{1, 2, 3, 'abc'}
```

집합에 동일한 요소를 추가해 보자. 오류가 발생하지는 않지만, 가능하지 않다.

3은 새로운 요소이므로 추가되며, 그 결과 집합의 요소가 늘어난다.

반복자 사용 가능한 객체인 문자열을 추가할 때 집합의 요소로 문자열이 추가된다.

집합에 리스트는 추가할 수 없지만, 튜플은 가능하다.

```
>>> s1.add([1, 2])      # 리스트 추가 불가
Traceback (most recent call last):
  File "<stdin>", line 1, in <module>
TypeError: unhashable type: 'list'
>>> s1.add((1, 2))      # 튜플 추가
>>> print(s1)
{1, 2, (1, 2), 'abc'}
```

update( ) 함수는 반복자 사용 가능한 객체를 인자로 받아 요소를 각각 분리해서 집합에 추가한다.

```
>>> s2 = { 1, 2 }
>>> s2.update("abc")    # 새로운 요소 추가
>>> print(s2)
{1, 2, 'a', 'b', 'c'}
```

문자열 "abc"를 update( ) 함수에 전달하면, 각 글자들을 분리해서 집합에 요소로 추가하였다.

update( ) 함수는 반복자로 요소들을 분리해서 추가하므로, 리스트를 전달해도 된다.

```
>>> s2.update(['a', 'b', 'd', 'e']) # 'a','b'는 중복, 'd','e'는 새로운 요소
>>> print(s2)
{1, 2, 'd', 'a', 'e', 'b', 'c'}
```

리스트의 요소 중에 기존 집합의 요소와 중복되지 않는 것들만 새로 추가된다.

집합에 있는 요소 개수 확인

len( ) 함수를 이용하면 집합에 포함되어 있는 요소들의 개수를 확인할 수 있다.

```
>>> len(s2)
7
```

● 교집합 연산

교집합은 두 집합의 공통 요소들만 포함하는 집합이다.

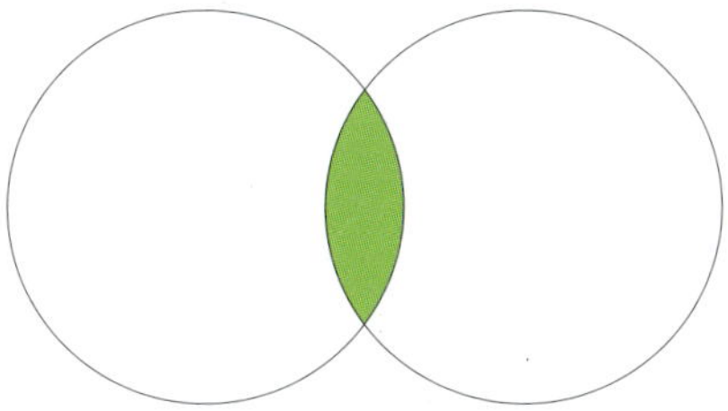

그림 11-1 s1과 s2의 교집합

집합과 집합의 교집합을 구하려면 & 연산자나 집합의 intersection() 함수를 사용한다.

& 연산자를 이용해서 교집합을 구해본다.

```
>>> s1 = { 1, 2, 20, (1, 2), "문자열" }
>>> s2 = { 1, 2, 3 }
>>> ints = s1 & s2
>>> print(ints)
{1, 2}
```

집합의 intersection() 함수를 사용하려면 교집합을 구하고 싶은 다른 집합을 인자로 전달한다.

```
>>> ints2 = s1.intersection(s2)
>>> print(ints2)
{1, 2}
```

합집합 연산

합집합은 두 집합의 요소들을 모두 포함하는 집합이다.

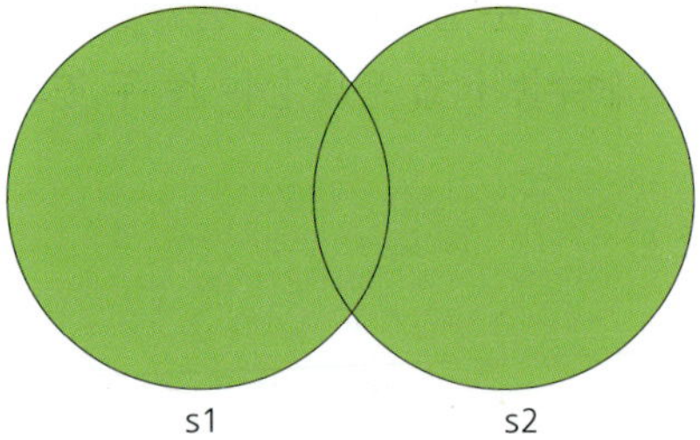

그림 11-2 s1과 s2의 합집합

집합과 집합의 합집합을 구하려면 | 연산자나 집합의 union() 함수를 사용한다.

| 연산자를 이용해서 합집합을 구해본다. 집합 s1과 s2는 앞에서 보인 것과 같다.

```
>>> unions = s1 | s2
>>> print(unions)
{1, 2, (1, 2), '문자열', 20, 3}
```

집합의 union() 함수에는 다른 집합을 인자로 전달한다.

```
>>> unions2 = s1.union(s2)
>>> print(unions2)
{1, 2, (1, 2), '문자열', 20, 3}
```

차집합 연산

차집합은 첫 번째에서 두 번째 피연산자 집합에 있는 요소들을 모두 제거하면 얻어진다.

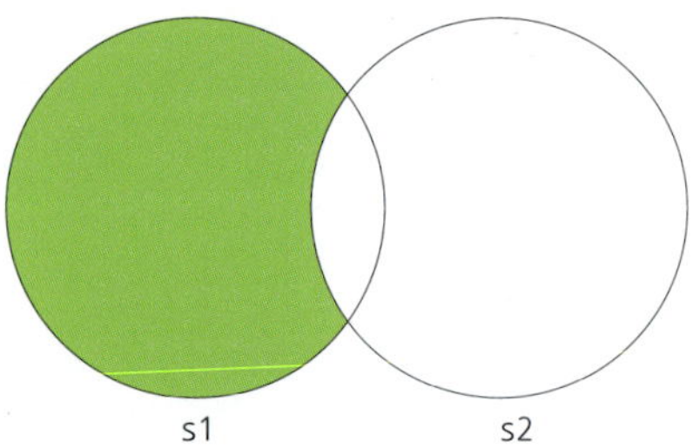

그림 11-3 s1에서 s2를 뺀 차집합

차집합을 구하려면 연산자 – 또는 difference() 함수를 사용한다.

연산자 –를 이용해서 차집합을 구해본다.

```
>>> diffs = s1 - s2
>>> print(diffs)
{'문자열', (1, 2), 20}
```

s1과 s2의 공통 요소는 1, 2이므로 두 개를 제외한 나머지 요소들만 포함하는 것이 차집합이다. difference() 함수를 이용하려면 두 번째 집합을 함수의 인자로 전달한다.

```
>>> diffs2 = s1.difference(s2)
>>> print(diffs2)
{'문자열', (1, 2), 20}
```

대칭차집합 연산

대칭차집합(symmetric difference) 또는 대칭차는 합집합에서 교집합을 뺀 것이다. 두 개 집합 중 한 개에는 포함되지만 공통으로 포함되지는 않는 요소들의 집합이다.

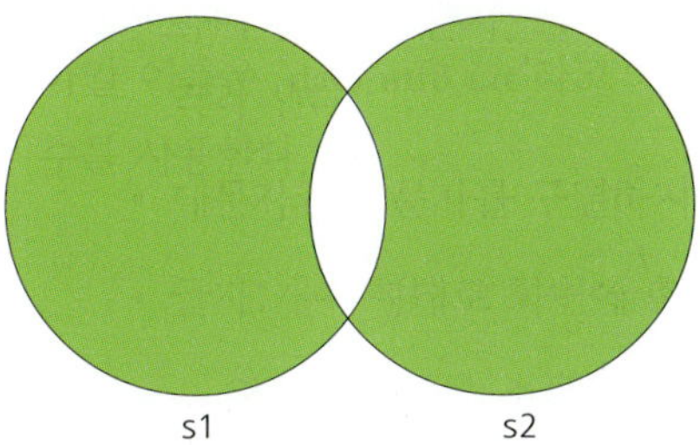

그림 11–4 s1과 s2의 대칭차집합

대칭차집합을 구하려면 연산자 ^ 또는 symmetric_difference() 함수를 사용한다.

연산자 ^를 이용해서 대칭차집합을 구해본다.

```
>>> symmdiffs = s1 ^ s2  # 중복되는 1, 2를 제외한 나머지 요소들의 집합
>>> print(symmdiffs)
{(1, 2), 3, 20, '문자열'}
```

symmetric_difference() 함수를 이용하려면 두 번째 집합을 함수의 인자로 전달한다.

```
>>> symmdiffs2 = s1.symmetric_difference(s2)
>>> print(symmdiffs2)
{(1, 2), 3, 20, '문자열'}
```

● 요소 제거

집합에 있는 요소를 제거하려면 집합에 포함되어 있는 remove() 함수를 사용한다.

remove() 함수에 제거하고 싶은 요소를 전달하면 된다. 요소가 있으면 집합에서 제거하고, 없으면 KeyError가 발생한다.

```
>>> s1 = { 1, 2, 20, (1, 2), "문자열" }
>>> s1.remove(1)            # 1을 제거
>>> print(s1)
{2, (1, 2), 20, '문자열'}
>>> s1.remove("문자열")     # "문자열" 제거
>>> print(s1)
{2, (1, 2), 20}
>>> s1.remove("문자열")     # 없는 요소를 제거
Traceback (most recent call last):
  File "<stdin>", line 1, in <module>
KeyError: '문자열'
```

● 요소가 집합에 있는지 확인

요소가 집합에 포함되는지 확인하기 위해 in을 사용한다.

```
요소 in 집합    # True 또는 False 반환
```

사용 예를 보자.

```
>>> s1 = { 1, 2, 20, (1, 2), "문자열" }
>>> if 1 in s1:
...     print("1은 셋 s1에 포함되어 있습니다")
```

```
... else:
...     print("1은 셋 s1의 요소가 아닙니다")
...
1은 셋 s1에 포함되어 있습니다
```

집합을 리스트로 변환

list() 명령을 사용하면 집합을 리스트로 변환할 수 있다.

```
>>> s1 = { 1, 2, 20, (1, 2), "문자열" }
>>> lst1 = list(s1)
>>> print(lst1)
[1, 2, (1, 2), 20, '문자열']
```

11.2 PYTHON

실습문제 3

| 문제 |

1~20 사이의 숫자 중에서 무작위로 중복되지 않는 숫자 10개를 뽑아서 출력한다.

| 요구사항 |

- 범위 내의 무작위 숫자 생성은 random.randint( )를 사용한다.
- 생성된 정수 10개는 공백 문자로 분리해서 한 줄에 출력한다.

| 문제 해결 |

무작위 숫자 생성기로 1~20 사이의 정수를 생성한 후 저장한다. 새로운 무작위 숫자를 생성했을 때, 기존에 저장되어 있던 숫자들과 비교해서 중복되지 않은 숫자이면 새로 저장하고, 중복된다면 버리고 새로운 숫자를 생성한다.

10개의 중복되지 않는 숫자들이 생성될 때까지 반복해야 하는데, 몇 번만에 10개가 생성될지 알 수 없다. 따라서 무한 반복하면서 10개가 채워지면 반복을 종료해야 한다.

알고리즘을 작성해 본다.

```
무작위 숫자 생성 후 저장                # 첫 번째는 중복되지 않음
중복되지 않는 숫자 개수를 셀 count = 1   # 한 개 생성됨
무한 반복:
    무작위 숫자 생성
    생성된 숫자가 저장된 숫자들과 중복되는지 확인
    중복되지 않으면 생성된 숫자 저장
        count += 1
        만약 count == 10이면 반복 종료
```

무작위 숫자를 생성하는 것은 random.randint( )를 사용한다.

```
>>> import random
>>> n = random.randint(1, 20)
>>> print(n)
1
>>> n = random.randint(1, 20)
>>> print(n)
3
```

생성된 숫자를 10개 저장해야 하므로 자료구조가 필요하다. 먼저 리스트를 사용해 본다.

생성된 숫자가 리스트에 저장된 숫자들과 중복되는지 확인하는 것은 간단하게 함수를 만든다.

그림 11-5 숫자 생성 후 리스트에 있는 값들과 비교

함수는 리스트와 생성된 숫자를 인자로 받고, 반복문을 이용해서 리스트에 있는 각 숫자를 생성된 숫자와 비교한다. 만약 리스트의 요소 중 한 개가 주어진 숫자와 같다면, True를 반환하고 함수를 종료한다. 반복문 실행이 정상적으로 끝났다면, 리스트에는 주어진 숫자가 없다는 것이므로, False를 반환한다. False를 반환한다는 것은 주어진 숫자는 기존에 생성된 무작위 숫자와 중복되지 않는다는 뜻이 된다.

함수를 구현하고, 제대로 동작하는지 확인해 본다.

```
>>> def findNumInList(lst, num): # lst에 num과 같은 숫자가 있으면 True 반환
...     for i in range(len(lst)):
...         if lst[i] == num:
...             return True
...     return False
...
```

```
>>> print(findNumInList([1, 2, 3], 1))
True
>>> print(findNumInList([1, 2, 3], 4))
False
```

전체 프로그램을 구현한다.

```
>>> n = random.randint(1, 20)  # 첫 번째 숫자 생성
>>> numList = [n]              # 리스트를 생성하면서 값을 추가
>>> count = 1                  # 무작위로 생성된 정수의 개수를 저장할 변수
>>> while True:
...     n = random.randint(1, 20)
...     if findNumInList(numList, n) == False:     # 중복된 숫자 아님
...         numList.append(n)
...         count += 1
...         if count == 10:
...             break
...
...
>>> print(numList)
[15, 19, 4, 2, 6, 18, 3, 16, 13, 5]
```

최종적으로 리스트의 내용을 출력한다.

```
>>> for n in numList:
    print(n, end = ' ')
```

10개의 중복되지 않은 무작위 정수 생성을 해봤다. 이번에는 집합 자료구조를 이용해서 구현해 본다.

집합은 중복되는 요소를 허용하지 않으므로, 무작위 숫자를 생성한 후 집합에 추가한다. 집합 요소의 개수가 10개이면 프로그램을 종료한다.

집합을 사용하는 알고리즘은 다음과 같다. 빈 집합을 생성한 후, 무작위로 정수를 생성해서 집합에 추가한다. 집합은 중복된 값을 허용하지 않으므로, 집합에 있는 요소의 개수가 10이 되면 10개의 다른 숫자가 만들어졌다는 것이다. 따라서 집합의 요소 개수가 10이 될

때까지 무작위로 숫자를 생성해서 집합에 추가하도록 반복하면 된다.

```
빈 집합 생성
무한 반복:
    무작위 정수 생성
    집합에 생성된 정수 추가
    집합 요소의 길이가 10이면 반복 탈출
```

알고리즘을 코드로 구현해 본다.

```
>>> numSet = set()
>>> while True:
...     n = random.randint(1, 20)
...     numSet.add(n)
...     if len(numSet) == 10:
...         break
...
>>> print(numSet)
{5, 7, 8, 9, 10, 11, 12, 15, 17, 20}
```

리스트를 사용하는 것보다 코드가 단순해진다.

집합의 요소들은 개별적으로 접근할 수 없으므로 생성된 숫자들을 사용해야 한다면, 리스트로 변환한다.

집합을 리스트로 변환해서 출력한다.

```
>>> numList = list(numSet)
>>> for n in numList:
...     print(n, end=' ')
...
5 7 8 9 10 11 12 15 17 20
```

| 최종 코드 |

[코드 11-5] prac11_03.py

```
import random

numSet = set()     # 빈 집합 생성
# 무작위로 10개의 중복되지 않는 숫자 생성
while True:
    n = random.randint(1, 20)
    numSet.add(n)
    if len(numSet) == 10:
        break
# 리스트로 변환 후 출력
numList = list(numSet)
for n in numList:
    print(n, end=' ')
```

| 실행 결과 |

두 번 실행시켜서 다른 값들이 나오는 것을 확인해 본다.

```
2 5 6 8 10 11 14 15 19 20
3 4 8 10 12 13 14 15 18 19
```

11.3 연습문제

01 딕셔너리는 키, 값의 쌍으로 구성하고 모두 중복될 수 있다. OX로 답하시오.

02 딕셔너리의 키는 수정 가능하다. OX로 답하시오.

03 d = { }라고 선언하고, 다음 항목을 차례대로 실행하면서 결과를 적으시오.

(1) d = {"name" : "홍길동", "age" : 20, "취미" : ["영화 감상", "게임", "독서"]}

(2) d = {"name" : "김길동"}

(3) d['age'] = 21

(4) d.get('age')

(5) len(d)

04 요소들의 순서가 없고, 동일한 요소가 존재할 수 없는 경우에 적합한 자료구조는 무엇인가?

05 다음 명령문이 올바른 문법인지 OX로 답하시오.

(1) s1 = {1, 2, 3}

(2) s2 = {[1, 2, 3]}

(3) s3 = set(1, 2, 3)

(4) s4 = set([1, 2, 3])

(5) s5 = set{1, 2, 3}

(6) s6 = set{[1, 2, 3]}

06 s1 = { 1, 2 } 이라고 하자. 다음을 실행하면 s1에 어떤 변화가 있는지 결과를 적으시오. 오류가 발생할 수도 있다.

(1) s1.add(1)

(2) s1.add(3)

(3) s1.add([1, 2])

(4) s1.add((1, 2))

07 03번 문제의 d를 for 반복문으로 키와 값을 출력하는 코드를 작성하시오.

08 s1={1, 2, 3} s2={1, 2, 4, 5}라고 하고, 다음을 코드로 작성하시오.

(1) s1과 s2의 합집합

(2) s1과 s2의 교집합

09 다음 문장은 Robert Zaks라는 사람이 쓴 "From Outer Space"라는 SF소설에서 일부 발췌한 내용이다. 저작권이 만료된 자료로 전문은 구텐베르크 프로젝트 사이트(https://www.gutenberg.org/ebooks/68860)에서 구할 수 있다.

```
""" The first they had heard of the strangers from outer space was when the new ultra short-wave frequencies were used. Professor Kennicot of Palmira University was the first to find how to generate and control them. He tried to transform the wavelengths upward to a range either auditory or visual but for some reason power was lost in the process.

Apparently he gave them a sufficient jolt with extra voltage, however, because they were picked up by the strangers in outer space as a signal. The heaviside layer did not stop these wavelengths.

Professor Kennicot was startled one day when he heard, or thought he heard, a soundless voice in his mind. """
```

이 내용을 단어로 잘라서 각 단어들이 몇 회 나타나는지 기록하고, 가장 많이 반복된 단어와 두 번째로 많이 반복된 단어를 화면에 출력하는 프로그램을 작성하시오.

10 09번 문제의 문자열에서 가장 많이 나타난 알파벳 문자와 나타난 횟수를 화면에 출력하는 프로그램을 작성하시오. 특수 문자는 무시한다.

11 09번 문제의 문자열에서 특수 문자까지 포함해서 두 번째로 많이 나타난 글자와 횟수를 화면에 출력하는 프로그램을 작성하시오.

12 알파벳 중에서 09번 문제의 문자열에 나타나지 않는 글자가 어떤 것이 있는지 화면에 출력하는 프로그램을 작성하시오(대문자와 소문자를 따로 구별하지 않는다). 단 집합을 이용해서 문자가 사용되었는지 확인하고, 만약 모든 알파벳이 나타난다면 "나타나지 않은 알파벳은 없습니다"를 출력하시오.

13 09번 문제의 문자열에서 각 알파벳별로 시작하는 단어들을 모두 출력하는 프로그램을 작성하시오. 단, 대문자와 소문자는 구별하지 않고, 중복된 단어는 한 번만 출력하시오.

예를 들어, t로 시작하는 단어들을 출력하는 것은 다음과 같다.

```
t : The, they, them, tried, to, transform, these, thought,
```

14 영문 알파벳, 특수문자, 숫자로만 구성된 비밀번호 문자열을 입력받고, 표 11-2를 기준으로 어느 정도 안전한가를 출력하는 프로그램을 작성하시오.

표 11-2 비밀번호 안전도 점검 기준(기본적으로 조건은 and임)

조건	안전도
10글자 초과, 특수 문자 2개 이상, 숫자 1개 이상, 대문자 한 개 이상	안전함
8글자 이상 10글자 이하, 특수 문자 한 개 이상, 숫자 한 개 이상	보통
8글자 이상 10글자 이하, 특수 문자 한 개 이상 또는 숫자 한 개 이상 또는 대문자 한 개 이상	보통 이하
나머지	안전하지 않음

15 표 11-3은 연도별 고등학교 학급당 학생 수이다(출처: 2021 교육 기본 통계 결과 발표 자료).

표 11-3 연도별 고등학교 학급당 학생 수

연도	21년	20년	19년	18년	17년	16년	15년	14년	13년	12년	11년	10년
학급당 학생수	23.0	23.4	24.5	26.2	28.2	29.3	30.0	30.9	31.9	32.5	33.1	33.7

표 11-3을 자료구조로 저장하고, 다음 문제에 답하는 프로그램을 작성하시오.

1) 전년도에 비해 가장 급격하게 학생 수가 줄어든 해는 언제인가?

2) 학급당 학생 수가 30명 미만으로 떨어진 해는 언제인가?

3) 2010년부터 2021년 사이에 평균적으로 학급당 학생 수는 어느 정도 감소했는가?

12장

객체 지향 프로그래밍

학습목표

- 기존에 프로그래밍하던 방식과 객체 지향 프로그래밍 방식의 차이점에 대해서 이해한다.
- 객체 지향 프로그래밍의 개념 및 특성을 이해한다.
- 파이썬에서 객체 지향 프로그래밍을 하기 위해 클래스와 상속 구현 방법 등을 학습한다.
- 상속과 다형성을 이용해서 프로그램을 작성해 본다.

PYTHON

12.1 프로그래밍 패러다임

프로그래밍 패러다임

프로그래밍 패러다임(programming paradigm)은 프로그램을 작성하는 방향과 구조를 정하는 방법이다. 프로그래밍은 컴퓨터로 하여금 작업을 어떻게 수행하라는 지시 또는 명령이지만, 패러다임은 시대에 따라 변화하고 발전한다.

과거의 프로그래밍 언어들은 단일 패러다임만을 지원했지만, 많은 프로그래밍 언어들이 다양한 패러다임을 수용할 수 있도록 만들어지거나 개선되고 있다.

이 장에서는 파이썬이 지원하는 절차적 프로그래밍(procedural programming)과 객체 지향 프로그래밍(object-oriented programming) 방법에 대해서 간단하게 설명한다.

12.2 절차적 프로그래밍

비구조적 프로그래밍

비구조적 프로그래밍은 1950~1960년대 중반까지 초기에 만들어졌던 프로그래밍 언어들이 코드를 함수 등으로 나누지 않고 한 개의 뭉치로 구현한 형태이다. 대표적으로 초기 Fortran이나 Basic 언어가 여기에 해당한다.

이 당시 언어들은 반복문 등이나 함수가 없어, 프로그램의 실행 흐름을 코드의 다른 영역으로 이동시키는 goto문을 많이 사용했다.

goto문이 많이 사용되면서 코드의 실행 흐름을 이해하기 어렵고 읽기 어려운 코드가 만들어지며, 결과적으로 유지 보수가 어려운 코드가 만들어졌다.

절차적 프로그래밍

비구조적 프로그래밍 방식을 개선해서 1960~1970년 대에 구조적 프로그래밍(structured programming)이라고 부르기도 하는 절차적 프로그래밍 방법이 사용되기 시작했다.

절차적 프로그래밍은 코드를 순차적으로 실행시키는 기능 외에 조건문, 반복문 등을 언어의 문법에 포함시켜 goto문의 사용 없이도 알고리즘을 표현할 수 있도록 하였다. 또한 코드를 함수 단위로 작성하고 모듈화 시킬 수 있도록 하여 전체적인 코드의 가독성과 재사용성을 높이고 유지 보수를 쉽게 만들었다.

절차적 프로그래밍 패러다임에서는 분할 정복(divide and conquer) 방법이라고 해서, 문제를 작은 단위의 문제들로 나눈다. 작은 단위로 분할된 문제들은 함수같은 작은 단위의 부 프로그램(sub-program)으로 해결하고, 이를 다시 조합해서 큰 문제를 해결하는 방식이다.

간단한 예를 들면, 집에서 학교까지 통학하는데 버스를 타고 지하철로 갈아탄 후에 역에서 나와 5분 정도 걸어서 등교하는 것이 해결해야 하는 문제라고 가정하자. 이를 집에서 버스 정류장까지 가는 문제, 버스를 타고 지하철역 근처에서 내리는 문제, 지하철역에 들어가서 지하철을 탔다가 하차해서 역에서 나오는 문제, 지하철역에서 학교까지 걷는 문제 등으로 나누어서 처리하는 것으로 생각할 수 있다.

절차적 프로그래밍은 기능을 잘게 쪼개서 함수를 만드는 것을 목표로 하다 보니, 데이터보다는 문제 해결 절차에 중심을 두고 프로그래밍한다. 그래서 해당 절차를 실행시키는 데 필요한 데이터들은 부수적인 존재로 취급되는 경우가 많다.

절차적 프로그래밍 패러다임은 현재 파이썬이나 C 언어 등에서 많이 사용되는 프로그래밍 방식이지만, 절차와 데이터가 분리되어 있어 객체 지향 패러다임에 비해 재사용성이 떨어지고, 관리 및 유지 보수가 어렵다는 문제가 있다.

더 알아보기 **함수와 프로시듀어의 차이점**

C언어는 함수와 프로시듀어를 따로 구분하지 않지만, 파스칼과 파스칼의 영향을 받아서 만들어진 언어들은 함수와 프로시듀어를 다르게 취급한다. 파이썬을 기준으로 생각해보면 함수는 값을 반환하는 함수, 프로시듀어는 값을 반환하지 않는 함수이다.

절차적 프로그래밍의 문제점

스마트폰으로 전화 거는 과정을 절차적 프로그래밍 방식으로 작성해 보자.

스마트폰을 표현하는 데 필요한 모든 정보를 따로 변수에 넣어서 관리하려면 어렵다. 이는 리스트 같은 자료구조가 필요한 이유가 된다. 다음 요소들을 리스트에 넣기로 하자.

- 휴대폰 소유자 이름(문자열)
- 전화번호(문자열)
- 배터리 충전 상태(단위 %이고, 정수형으로 표기)

스마트폰 두 개를 만들어 본다.

```
>>> phone1 = ["Kil Dong Hong", "010-1111-1111", 80]
>>> phone2 = ["Dongsu Hong", "010-2222-2222", 60]
```

스마트폰에서 전화를 발신하는 `call()` 함수를 구현해 보자.

그림 12-1 두 개의 스마트폰 동작 구현

call( ) 함수는 배터리 잔여량이 10% 이상이어야 전화를 걸 수 있도록 확인하는 기능과 "발신자의 휴대폰 번호에서 상대방 착신번호로 통화"한다는 내용의 메시지를 화면에 출력하는 기능을 가지고 있다.

같은 이름의 휴대폰이라도 4G(LTE)와 5G용이 분리된 경우가 있다. 그렇다면 전화 앱의 인터페이스는 같지만, 다른 통신칩을 이용하기 때문에 내부 작동 방법은 다를 수 있다. hwCall( )은 4G와 5G 하드웨어를 이용해서 실제 통화하는 부분을 담당하는 함수라고 가정하자.

여기서는 실제 하드웨어를 조작하지 않으므로, hwCall( ) 함수는 문자열만 출력한다.

```
>>> def hwCall(phone, phoneNum):
...     print("하드웨어를 제어해서 전화를 겁니다")
...
>>> def call(phone, phoneNum):
...     if phone[2] >= 10:
...         print(f"{phone[1]}에서 {phoneNum}으로 전화를 겁니다")
...         hwCall(phone, phoneNum)
...     else:
...         print("배터리가 부족합니다")
...
>>> call(phone1, "010-3333-3333")
010-1111-1111에서 010-3333-3333으로 전화를 겁니다
하드웨어를 제어해서 전화를 겁니다
```

휴대폰의 배터리 충전 상태를 확인해보는 함수도 어떤 휴대폰의 배터리를 확인할지 알아야 하므로, 휴대폰을 인자로 전달받는다.

```
>>> def getBatteryStatus(phone):
...     return phone[2]
...
>>> print(getBatteryStatus(phone1))
80
>>> print(getBatteryStatus(phone2))
60
```

절차적 프로그래밍은 데이터와 동작(기능)이 분리된다는 것이 약점이다.

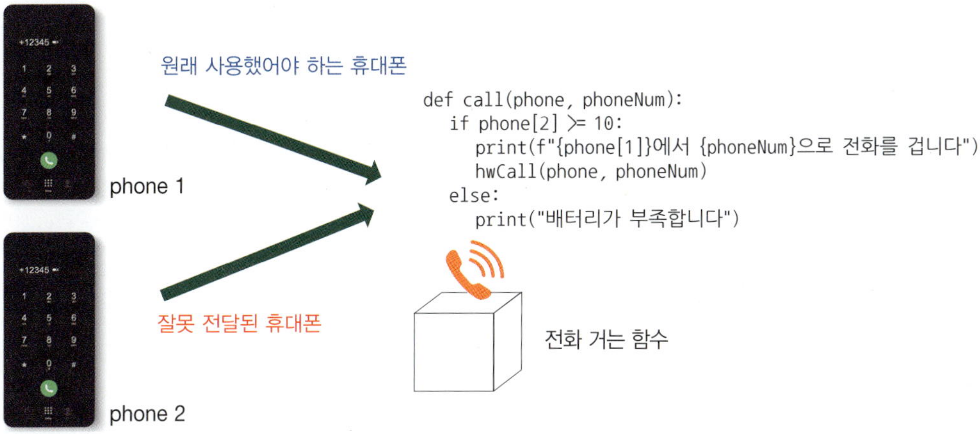

그림 12-2 전화 거는 것을 절차적 프로그래밍으로 구현

예를 들어 그림 12-2에서 볼 수 있듯이 phone1을 이용해서 전화를 걸겠다면, call( ) 함수에 phone1을 전달해야 한다. 그런데 만약 실수로 call( ) 함수에 phone1이 아니라 phone2가 전달된다면, 전화를 걸기는 하겠지만 잘못된 휴대폰을 사용해서 전화를 하는 셈이다.

또한 call( ) 함수에 휴대폰을 나타내는 휴대폰 리스트가 아니라 아예 다른 자료형이 전달될 수도 있다. 이런 경우에는 실행이 중단되거나 이상한 결과가 나타날 수 있다.

구조화 프로그래밍은 비구조적 프로그래밍 패러다임보다는 재사용성이 개선되었지만, 만족스럽지 못하다.

`call()` 함수를 잘 모르는 개발자가 다른 프로그램에서 이 함수를 사용하기 위해 복사해서 붙였다고 가정해 보자. 그렇다고 재사용이 완성되는 것은 아니다. call( ) 함수를 호출할 때 필요한 인자를 전달해야 한다. call( ) 함수는 휴대폰 관련 정보들을 담고 있는 리스트 자료구조를 인자로 전달받는데, call( ) 함수의 코드를 본다고 해도 인자로 전달되는 리스트의 구조를 파악하는 것은 어렵다. 따라서 call( ) 함수의 매개 변수에서 사용하는 인자에 대한 설명이 필요해진다.

call( ) 함수 코드를 복사해서 다른 프로그램에 붙였다면, call( ) 함수가 내부적으로 hwCall( ) 함수를 사용함을 인지하게 된다. 그러면 hwCall( ) 함수도 복사해서 붙여 넣어야 한다.

절차적 프로그래밍 방법에서는 같은 수준에 놓여 있는 여러 함수들이 서로 의존성을 가지기 때문에 함수 한 개만 복사해서 재사용하는 것이 어려울 수 있다. 그렇다면 코드를 보고, 의존관계에 놓인 다른 함수들도 모두 찾아서 복사해야 한다.

소스 코드가 제공된다면 코드를 보고 찾아서 복사하겠지만, 코드가 제공되지 않는 경우라면 재사용성이 많이 떨어진다.

12.3 객체 지향 프로그래밍

객체 지향 프로그래밍이란?

객체 지향 프로그래밍(object-oriented programming)은 객체와 객체의 관계를 중심으로 프로그램을 작성하는 방법이다. 데이터와 기능을 묶어서 새로운 자료형인 클래스를 만들고, 이를 이용하여 객체를 생성해서 절차지향적 프로그래밍이 가지는 문제를 해결한다.

객체 지향 프로그래밍을 이해하려면 객체와 클래스 개념부터 알아야 한다.

객체와 클래스

객체(object)란 프로그램이 실행될 때 클래스로부터 생성되는 실체이다. "실체로 생성"된다라고 하면 어렵게 들리겠지만 이렇게 이해하자. 클래스는 개념이고 메모리에 할당되면 비로소 객체라는 실체 즉 인스턴스(instance)가 생성된다. 이 객체가 프로그램이 실행될 때 기능을 담당한다.

클래스는 객체의 속성(변수)과 속성들을 사용하고 처리하는 기능(함수 또는 메소드)을 포함하는 코드이다.

● 자동차 사례로 설명하는 객체와 클래스

객체와 클래스를 승용차를 예로 들어 생각해보자.

내가 A라는 차종의 자동차를 한 대 샀다면, 내가 소유한 차는 실제로 존재하는 객체이다. 내 친구가 동일한 A차종의 자동차를 소유하고 있다면 그 차 역시 객체이다. 나와 내 친구는 각각 다른 객체를 소유한다.

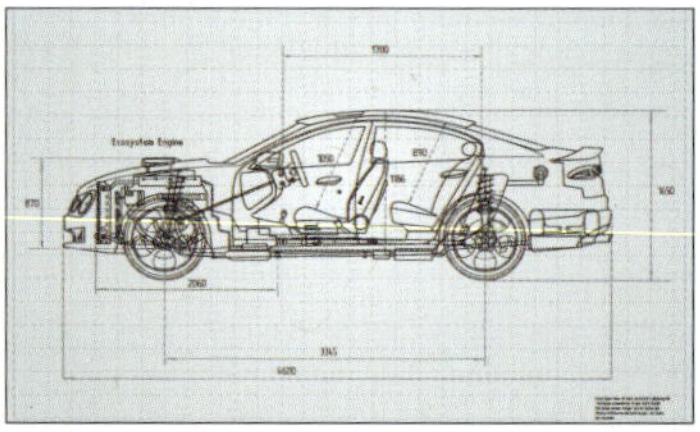

그림 12-3 자동차의 설계도

A라는 차종의 클래스는 A 자동차의 속성과 기능을 설명하고 구현하여 사용할 수 있도록 만들어진 설명서와 설계도이다. 설명서와 설계도만으로 자동차가 실제 존재하는 것은 아니고, 누군가 그 내용을 바탕으로 차를 생산해야 자동차라는 객체가 만들어진다.

그림 12-4와 같이 클래스(설계도)로부터 객체(자동차)를 만들어내는 것을 인스턴스화(instantiation)라고 한다. 인스턴스화 과정을 통해 만들어진 객체를 인스턴스(instance)라고도 부른다.

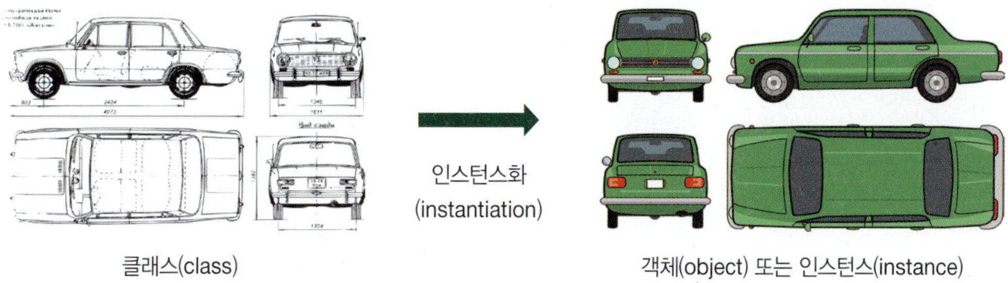

그림 12-4 자동차 클래스에서 자동차 객체를 생성

자동차는 다양한 속성, 쉽게 말하면 특징을 가진다. 몇 가지 예를 들어보자.

- 색상
- 엔진 크기
- 소유주 정보
- 차량 번호(번호판에 있는 번호)
- 차대 번호(차량마다 주어지는 고유 번호)
- 자동차를 동작시키기 위해 필요한 부품들(타이어, 엔진, 연료 탱크 등)

주의하자. 클래스의 속성은 변수로 치환된다. 색상 속성은 "빨간색"이라는 값이 아니라, 빨간색을 저장할 수 있는 변수이다. 엔진 크기나 소유주도 마찬가지로 변수들이다.

자동차의 기능을 보자. 앞서 설명했던 함수와 동일하게 이해하면 된다. 다음은 일부 예시를 든 것이다.

- 시동 걸기( )
- 시동 끄기( )
- 앞으로 움직이기( )

- 변속하기()
- 뒤로 움직이기()
- 가속하기()
- 감속하기()
- 앞에서 보인 기능들을 구현하기 위해 필요한 다른 기능(함수)

자동차라고 하면 필요한 속성 및 기능이 설계도, 즉 클래스에는 담겨야 한다.

자동차를 만드는 사람은 자동차의 내부 동작 방법에 대해서 잘 알고 있어야 한다. 즉, 어떤 속성들이 있고, 어떻게 기능들이 구현되었는지 알아야 한다.

자동차를 만드는 사람은 사용하는 사람이 자동차를 사용할 수 있도록 방법을 제공해야 한다. 예를 들어 핸들을 돌리면 사용자가 원하는 방향으로 차의 방향을 바꿔준다. 사용자가 가속 페달을 밟으면 기어의 위치에 따라 자동차가 앞으로 가거나 뒤로 움직인다. 브레이크를 밟으면 차가 멈춘다. 이런 것들이 자동차를 사용하는 방법이고, 인터페이스(interface)라고 부른다.

객체지향 프로그래밍 관점에서 보면, 자동차라는 클래스는 그 객체를 통해 제공되는 프로그래밍 인터페이스 또는 사용 방법에 따라 운전된다.

운전자는 자동차의 내부 구조를 몰라도 된다. 자동차가 제공하는 사용 방법만 이해하면 운전할 수 있다. 핸들을 돌리면 원하는 방향으로 자동차가 움직이고, 가속 페달을 밟으면 차가 움직이며, 브레이크를 밟으면 차가 선다는 것을 이해하면 된다.

클래스 = 속성(변수) + 기능(함수) + 인터페이스

자동차 사례를 객체 지향의 클래스와 객체로 다시 풀어보자.

클래스는 프로그램이 실행될 때 사용되는 객체를 생성하기 위한 설계도 또는 설명서이다.

프로그래밍 언어의 관점에서 보면, 클래스는 속성을 나타내는 변수들과 이를 사용해서 클래스가 해야 할 기능을 구현하는 함수들로 구성된 새로운 자료형이다.

클래스는 자료형이므로 실행될 수 없다. 프로그래밍 언어에서 정수를 나타내는 int 자료형이 있다고 가정했을 때, 자료형은 실행하는 코드가 아니다. int형에 값을 입력하고 다른 곳에서 사용하는 코드가 만들어져야 실행될 수 있다. 클래스도 그 자체만으로는 실행될 수 없고, 객체를 생성한 후 객체를 이용해서 프로그램이 실행된다.

클래스의 프로그래밍 인터페이스는 일반적으로 함수 형태로 제공된다. 클래스의 속성을 직접 사용할 수도 있지만 권장하지 않는다.

클래스에서 제공하는 모든 함수가 인터페이스는 아닐 수 있다. 클래스 내부에서만 사용하기 위해 만들어지는 함수들도 있다.

클래스 사용자는 클래스 개발자가 제공하는 인터페이스를 이해하고 적절하게 사용하게 된다. 사용자는 클래스 내부 구조나 구현 방법은 몰라도 사용할 수 있다.

정리하면 클래스는 속성과 내부 기능을 담당하는 함수들, 클래스 사용자들이 이해하고 사용할 수 있는 인터페이스들로 구성되는 자료형이다.

클래스에 선언되는 속성들은 해당 객체와 관련된 정보만을 저장한다. 클래스에서 복수의 객체들이 생성되면 각 객체마다 속성들을 저장할 수 있는 공간을 따로 마련하며, 각각 다른 값들을 저장할 수 있다.

객체는 그런 클래스로부터 만들어지고, 인터페이스로 제공되는 함수들을 호출하여 사용된다.

앞에서 보았던 휴대폰을 클래스로 만들면 표 12-1에서 보인 속성과 함수들을 포함할 것이다. 클래스 내에 함수들이 포함되므로, 어떤 휴대폰을 사용할지 함수에 전달할 필요가 없다. 따라서 함수들의 phone 인자는 모두 생략된다.

스마트폰 클래스에서 `call()`이나 `getBatteryStatus()` 함수들을 이용해서 사용자가 전화를 걸거나 배터리 충전 현황을 확인할 수 있다.

`hwCall()` 함수는 내부적으로 전화를 거는 데 필요한 함수이므로, call( )에서만 사용된다. 사용자가 직접 이 함수를 호출하지 않으므로, 인터페이스로 공개하지 않는다.

표 12-1 스마트폰 클래스에 포함되는 속성과 함수

속성(변수 이름)	속성 설명	자료형	함수(인자 포함)	사용자에게 공개 여부
owner	소유주	문자열	call(phoneNum)	인터페이스
number	전화 번호	문자열	hwCall(phoneNum)	내부 함수
battery	배터리 충전 상태(단위 %)	정수형	getBatteryStatus(phone)	인터페이스

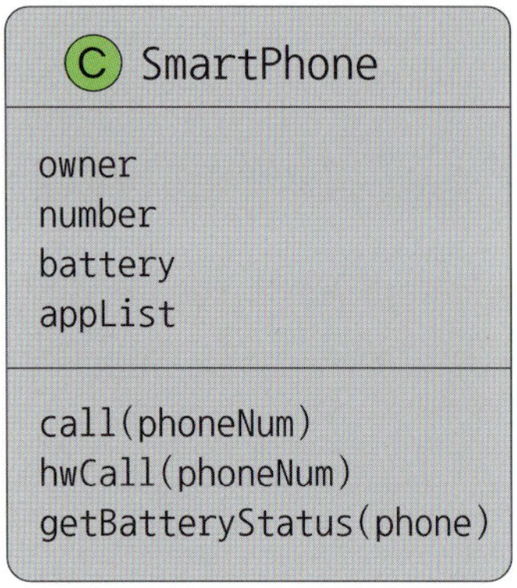

그림 12-5 클래스 SmartPhone을 나타내는 UML 클래스 다이어그램

그림 12-5는 SmartPhone 클래스를 나타내는 클래스 다이어그램이다. 클래스 다이어그램이란 코드를 작성하기 전 설계 과정에서 클래스의 속성이나 함수 등을 표기해서 클래스를 직관적으로 알아볼 수 있도록 도와주는 그림이다.

더 알아보기 **UML 클래스 다이어그램**

클래스 다이어그램은 그리는 방법이 다양하게 만들어졌다. 그림 12-5는 근래 가장 많이 사용하는 UML(Unified Modeling Language)의 클래스 다이어그램을 보여준다. UML의 클래스 다이어그램은 세 부분으로 나눠진다. 첫 번째 부분은 클래스의 이름이다. 두 번째 부분은 속성이 포함된다. 세 번째 부분은 함수들의 이름과 인자 등이 표시된다.

파이썬의 모든 자료형은 클래스

모든 파이썬의 자료형들은 클래스라는 특징이 있다. 다시 말하면 파이썬에서 만들었던 모든 값이나 변수들은 객체이다. 예를 들어, 정수, 실수, 문자열, 리스트, 튜플, 딕셔너리 등은 모두 클래스이고, 우리는 객체를 만들어서 사용해 왔다. 파이썬 쉘에서 type() 명령을 이용해서 우리가 만들었던 값, 자료구조 등이 클래스라는 특징을 확인할 수 있다.

```
>>> type("문자열")
<class 'str'>
>>> type(3)
<class 'int'>
```

문자열과 정수값을 type( ) 명령으로 확인하면 각각 "<class 'str'>"와 "<class 'int'>"로 나타난다. 여기서 "class"가 문자열과 정수가 클래스임을 보여준다.

리스트나 딕셔너리도 확인해 본다.

```
>>> type([])  # 빈 리스트의 자료형 확인
<class 'list'>
>>> type({})  # 빈 딕셔너리의 자료형 확인
<class 'dict'>
```

비슷하게 리스트는 "list", 딕셔너리는 "dict" 클래스 자료형임을 볼 수 있다.

문자열, 정수, 리스트, 딕셔너리 등이 클래스이므로 문자열 자료형으로 만들어진 "문자열", 3, 빈 리스트나 빈 딕셔너리는 객체들이다.

객체를 변수에 저장한 후 type( ) 명령을 적용시켜 본다.

```
>>> s = "문자열"
>>> type(s)
<class 'str'>
>>> lst = []
>>> type(lst)
<class 'list'>
```

이번에는 변수에 다른 값을 저장해서 자료형을 확인해 보자.

```
>>> s = 3
>>> type(s)
<class 'int'>
```

문자열이었던 s에 3을 저장한 후 type( )을 확인했을 때 정수형 객체로 나타난다.

파이썬의 모든 자료형들은 클래스이다. 이러한 자료형에서 생성되는 값이나 자료구조 등은 모두 객체이다.

객체에 포함되어 있던 함수들은 모두 클래스가 제공하는 인터페이스 함수들이다.

문자열에 포함되어 있던 find( )나 index( ) 함수들, 리스트의 append( ), sort( ) 함수 등은 모두 해당 클래스에서 제공하던 인터페이스들이고, 객체를 생성했을 때 사용할 수 있었다.

12.4

PYTHON

객체 지향 프로그래밍의 특성

다음은 객체 지향 프로그래밍의 특성으로 많은 사람들이 꼽는 것이다.

- 추상화
- 캡슐화
- 재사용성
- 상속
- 다형성

상속과 다형성을 제외한 나머지 특성들은 절차적 프로그래밍에서도 적용되고 있지만, 객체 지향 프로그래밍에서는 문법적으로 그리고 보다 체계적으로 지원되고 있다.

추상화

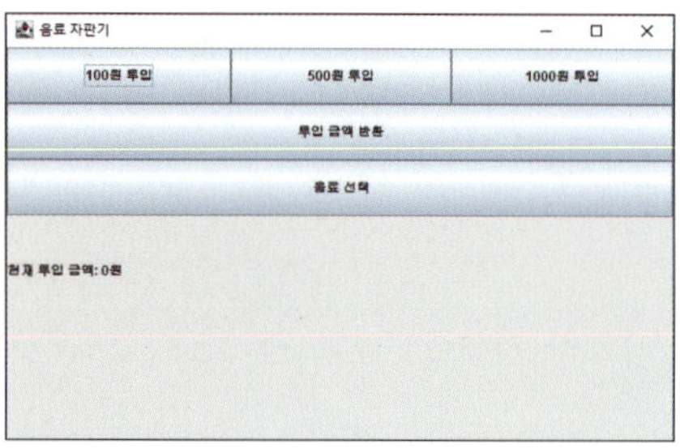

그림 12-6 추상화

추상화는 실존하는 사물 또는 개념을 컴퓨터에서 처리할 수 있을 수준으로 축약하고 핵심을 뽑아내는 것이다.

휴대폰에 여러 기능이 포함될 수 있지만 주어진 문제를 해결하는 데 전화를 거는 것만 필요하다면, 휴대폰의 나머지 기능들은 모두 없애고 필요한 부분만 코드로 작성하는 것이 추상화이다.

음료 자판기를 프로그래밍할 때 자판기의 모든 속성과 기능을 만드는 것이 아니라 컴퓨터에서 처리할 수 있을 정도로 단순화시키고, 문제 해결에 필요한 부분만 뽑아내는 것이 추상화이다.

객체 지향 프로그래밍에서는 주로 클래스와 함수를 이용해서 추상화 시킨다. 클래스는 사물, 개념, 사람 등을 추상화 시키고, 함수들은 기능을 추상화 시킨다.

캡슐화

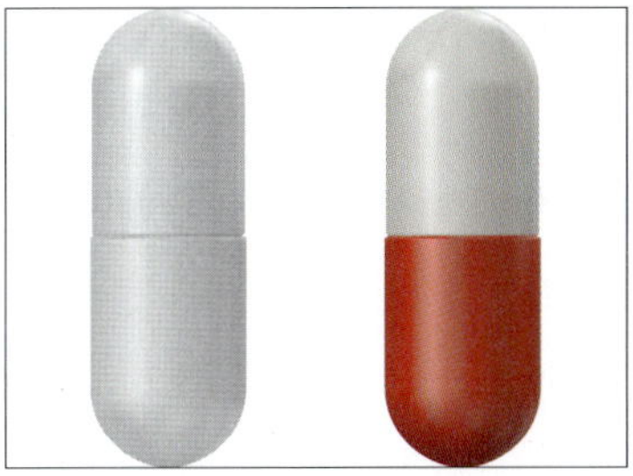

그림 12-7 캡슐화의 은닉성

캡슐화는 필요한 정보와 인터페이스만을 공개하고, 나머지 자세한 구현 내용들을 감추는 것이다. 이런 특징을 빗대어 은닉성이라고도 한다.

캡슐화는 클래스 사용자의 코드 변경을 최소화시키면서 클래스 내부 구현의 융통성을 높인다. 클래스의 인터페이스가 변경되지 않는다면, 클래스 사용자의 코드를 변경하지 않아도 된다. 반대로 인터페이스만 변경되지 않는다면 클래스 내부 구현 코드는 더 좋은 알고리즘으로 업데이트할 수도 있고 유지 보수성을 높일 수 있도록 구조를 바꾸는 것도 가능하다.

일상생활에서 캡슐화가 잘된 예를 흔히 볼 수 있다. 자동차의 운전 방법(인터페이스)은 내부 구조(구현)가 내연기관이나 전기 자동차 모두 비슷하다. TV는 거의 동일한 인터페이스(온/오프 스위치, 볼륨 조정, 채널 조정)로 CRT, PDP, LCD, LED 등으로 계속 변경되어 왔다.

재사용성

그림 12-8 클래스의 재사용성

클래스는 함수에 비해 재사용성을 높인다. call( ) 함수에서 보였듯이, 절차적 프로그래밍 방법에서는 함수 한 개를 재사용할 때, 그 함수가 의존하는 다른 함수들과 변수 등을 모두 찾아 복사해야 할 수도 있다. 예를 들어 call( ) 함수를 복사하려면, hwCall( )도 복사해야 한다.

클래스는 클래스에 필요로 하는 모든 기능들을 포함시켜 독립적으로 만들 수 있다. 휴대폰 클래스에 필요한 모든 속성과 함수들을 포함하고 있다.

만약 휴대폰 클래스를 다른 프로그램에서 사용한다면 휴대폰 클래스만 복사해서 바로 쓸 수 있을 것이다. 잘 만들어진 클래스만으로도 객체 지향 프로그래밍은 절차적 프로그래밍에 비해 재사용성이 높다.

상속

객체 지향 프로그래밍의 상속(inheritance)과 다형성(polymorphism)을 활용하면 기존 클래스 코드를 수정하지 않고 클래스의 기능을 확장하거나 세분화시킬 수 있다.

자식 클래스는 부모 클래스의 모든 속성과 함수들을 상속받게 된다. 자식 클래스는 상속받은 속성과 함수들에 자신만의 새로운 속성이나 함수들을 추가해서 기능을 확장할 수 있다.

클래스가 상속을 받는다면 상속을 받는 클래스는 자식(child), 하위, 또는 파생(derived) 클래스, 상속하는 클래스는 부모(parent) 또는 상위 클래스라고 부른다.

그림으로 상속 관계를 표현할 때는 그림 12-9와 같이 자식 클래스에서 부모 클래스 방향으로 화살표를 그리되 화살표의 머리가 빈 삼각형이 된다.

상위/하위 클래스라고 부르는 것처럼 부모/자식 클래스를 보통 위/아래에 배치시키지만, 위치보다는 화살표 방향에 주의하자.

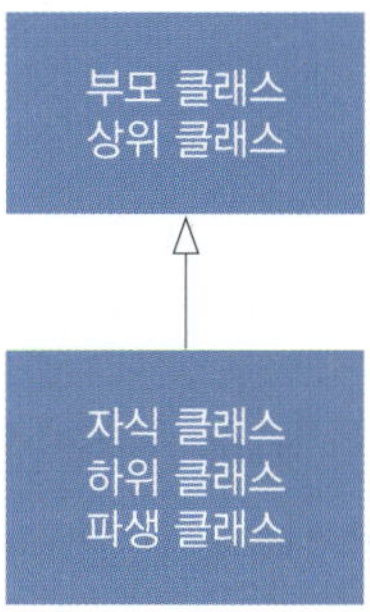

그림 12-9 부모 자식 관계

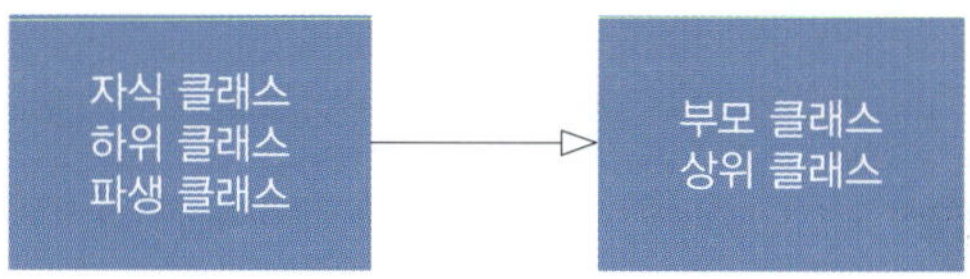

그림 12-10 부모 자식 관계

휴대폰 클래스와 상속

휴대폰 클래스를 이용해서 객체지향 프로그래밍의 상속을 이해해 본다. 상속을 이용하면 기존 코드를 복사해서 붙이지 않고 재사용하면서 확장하거나 기능을 다르게 만들 수 있다.

휴대폰의 발전 과정

먼저 휴대폰의 발전 과정을 살펴보자.

첫 상용 휴대폰은 크기가 약 30cm이고 무게가 약 1kg 정도인 말 그대로 '벽돌폰'이었다. 전화만 걸고 받을 수 있는 수준에 불과했다. 이 시절의 휴대폰은 아날로그 형식이어서 현재의 디지털 폰과는 아예 다르다.

2세대 휴대폰은 텍스트 메시지를 주고받을 수 있게 되었다. 이 때부터 디지털 이동통신을 사용했다. 카메라, MP3 플레이어의 기능을 휴대폰에 넣기도 해 피처폰이라고 불렀다.

다음은 3세대 이동통신 기술을 사용하는 3G 휴대폰이다. 유심칩을 사용하기 시작했고, 스마트폰이 보급되기 시작했다. 3세대는 피처폰과 스마트폰이 공존하던 시기였다.

스마트폰은 응용 프로그램을 설치할 수 있는 휴대폰이다. 사실 휴대폰의 탈을 쓴 컴퓨터라고 보는 것이 맞다. 심지어 전화를 걸고 메시지를 받는 것도 응용 프로그램을 이용해서 한다. 통신 속도가 더 빨라진 4G 즉 LTE 휴대폰들이 보급되었고, 현재는 5G 네트워크를 사용하는 휴대폰이 많이 사용된다.

복사해서 붙이기로 4G와 5G 휴대폰 클래스 만들기

12.4절에서 만들었던 스마트폰(3G) 클래스를 이용해서 4G와 5G 휴대폰 클래스들을 만드는데, 두 가지 사항에 주의한다.

- 3G, 4G, 5G 휴대폰은 모두 같은 종류이고 같은 기능과 앱을 가지고 있지만, 사용하는 통신망이 다르다.
- 대부분의 5G 휴대폰들은 4G 통신망을 사용할 수 있지만, 여기서는 각 휴대폰들은 자신의 통신망만 사용한다. 3G 휴대폰은 3G, 4G 휴대폰은 4G, 5G 휴대폰은 5G 통신망만 사용한다.

표 12-1에서 보인 스마트폰 클래스의 속성과 함수들은 4G 또는 5G 휴대폰에도 필요한 속성과 함수들이다.

상속을 사용하지 않고, 4G 또는 5G 휴대폰 클래스를 만든다면 표 12-1의 휴대폰(Smart Phone) 클래스를 복사해서 새로운 이름을 붙일 것이다(예: FourGPhone. 4세대라면 FourthGenerationPhone이 더 맞겠지만, 간단하게 표현하자).

4G 휴대폰 클래스에는 SmartPhone 클래스를 복사해서 이름을 변경한 코드에 4G 휴대폰에 필요한 새로운 속성들과 함수들을 추가하면 된다.

5G 휴대폰도 비슷하다. 5G에 적합한 속성과 함수들이 추가된다.

복사-붙이기 방법의 문제점은 중복 코드가 많아져서 유지 보수가 어렵다는 것이다. 만약 SmartPhone 클래스 코드에서 문제가 발견되면, 그 코드를 복사해서 붙인 4G, 5G 휴대폰 클래스도 모두 수정해야 한다.

같은 코드가 반복되면서 메모리를 더 많이 차지하고, 코드의 양이 많아지면서 실행 효율성이 떨어지는 것도 문제가 된다.

상속으로 4G와 5G 휴대폰 클래스 만들기

상속을 사용하면 자식 클래스는 부모 클래스의 모든 속성과 함수를 물려받는다. 자식 클래스를 만들 때 부모의 속성과 함수를 다시 작성하지 않고, 새로 추가된 속성과 함수들만 기록한다.

그림 12-11은 SmartPhone 클래스에서 상속받는 4G/5G 스마트폰 클래스이다. 클래스 이름들은 각각 FourGSmartPhone와 FiveGSmartPhone이라고 정했다.

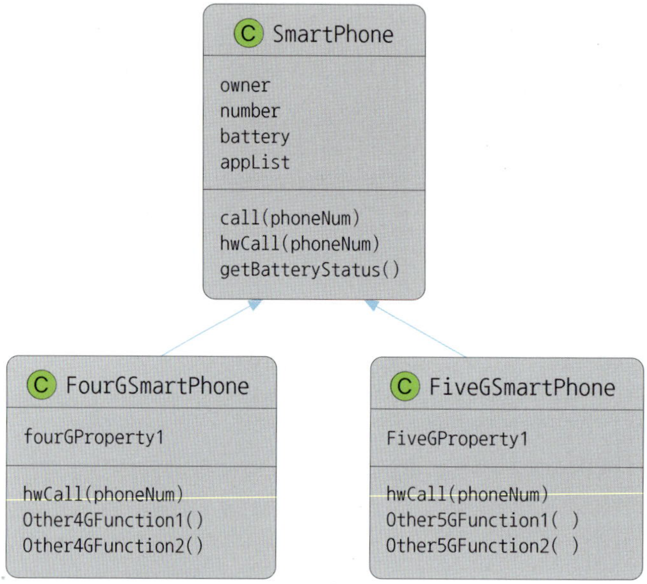

그림 12-11 SmartPhone에서 상속받은 FourGSmartPhone, FiveGSmartPhone 클래스

FourGSmartPhone과 FiveGSmartPhone 클래스는 자신들만의 속성을 포함하고 있다. FourGSmartPhone에는 fourGProperty1이 FiveGSmartPhone에도 fiveGProperty1이 추가되었다.

FourGSmartPhone과 FiveGSmartPhone 클래스에 추가된 other4GFunction1( ), other4GFunction2( ), other5GFunction1( ), other5GFunction2( )는 각각 4G/5G 관련 함수들을 나타낸다.

hwCall( ) 함수는 하드웨어를 이용해서 실제 전화통화를 연결시키는 함수이다. 4G와 5G 휴대폰은 기존 휴대폰과는 다른 하드웨어를 사용해서 전화를 연결하므로, hwCall( ) 함수는 통신망에 맞게 다시 함수가 구현되어야 한다.

이렇게 부모 클래스에 있는 함수를 똑같은 형태(이름, 인자, 반환값 등)로 자식 클래스에서 다시 구현한 것을 함수의 오버라이딩(overriding)이라고 한다.

call( ) 함수는 사용자 인터페이스를 담당하며 hwCall( ) 함수를 호출한다. 여기서는

3G~5G의 전화앱 사용자 인터페이스는 동일하다고 가정했기 때문에 FourGSmartPhone와 FiveGSmartPhone 클래스는 SmartPhone에서 구현한 call( ) 함수를 상속받아 사용한다.

다음은 SmartPhone 클래스의 call( ) 함수를 의사코드로 구현한 것이다. 절차적 프로그래밍 방법의 call( ) 함수와는 달리 사용자 인터페이스를 통해서 전화번호를 받을 것이고, 스마트폰 객체에 포함되는 함수이므로 phone 인자나 phoneNum 인자가 필요없다.

[코드 12-1] call( ) 함수를 의사코드로 표현한 것

```
def call():
    상대방 전화번호를 입력받고 문자열 phoneNum에 저장
    객체 휴대폰 번호(number변수)에서 phoneNum으로 전화 건다는 문구 출력
    hwCall(phoneNum)    # 실제 하드웨어를 이용해서 전화 거는 함수 호출
```

그림 12-12는 FourGSmartPhone과 FiveGSmartPhone 클래스에서 생성된 객체의 모습을 보인다.

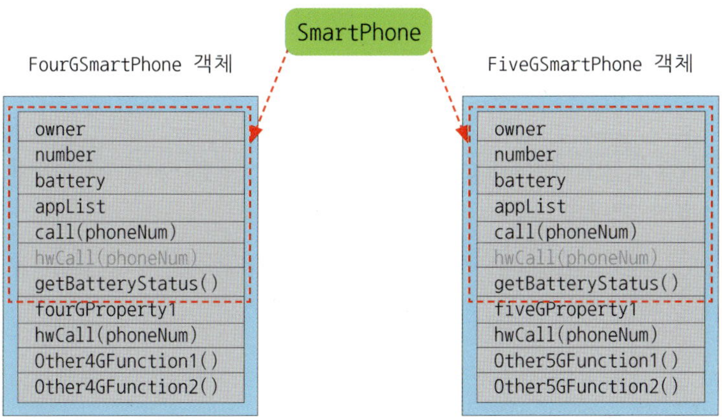

그림 12-12 FourGSmartPhone과 FiveGSmartPhone 객체

FourGSmartPhone과 FiveGSmartPhone 객체에는 SmartPhone 객체의 속성과 함수가 모두 있고, 각 클래스에 추가된 속성과 함수들이 있다.

기존 SmartPhone 클래스의 hwCall( ) 함수는 FourGSmartPhone과 FiveGSmartPhone 클래스에도 있다. hwCall( ) 함수는 세대별 통신망에 해당하는 통화를 담당한다. 즉 SmartPhone의 3G, FourGSmartphone은 LTE, FiveGSmartPhone의 5G 통신망에 따라 각각 다른 하드웨어를 사용할 것이다. FourGSmartPhone과 FiveGSmartPhone 클래스에서는 각각 가지고 있는 함수를 사용할 것이므로, 기존 SmartPhone 클래스의 hwCall( ) 함수는 흐릿하게 회색으로 표현했다.

다형성

다형성은 말 그대로 동일한 함수가 다르게 작동한다는 의미이다. 상속 관계의 여러 클래스들에서 동일한 명칭으로 구현된 함수들이 각각 다르게 작동하는 것이다. 부모 클래스에 있는 함수가 자식 클래스들에서 오버라이딩되면, 실행 시점에 자신의 객체에 연결되어 오버라이딩된 함수들이 호출된다.

다형성의 정의만 봐서는 이해하기 쉽지 않다. 휴대폰 클래스들을 이용해서 다형성을 이해해보자.

SmartPhone 객체를 인자로 전달받고, 전화를 걸어주는 makeAPhoneCall( ) 함수가 있다.

[코드 12-2] 전달받은 스마트폰 객체를 이용해서 전화 거는 함수

```
def makeAPhoneCall(smartPhone):
    smartPhone.call(phoneNum)
```

makeAPhoneCall( ) 함수에서 호출하는 call( ) 함수는 SmartPhone 클래스에 구현되고, FourGSmartPhone과 FiveGSmartPhone에 상속된다. [코드 12-1]에 의사코드로 보인 함수이다.

스마트폰 전화 앱의 그래픽 사용자 인터페이스를 구현하는 것은 어려우므로 사용자에게 키보드로 문자열 전화번호를 입력받는 형태로 [코드 12-1]을 구현해 보자.

전화를 거는 사람의 전화번호는 SmartPhone 객체의 number 변수에 저장되어 있다.

[코드 12-3] SmartPhone 클래스의 call( ) 함수(완성된 코드는 아님)

```
def call():
    phoneNum = input("전화번호를 숫자로만 입력하세요: ")
    print(f"{number}에서 {phoneNum}으로 전화를 겁니다")
    hwCall(phoneNum)
```

[코드 12-3]을 SmartPhone이나 상속받은 클래스의 함수로 제대로 구현하려면, 더 많은 코드가 필요할 것이다. 하지만, 여기서는 다형성을 설명하는 데 필요한 정도로 간략하게 코드를 작성하였다.

파이썬은 변수에 자료형을 명시하지 않는다. 하지만, makeAPhoneCall( ) 함수가 제대로 동작하려면, smartPhone인자 call( ) 함수를 가진 객체일 때 오류가 발생하지 않는다. 따라서 smartPhone에 전달될 수 있는 객체는 SmartPhone, FourGSmartPhone 또는 FiveGSmartPhone 클래스에서 생성되는 객체들이다.

FourGSmartPhone와 FiveGSmartPhone의 객체가 fourGPhone와 fiveGPhone 변수에 저장되었다고 가정한다. makeAPhoneCall( ) 함수에 두 객체를 전달하면 다음 코드와 같다.

```
makeAPhoneCall(fourGPhone) # FourGSmartPhone 객체를 전달
makeAPhoneCall(fiveGPhone) # FiveGSmartPhone 객체를 전달
```

그림 12-13과 같이 makeAPhoneCall( ) 함수에 fourGPhone이 전달되면 fourGPhone객체의 call( ) 함수가 호출된다. FourGSmartPhone 클래스는 call( ) 함수를 구현하지 않았으므로, FourGSmartPhone 클래스의 call( ) 함수는 SmartPhone 클래스에서 구현된 call( ) 함수이다.

SmartPhone 클래스에서 구현된 call( ) 함수가 호출하는 hwCall( ) 함수는 그림 12-13과 같이 SmartPhone 클래스에서 구현된 hwCall( ) 함수가 아니라 FourGSmartPhone에서 구현한 hwCall( ) 함수가 호출된다.

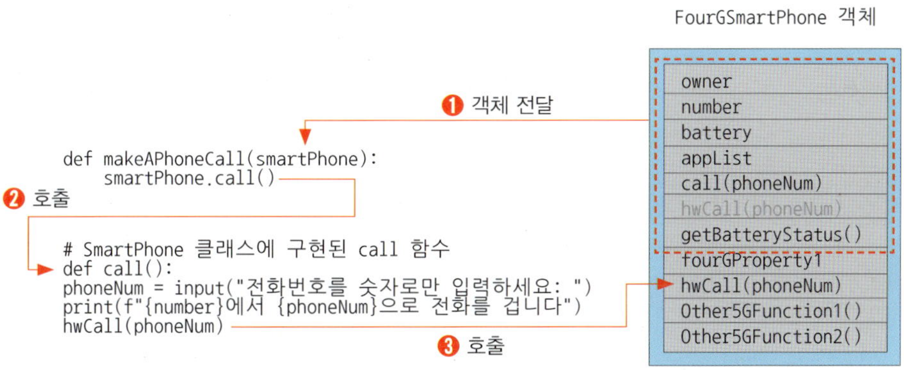

그림 12-13 makeAPhoneCall( ) 함수에 FourGSmartPhone 객체가 전달되었을 때 코드 실행 순서

비슷하게 fiveGPhone 객체가 makeAPhoneCall( ) 함수에 전달되면 FiveGSmartPhone 클래스의 hwCall( ) 함수가 호출된다.

만약 makeAPhoneCall( ) 함수에 SmartPhone 객체가 전달되면, 당연히 SmartPhone의 hwCall( ) 함수가 호출된다.

SmartPhone 클래스를 구현한 프로그래머는 나중에 만들어질 FourGSmartPhone이나 FiveGSmartPhone 클래스의 존재를 모른다.

하지만 상속과 오버라이딩을 통해서, SmartPhone 클래스의 call( ) 함수에서 사용하는 hwCall( ) 함수가 상속받은 FourGSmartPhone과 FiveGSmartPhone 클래스에 포함된 것을 호출하는 것이 가능해진다. 이것이 다형성이다.

만약 6G 통신망이 만들어지고 6G용 휴대폰을 추상화한 SixGSmartPhone 클래스에 hwCall( ) 함수가 오버라이딩된다면, makeAPhoneCall( ) 함수나 SmartPhone 클래스 등은 수정하지 않고도 SixGSmartPhone 객체를 전달해서 전화를 걸 수 있다.

이렇게 상속과 다형성은 기존 코드를 고치지 않고 새로운 기능을 추가할 수 있도록 해서 코드의 재사용성과 유지 보수성을 높인다.

PYTHON

12.5 파이썬 클래스 구현 및 사용

클래스 선언 방법과 생성자

클래스를 만들려면 class 키워드를 이용한다. 다음은 일반적으로 클래스를 선언하는 방법이다.

[코드 12-4] 일반적인 클래스 선언 방법

```
class 클래스_이름:
    # 생성자
    def __init__(self, 매개_변수_리스트):
        〈코드 블록〉 # 객체 변수 초기화

    # 메소드/멤버 함수
    def 함수_이름(self, 매개_변수_리스트):
        〈코드 블록〉
```

클래스를 선언하는 것은 class 키워드와 클래스_이름을 지정하는 것으로 시작된다. 다음에는 클래스에 포함되는 속성(변수)과 함수들을 선언한다.

클래스의 속성은 멤버 변수 또는 인스턴스 변수라고 부르며, 클래스에 포함되는 함수들은 멤버 함수 또는 메소드(method)라고 부른다.

파이썬의 클래스에서 __init__(self) 함수는 특별히 생성자(constructor)라고 불리는데, 클래스로부터 객체가 생성될 때 자동으로 호출된다. 생성자는 주로 멤버 변수들을 초기화시키기 위해 사용된다.

클래스를 선언할 때 생성자가 없어도 된다. 생성자가 없으면 객체가 생성될 때 아무것도 호출되지 않는다.

클래스 밖에 만들어지는 일반 함수와는 다르게 클래스의 생성자와 멤버 함수의 첫 번째 매개변수는 지정되어 있다. 멤버 함수 개발자가 매개변수를 추가하려면 두 번째부터 시작한다.

첫 번째 매개변수는 클래스로부터 생성되는 객체 자신을 나타낸다. 파이썬에서는 이 변수를 이용해서 클래스의 멤버 변수를 생성하고 접근한다. 변수 생성과 접근에 대해서는 뒤에서 자세히 설명한다.

생성자나 멤버 변수가 없이 멤버 함수만 있는 간단한 SmartPhone 클래스를 만들어 본다.

call( ), hwCall( ), getBatteryStatus( ) 함수에는 간단한 화면 출력 코드만 넣었다.

함수에 인자를 전달받으려면 두 번째부터 넣을 수 있다. call( )과 hwCall( ) 함수는 전화를 걸 상대방 전화번호를 인자로 전달받는데, 두 번째 매개변수로 지정하였다.

[코드 12-5] SmartPhone 클래스의 첫 번째 버전

```
class SmartPhone:
    def call(self, phoneNum):
        print(f"call(): {phoneNum}")

    def hwCall(self, phoneNum):
        print(f"hwCall(): {phoneNum}")

    def getBatteryStatus(self):
        print("getBatteryStatus")
```

객체 생성

클래스 이름을 함수처럼 호출하면 객체가 생성된다.

SmartPhone 클래스를 이용해서 두 개의 객체를 생성해서 변수에 저장한다.

```
phone1 = SmartPhone()  # 객체 생성 후 phone1이라는 이름표를 붙임
phone2 = SmartPhone()  # 객체 생성 후 phone2이라는 이름표를 붙임
```

객체 함수 호출

객체 함수를 호출하는 것은 객체_변수_이름.멤버_함수_이름( ) 형태로 사용한다. 문자열 등에 포함된 함수를 호출하는 것과 같다.

SmartPhone 객체를 이용해서 함수를 호출해 본다. 멤버 함수의 첫 번째 매개 변수에 대응되

는 인자는 전달하지 않고, 두 번째 매개 변수에 해당되는 인자부터 전달한다.

[코드 12-6] SmartPhone 객체 생성 후 멤버 함수를 호출

```
>>> class SmartPhone:
...     def call(self, phoneNum):
...         print(f"call(): {phoneNum}")
...
...     def hwCall(self, phoneNum):
...         print(f"hwCall(): {phoneNum}")
...
...     def getBatteryStatus(self):
...         print("getBatteryStatus")
...
>>> phone1 = SmartPhone()            # 객체 생성 후 phone1이라는 이름표를 붙임
>>> phone2 = SmartPhone()            # 객체 생성 후 phone2이라는 이름표를 붙임
>>> phone1.call("010-1111-1111")     # 첫 번째 인자는 생략하고 두 번째 인자만 전달
call(): 010-1111-1111
>>> phone1.getBatteryStatus()        # 첫 번째 인자 생략
getBatteryStatus
>>> phone2.call("010-2222-2222")     # 첫 번째 인자는 생략하고 두 번째 인자만 전달
call(): 010-2222-2222
>>> phone2.getBatteryStatus()        # 첫 번째 인자 생략
getBatteryStatus
```

멤버 함수의 첫 번째 매개변수: self 변수

● 멤버 함수의 첫 번째 매개변수

[코드 12-4]와 [코드 12-5]에서 생성자와 함수를 보면 첫 번째 매개변수 이름이 "self"이다.

생성자나 멤버 함수의 첫 번째 인자는 객체 자신을 가리키는 특별한 용도의 변수이며, 이 변수를 이용해서 멤버 변수를 생성하거나 접근할 수 있다.

파이썬에서는 관례적으로 "self"라는 이름을 사용하지만, 개발자가 다른 이름으로 지정할 수 있다. 다른 이름을 쓸 이유가 없다면 "self"를 쓰도록 한다.

두 번째 매개 변수부터 일반 함수에서 매개변수를 선언하는 것처럼 추가할 수 있다.

● 클래스의 멤버 함수를 호출할 때 첫 번째 인자는 생략

[코드 12-6]에서 클래스의 멤버 함수를 호출할 때 첫 번째 인자는 값을 전달하지 않고 생략했다. 함수를 호출할 때 두 번째 매개변수부터 전달할 값들을 지정한다.

호출할 때 첫 번째 인자를 생략하는데, 함수를 구현할 때는 첫 번째 인자가 있다. 이렇게 만들어진 것은 메모리를 절약하기 위해서이다.

그림 12-14는 SmartPhone 객체들이 생성되어 메모리에 할당된 것이다. 두 객체는 각각 다른 메모리 공간에 함수들을 가지고 있다.

이렇게 객체마다 함수가 따로 만들어진다면, 첫 번째 매개 변수였던 self는 없어도 된다. 객체에 있는 함수들은 객체에 있는 변수들만 접근할 수 있도록 만들 수 있다.

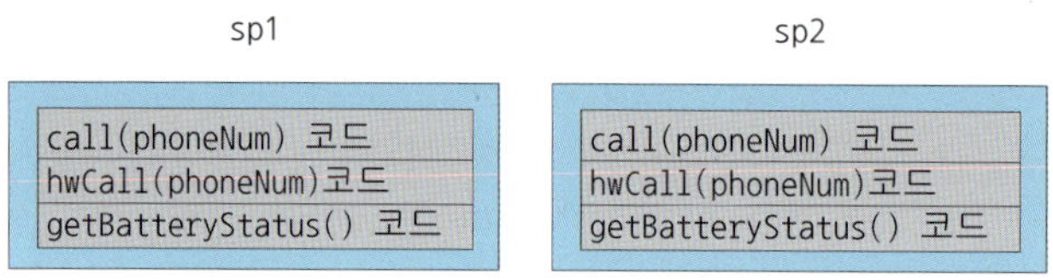

그림 12-14 SmartPhone에서 생성된 객체 두 개

하지만 객체마다 함수 코드가 따로 있다면, 객체가 수 백개 또는 수 천개 만들어지면 같은 코드가 수 백 또는 수 천개 복사되어야 하고 메모리 공간이 낭비된다.

파이썬은 쓸데없이 낭비되는 메모리를 줄이기 위해, 그림 12-15와 같이 함수 코드는 한 개씩만 메모리에 할당하고 객체에는 함수의 위치를 저장한다. 이 때 저장하는 함수의 위치 정보를 많은 프로그래밍 언어에서 참조(reference)라고 표현한다.

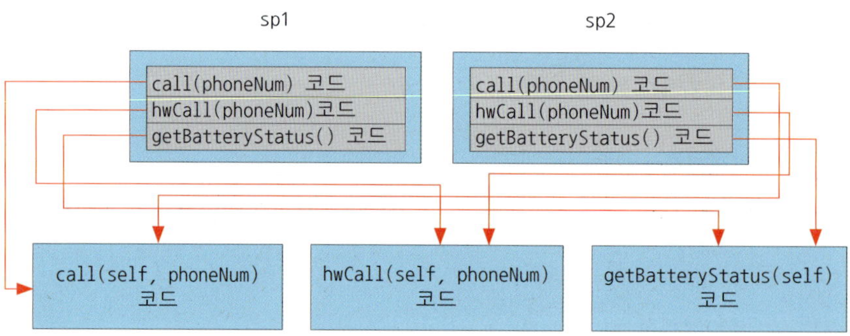

그림 12-15 SmartPhone에서 생성된 객체와 공유하는 함수

객체와 관계없이 단독으로 존재하는 멤버 함수 코드에서는 객체마다 따로 저장되어 있는 멤버 변수 등을 접근하고 사용해야 한다. 멤버 함수에서 객체의 메모리 공간에 있는 변수들을

접근해야 하는데, 이 때 사용할 수 있는 변수가 첫 번째 인자인 self이다. 파이썬에서는 객체의 멤버 함수가 호출되는 코드를 실행시킬 때, 함수의 첫 번째 인자로 각 객체의 메모리 공간을 나타내는 참조값을 전달한다. 멤버 함수에서는 객체의 공간을 첫 번째 인자인 self로 전달받고, 이를 이용해서 객체 공간에 있는 멤버 변수들을 접근할 수 있다.

예를 들어 객체를 이용해서 멤버 함수를 호출하는 [코드 12-7]을 파이썬은 내부적으로 [코드 12-8] 형태로 바꿔 실행시킨다.

[코드 12-7] 객체를 이용해서 멤버 함수 호출

```
sp1.call("010-1111-1111")
sp2.getBatteryStatus()
```

[코드 12-8]

```
call(sp1, "010-1111-1111")
getBatteryStatus(sp2)
```

멤버 변수 생성 및 사용

클래스의 멤버 변수는 생성자나 멤버 함수에서 "self.변수_이름"에 처음으로 값을 저장할 때 생성된다. "self"는 생성자나 멤버 함수의 첫 번째 매개 변수의 이름으로 가정한다.

클래스 멤버 변수는 객체가 생성되면 객체마다 다른 메모리 공간에 존재하며 서로 분리되어 있다. 따라서 객체 A의 변수값이 수정되어도 객체 B의 변수값은 변경되지 않는다.

멤버 변수는 생성된 후에 클래스 멤버 함수 어디서나 사용할 수 있다. 클래스 외부에서도 사용할 수 있다. 내/외부에서 접근할 수 있는 변수를 public 변수라고 한다.

클래스 내부에서는 멤버 변수를 "self.변수_이름"으로 접근하고 사용할 수 있다.

클래스 외부에서 멤버 변수에 접근하려면 "객체_이름.변수_이름"으로 접근하고 사용한다.

클래스 내부에서만 접근하고 사용할 수 있는 변수(private 변수라고 함)를 만들고 싶으면 변수 이름 앞에 밑줄 문자('_')를 두개 붙인다. 예를 들면 self.a는 클래스 내외부에서 사용할 수 있지만, self.__a는 클래스 내부의 멤버 함수에서만 사용할 수 있다.

밑줄 문자 한 개를 변수에 붙이면 클래스 내부와 상속된 클래스에서만 접근할 수 있다. 클래스와 상속된 클래스에서는 접근 가능하고 외부에서는 사용할 수 없는 변수들을 protected 변수라고 한다.

생성자

생성자는 __init(self, 매개_변수_리스트)__로 정해졌다.

생성자는 객체가 생성될 때 호출되는 함수이다.

생성자는 클래스 이름으로 호출되며, 일반적인 함수와 구현 또는 사용법이 같다. 생성자에 매개 변수가 있으면 클래스 이름으로 호출할 때 일반 함수에 인자를 전달하는 형식으로 값을 전달한다.

인자로 사용자 이름, 휴대폰 번호, 배터리 상태 등을 전달받아 SmartPhone 클래스의 멤버 변수들을 초기화시키는 생성자를 구현해 본다.

SmartPhone의 멤버 변수는 표 12-1에 있는 owner, number, battery를 사용한다.

```
class SmartPhone:
    def __init__(self, name, phoneNum, battery):
        self.owner = name
        self.number = phoneNum
        self.battery = battery          # (1)
```

SmartPhone 클래스의 생성자는 세 개의 값을 인자로 전달받아 멤버 변수들에 저장한다.

(1)에서 self.battery와 battery는 다른 변수이다. self.battery는 멤버 변수이고, battery는 생성자의 매개 변수이다.

일반적인 멤버 변수는 클래스 내/외부에서 모두 사용할 수 있다. 먼저 멤버 변수를 화면에 출력하는 printMemberVariables를 사용해 본다.

```
>>> class SmartPhone:
...     def __init__(self, name, phoneNum, battery):
...         self.owner = name
...         self.number = phoneNum
...         self.battery = battery          # (1)
...         self.__privateInt = 30
...     def printMemberVariables(self):
...         print(f"owner = {self.owner}, phone number = {self.number}, battery = {self.
battery}, privateInt = {self.__privateInt}")
...
```

```
>>> sp1 = SmartPhone("Cho", "010-1111-1111", 80) # 함수 호출하듯이 인자 전달
>>> sp2 = SmartPhone("Lim", "010-2222-2222", 70)
>>> sp1.printMemberVariables()
owner = Cho, phone number = 010-1111-1111, battery = 80, privateInt = 30
>>> sp2.printMemberVariables()
owner = Lim, phone number = 010-2222-2222, battery = 70, privateInt = 30
```

외부에서 값을 출력하는 코드를 실행해 본다.

```
>>> print(f"owner = {sp1.owner}, phone number = {sp1.number}, battery = {sp1.battery}")
owner = Cho, phone number = 010-1111-1111, battery = 80
>>> print(f"owner = {sp2.owner}, phone number = {sp2.number}, battery = {sp2.battery}")
owner = Lim, phone number = 010-2222-2222, battery = 70
__privateInt 변수는 클래스 밖에서는 사용할 수 없다.
>>> print(f"__privateInt = {sp1.__privateInt}")
Traceback (most recent call last):
  File "<stdin>", line 1, in <module>
AttributeError: 'SmartPhone' object has no attribute '__privateInt'
```

멤버 함수

멤버 함수는 변수와 마찬가지로 클래스 내/외부에서 사용할 수 있다. 일반적인 멤버 함수들은 public 함수들이다.

클래스 내부에서는 "self.멤버_함수_이름( )"으로 호출하고, 외부에서는 "객체_이름.멤버_함수_이름( )"으로 호출한다.

멤버 함수 이름을 "__"로 시작하면 클래스 내부에서만 사용할 수 있는 private 함수를 만들 수 있다.

밑줄 문자 한 개를 함수 이름 앞에 붙이면 클래스 내부와 상속된 클래스에서는 사용할 수 있지만 외부에서는 호출할 수 없는 protected 함수를 만든다

SmartPhone 클래스에서 hwCall( ) 함수는 외부에서 사용할 필요가 없다. 상속된 클래스에서는 오버라이딩을 해야 하므로 protected 함수로 만드는 것이 좋다.

이러한 점들을 고려해서 SmartPhone 클래스를 다시 구현하고 객체를 생성해서 함수를 호출해 본다.

[코드 12-9] SmartPhone.py

```
# SmartPhone 클래스의 두 번째 버전과 객체 생성 및 사용 코드
class SmartPhone:
    def __init__(self, name, phoneNum, battery):
        self.owner = name
        self.number = phoneNum
        self.battery = battery

    def call(self, phoneNum):
        if self.battery >= 10:
            print(f"{self.number}에서 {phoneNum}으로 전화를 겁니다")
            self._hwCall(phoneNum)
        else:
            print("배터리가 부족합니다")

    def getBatteryStatus(self):
        return self.battery

    def _hwCall(self, phoneNum):    # protected 멤버 함수로 구현
        print(f"하드웨어를 제어해서 {phoneNum}으로 전화를 겁니다")

sp1 = SmartPhone("Cho", "010-1111-1111", 80)
sp2 = SmartPhone("Lim", "010-2222-2222", 70)

sp1.call("010-3333-3333")
sp2.call("010-4444-4444")
print(f"sp1의 배터리 충전 상태: {sp1.getBatteryStatus()}")
print(f"sp2의 배터리 충전 상태: {sp2.getBatteryStatus()}")
```

[실행 결과]

```
010-1111-1111에서 010-3333-3333으로 전화를 겁니다
하드웨어를 제어해서 010-3333-3333으로 전화를 겁니다
010-2222-2222에서 010-4444-4444으로 전화를 겁니다
하드웨어를 제어해서 010-4444-4444으로 전화를 겁니다
```

```
sp1의 배터리 충전 상태: 80
sp2의 배터리 충전 상태: 70
```


클래스의 또 다른 사용 이유

클래스는 객체 지향 프로그래밍과 관계없이 연관된 데이터를 묶어서 관리하기 위한 용도로 사용할 수 있다.

앞서 자료구조를 설명하면서 과목 이름과 성적을 묶어서 관리하는 것을 얘기한 적이 있다.

첫 번째 방법은 두 개의 리스트를 이용한다. 한 개는 과목 이름을, 다른 한 개는 과목의 성적을 저장하되 두 리스트의 인덱스를 이용해서 과목과 성적을 연결시킬 수 있다.

```
subjects = ["국어", "수학", "화학", "영어"]
scores = [90, 80, 95, 100]
```

이 방법은 과목과 성적이 분리되어 있다는 점에서 관리가 어려워진다.

다른 방법으로 리스트나 딕셔너리로 과목과 성적을 묶는 방법이 있다.

```
score = [["국어", 90], ["수학", 80], ["화학", 95], ["영어", 100]]  # (1)
score = {"국어":90, "수학":80, "화학":95, "영어":100}
```

과목과 성적이 묶여 있어 한 사람의 성적 관리는 수월하지만 여러 사람들의 성적들을 관리하려면, 자료구조에 자료구조가 포함되는 형태가 되어 코드가 복잡해진다.

클래스는 자료구조를 사용하는 대신 연관된 데이터를 묶는 목적으로 사용할 수 있다. 한 사람의 성적 정보를 클래스로 만들고, 클래스로부터 생성되는 객체들을 리스트 등으로 묶어서 여러 사람의 성적을 관리할 수 있다.

네 과목 성적을 멤버 변수로 담는 클래스를 만들어 본다.

```
class Score:
    def __init__(self, name, kor, math, chem, eng):
        self.name = name
```

```
        self.korean = kor
        self.mathmatics = math
        self.chemistry = chem
        self.english = eng
```

리스트를 이용해서 두 명의 성적을 구성해 본다. 두 학생의 성적은 표 12-2와 같다.

표 12-2 성적

이름	국어	수학	화학	영어
홍길동	90	80	95	100
이금동	85	90	80	100

빈 리스트를 만든 후에, 객체를 생성해서 리스트에 추가하자.

```
>>> class Score:
...     def __init__(self, name, kor, math, chem, eng):
...         self.name = name
...         self.korean = kor
...         self.mathmatics = math
...         self.chemistry = chem
...         self.english = eng
...
>>> scores = []
>>> scores.append(Score("홍길동", 90, 80, 95, 100))
>>> scores.append(Score("이금동", 85, 90, 80, 100))
```

리스트에 저장된 성적을 화면에 출력하는 코드를 작성해 본다.

```
>>> for s in scores:
...     print(f"이름: {s.name}, 국어: {s.korean}, 수학: {s.mathmatics}, 화학: {s.chemistry}, 영
어: {s.english}")
...
이름: 홍길동, 국어: 90, 수학: 80, 화학: 95, 영어: 100
이름: 이금동, 국어: 85, 수학: 90, 화학: 80, 영어: 100
```

12.5 실습문제 1

PYTHON

| 문제 |

사각형 또는 원의 면적 계산에 필요한 데이터를 3회 입력받고, 면적을 계산한다. 입력 데이터는 리스트에 저장한 후, 순차적으로 면적을 계산해서 출력하는 프로그램을 작성한다.

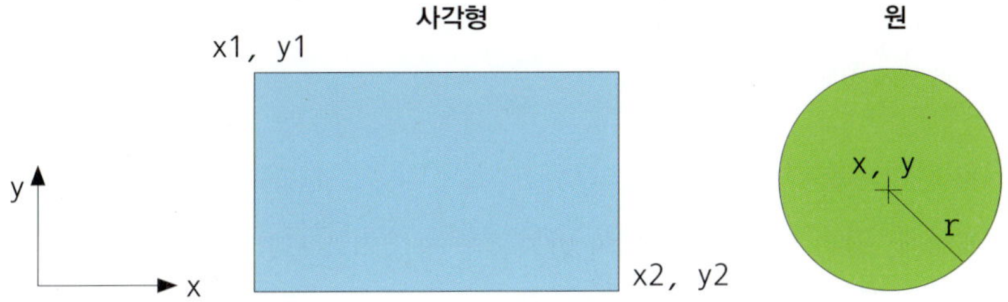

그림 12-16 사각형과 원의 정보

| 요구사항 |

- 사각형과 원을 클래스로 구현한다.
- 그림 12-16과 같이 사각형은 왼쪽 상단(x1, y1)과 오른쪽 하단(x2, y2)의 좌표값을 입력받고, 원은 중심 좌표(x, y)와 반지름을 입력받는다.
- 원의 면적은 반지름 정보만 있으면 되지만, 중심 좌표도 입력받는다.
- 좌표값은 그림 12-16과 같이 x축은 오른쪽으로 커지는 방향, y축은 윗쪽으로 커지는 방향이다.
- 좌표값들은 정수이다.
- 사용자로부터 입력받을 때 모양을 먼저 문자열로 입력받고(예: 사각형, 원), 모양에 따라 4개의 정수 좌표를 입력받거나(사각형), 세 개의 정수를 입력받는다(원).
- 사용자가 어떤 순서로 모양을 입력할지 모른다고 가정한다.
- 사용자는 모양과 정수값들을 오류 없이 입력한다고 가정한다.

| 문제 해결 |

알고리즘은 사용자 입력을 받고 사각형 또는 원 객체를 생성해서 리스트를 구성한다. 리스트에 있는 요소(도형)들을 이용해서 면적을 구하고 화면에 출력한다.

```
빈 리스트 생성
3번 반복
    모양 입력받기
    입력 내용이 "사각형" 또는 "원"이냐에 따라 도형 객체 생성
    리스트에 추가
리스트에 있는 요소별로 반복
    도형 모양에 따라 면적 계산 후 출력
```

우선 사각형과 원의 클래스를 구현하자.

사각형은 정수 좌표 4개, 원은 정수 좌표 2개와 반지름을 속성으로 포함한다.

사각형과 원의 면적을 구하는 방법이 다르므로, 각 클래스에 면적 계산 함수를 구현한다. 원주율은 math 모듈을 임포트(import)한 후, math.pi를 사용한다.

[코드 12-10] 사각형과 원 클래스 코드

```
import math

class Rectangle:
    def __init__(self, x1, y1, x2, y2):
        self.x1 = x1
        self.y1 = y1
        self.x2 = x2
        self.y2 = y2

    def calcArea(self):
        return (self.x2 - self.x1) * (self.y1 - self.y2)

class Circle:
    def __init__(self, x, y, r):
        self.x = x
        self.y = y
        self.r = r
```

```
    def calcArea(self):
        return math.pi * self.r * self.r
```

파이썬 쉘에 클래스 코드를 입력하고, 빈 리스트를 생성한다. 도형 정보를 입력받아 객체 생성 후 리스트에 추가하는 것을 3회 반복한다.

```
>>> import math
>>> class Rectangle:
...     def __init__(self, x1, y1, x2, y2):
...         self.x1 = x1
...         self.y1 = y1
...         self.x2 = x2
...         self.y2 = y2
...     def calcArea(self):
...         return (self.x2 - self.x1) * (self.y1 - self.y2)
...
>>> class Circle:
...     def __init__(self, x, y, r):
...         self.x = x
...         self.y = y
...         self.r = r
...     def calcArea(self):
...         return math.pi * self.r * self.r
...
>>> shapeList = []
>>> for i in range(3):
...     s = input("도형 모양을 입력하세요: ")
...     if s == "사각형":
...         x1 = int(input("왼쪽 상단의 x좌표를 입력하세요: "))
...         y1 = int(input("왼쪽 상단의 y좌표를 입력하세요: "))
...         x2 = int(input("오른쪽 하단의 x좌표를 입력하세요: "))
...         y2 = int(input("오른쪽 하단의 y좌표를 입력하세요: "))
...         shapeList.append(Rectangle(x1, y1, x2, y2)) # 리스트에 추가
...     elif s == "원":
...         x = int(input("원의 중심 x 좌표를 입력하세요: "))
...         y = int(input("원의 중심 y 좌표를 입력하세요: "))
```

```
...         r = int(input("원의 반지름을 입력하세요: "))
...         shapeList.append(Circle(x, y, r))          # 리스트에 추가
...
도형 모양을 입력하세요: 사각형
왼쪽 상단의 x좌표를 입력하세요: 10
왼쪽 상단의 y좌표를 입력하세요: 20
오른쪽 하단의 x좌표를 입력하세요: 20
오른쪽 하단의 y좌표를 입력하세요: 10
도형 모양을 입력하세요: 원
원의 중심 x 좌표를 입력하세요: 10
원의 중심 y 좌표를 입력하세요: 10
원의 반지름을 입력하세요: 10
도형 모양을 입력하세요: 원
원의 중심 x 좌표를 입력하세요: 50
원의 중심 y 좌표를 입력하세요: 50
원의 반지름을 입력하세요: 20
```

리스트에 도형 3개의 객체들이 추가되었으므로, 요소마다 면적을 계산하고 화면에 출력한다.

```
>>> for s in shapeList:
...     print(f"면적: {s.calcArea()}")
...
면적: 100
면적: 314.1592653589793
면적: 1256.6370614359173
```

| 최종 코드 |

[코드 12-11] prac12_01.py

```
import math

class Rectangle:
    def __init__(self, x1, y1, x2, y2):
        self.x1 = x1
```

```
        self.y1 = y1
        self.x2 = x2
        self.y2 = y2

    def calcArea(self):
        return (self.x2 - self.x1) * (self.y1 - self.y2)

class Circle:
    def __init__(self, x, y, r):
        self.x = x
        self.y = y
        self.r = r

    def calcArea(self):
        return math.pi * self.r * self.r

shapeList = []
for i in range(3):
    s = input("도형 모양을 입력하세요: ")
    if s == "사각형":
        x1 = int(input("왼쪽 상단의 x좌표를 입력하세요: "))
        y1 = int(input("왼쪽 상단의 y좌표를 입력하세요: "))
        x2 = int(input("오른쪽 하단의 x좌표를 입력하세요: "))
        y2 = int(input("오른쪽 하단의 y좌표를 입력하세요: "))
        shapeList.append(Rectangle(x1, y1, x2, y2))
    elif s == "원":
        x = int(input("원의 중심 x 좌표를 입력하세요: "))
        y = int(input("원의 중심 y 좌표를 입력하세요: "))
        r = int(input("원의 반지름을 입력하세요: "))
        shapeList.append(Circle(x, y, r))
for s in shapeList:
    print(f"면적: {s.calcArea()}")
```

| 실행 결과 |

```
도형 모양을 입력하세요: 사각형
왼쪽 상단의 x좌표를 입력하세요: 20
왼쪽 상단의 y좌표를 입력하세요: 30
오른쪽 하단의 x좌표를 입력하세요: 40
오른쪽 하단의 y좌표를 입력하세요: 10
도형 모양을 입력하세요: 원
원의 중심 x 좌표를 입력하세요: 10
원의 중심 y 좌표를 입력하세요: 10
원의 반지름을 입력하세요: 10
도형 모양을 입력하세요: 원
원의 중심 x 좌표를 입력하세요: 30
원의 중심 y 좌표를 입력하세요: 30
원의 반지름을 입력하세요: 30
면적: 400
면적: 314.1592653589793
면적: 2827.4333882308138
```

12.6 상속과 다형성

상속과 다형성의 구현

상속 관계는 부모와 자식 두 개의 클래스를 연결해야 한다. 클래스를 선언하면서 부모 클래스의 이름을 명시하면 된다.

```
class 자식_클래스_이름(부모_클래스_이름):
    <코드 블록>
```

그림 12-11에서 보면 SmartPhone 클래스를 상속받아 FourGSmartPhone 클래스를 만들고 있다.

fourGProperty1 속성에는 "4G LTE Network" 문자열을 저장하고, other4GFunction1( )과 other4GFunction2( )는 각각 fourGProperty값과 "4G 기능 2를 처리합니다"를 출력하는 코드를 넣는다.

hwCall(phoneNum)은 protected 멤버 함수로 구현하고, "4G 통신망을 사용해서 phoneNum으로 전화를 겁니다"를 출력한다.

[코드 12-12] FourGSmartPhone의 첫 번째 버전

```
class FourGSmartPhone(SmartPhone):
    def __init__(self):
        self.fourGProperty1 = "4G LTE Network"

    def other4GFunction1(self):
        print(f"{self.fourGProperty1}")

    def other4GFunction2(self):
        print("4G 기능 2를 처리합니다")

    def _hwCall(self, phoneNum):
```

```
        print(f"4G 통신망을 사용해서 {phoneNum}으로 전화를 겁니다")
```

파이썬 셸에서 [코드 12-9]의 SmartPhone 클래스와 [코드 12-12]의 FourGSmartPhone 클래스 코드를 입력하고 객체를 생성해서 함수들을 호출한다.

```
>>> class SmartPhone:
...     def __init__(self, name, phoneNum, battery):
...         self.owner = name
...         self.number = phoneNum
...         self.battery = battery
...     def call(self, phoneNum):
...         if self.battery >= 10:
...             print(f"{self.number}에서 {phoneNum}으로 전화를 겁니다")
...             self._hwCall(phoneNum)
...         else:
...             print("배터리가 부족합니다")
...     def getBatteryStatus(self):
...         return self.battery
...     def _hwCall(self, phoneNum):    # protected 멤버 함수로 구현
...         print(f"하드웨어를 제어해서 {phoneNum}으로 전화를 겁니다")
...
>>> class FourGSmartPhone(SmartPhone):
...     def __init__(self):
...         self.fourGProperty1 = "4G LTE Network"
...     def other4GFunction1(self):
...         print("4G 기능 1을 처리합니다")
...     def other4GFunction2(self):
...         print("4G 기능 2를 처리합니다")
...     def _hwCall(self, phoneNum):
...         print(f"4G 통신망을 사용해서 {phoneNum}으로 전화를 겁니다")
...
>>> fsp1 = FourGSmartPhone()
>>> fsp1.other4GFunction1()
4G LTE Network
>>> fsp1.other4GFunction2()
4G 기능 2를 처리합니다
```

FourGSmartPhone 객체를 만들고 새로 추가된 함수들을 호출하면 제대로 동작한다. 이제 상속받은 SmartPhone의 함수들을 호출해 본다.


```
>>> fsp1.call("010-3333-3333")
Traceback (most recent call last):
  File "<stdin>", line 1, in <module>
  File "<stdin>", line 7, in call
AttributeError: 'FourGSmartPhone' object has no attribute 'battery'
```

battery 속성이 없다는 오류가 발생하고 있다. 이런 오류가 발생하는 이유는 battery 변수가 생성되지 않았기 때문이다. 또한 battery가 생성되지 않은 것은 SmartPhone 클래스의 생성자가 호출되지 않았기 때문이다.

FourGSmartPhone 클래스의 객체를 생성할 때 FourGSmartPhone 클래스의 __init__( ) 함수는 호출되었지만, 부모 클래스인 SmartPhone의 생성자는 호출되지 않아 속성들이 제대로 생성되지 못해서 발생하는 오류이다.

이를 해결하려면 자식 클래스의 생성자에서 부모 클래스의 생성자를 호출해야 한다.

파이썬에서 부모 클래스의 객체를 가리키는 값은 super( )라는 함수를 이용해서 얻을 수 있다. 다음은 부모 클래스의 생성자와 부모 클래스의 func( )함수를 super( )를 이용해서 호출하는 것이다.

```
super().__init__()      # 부모 클래스의 생성자 호출
super().func()          # 부모 클래스의 멤버 함수 func( )를 호출
```

부모 클래스의 생성자나 멤버 함수가 인자를 취한다면, 값을 전달할 수 있다.

FourGSmartPhone 클래스를 수정해서 부모 클래스의 생성자를 호출하도록 한다.

SmartPhone의 생성자에 3개의 인자를 전달해야 하므로, FourGSmartPhone의 객체를 생성할 때 SmartPhone의 생성자에 전달할 값들을 인자로 받도록 한다.

[코드 12-13] FourGSmartPhone의 두 번째 버전

```
class FourGSmartPhone(SmartPhone):
    def __init__(self, name, phoneNum, battery):  # 3개 인자를 부모로 전달
        super().__init__(name, phoneNum, battery) # 부모 클래스(SmartPhone)의 생성자 호출
        self.fourGProperty1 = "4G LTE Network"

    def other4GFunction1(self):
        print(f"{self.fourGProperty1}")

    def other4GFunction2(self):
        print("4G 기능 2를 처리합니다")

    def _hwCall(self, phoneNum):
        print(f"4G 통신망을 사용해서 {phoneNum}으로 전화를 겁니다")
```

파이썬 셸에 [코드 12-13]을 입력하고, 다시 객체를 생성해서 call( ) 함수를 호출한다.

```
>>> class FourGSmartPhone(SmartPhone):
...     def __init__(self, name, phoneNum, battery):
...         self.fourGProperty1 = "4G LTE Network"
...         super().__init__(name, phoneNum, battery)
...     def other4GFunction1(self):
...         print(f"{self.fourGProperty1}")
...     def other4GFunction2(self):
...         print("4G 기능 2를 처리합니다")
...     def _hwCall(self, phoneNum):
...         print(f"4G 통신망을 사용해서 {phoneNum}으로 전화를 겁니다")
...
>>> fsp1 = FourGSmartPhone("cho", "010-1111-1111", 80)
>>> fsp1.call("010-3333-3333")
010-1111-1111에서 010-3333-3333으로 전화를 겁니다
4G 통신망을 사용해서 010-3333-3333으로 전화를 겁니다
```

앞서 설명한 다형성은 call( ) 함수를 통해 구현되고 있다. 이 함수는 부모인 SmartPhone에서 만들어진 함수이지만, call( )에서 호출하는 _hwCall( ) 함수는 자식 클래스인 FourGSmartPhone 클래스에 있는 함수이다.

앞에서 함수 이름 앞에 "__"가 붙으면 private 메소드라고 했지만, __init__( ) 생성자는 특별하게 만들어진 것으로 자식 클래스에서 호출할 수 있다.

FiveGSmartPhone 클래스 코드도 완성한다.

[코드 12-14] FiveGSmartPhone 클래스

```
class FiveGSmartPhone(SmartPhone):
    def __init__(self, name, phoneNum, battery): # 3개 인자를 부모로 전달
        super().__init__(name, phoneNum, battery)
        self.fiveGProperty1 = "5G Network"

    def other5GFunction1(self):
        print(f"{self.fiveGProperty1}")

    def other5GFunction2(self):
        print("5G 기능 2를 처리합니다")

    def _hwCall(self, phoneNum):
        print(f"5G 통신망을 사용해서 {phoneNum}으로 전화를 겁니다")
```

파이썬 쉘에 [코드 12-14]를 입력한 후 객체를 생성해서 FiveGSmartPhone의 멤버 함수와 call( ) 함수를 호출해 본다.

```
>>> class FiveGSmartPhone(SmartPhone):
...     def __init__(self, name, phoneNum, battery):
...         super().__init__(name, phoneNum, battery)
...         self.fiveGProperty1 = "5G Network"
...     def other5GFunction1(self):
...         print(f"{self.fiveGProperty1}")
...     def other5GFunction2(self):
...         print("5G 기능 2를 처리합니다")
...     def _hwCall(self, phoneNum):
...         print(f"5G 통신망을 사용해서 {phoneNum}으로 전화를 겁니다")
...
>>> fsp2 = FiveGSmartPhone("lim", "010-2222-2222", 70)
>>> fsp2.other5GFunction1()
5G Network
```

```
>>> fsp2.other5GFunction2()
5G 기능 2를 처리합니다
>>> fsp2.call("010-4444-4444")
010-2222-2222에서 010-4444-4444으로 전화를 겁니다
5G 통신망을 사용해서 010-4444-4444으로 전화를 겁니다
```

PYTHON

12.6 실습문제 2

| 문제 |

실습 문제 1에서 만들었던 Rectangle과 Circle을 Shape 클래스에서 상속받도록 다시 구현한다.

Shape 클래스는 도형의 모양을 나타내는 문자열을 포함하고, 이 문자열을 반환하는 멤버 함수를 구현한다.

| 요구사항 |

- 실습 문제 1에서 했던 것처럼 3개의 도형 정보를 입력받아 면적을 출력한다.
- 도형 정보를 "도형 모양: 사각형" 또는 "도형 모양: 원" 형태로 출력하고, 다음 줄에 면적을 출력한다.

| 문제 해결 |

Shape 클래스를 구현하고, Rectangle과 Circle을 상속받도록 수정한다.

Shape 클래스의 생성자는 도형 모양을 인자로 전달받아 멤버 변수에 저장한다. 도형의 모양을 반환하는 getShapeStr( ) 멤버 함수를 구현한다.

```
class Shape:
    def __init__(self, shapeStr):
        self.shapeStr = shapeStr

    def getShapeStr(self):
        return self.shapeStr
```

Rectangle과 Circle 클래스가 Shape을 상속받도록 수정한다. Rectangle과 Circle의 생성자도 모양을 나타내는 문자열을 인자로 전달받아 Shape의 생성자를 호출할 때 사용한다.

```
class Rectangle(Shape):
    def __init__(self, shapeStr, x1, y1, x2, y2):
        super().__init__(shapeStr)
        self.x1 = x1
        self.y1 = y1
        self.x2 = x2
        self.y2 = y2

    def calcArea(self):
        return (self.x2 - self.x1) * (self.y1 - self.y2)

class Circle(Shape):
    def __init__(self, shapeStr, x, y, r):
        super().__init__(shapeStr)
        self.x = x
        self.y = y
        self.r = r

    def calcArea(self):
        return math.pi * self.r * self.r
```

다음은 실습문제 1의 알고리즘과 비슷하다.

여기서는 한 개만 입력받고, 도형 모양까지 출력하는 코드를 작성한다.

```
>>> class Shape:
...     def __init__(self, shapeStr):
...         self.shapeStr = shapeStr
...
...     def getShapeStr(self):
...         return self.shapeStr
...
>>> class Rectangle(Shape):
...     def __init__(self, shapeStr, x1, y1, x2, y2):
...         super().__init__(shapeStr)
...         self.x1 = x1
...         self.y1 = y1
```

```
...         self.x2 = x2
...         self.y2 = y2
...     def calcArea(self):
...         return (self.x2 - self.x1) * (self.y1 - self.y2)
...
>>> class Circle(Shape):
...     def __init__(self, shapeStr, x, y, r):
...         super().__init__(shapeStr)
...         self.x = x
...         self.y = y
...         self.r = r
...     def calcArea(self):
...         return math.pi * self.r * self.r
...
>>> shapeList = []
>>> s = input("도형 모양을 입력하세요: ")
도형 모양을 입력하세요: 원
```

사각형 또는 원 객체를 생성할 때 도형의 모양을 나타내는 문자열이 인자로 전달되어야 한다.

```
>>> if s == "사각형":
...     x1 = int(input("왼쪽 상단의 x좌표를 입력하세요: "))
...     y1 = int(input("왼쪽 상단의 y좌표를 입력하세요: "))
...     x2 = int(input("오른쪽 하단의 x좌표를 입력하세요: "))
...     y2 = int(input("오른쪽 하단의 y좌표를 입력하세요: "))
...     shapeList.append(Rectangle("사각형", x1, y1, x2, y2))
... elif s == "원":
...     x = int(input("원의 중심 x 좌표를 입력하세요: "))
...     y = int(input("원의 중심 y 좌표를 입력하세요: "))
...     r = int(input("원의 반지름을 입력하세요: "))
...     shapeList.append(Circle("원", x, y, r))
...
원의 중심 x 좌표를 입력하세요: 10
원의 중심 y 좌표를 입력하세요: 10
원의 반지름을 입력하세요: 10
```

리스트의 내용을 출력하면서 모양을 나타내는 문자열도 출력한다.

```
>>> for s in shapeList:
...     print(f"도형 모양: {s.getShapeStr()}")
...     print(f"면적: {s.calcArea()}")
...
도형 모양: 원
면적: 314.1592653589793
```

| 최종 코드 |

세 개의 도형을 입력받고 모양과 면적을 출력한다.

[코드 12-15] prac12_02.py

```
import math

class Shape:
    def __init__(self, shapeStr):
        self.shapeStr = shapeStr

    def getShapeStr(self):
        return self.shapeStr

class Rectangle(Shape):
    def __init__(self, shapeStr, x1, y1, x2, y2):
        super().__init__(shapeStr)
        self.x1 = x1
        self.y1 = y1
        self.x2 = x2
        self.y2 = y2

    def calcArea(self):
        return (self.x2 - self.x1) * (self.y1 - self.y2)

class Circle(Shape):
    def __init__(self, shapeStr, x, y, r):
```

```
        super().__init__(shapeStr)
        self.x = x
        self.y = y
        self.r = r

    def calcArea(self):
        return math.pi * self.r * self.r

shapeList = []
for i in range(3):
    s = input("도형 모양을 입력하세요: ")
    if s == "사각형":
        x1 = int(input("왼쪽 상단의 x좌표를 입력하세요: "))
        y1 = int(input("왼쪽 상단의 y좌표를 입력하세요: "))
        x2 = int(input("오른쪽 하단의 x좌표를 입력하세요: "))
        y2 = int(input("오른쪽 하단의 y좌표를 입력하세요: "))
        shapeList.append(Rectangle("사각형", x1, y1, x2, y2))
    elif s == "원":
        x = int(input("원의 중심 x 좌표를 입력하세요: "))
        y = int(input("원의 중심 y 좌표를 입력하세요: "))
        r = int(input("원의 반지름을 입력하세요: "))
        shapeList.append(Circle("원", x, y, r))

for s in shapeList:
    print(f"도형 모양: {s.getShapeStr()}")
    print(f"면적: {s.calcArea()}")
```

| 실행 결과 |

```
도형 모양을 입력하세요: 사각형
왼쪽 상단의 x좌표를 입력하세요: 20
왼쪽 상단의 y좌표를 입력하세요: 30
오른쪽 하단의 x좌표를 입력하세요: 40
오른쪽 하단의 y좌표를 입력하세요: 10
도형 모양을 입력하세요: 원
```

```
원의 중심 x 좌표를 입력하세요: 10
원의 중심 y 좌표를 입력하세요: 10
원의 반지름을 입력하세요: 10
도형 모양을 입력하세요: 원
원의 중심 x 좌표를 입력하세요: 30
원의 중심 y 좌표를 입력하세요: 30
원의 반지름을 입력하세요: 30
도형 모양: 사각형
면적: 400
도형 모양: 원
면적: 314.1592653589793
도형 모양: 원
면적: 2827.4333882308138
```

12.7 연습문제

01 다음 설명에 적합한 프로그래밍 패러다임을 적으시오.

(1) 코드를 함수 등으로 나누지 않고, 한 개의 뭉치로 프로그래밍
(2) goto 문으로 실행흐름을 통제
(3) 구조적 프로그래밍
(4) 함수(function) 또는 프로시듀어(procedure)를 사용
(5) 설계도와 같은 자료형과 이를 통해 인스턴스를 만들어 실행
(6) 속성과 함수들로 구성된 자료형으로 프로그래밍

02 다음에서 객체지향의 특징이라고 볼 수 없는 것을 고르시오.

(1) 추상화 (2) 재사용성 (3) 캡슐화
(4) 상속 (5) 다형성 (6) 분산화

03 다음은 어떤 특징을 설명한 것인지 적으시오.

(1) 사물 또는 개념을 컴퓨터에서 처리할 수 있을 수준으로 축약하고 핵심을 추출
(2) 필요한 정보와 인터페이스만을 공개하고, 나머지 자세한 구현 내용들을 숨김
(3) 자식 클래스는 부모 클래스의 모든 속성과 함수들을 물려받음
(4) 상속 관계의 여러 클래스들에서 동일한 명칭으로 구현된 함수들이 각각 다르게 작동

04 프로그램을 처음 만들면 “Hello World!”를 출력한다. Hello 클래스와 그 멤버함수 print( )를 구현하시오. 멤버 함수에서 "Hello World!" 문자열을 출력하도록 한다.

05 멤버 함수의 첫 번째 인자는 객체 자신을 가리키는 특별한 용도의 변수인 self이다. 개발자가 임의로 다른 이름을 쓸 수 없다. OX로 답하시오.

06 클래스 외부에서는 멤버 변수를 "self.변수_이름"으로 접근하고 사용할 수 있다. OX로 답하시오.

07 멤버 변수 또는 멤버 함수는 private, protected, public으로 구분한다. 다음 보기에 적절한 종류의 멤버 함수를 적으시오.

(1) 내부에서만 사용 (2) 상속관계에서 사용 (3) 내, 외부에서 사용

08 다음 보기에서 요구하는 조건에 맞춰 멤버 변수 my를 선언하고, “hello” 문자열로 지정하는 코드를 작성하시오.

(1) 내부에서만 사용 (2) 상속관계에서 사용 (3) 내, 외부에서 사용

09 다음 보기에서 요구하는 조건에 맞춰 멤버 함수를 작성하시오. foo( ) 함수의 코드 블록은 pass를 넣어 아무것도 실행하지 않도록 한다.

(1) foo( ) 함수의 private 선언 (2) foo( ) 함수의 protected 선언 (3) foo( ) 함수의 public 선언

10 클래스는 연관된 데이터를 묶어 관리하기 위한 용도로는 사용할 수 없다. OX로 답하시오.

11 리스트에는 정수, 문자열을 추가할 수 있지만 객체는 가능하지 않다. OX로 답하시오.

12 실습문제 2를 수정해서 사용자로부터 모양을 문자열로 입력받은 후 객체를 먼저 생성하고, 객체의 멤버 함수를 이용해서 각 모양에 맞는 정보들을 입력받는 형태로 수정한다고 가정하자. 이 때 Shape 클래스도 변경되어야 하는지 OX로 답하고 그 이유를 설명한다. 만약 변경한다면 어떻게 변경할지 설명하시오.

13 객체가 생성될 때 호출되는 함수를 무엇이라고 부르는가?

14 사각형 Rectangle 클래스의 생성자를 구현하시오. 생성자에서는 사각형의 좌측 상단 좌표 x, y와 너비 w, 높이 h를 초기화시킨다.

15 자식 클래스에서 부모 클래스의 foo( ) 함수를 호출하는 코드를 작성하시오.

16 x, y 좌표를 저장할 수 있는 Point 클래스를 구현한다.

(1) x, y 좌표를 인자로 전달받아 멤버 변수에 저장하는 __init__함수를 구현한다.

(2) Point 클래스의 멤버 변수인 x, y를 변경할 수 있는 setX(x), setY(y) 멤버 함수를 구현한다.

(3) Point 클래스의 멤버 변수인 x, y를 각각 반환하는 getX( ), getY( )를 구현한다.

17 [코드 12-9]의 SmartPhone 클래스에 자신의 전화번호를 출력하는 displayPhNum( ) 멤버 함수를 추가하시오.

18 실습 문제 1을 수정해서 사용자로부터 모양을 문자열로 입력받은 후 객체를 먼저 생성하고, 객체의 멤버 함수를 이용해서 각 모양에 맞는 정보들을 입력받도록 하시오.

19 실습 문제 1번 또는 2번에서 데이터를 키보드로 입력받는 것이 아니라, 데이터 파일로부터 읽는 형태로 수정하시오.

20 11장의 15번 문제를 클래스로 구현하고 문제를 풀어보시오. 클래스의 속성으로 자료구조를 포함하고, 1) ~ 3)번 문제를 답하는 멤버 함수들을 구현하시오. 추가로 필요한 함수나 정보가 필요하다면 적절하게 추가하시오.

21 11장의 09~13번 문제를 클래스로 구현하고, 각 문제를 해결하는 멤버 함수들을 구현하시오. 클래스는 분석할 문자열(11장의 09~13번 문제에서는 From Outer Space에서 발췌한 문장)을 생성자 또는 setText(text) 함수를 이용해서 전달받아 멤버 변수에 저장한 후, 문제를 해결하시오.

13 장

모듈

학 습 목 표

- 파이썬에서 제공하는 모듈의 개념을 파악하고 이를 활용하는 프로그램을 작성해 본다.
- 모듈을 만들어본다.
- name 변수에 대해서 이해하고, 모듈에서 이 변수를 어떻게 사용하는지 학습한다.
- 파이썬의 패키지와 라이브러리, pip 함수 등을 이해한다.
- 파이썬에서 제공하는 일부 라이브러리 함수들을 사용해 본다.

PYTHON

13.1 모듈의 필요성

모듈이란?

파이썬의 모듈(module)이란 변수, 함수 또는 클래스와 관련코드를 담은 독립적인 소스 코드 파일이다. 이 파일은 확장자 ".py"를 가지고, 모듈이라고 정의된다.

코드가 짧을 때는 파일 한 개에 모든 함수와 클래스 등을 넣어도 되지만, 길어지면 여러 가지 문제가 발생한다.

코드가 길어질수록 관리의 용이성, 실행의 효율성, 재사용성을 높이기 위해 모듈로 나누어서 코드를 작성하는 것이 바람직하다.

코드 관리의 용이성

파일 한 개에 수백 개의 함수나 클래스가 무려 수만 줄의 코드로 구현되어 있다고 하자.

수정하려는 부분을 찾는 것부터 어렵다. 수정할 코드가 연관되어 있는 함수나 클래스까지 확인해야 한다면 수만 줄의 코드를 계속 뒤지면서 확인해야 한다.

그러나 관련된 함수들과 클래스들이 한 파일에 적당한 길이로 있다면 관리가 수월해진다.

실행의 효율성

파레토 법칙이라는 것이 있다. 원 뜻은 20%의 상위 집단이 80%의 생산량을 만들어낸다는 뜻이다. 하지만 주로 "전체의 20% 정도만이 일을 한다"는 뜻으로 많이 설명된다.

프로그램에서도 20% 규칙이 적용된다. 대부분의 프로그램에서 사용자들이 많이 쓰는 기능은 20% 정도에 불과하다는 뜻이다.

이 규칙으로 볼 때 파일 한 개에 모든 코드가 들어있다면 효율성이 떨어진다.

파이썬은 소스 코드 파일을 처음부터 읽으면서 파일에 있는 함수나 클래스 등을 분석하고 실행시킬 수 있도록 준비한다.

이러한 과정에서 코드 전체를 분석하는 데 걸리는 시간적 효율성과 코드뿐만 아니라 데이터를 저장하기 위해 사용되는 메모리의 공간적 효율성도 고려해야 한다.

만약 전체 코드 중에서 20% 정도만 실행된다면, 굳이 지금 사용하지 않아도 되는 프로그램들을 분석하는 데 시간과 메모리 공간의 80% 정도는 낭비되는 셈이다.

코드를 모듈화시켜 파일로 나누어 놓으면, 함수나 클래스가 사용될 때 파일을 열어서 분석하고 메모리에 저장할 수 있으므로 효율적인 실행이 가능하다.

재사용성

함수나 클래스를 여러 프로그램에서 사용한다고 가정하자.

한 개 파일에 필요로 하는 함수나 클래스가 있다면, 그 함수나 클래스를 찾아 복사해서 다른 프로그램에 붙여야 한다.

함수나 클래스가 의존성 없이 독립적으로 복사해서 사용할 수 있다면 다행이지만, 다른 함수나 클래스에 의존적이라면 그 함수들 또는 클래스들을 찾아서 복사해야 한다.

관련된 함수 또는 클래스들이 하나의 파일에 묶여 있으면 파일만 복사해서 쓰면 되므로, 재사용성이 높아진다.

PYTHON

13.2 모듈을 만들고 사용해 보기

12장의 실습 문제 1에서 만들었던 Rectangle과 Circle 클래스를 다른 프로그램에서 사용할 것이라고 가정하자.

Rectangle과 Circle 두 클래스를 간단하게 모듈로 만들고 다시 사용해 보자. prac12_01.py에 있던 Rectangle과 Circle 클래스를 각각 Rectangle.py와 Circle.py로 저장한다.

[코드 13-1] Rectangle.py

```
class Rectangle:
    def __init__(self, x1, y1, x2, y2):
        self.x1 = x1
        self.y1 = y1
        self.x2 = x2
        self.y2 = y2

    def calcArea(self):
        return (self.x2 - self.x1) * (self.y1 - self.y2)
```

[코드 13-2] Circle.py

```
import math

class Circle:
    def __init__(self, x, y, r):
        self.x = x
        self.y = y
        self.r = r

    def calcArea(self):
        return math.pi * self.r * self.r
```

클래스를 파일에 따로 넣고 저장하는 것으로 모듈이 만들어졌다.

생성된 모듈을 사용하려면 import 해야 한다. 그림 13-1과 같이 여기서는 사용하려는 모듈이 실행하는 소스 코드 파일과 동일한 디렉토리에 있다고 가정한다. 또는 파이썬 셸이 실행되는 디렉토리에 모듈 파일들이 있어야 한다.

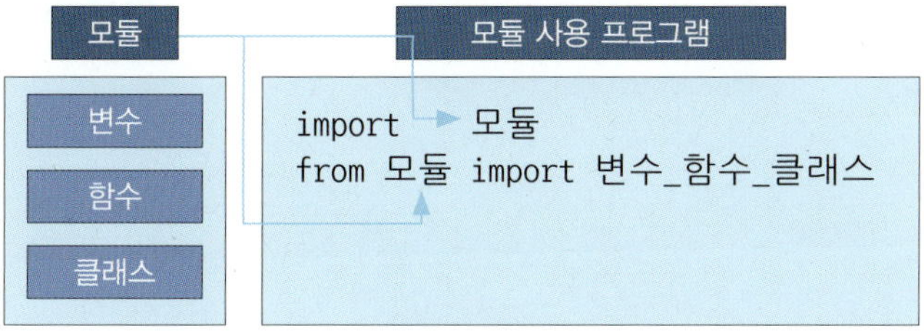

모듈과 모듈 사용 프로그램이 동일한 폴더에 있다고 가정

그림 13-1 모듈과 모듈 사용 프로그램

모듈을 가져오려면 앞서 본 것처럼 import 명령을 사용한다. "모듈_이름"에는 파일명을 적는다.

```
import 모듈_이름
```

Rectangle.py와 Circle.py가 있는 디렉토리에서 파이썬 셸을 실행시키고 모듈을 import 해본다.

```
>>> import Rectangle
>>> import Circle
```

만약 여러 모듈을 한꺼번에 import 하려면 모듈 이름을 콤마로 분리해서 작성한다.

```
>>> import Rectangle, Circle
```

모듈을 import 했으면 다른 모듈의 함수나 클래스를 사용하던 것처럼 모듈 이름을 붙여 사용하면 된다.

```
모듈_이름.변수
모듈_이름.함수
모듈_이름.클래스
```

Rectangle과 Circle 객체를 생성하고 면적을 화면에 출력해 본다. 다음 명령에서 Rectangle. Rectangle로 이름이 겹쳐지고 있다. 앞은 모듈명, 뒷 Rectangle은 클래스명이다.

```
>>> r = Rectangle.Rectangle(10, 20, 20, 10)
>>> print(r.calcArea())
100
>>> c = Circle.Circle(10, 10, 20)
>>> print(c.calcArea())
1256.6370614359173
```

함수만 있는 모듈 만들기

주사위를 던지는 함수의 모듈을 만들어 보자. 주사위를 던져 1~6 사이의 숫자를 생성하는 함수인 throwDice( ) 함수를 구현하고, 이를 dice1.py 모듈에 저장한다.

[코드 13-3] dice1.py

```
import random

def throwDice():
    return random.randint(1, 6)
```

throwDice( ) 함수를 파이썬 쉘에서 사용해 본다.

```
>>> import dice1
>>> print(dice1.throwDice())
2
>>> print(dice1.throwDice())
6
```

모듈에 변수를 넣고 수정해 보기

dice1 모듈의 throwDice( ) 함수는 1~6 사이의 숫자를 생성하고 있다. 생성하는 숫자의 범위를 모듈에 포함된 변수로 정할 수 있도록 구현하고 dice2.py에 저장한다.

[코드 13-4] dice2.py

```
import random


minNum = 1
maxNum = 10


def throwDice():
    return random.randint(minNum, maxNum)
```

dice2 모듈의 throwDice( ) 함수를 사용해 본다.

```
>>> import dice2
>>> print(dice2.throwDice())
8
>>> print(dice2.throwDice())
1
>>> print(dice2.throwDice())
4
```

예상한 것처럼 1~10 사이의 숫자가 생성된다. dice2 모듈에 있는 minNum과 maxNum 값을 변경한 후 다시 사용해 본다.

```
>>> dice2.minNum = 11
>>> dice2.maxNum = 20
>>> print(dice2.throwDice())
11
>>> print(dice2.throwDice())
12
>>> print(dice2.throwDice())
15
```

from … import 로 모듈 이름 줄이기

모듈을 import 해서 사용할 때 매번 모듈 이름을 입력하는 것이 번거롭다면 from … import를 사용해서 생략할 수 있다.

```
from 모듈_이름 import 변수_함수_클래스_이름
```

from 키워드 다음에 모듈 이름을 적고, import 다음에는 그 모듈에서 import할 변수, 함수, 또는 클래스 이름을 적는다.

import된 것들을 사용할 때는 이름만으로 사용할 수 있다.

```
변수
```

Rectangle 클래스를 from … import로 사용해 본다.

```
>>> from Rectangle import Rectangle
>>> r = Rectangle(10, 30, 20, 10)
>>> print(r.calcArea())
200
```

thorwDice( )를 from … import를 이용해서 사용한다.

```
>>> from dice1 import throwDice
>>> print(throwDice())
1
>>> print(throwDice())
1
>>> print(throwDice())
6
```

from … import를 이용해서 모듈에 있는 변수, 함수, 클래스 등을 한 번에 import 할 수 있다.

```
from 모듈_이름 import *
```

'*'는 보통 와일드 카드(wild card)라고 부르며, 전체를 나타낼 때 많이 사용된다.

dice2의 변수와 함수를 한 번에 import 하고 사용해 보기 전에 throwDice( ) 함수를 호출해 본다.

```
>>> throwDice()
1
```

dice1의 throwDice( )가 import되어 있는 상태이므로, dice1 모듈의 함수가 사용되고 있다.

dice2의 모든 변수와 함수를 import 한 후에 사용해 본다.

```
>>> from dice2 import *
>>> throwDice()
16
>>> throwDice()
11
```

dice2 모듈의 throwDice( )가 사용된다.

from … import * 다시 살펴보기

from … import *를 다시 실행시켜서 확인해 보기로 한다. 반드시 파이썬 쉘을 종료했다가 다시 실행시킨 후에 다음 코드를 입력하자.

```
>>> from dice2 import *  # 파이썬 쉘을 종료하고 다시 시작한 후 입력할 것
dice2 모듈에 있는 변수값들을 확인해본다.
>>> print(minNum)
1
>>> print(maxNum)
10
```

throwDice( ) 함수를 실행시켜 보면 1~10 사이의 숫자들이 생성된다.

```
>>> throwDice()
7
>>> throwDice()
3
```

dice2 모듈의 변수값을 변경하기 위해 minNum과 maxNum에 다른 값들을 저장하고 throwDice( ) 함수를 호출해 본다.

```
>>> minNum = 11
>>> maxNum = 20
>>> throwDice()
10
>>> throwDice()
6
```

minNum과 maxNum 변수값을 변경했음에도 불구하고 throwDice( ) 함수는 1~10 사이의 숫자들을 생성한다.

minNum과 maxNum 변수값을 확인해 본다.

```
>>> print(minNum)
11
>>> print(maxNum)
20
```

minNum과 maxNum은 변경된 값들이 출력된다.

"from … import 변수" 또는 "from … import *"를 이용해서 변수를 import 할 때 일종의 변수 이름을 가진 전역 변수가 만들어진다.

여기서의 전역 변수는 현재 파일의 전역 변수가 아닌 초월적인 전역 변수라고 생각해야 한다.

앞에 보인 것처럼 minNum과 maxNum에 11과 20을 넣었을 때 생성되는 변수들은 현재 모듈의 변수들이므로, dice2 모듈에 있는 minNum과 maxNum과는 다르다.

만약 모듈에 있는 변수값들을 변경하고 싶으면 반드시 "import 모듈_이름" 형태로 import 한 후 "모듈_이름.변수" 형태로 사용한다.

```
>>> import dice2
>>> dice2.minNum = 11
>>> dice2.maxNum = 20
>>> throwDice()
17
>>> throwDice()
11
```

변수, 함수, 클래스 이름들이 충돌하는 경우 해결

from … import 를 사용하다 보면 모듈에 있는 변수, 함수, 클래스 등의 이름이 같아서 충돌하는 경우가 있다.

dice1과 dice2 모듈에 동일한 throwDice( ) 함수들이 있었다. dice1과 dice2를 순차적으로 import 했을 때 throwDice( )를 실행시키면, 두 번째 모듈의 함수가 실행되었다.

이름 충돌을 해결하는 두 가지 방법이 있다.

- from … import 대신 import 구문만을 사용하고 모듈의 변수, 함수, 클래스 등을 쓸 때 모듈 이름을 붙여서 사용한다.
- as를 사용해서 모듈 이름 또는 모듈의 변수, 함수, 클래스 등의 이름을 변경한다.

첫 번째 방법은 이미 사용해본 내용이므로 간단하게 사용법만 살펴본다.

```
>>> import dice1
>>> import dice2
>>> print(dice1.throwDice())
3
>>> print(dice1.throwDice())
2
>>> print(dice1.throwDice())
1
>>> print(dice2.throwDice())
19
>>> print(dice2.throwDice())
11
>>> print(dice2.throwDice())
14
```

두 번째 방법은 as를 사용해서 새로운 이름을 붙인다. as는 모듈의 이름을 바꿀 수도 있고 변수, 함수, 클래스 등의 이름을 변경할 때 사용할 수 있다.

```
import 모듈_이름 as 새로운_모듈_이름
from 모듈_이름 import 변수_함수_클래스_이름 as 새로운_이름
```

dice1의 throwDice( ) 함수는 그대로 사용하고 dice2 모듈의 throwDice( )를 throwDice2( )로 변경해 본다.

```
>>> from dice1 import throwDice
>>> from dice2 import throwDice as throwDice2
>>> throwDice()
1
>>> throwDice()
2
>>> throwDice2()
13
>>> throwDice2()
12
```

Rectangle 모듈의 이름이 너무 길어 매번 입력하기가 불편하므로 R로 줄여본다.

```
>>> import Rectangle as R
>>> r = R.Rectangle(10, 20, 20, 10)
>>> print(r.calcArea())
100
```

13.2 PYTHON

실습문제 1

| 문제 |

파이썬은 순수 객체지향이 아니라서, 함수가 반드시 클래스에 정의될 필요는 없다. 여기서는 그런 특징을 배워보자. 클래스 멤버로 가져가지 않는 장점이 있는지 생각해보자.

다음 내용을 클래스 외부에 정의한다.

- 원주율 pi 변수(3.1415) * 원의 둘레를 계산하는 circumference(인자 r을 받음) 함수

원 클래스는 다음에서 설명한대로 구현한다.

- 원의 생성자는 반지름을 인자로 전달받고 멤버 변수에 저장한다.
- 멤버 함수로는 원주를 반환하는 getCircumference( )를 구현한다.

| 요구사항 |

- Circle 클래스의 getCircumference( ) 함수는 모듈 내에 있는 circumference( ) 함수를 사용한다.
- 원주율은 Circle1 모듈의 내부 변수인 pi를 사용한다.
- prac13_01.py에서는 Circle1 모듈의 pi값을 화면에 출력하고, circumference( ) 함수와 Circle 클래스의 getCircumference( ) 함수의 결과값을 화면에 출력한다.

| 문제 해결 |

Circle1 모듈 생성을 위해 Circle1.py 파일을 에디터로 생성한 후 변수부터 추가한다.

```
pi = 3.1415
```

같은 파일에 circumference( ) 함수를 추가한다. 이 함수는 반지름에 해당되는 r값을 매개변수로 받고, 원주를 계산해서 반환한다.

```
def circumference(r):
    return 2 * pi * r
```

다음에는 Circle 클래스를 추가한다.

Circle 클래스는 생성자에 반지름을 전달받고 멤버 변수에 저장한다. getCircumference() 함수는 멤버 변수인 반지름을 circumference() 함수에 전달해서 원주를 계산한다.

```
class Circle:
    def __init__(self, r):
        self.r = r

    def getCircumference(self):
        return circumference(self.r)
```

Circle1 모듈을 사용하는 코드를 파이썬 셸에서 작성해 본다. 파이썬 셸을 Circle1.py가 있는 디렉토리에서 실행시킨다.

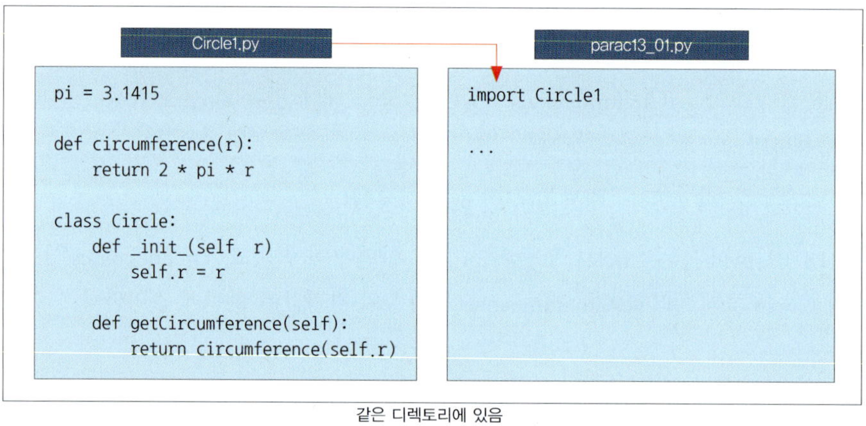

그림 13-2 Circle1 모듈을 import 하기

그림 13-2와 같이 Circle1 모듈을 import 한다.

```
>>> import Circle1
```

Circle1의 pi값을 출력해 본다.

```
>>> print(Circle1.pi)
3.1415
```

Circle1의 circumference( ) 함수에 반지름 10을 전달하고 결과값을 화면에 출력한다.

```
>>> print(Circle1.circumference(10))
62.830000000000005
```

Circle1의 Circle 클래스 객체를 생성하고(반지름 10), 원주를 구해 본다.

```
>>> c = Circle1.Circle(10)
>>> print(c.getCircumference())
62.830000000000005
```

| 최종 코드 |

pi값을 출력하고, 원주를 함수와 클래스의 멤버 함수를 이용하는 형태로 작성한다.

[코드 13-5] Circle1.py

```
pi = 3.1415

def circumference(r):
    return 2 * pi * r

class Circle:
    def __init__(self, r):
        self.r = r

    def getCircumference(self):
        return circumference(self.r)
```

[코드 13-6] prac13_01.py

```
import Circle1


print("Circle1.pi 값 출력")
print(Circle1.pi)
print("반지름이 10인 원주 계산. Circle1.circumference() 함수 사용")
print(Circle1.circumference(10))
print("반지름이 10인 원주 계산. Circle1.Circle 객체 생성 후 getCircumference() 함수 사용")
c = Circle1.Circle(10)
print(c.getCircumference())
```

| 실행 결과 |

```
Circle1.pi 값 출력
3.1415
반지름이 10인 원주 계산. Circle1.circumference() 함수 사용
62.830000000000005
반지름이 10인 원주 계산. Circle1.Circle 객체 생성 후 getCircumference() 함수 사용
62.830000000000005
```

객체지향을 부분적으로 적용해도 요구사항이 실현된다.

객체지향은 맞다, 틀리다의 문제가 아니라 데이터(반지름)와 절차(원주의 계산)가 서로 분리되지 않는 구현 방식이다. 이로 인한 많은 장점이 분명 있다.

13.3 if __name__ == "__main__" 사용

검수 코드의 사용

모듈을 만들어서 사용하다 보면 검수 코드를 모듈에 사용하는 경우가 있다. 주사위 던지는 것을 모듈로 만들었던 dice1.py 파일을 복사해서 dice3.py를 만들고 다음 코드를 입력해 보자.

[코드 13-7] dice3.py

```
import random

def throwDice():
    return random.randint(1, 6)

print("testing throwDice()")
for i in range(10):
    print(throwDice(), end = ' ')
print("")
```

기존에 있던 dice1.py의 throwDice( ) 함수 외에 검수 코드를 추가하였다.

dice3.py를 실행해 본다.

[실행 결과]

```
testing throwDice()
6 5 1 3 1 3 4 5 6 1
```

dice3 모듈을 사용해서 1~6 사이의 정수를 출력하는 프로그램 TestDice3.py를 작성하고 실행한다.

[코드 13-8] TestDice3.py

```
import dice3
print("Testing dice3 module")
for i in range(3):
    print(dice3.throwDice())
```

[실행 결과]

```
testing throwDice()
3 2 1 4 5 1 4 1 2 1
Testing dice3 module
1
4
2
```

실행 결과를 보면 모듈에 있던 검수 코드가 실행된 후에 연이어 TestDice3.py의 실행 결과를 출력하고 있다.

모듈이 import되면 당연히 모듈에 있는 코드가 모두 실행된다.

검수 코드는 실행되지 않게 하려면 어떻게 하면 될까?

모듈을 직접 실행할 때만 검수 코드가 실행되고, 다른 프로그램에서 import되면 실행되지 않게 만드는 기능이 __name__이 "__main__"인지 확인하는 것이다.

__name__ 변수는 파이썬 인터프리터가 파이썬 코드를 실행시킬 때 생성해서 값을 지정한다.

특정 파일이 직접 실행되면 그 파일에 대해서 __name__ 변수값을 "__main__"이라고 자동으로 지정한다.

dice3.py를 dice4.py로 다시 저장하고 다음과 같이 수정해서 직접 실행시킬 때와 import될 때의 __name__ 변수값을 출력해 보면, 그 차이를 분별할 수 있게 된다.

[코드 13-9] dice4.py

```
import random

def throwDice():
    return random.randint(1, 6)
```

```
print(f"dice4: __name__ = {__name__}")
print("testing throwDice()")
for i in range(10):
    print(throwDice(), end = ' ')
print("")
```

실행 결과에서 보듯이, dice4.py 파일이 직접 실행되면 __name__ 변수값이 "__main__"이 된다.

[실행 결과]

```
dice4: __name__ = __main__
testing throwDice( )
1 2 3 3 5 4 6 2 2 6
```

다음 코드를 TestDice4.py에 저장하고 실행해 보자.

[코드 13-10] TestDice4.py

```
import dice4

print("Testing dice4 module")
print(f"TestDice4: __name__ = {__name__}")
for i in range(3):
    print(dice4.throwDice())
```

실행 결과를 잘 살펴보자. TestDice4.py가 실행되면 TestDice4 파일의 __name__ 변수값이 "__main__"이 되고, dice4.py이 모듈로 import될 때의 __name__ 변수는 모듈 자신의 파일 이름이 된다.

```
dice4: __name__ = dice4
testing throwDice()
4 3 6 5 2 6 6 2 3 3
Testing dice4 module
TestDice4: __name__ = __main__
5
```

```
6
6
```

dice4.py를 복사해서 dice5.py로 바꾸고 다음처럼 수정해 본다. if __name__ == "__main__": 코드를 맨 끝에 넣고 있다. 그 부분의 코드는 자신만 실행할 수 있게 된다. 즉 다른 파일에서 import해도 실행되지 않는다.

[코드 13-11] dice5.py

```
import random

def throwDice():
    return random.randint(1, 6)

if __name__ == "__main__":
    print("testing throwDice()")
    for i in range(10):
        print(throwDice(), end = ' ')
    print("")
```

dice5.py를 독립적으로 실행시켜 본다.

[실행 결과]

```
testing throwDice()
6 4 1 6 6 2 3 2 1 4
```

TestDice4.py를 복사해서 TestDice5.py로 만들고 코드를 수정한다.

```
import dice5

print("Testing dice5 module")
print(f"TestDice5: __name__ = {__name__}")
for i in range(3):
    print(dice5.throwDice())
```

[실행 결과]

```
Testing dice5 module
TestDice5: __name__ = __main__
1
4
6
```

실행 결과를 보면, dice5의 검수 코드는 실행되지 않고 있다. 그 검수 코드는 if __name__ == "__main__": 에 속하고(그 다음 줄부터 들여쓰기되어 있으니까), 그 부분은 자신만 직접 실행할 수 있다. 따라서 다른 곳에서 import하면 당연히 실행되지 않게 된다.

PYTHON

13.4 패키지, 라이브러리, 패키지 관리 프로그램

패키지(package)와 라이브러리(library)는 서로 관련이 있지만 조금 다르다.

파이썬의 패키지는 관련된 모듈들을 묶어놓은 것이다. 주로 폴더를 기준으로 모아놓는 경우가 많다.

프로그래밍 언어에서 라이브러리는 이미 만들어진 다양한 기능을 제공하는 함수, 클래스, 모듈 등을 일컫는 말이다. 파이썬에서는 주로 관련된 패키지들을 모아서 한 개의 묶음으로 만든 것을 라이브러리라 부른다.

패키지 관리 프로그램

파이썬이 인기 있는 이유는 라이브러리가 다양하다는 점이다. 기본 패키지가 제공되고 그 안에 기능이 풍부하지만, 많은 사람들이 개발해 놓은 다양한 분야의 라이브러리들이 존재하고 있다.

이들을 이용해서 사용자들은 손쉽게 원하는 기능을 구현할 수 있다.

파이썬은 다른 사람들이 만들어둔 패키지(모듈들)를 쉽게 설치하고 사용할 수 있도록 pip라는 관리 도구를 제공한다.

pip를 pip3라고 부르는 경우도 있다. 예를 들어 유닉스 계열의 운영체제(리눅스 포함)는 파이썬 2버전이 기본으로 설치된 경우가 있다. 이럴 때 파이썬 3버전의 pip와 2버전의 pip를 구별하기 위해 pip3라고 부르기도 한다. pip를 실행시켜보고 없으면 pip3를 사용해 본다.

pip 프로그램으로 설치할 수 있는 패키지들의 목록은 인터넷에서 쉽게 검색할 수도 있고, Python Package Index(PyPI)를 찾아서 볼 수도 있다.

여기서는 간단한 관리 방법만 살펴본다. pip를 이용해서 패키지를 설치하는 방법이다.

```
pip install 패키지_이름
pip3 install 패키지_이름
```

다음은 데이터 분석을 위해 마이크로소프트사 엑셀 프로그램의 파일 데이터를 읽기 위해 사용하는 openpyxl 패키지를 인스톨하는 과정을 보인다.

```
C:\>pip3 install openpyxl
Collecting openpyxl
  Using cached openpyxl-3.0.10-py2.py3-none-any.whl (242 kB)
Requirement already satisfied: et-xmlfile in c:\devtools\python\lib\site-packages (from
openpyxl) (1.1.0)
Installing collected packages: openpyxl
Successfully installed openpyxl-3.0.10
```

이미 설치된 패키지를 제거하고 싶다면 다음을 실행한다.

```
pip uninstall 패키지_이름
pip3 uninstall 패키지_이름
```

openpyxl을 제거해 본다.

```
C:\>pip3 uninstall openpyxl
Found existing installation: openpyxl 3.0.10
Uninstalling openpyxl-3.0.10:
  Would remove:
    c:\devtools\python\lib\site-packages\openpyxl-3.0.10.dist-info\*
    c:\devtools\python\lib\site-packages\openpyxl\*
Proceed (Y/n)? y
  Successfully uninstalled openpyxl-3.0.10
```

13.5 파이썬 라이브러리 사용

파이썬이 제공하는 몇 가지 모듈들을 사용하는 것을 살펴본다.

날짜와 시간 다루기

프로그램을 작성하다 보면 날짜와 시각을 다루지 않을 수 없다.

예를 들어 사용자와 직접적으로 인터랙션하지 않는 프로그램들은 로그(log) 파일에 어떤 일들이 발생했는지 기록하는 경우가 많다. 이럴 때 날짜와 시각 정보를 함께 저장해서 언제 어떤 일이 발생했는지 쉽게 찾을 수 있도록 한다.

이럴 때 파이썬에서 제공하는 datetime 모듈을 사용하면 쉽다.

● date 클래스

date 클래스는 현재 날짜를 찾기도 하고, 날짜를 지정해서 특정 날짜의 요일 등을 찾을 수도 있고, 지정된 서식으로 년월일 정보를 문자열로 변환할 수 있다.

생성자는 년/월/일 정보를 인자로 전달받아 특정 날짜를 나타내는 객체를 생성한다.

오늘 날짜 정보를 취득하려면 today( ) 함수를 사용하면 된다. 날짜 정보를 취득한 후 화면에 출력해 본다.

```
>>> from datetime import date
>>> d = date.today()
>>> print(d)
2022-08-18
```

date 클래스의 weekday( ) 함수는 요일을 정수로 반환한다. 월요일이 0, 화요일이 1이 된다.

```
>>> print(d.weekday())
3
```

2022년 8월 18일의 요일은 목요일이다.

2021년 8월 18일의 요일을 확인해 본다.

```
>>> d2 = date(2021, 8, 18)
>>> print(d2.weekday())
2
```

date 클래스 객체를 생성하면서 년/월/일을 지정해서 객체를 생성한 후, 요일을 확인하는 weekday( ) 함수를 호출했다. 2021년 8월 18일은 수요일이다.

date 클래스의 strftime( ) 함수는 사용자가 지정된 서식의 날짜 정보를 문자열로 만드는 함수이다.

strftime( ) 함수에 서식 지정자들을 이용해서 만든 서식 문자열을 전달하면 날짜 정보가 서식에 맞처 생성된 문자열을 반환한다.

표 13-1은 자주 쓰이는 서식 지정자의 일부이다. 더 자세한 내용은 파이썬의 매뉴얼을 참조한다.

표 13-1 날짜 서식

서식 지정자	설명	출력 형태
%a	요일을 영문 줄임말 형태로 출력	Sun, Mon, ...
%A	요일을 단어로 출력	Sunday, Monday, ...
%d	일(day)을 두 자리 숫자로 표시(1-9)일까지는 0을 앞에 추가함	01, 02, ..., 31
%b	월(month)를 영문 줄임말 형태로 출력	Jan, Feb, ...
%B	월(month)를 영문 단어로 출력	January, February, ...
%m	월(month)을 두 자리 숫자로 표시	01, 02, ..., 12
%Y	연도(year)를 십진수로 표시	2022

strftime( ) 함수를 이용해서 서식에 맞춰 날짜 정보를 출력해 본다.

```
>>> s = d.strftime("%Y/%m/%d")
>>> print(s)
2022/08/18
>>> print(d.strftime("%Y %m %d, 요일: %a"))
2022 08 18, 요일: Thu
>>> print(d.strftime("%Y년 %m월 %d일 요일: %A"))
2022년 08월 18일 요일: Thursday
```

time 클래스

datetime 모듈의 time 클래스는 일반적인 시간 정보를 나타낸다. 특정 시각을 나타내지 않음에 주의한다. time 모듈과 혼동하면 안 된다.

time 클래스는 직접 객체를 생성해서 사용하는 것보다, datetime 모듈의 datetime 클래스의 멤버 함수에서 반환값으로 사용되거나, 시각 정보를 특정 서식에 맞춰 문자열로 출력하는 데 있다.

time 클래스의 생성자는 시/분/초/마이크로초/시간대 정보를 인자로 전달받는다.

```
time(hour = 0, minute = 0, second = 0, microsecond = 0, tzinfo = None)
```

12시 35분 25초를 객체로 생성해 본다.

```
>>> from datetime import time
>>> t = time(12, 35, 25)
>>> print(t)
12:35:25
```

strftime(format) 함수는 서식 문자열을 입력받아 문자열을 반환한다. 표 13-2는 time 클래스의 strftime( ) 멤버 함수에 적용 가능한 서식 지정자들의 일부를 설명한다.

표 13-2 시간 서식

서식 지정자	설명	출력 형태
%H	시를 두 자릿수로 표시. 24시간제	00, 01, ..., 23
%I	시를 두 자릿수로 표시. 12시간제	00, 01, ..., 12

%M	분을 두 자릿수로 표시	01, 02, ..., 59
%S	초를 두 자릿수로 표시	01, 02, ..., 59
%f	마이크로초를 소수점 이하 6자리까지로 표시. 0으로 앞 자리를 채움	000000, 000001, ..., 999999

앞에서 만들었던 t를 여러 가지 시간 포맷에 맞춰 출력해 본다.

```
>>> print(t.strftime("%H %M %S"))
12 35 25
>>> print(t.strftime("%H시 %M분 %S초"))
12시 35분 25초
>>> print(t.strftime("%H-%M-%S"))
12-35-25
```

datetime 클래스

date와 time 클래스를 합쳐놓았다. 생성자도 date와 time의 인자를 모두 전달받아, 각 객체를 내부적으로 생성한다.

```
datetime(year, month, day, hour = 0, minute = 0, second = 0, microsecond = 0, tzinfo =
None)
```

2022년 8월 18일 12시 35분 25초에 해당되는 객체를 만들어 본다.

```
>>> from datetime import datetime
>>> dt = datetime(2022, 8, 18, 12, 35, 25)
>>> print(dt)
2022-08-18 12:35:25
```

today( ) 함수는 지역 시각으로 현재 날짜와 시각을 반환하고, utcnow( )는 UTC(세계 표준시) 기준 현재 날짜와 시각을 반환한다.

```
>>> dt = datetime.today()
>>> print(dt)
```

```
2022-08-18 12:53:16.415091
>>> ut = datetime.utcnow()
>>> print(ut)
2022-08-18 03:53:43.982533
```

strftime( ) 함수는 표 13-1과 표 13-2에 보인 date와 time 클래스의 서식 지정자를 모두 사용할 수 있다.

```
>>> dt.strftime("%Y년 %m월 %d일 %H시 %M분 %S초, 요일: %A")
'2022년 08월 18일 12시 53분 16초, 요일: Thursday'
```

time 모듈

time 모듈에 있는 함수들은 정해진 기준(epoch)을 중심으로 시간 정보를 반환한다.

정해진 기준은 일반적으로 1970년 1월 1일 0시 0분 0초이다.

time 모듈의 gmtime( ) 함수나 localtime( ) 함수는 각각 현재 UTC와 지역 시간대의 현재 시각 정보를 struct_time 형태로 반환한다.

struct_time은 일종의 튜플인데 속성 이름으로 값들을 확인할 수 있다.

```
>>> import time
>>> ut = time.gmtime()
>>> ut
time.struct_time(tm_year=2022, tm_mon=8, tm_mday=18, tm_hour=4, tm_min=3, tm_sec=41, tm_
wday=3, tm_yday=230, tm_isdst=0)
>>> print(ut)
time.struct_time(tm_year=2022, tm_mon=8, tm_mday=18, tm_hour=4, tm_min=3, tm_sec=41, tm_
wday=3, tm_yday=230, tm_isdst=0)
>>> lt = time.localtime()
>>> print(lt)
time.struct_time(tm_year=2022, tm_mon=8, tm_mday=18, tm_hour=13, tm_min=5, tm_sec=18, tm_
wday=3, tm_yday=230, tm_isdst=0)
>>> print(lt.tm_year)
2022
```

```
>> print(lt.tm_hour)
> 13
```

time.time( ) 함수는 정해진 기준(epoc) 이후 몇 초가 흘렀는지를 반환한다. 주로 실행 시간 등을 확인할 때 사용된다.

```
>>> print(time.time())
1660806525.2881262
```

time( ) 함수의 차를 구해서 시간이 얼마나 흘렀는지 확인하는 용도로도 많이 사용한다.

[코드 13-12]는 1부터 10000000까지의 합을 구하는 데 걸리는 시간을 측정하는 코드이다.

[코드 13-12] TimeDiff.py

```
import time

t1 = time.time()
sum = 0
maxNum = 10000000
for i in range(1, maxNum):
    sum += i
t2 = time.time()
print(f"1부터 {maxNum} 까지의 합을 구하는데 걸리는 시간: {t2 - t1}")
```

[실행 결과]

```
1부터 10000000 까지의 합을 구하는데 걸리는 시간: 0.6720004081726074
```

13.6

PYTHON

경로와 파일 관리 및 파일 목록 뽑기

파이썬에는 파일 시스템 관련 내용을 제공하는 os 모듈이 기본적으로 제공된다. os 모듈의 일부 사용법을 살펴본다.

현재 경로 파악 또는 변경

os.getcwd( ) 함수는 현재 작업 디렉토리를 문자열로 반환한다. 파이썬 쉘에서는 쉘 프로그램을 실행시킨 디렉토리가 현재 작업 디렉토리가 된다.

```
>>> import os
>>> print(os.getcwd())
C:\
```

chdir(path) 함수를 사용하면 원하는 경로로 현재 작업 디렉토리를 바꿀 수 있다.

```
>>> os.chdir("C:\\temp")
>>> print(os.getcwd())
C:\temp
```

경로 생성 또는 삭제

os 모듈에는 디렉토리를 생성하거나 삭제하는 함수들인 mkdir(path), rmdir(path)를 제공한다.

rmdir(path) 함수는 주어진 경로(path) 안에 파일이 있으면 실행되지 않는다.

경로를 만들어보고 존재하는지 확인하고 삭제하는 코드를 작성한다.

```
>>> os.mkdir("C:\\temp\\new")                      # 디렉토리 생성
>>> print(os.path.exists("C:\\temp\\new"))   # 디렉토리가 있는지 확인
True
>>> os.rmdir("C:\\temp\\new")                      # 디렉토리 삭제
>>> print(os.path.exists("C:\\temp\\new"))   # 디렉토리가 있는지 확인
False
```


경로 또는 파일 존재 확인

os.path.exists(path) 함수는 주어진 파일 또는 경로가 존재하는지 확인하고 True 또는 False를 반환하는 함수이다.

os.path.exists(path) 함수는 파일의 존재 여부를 확인할 수도 있다.

```
>>> os.path.exists("C:\\temp\\test\Test1.class")
True
>>> os.path.exists("C:\\temp\\test\Test1.txt")
False
```

파일과 서브 디렉토리 목록 추출

listdir(path) 함수는 주어진 경로(path)에 있는 파일과 서브디렉토리의 목록을 리스트로 반환하는 함수이다. 파일이 없으면 빈 리스트가 반환된다.

"C:\temp\test" 폴더에 있는 파일들의 목록을 뽑아서 화면에 출력해 본다.

```
>>> fileList = os.listdir("C:\\temp\\test")
>>> for f in fileList:
...     print(f)
...
test.txt
Test1.class
Test1.java
test2.txt
```

```
test3.txt
test4.txt
test5.py
```

os에 있는 모든 경로 관련 함수들은 상대 경로도 사용할 수 있다.

```
>>> os.chdir("C:\\temp\\test")
>>> print(os.getcwd())
>>> lst = os.listdir('.') # 현재 디렉토리에 있는 파일의 목록을 리스트로 구성
>>> print(lst)
['test.txt', 'Test1.class', 'Test1.java', 'test2.txt', 'test3.txt', 'test4.txt', 'test5.
py']
```

listdir( ) 함수는 서브 디렉토리도 반환 리스트의 요소로 포함한다.

서브 디렉토리를 만들고 listdir( )을 다시 호출해 본다.

```
>>> os.mkdir("subtest")
>>> print(os.listdir('.'))  # subtest가 요소에 있음
['subtest', 'test.txt', 'Test1.class', 'Test1.java', 'test2.txt', 'test3.txt', 'test4.txt',
'test5.py']
```

listdir( ) 함수에 인자가 전달되지 않으면 현재 작업 디렉토리의 파일 목록을 뽑는다.

```
>>> print(os.listdir())  # listdir()에 경로 전달 안됨. listdir('.')과 같음
['subtest', 'test.txt', 'Test1.class', 'Test1.java', 'test2.txt', 'test3.txt', 'test4.txt',
'test5.py']
```

주어진 경로가 디렉토리인지 또는 파일인지 확인

os.path에 있는 isdir(path)과 isfile(path) 함수는 각각 주어진 path가 디렉토리인지 또는 파일인지 확인해서 True 또는 False를 반환한다.

path는 절대 경로 또는 상대 경로를 사용할 수 있다.

```
>>> os.path.isdir("C:\\Temp")
True
>>> os.path.isfile("C:\\Temp\\test.txt")
True
>>> os.path.isfile("C:\\Temp")
False
```


os.listdir( ) 함수로 뽑은 현재 작업 디렉토리에 있는 요소들이 파일인지 디렉토리인지 확인해서 출력하는 코드를 작성해 본다.

```
>>> fileList = os.listdir()
>>> print(fileList)
['subtest', 'test.py', 'Test1.class', 'Test1.java', 'test2.txt', 'test3.txt', 'test4.txt',
'test5.py']
>>> for f in fileList:
...     if os.path.isdir(f):
...         print(f"\"{f}\" is a directory")
...     elif os.path.isfile(f):
...         print(f"\"{f}\" is a file")
...
"subtest" is a directory
"test.py" is a file
"Test1.class" is a file
"Test1.java" is a file
"test2.txt" is a file
"test3.txt" is a file
"test4.txt" is a file
"test5.py" is a file
```

파일 크기 확인

os.path.getsize(filepath)에 파일 경로를 전달하면 파일의 크기를 바이트 단위로 알려준다.

```
>>> os.path.getsize("C:\\Temp\\Test1.java")
158
```

현재 작업 디렉토리에 있는 파일들의 크기를 출력해 본다. 서브 디렉토리는 무시한다.

```
>>> fileList = os.listdir()
>>> for f in fileList:
...     if os.path.isfile(f):
...         print(f"size of \"{f}\": {os.path.getsize(f)} bytes")
...
size of "test.py": 128 bytes
size of "Test1.class": 844 bytes
size of "Test1.java": 158 bytes
size of "test2.txt": 30 bytes
size of "test3.txt": 25 bytes
size of "test4.txt": 26 bytes
size of "test5.py": 128 bytes
```

파일 삭제

os.remove(파일_경로) 함수는 파일을 삭제한다.

```
>>> os.remove('test.txt')  # 현재 작업 디렉토리에서 test.txt를 삭제
>>> print(os.listdir('.')) # test.txt가 삭제된 것을 확인
['Test1.class', 'Test1.java', 'test2.txt', 'test3.txt', 'test4.txt', 'test5.py']
```

와일드 카드를 이용한 파일 목록 뽑기

glob 모듈을 이용하면 유닉스나 윈도우의 커맨드 라인에서 사용하는 와일드 카드를 이용해서 매칭(matching)되는 파일들의 목록 추출이 가능하다.

와일드 카드는 많이 사용되는 표 13-3 두 가지만 기억하도록 한다. 다른 와일드 카드는 파이썬의 glob 매뉴얼을 참조한다.

표 13-3 와일드카드

와일드 카드	설명
?	문자열에서 ?가 있는 위치의 한 글자만 매칭
*	문자열에서 *는 0개 이상의 글자에 매칭

문자열에서 '?'의 위치에 있는 글자를 제외한 나머지 문자열들이 동일하다면 매칭되는 것으로 인지한다. 예를 들어 표 13-4는 '?'로 문자열들이 매칭되는지 아닌지를 보인다.

표 13-4 '?' 와일드카드 예시

와일드 카드 사용 문자열	비교 대상 문자열	매칭 여부	설명
?abc.txt	aabc.txt	True	'?'가 있는 첫 번째 위치에 어떤 글자가 있어도 매칭됨
a?bc.txt	babc.txt	False	첫 번째 글자가 'a'가 아님
?a?c.txt	aabc.txt	True	문자열의 나머지만 일치한다면, 첫 번째/세 번째 글자는 어떤 글자가 되어도 매칭됨

'*'가 사용되면 0개 이상의 글자를 대체할 수 있다. 표 13-5는 '*'로 문자열들이 매칭되는지를 보인다.

표 13-5 '*' 와일드 카드 예시

와일드 카드 사용 문자열	비교 대상 문자열	매칭 여부	설명
*.txt	aabc.txt	True	'*'가 있는 위치에 어떤 글자가 있어도 매칭됨. 심지어 글자가 매칭됨. 문자열이 ".txt"로 끝나면 모두 매칭됨
a*bc.txt	babc.txt, bac.txt	False	첫 번째 글자가 'a'가 아니거나, 끝이 "bc.txt"로 끝나지 않아서 매칭 안 됨
a*bc.txt	ababc.txt, abc.txt, aabc.txt	True	첫 번째 글자가 a로 시작하고, 문자열이 "bc.txt"로 끝나면 모두 매칭

glob을 사용하려면 glob 모듈을 import 하고 glob( ) 함수에 매칭하고자 하는 파일 이름을 인자로 전달하면 된다.

glob( ) 함수는 주어진 파일 이름에 매칭되는 모든 파일 목록을 리스트로 반환한다.

먼저 os.listdir( )을 이용해서 "C:₩Temp₩test" 폴더에 있는 모든 파일의 목록을 뽑아보자.

```
>>> import os
>>> dir = "C:\\Temp\\test"
>>> fileLst1 = os.listdir(dir)
>>> print(fileLst1)
['subtest', 'test.py', 'Test1.class', 'Test1.java', 'test2.txt', 'test3.txt', 'test4.txt',
'test5.py']
```

subtest는 서브 디렉토리이고 7개 파일이 있다.

glob을 사용해서 모든 파일의 리스트를 뽑아본다.

```
>>> import glob
>>> fileLst2 = glob.glob(dir + "\\*.*")
>>> print(fileLst2)
['C:\\Temp\\test\\test.py', 'C:\\Temp\\test\\Test1.class', 'C:\\Temp\\test\\Test1.java',
'C:\\Temp\\test\\test2.txt', 'C
:\\Temp\\test\\test3.txt', 'C:\\Temp\\test\\test4.txt', 'C:\\Temp\\test\\test5.py']
```

모든 파일을 매칭시키기 위해 "*.*"를 사용했다. os.listdir( )과는 달리 subtest 폴더가 빠졌다. subtest는 중간에 "."이 없기 때문에 glob( )에서는 검색되지 않는다.

만약 subtest까지 검색되게 하려면 glob( )에 "*"를 전달하면 된다.

```
>>> print(glob.glob(dir + "\\*"))
['C:\\Temp\\test\\subtest', 'C:\\Temp\\test\\test.py', 'C:\\Temp\\test\\Test1.class',
'C:\\Temp\\test\\Test1.java', 'C:\
\Temp\\test\\test2.txt', 'C:\\Temp\\test\\test3.txt', 'C:\\Temp\\test\\test4.txt', 'C:\\
Temp\\test\\test5.py']
```

현재 작업 디렉토리가 "C:₩Temp₩test"라면 glob( ) 함수는 상대 경로 지정해도 된다.

```
>>> os.chdir(dir)   # 현재 작업 디렉토리를 C:₩₩Temp₩₩test로 변경
>>> print(glob.glob("*"))
['subtest', 'test.py', 'Test1.class', 'Test1.java', 'test2.txt', 'test3.txt', 'test4.txt',
'test5.py']
```

"test"로 시작하고 확장자는 ".py"이며 "test"와 "." 사이에 글자가 한 개 들어있는 파일 목록만

뽑아본다.

```
>>> print(glob.glob("test?.py"))
['test5.py']
```

glob( ) 함수는 와일드 카드 없이 특정 파일을 찾기 위해 사용할 수도 있다.

```
>>> print(glob.glob("test.py"))
['test.py']
```

매칭되는 파일이 없으면 빈 리스트가 반환된다.

```
>>> print(glob.glob("T.*"))
[]
```


명령행 인자 받아오기

명령행 인자(command line arguments)란 파이썬 프로그램을 실행시키면서 사용자가 추가로 입력하는 값들이다.

예를 들어 다음에 보인 것처럼 파일을 복사하는 파이썬 프로그램을 실행시킨다고 가정하자.

```
C:\temp>python CopyFile.py abc.txt abcd.txt
```

python은 파이썬 코드를 실행시키는 인터프리터를 실행시키는 명령이다. 소스 코드는 CopyFile.py 파일이다.

CopyFile.py를 일반화하려면, 코드에 복사할 원본과 복사될 파일 이름을 직접 적어 넣는 것은 바람직하지 않다.

여기서 보인 것처럼 abc.txt를 abcd.txt로 복사하라고 프로그램을 실행시키면서 파일 이름들을 전달하면 좋을 것이다.

파이썬에서는 abc.txt와 abcd.txt같이 실행시키는 파이썬 코드 뒤에 나오는 입력 내용들을 명령행 인자라고 부른다.

파이썬 코드에서 명령행 인자를 받아서 처리하려면 sys 모듈을 import하고 argv 변수를 사용하면 된다.

sys.argv 변수는 리스트로 구성되고, 가장 첫 번째 요소는 실행되는 파이썬 소스 코드 파일의 이름이다.

리스트의 두 번째 요소부터는 소스 코드 파일 이름 뒤에 있는 명령행 인자들로 채워진다.

명령행 인자는 모두 문자열로 취급되고, 공백 문자에 의해서 요소들이 분리된다.

명령행 인자를 화면에 순서대로 출력하는 프로그램을 작성해 본다. 다음 코드를 PrintArgs.py에 저장한 후 실행시켜 본다.

[코드 13-13] PrintArgs..py

```
import sys


print(sys.argv)                                  # sys.argv를 출력
print(f"len(sys.argv) = {len(sys.argv)}")       # 명령행 인자 개수 출력
for argument in sys.argv:
    print(argument)                              # 명령행 인자 낱개로 출력
```

[실행 결과]

```
C:\Temp>python PrintArgs.py 1 abc hello
['PrintArgs.py', '1', 'abc', 'hello']
len(sys.argv) = 4
PrintArgs.py
1
abc
hello
```

PYTHON

13.6 실습문제 2

| 문제 |

와일드 카드의 파일 이름을 명령행 인자로 요청하면, 현재 작업 디렉토리에서 매칭되는 파일의 목록을 화면에 출력하는 프로그램을 작성한다.

| 요구사항 |

- 요청한 파일이 없으면, 모든 파일을 출력한다.
- 매칭되는 파일이 없으면 "매칭되는 파일이 없습니다"를 출력한다.
- 현재 작업 디렉토리는 소스 코드가 있는 디렉토리로 가정한다.

| 문제 해결 |

와일드 카드를 사용하고 명령행 인자를 사용할 것이므로, glob과 sys 모듈을 import 한다.

```
import glob, sys
```

glob( )을 이용해서 파일 목록을 뽑는다.

명령행 인자는 그대로 glob( )에 전달되지만, 없으면 “*”가 전달되도록 한다.

명령행 인자가 없는지 sys.argv 리스트의 길이로 확인한다.

```
lst = []                    # 파일 목록
if len(sys.argv) == 1:      # 파이썬 코드만 있음
    lst = glob.glob("*")
else:
    lst = glob.glob(sys.argv[1])
```

파일 목록 리스트의 개수를 확인하고 파일 목록을 출력하거나 “매칭되는 파일이 없습니다”를 출력한다.

```
if len(lst) == 0:     # 빈 리스트
    print("매칭되는 파일이 없습니다")
else:
    for name in lst:
        print(name)
```

| 최종 코드 |

[코드 13-14] prac13_02.py

```
import glob, sys

lst = []                        # 파일 목록
if len(sys.argv) == 1:          # 파이썬 코드만 있음
    lst = glob.glob("*")
else:
    lst = glob.glob(sys.argv[1])

if len(lst) == 0:               # 빈 리스트
    print("매칭되는 파일이 없습니다")
else:
    for name in lst:
        print(name)
```

| 실행 결과 |

명령행 인자 없이 실행해 본다.

```
C:\Temp\test>python prac13_02.py
prac13_02.py
subtest
test.py
Test1.class
Test1.java
test2.txt
test3.txt
```

```
test4.txt
test5.py
```

명령행 인자 "test?.py"를 이용해서 실행한다.

```
C:\Temp\test>python prac13_02.py test?.py
test5.py
```

명령행 인자 "te*.txt"를 이용해서 실행한다.

```
C:\Temp\test>python prac13_02.py te*.txt
test2.txt
test3.txt
test4.txt
```

13.7 연습문제

01 모듈의 크기는 어떻게 정하는 것이 좋을까?

(1) 크면 클수록 좋다. (2) 관리하기 용이하게 적당한 크기로 정한다.
(2) 작으면 작을수록 좋다.

02 다음 코드에서 Rectangle.Rectangle로 이름이 겹쳐지고 있다.

```
import Rectangle
r = Rectangle.Rectangle(10, 20, 20, 10)
print(r.calcArea())
```

앞과 뒤의 Rectangle은 무엇인지 고르시오.

(1) 클래스–모듈 (2) 모듈–클래스 (3) 클래스–객체 (4) 모듈–객체

03 모듈을 사용하는 이유가 아닌 것을 고르시오.

(1) 코드 관리의 용이성 (2) 실행의 효율성 (3) 재사용성 (4) 결합성의 증가

04 다른 사람들이 만들어둔 패키지(모듈들)의 파이썬 설치 관리 도구를 무엇이라고 하는가?

05 정해진 기준 시점 epoch은 언제인가?

06 glob 모듈을 이용하면 유닉스나 윈도우의 커맨드 라인에서 사용하는 와일드 카드를 사용할 수 있다. 다음을 와일드카드를 사용하여 작성하시오.

(1) "bc.txt"로 끝나는 3글자 파일명 (2) 확장자 ".txt"를 가진 모든 파일
(3) 모든 파일

07 파이썬 프로그램을 실행시키면서 사용자가 추가로 입력하는 값들을 무엇이라고 하는가?

08 파일을 복사하는 파이썬 프로그램 CopyFile.py을 실행한다고 하자. 원본 abc.txt에서 대상(타깃) abcd.txt에 복사한다고 하자. 다음 (1), (2), (3)을 완성하시오.

C:〉python (1) (2) (3)

09 datetime 모듈을 사용하여 다음을 출력하는 코드를 작성하시오.

(1) 오늘의 연도, 월, 일
(2) 현재 일자를 형식에 맞추어 출력 (예: 2022년 08월 18일 요일: Thursday)
(3) 현재 시각을 형식에 맞추어 출력 (예: 12시 35분 25초)

10 정해진 기준(epoc) 이후 현재까지 몇 초가 흘렀는지 출력하는 코드를 작성하시오.

11 현재 작업 디렉토리를 출력하는 코드를 적으시오.

12 "C:" 폴더에 있는 모든 파일의 목록을 출력하는 코드를 작성하시오.

13 인자로 전달된 정수의 약수 리스트를 반환하는 함수를 모듈화시키고, 모듈을 사용하는 프로그램을 작성하시오.

14 여섯 개 좌표를 입력받는 삼각형 클래스를 만들고 모듈화시키고, 삼각형 모듈을 사용해서 면적을 구하는 프로그램을 작성하시오. 삼각형의 좌표값은 그림 13-3에 보인 것처럼 직각 삼각형으로 입력된다고 가정한다.

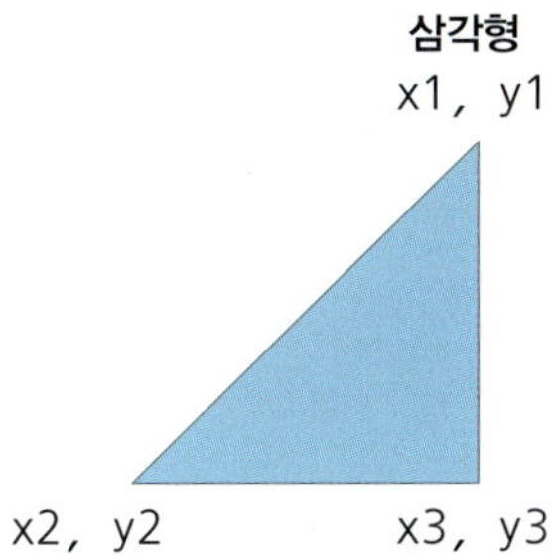

그림 13-3 직각 삼각형 좌표

15 os.listdir( ) 함수를 이용해서 정해진 디렉토리에 있는 파일 목록을 모두 뽑은 후, 확장자가 "txt"인 파일들만 출력하는 프로그램을 작성하시오.

16 와일드 카드 또는 파일 이름이 인자로 전달되면 매칭되는 파이들의 목록을 리스트로 반환하는 함수를 모듈화시키고, 이를 활용하는 프로그램을 작성하시오.

17 삼각형의 여섯 개 좌표값을 명령행 인자로 전달받고, 면적을 화면에 출력하는 프로그램을 작성하시오. 좌표값은 반드시 정수 6개가 입력될 것이라고 가정한다.

18 현재 작업 디렉토리에서 파일 목록을 뽑고 서브 디렉토리가 있으면 그 디렉토리 안에 있는 파일의 크기의 합을 바이트 단위로 계산하는 프로그램을 작성하시오. 서브 디렉토리의 깊이는 1단계만 가정한다(서브 디렉토리의 서브 디렉토리를 무시한다.).

19 인터넷에서 파일을 복사해주는 파이썬의 모듈과 함수를 찾아서 프로그램을 작성하시오. 사용법은 8번 문제에서 설명한 CopyFile.py와 같다.

20 11장의 연습문제 15번에서 사용한 데이터가 data.txt 파일에 CSV(comma separated value) 형태로 저장되어 있다고 가정하자.

예)

21년,23.0

20년,23.4

...

이 파일을 읽고 데이터를 자료 구조에 저장한 후 11장 15번 문제를 해결하는 코드를 작성하시오.

1) 직접 파일을 읽고 문자열을 분리해서 연도와 학급당 학생수를 자료구조에 저장한 후 문제를 풀어본다.
2) 파이썬에는 csv 모듈이라고 CSV 파일 처리를 도와주는 모듈이 이미 있다. 이 모듈 사용법을 찾아보고, 이걸 이용해서 data.txt를 읽어 자료구조에 저장한 후 문제를 풀어본다.

ㅅ

ㅇ

ㅈ

C

D

E

F

G

H

I

J

L

M

N

O

P

R

S

T

U

V

W

Z

기호